中国能源发展报告

2022

林伯强 ● 编著

厦门大学出版社
XIAMEN UNIVERSITY PRESS
国家一级出版社
全国百佳图书出版单位

图书在版编目（CIP）数据

中国能源发展报告. 2022 / 林伯强编著. -- 厦门 ：
厦门大学出版社，2023.1
ISBN 978-7-5615-8925-0

Ⅰ. ①中… Ⅱ. ①林… Ⅲ. ①能源发展－研究报告－
中国－2022 Ⅳ. ①F426.2

中国版本图书馆CIP数据核字(2023)第023354号

出 版 人	郑文礼
责任编辑	潘 瑛
封面设计	张雨秋
技术编辑	朱 楷
出版发行	厦门大学出版社
社　　址	厦门市软件园二期望海路 39 号
邮政编码	361008
总　　机	0592-2181111　0592-2181406(传真)
营销中心	0592-2184458　0592-2181365
网　　址	http://www.xmupress.com
邮　　箱	xmup@xmupress.com
印　　刷	厦门市竞成印刷有限公司
开本	787 mm×1 092 mm　1/16
印张	22.5
插页	2
字数	476 千字
版次	2023 年 1 月第 1 版
印次	2023 年 1 月第 1 次印刷
定价	98.00 元

厦门大学出版社
微信二维码

厦门大学出版社
微博二维码

前　言

　　气候危机是人类面临的共同挑战，全球所有国家都无法置身事外。在这一前提下，国际社会正在以前所未有的努力，积极开展国际合作，以共同应对气候危机。世界各国相继提出了碳中和目标。作为全球最大的能源消费和碳排放国家，中国政府明确提出 2030 年前碳达峰和 2060 年前碳中和的目标，并将该目标纳入生态文明建设整体布局，同时正在制订全面的行动计划。考虑到中国目前庞大的经济体量、能源系统和产业生产惯性，2060 年前碳中和的目标充分体现了中国政府积极应对气候危机的坚定决心。相较于发达国家，中国从碳达峰迈向碳中和的实现周期缩短了近一半，任务艰巨且难度大。碳中和目标的紧迫性要求低碳转型方案必须从中国的基本国情出发，才能在实践中得到有效贯彻执行。

　　《中国能源发展报告 2022》从中国现实国情出发，围绕碳中和、碳达峰两大重要命题，从宏观经济层面、中观产业发展与微观企业视角多层次分析中国能源领域在过去一段时间内发生的主要变化，并提出相应的政策建议，以期为能源主管部门、能源企业提供有帮助的信息，为相关部门科学决策提供依据。全书共分为 4 章，具体内容如下：

　　第 1 章　迈向碳中和：高耗能行业的路在何方？中国"生产型"的能源消费结构是 GDP 和能源消费密切相关的主要原因，因此"脱钩"的关键点在于将能耗高、碳排放量大的重工业作为产业结构调整的重点。高耗能行业迫切需要调整发展战略，本章深入剖析当前高耗能行业的发展现状，探讨碳中和目标下的应对战略，内容涵盖煤电发展、钢铁行业发展、碳市场与电力市场的结合以及能源企业针对气候变化的应对策略。

　　第 2 章　拥抱低碳革命：绿色产业发展的机遇与挑战。碳中和进程要求扩大对可再生能源的利用。聚焦于碳中和目标下新能源行业的发展，本章主要讨论了中国风电、光伏产业的发展形势、绿色电力机制建设、储能与森林碳汇的潜力挖掘与发展对策。

　　第 3 章　推动绿色发展：如何进行低碳转型？在供应侧，需要建立以清洁能源为主体的能源系统，除了通过储能、数字化智能化技术保障供应稳定和提高整体系统效率外，还要考虑产业结构的低碳转型。而城市能源系统转型是支撑城市绿色发展的重要基础，对于中国碳中和目标的实现具有深刻的现实意义，本章深入探究了碳中和进程下以城市为视角的低碳转型方案。

第4章 解读碳中和：战略与政策评估。本章主要关注经济增长与碳中和的双重目标及实现路径，在此基础上进一步考察当前能源安全现状，并探讨了碳中和下的相关政策，包括国内绿色技术创新战略、绿色信贷政策与绿色债券发展，以及国际碳边境调节税的影响，以期在未来碳排放约束进一步收紧的状况下助力碳中和稳步推进。

"中国能源发展报告"系列自2010年起获得"教育部哲学社会科学发展报告"资助。本书得到福建省能源材料科学与技术创新实验室科技项目计划（项目编号：RD2020060101）在数据采集、分析处理、模型建立等方面提供的大力支持。

本书是团队合作的成果，厦门大学管理学院中国能源政策研究院、福建省能源材料科学与技术创新实验室(IKKEM)、能源经济与能源政策协同创新中心，以及厦门大学中国能源经济研究中心的白锐、陈语、方亚豪、关春旭、葛佳敏、贾寰宇、邝运明、李峥、李振声、刘智威、栾冉冉、马瑞阳、乔峤、时磊、苏彤、檀之舟、王崇好、王霞、魏锴、仵荣鑫、吴楠、张冲冲、朱润清、赵恒松、朱朋虎、周一成、王思泉、杨梦琦、谢嘉雯、潘婷、李旻旸、张乾翔、滕瑜强和黄晨晨等博士研究生和硕士研究生参与了编写。厦门大学中国能源政策研究院及中国能源经济研究中心的所有教师、科研人员、行政人员、研究生为本书编写提供了诸多帮助。特别感谢我的学生白锐所做的大量组织和出版协调工作，以及杨梦琦、潘婷、谢嘉雯等在内容校对与整理上做出的贡献。我们深知所做的努力总是不够，不足之处，望读者指正。

林伯强

2022年6月于厦门

目　录

第1章

迈向碳中和：
高耗能行业的路在何方？

气候变化问题正从科学认识转变为政治承诺和具体行动，未来碳排放控制将日渐成为影响经济发展和能源转型的紧约束，尤其是对于高耗能行业。燃煤电厂何去何从？钢铁行业如何技术减碳？电力系统面临保供压力和"双碳目标"的客观性冲突，碳市场能否助其突围？

1.1　中国高耗能产业的发展现状与问题

改革开放以来，伴随着中国经济的快速发展，国家建设规模亦迅速扩张，经济建设对能源和工业原材料等能源密集型产品的需求也快速增长。目前，中国的经济发展已经进入了新常态阶段，逐步从以往的只求增速转换为如今的保速求质。2020 年中国正式提出了碳达峰和碳中和两个目标，又在随后的中央经济工作会议上多次强调，这对我国经济未来的高质量发展提出了新的要求。在经济转型及高质量发展过程中，社会经济的持续增长仍然需要源源不断的工业原材料供应，并且，这种需求必然会随着经济发展的加快而进一步扩张。因此可以预见，金属冶炼、能源、电力生产及供应的一系列上游能源密集型产业（或者称为高耗能行业）仍将长期处于产业链中的关键地位，为我国的经济发展建设提供基础保障。中国高耗能产品生产规模巨大，其中，中国的水泥产量在 1986 年就开始位居世界第一，且粗钢产量以及火力发电量也分别自 2007 年和 2011 年后至今持续稳居世界第一；2019 年中国水泥产量、粗钢产量、火力发电量占世界总量的比例分别为 56.44%、50.34% 和 25.3%，焦炭产能更是占全球的 60% 左右。与这些高耗能行业的巨大规模形成矛盾的是，中国将在未来面临着越来越严格的碳排放约束。因此，这些高耗能产业发展所带来的负面环境效应以及相应的减排压力等越来越受到各界的关注。在未来的减排约束和经济高质量转型过程中，高耗能行业应当如何协调好自身生产及与碳减排目标之间的关系，就成为一个具有重要理论价值和现实意义的问题。这一部分报告我们将从当前中国高耗能产业的定义及发展现状、高耗能产业在碳中和进程中面临的问题以及主要解决办法这三个方面出发，就中国高耗能行业未来的低碳转型进行探讨。

1.1.1　高耗能行业定义及发展现状

1. 高耗能行业定义及分类

关于高耗能行业的分类，学界一直存在争议。一般来说，高耗能行业指的往往是那些能源消耗量较大，碳排放和污染排放较高的行业。例如冶金、炼焦、火力发电等行业，其行业产品在生产和加工的过程中需要大量化石能源的投入，并涉及大量的化石能源燃烧释放能量和二氧化碳（CO_2）的过程，因此这些产业往往被定义为高耗能行业。由于研究方法的差异，关于高耗能行业的定义并没有形成一个统一的、量化的标准。2011 年我国发布了《2010 年国民经济和社会发展统计报告》，报告中明确定义了我国六大高耗能行业[①]。本质上说，这一分类标准也是根据相关行业的能源消耗强度来定义的。本书根据中国碳排放数据库和国家统计年鉴的数据计算出 2020 年我国 42 个主要行业部门的能源强度数据，并选取了能源强度排名前 10 的行业，其结果如表 1.1 所示。可以看到，六大高耗能行业均位列其中。

表 1.1 2020 年我国主要高耗能行业的能源强度

单位：吨标煤 / 万元

黑色金属冶炼及压延加工	2.728386
燃气生产和供应业	2.429149
非金属矿物制品业	2.390132
煤炭开采和洗选业	2.239425
化学原料及化学制品制造业	1.908866
电力、热力的生产和供应业	1.63444
石油加工、炼焦及核燃料加工业	1.623368
造纸及纸制品业	0.99856
有色金属矿采选业	0.807209

数据来源：笔者根据中国能源统计年鉴和国家统计年鉴计算。

与其他行业相比，高耗能行业最鲜明的特征就是单位产出所需要消耗的能源量普遍更高。化石能源燃烧是 CO_2 排放和污染物排放的主要来源，因此，这种高能耗也往往蕴含着高耗能行业的高碳排放和高污染排放。目前，已经有大量的研究证明高耗能行业与地区 $PM_{2.5}$ 浓度、碳排放总量、大气中氮氧化物浓度之间存在密切联系。根据 2020 年《中国能源统计年鉴》的数据，占国内生产总值约 40% 的工业部门排放了全国 80% 以上的 CO_2，其中，有大约 80% 的碳排放都是由高耗能产业产生的。因此，在未来的碳中和环境治理进程中，高耗能行业将是提高环境质量和促进减排的关键点。

2. 中国高耗能行业的区域分布格局

在过去的 20 年里，中国经历了数次以第二产业为核心的产业转移浪潮。并且，这

---

① 六大高耗能行业分别为：黑色金属冶炼及压延加工业、化学原料及化学制品制造业、非金属矿物制品业、电力热力的生产和供应业、石油加工炼焦及加工业、有色金属冶炼及压延加工业。

些产业转移的过程中包含许多高耗能行业的区域转移，这对各地区的产业结构、经济发展、排放强度产生了直接且深远的影响，并逐步形成了我国当前的产业分布格局。本部分我们将对中国当前高耗能行业的转移趋势和区域分布格局进行分析。

从现有的统计数据和研究来看，中国高耗能产业的产业集聚和转移过程大致可以划分为两个阶段，即 1998—2008 年的第一阶段和 2008—2017 年的第二阶段，这两个阶段的中国高耗能产业呈现出两种不同的转移趋势。我们用各地区高耗能产业总产值占全国高耗能产业总产值比重和投入产出分析来衡量各地区高耗能产业的转移趋势和聚集度。

（1）第一阶段：1998—2008 年

1998 年，中国东部沿海地区的高耗能产业聚集度较高，山东、广东、江苏、河北、辽宁等省份都是主要的高耗能产业聚集区，这些地区中部分省份是中国早期的工业基地（如辽宁、河北、山东），具有较深厚的重工业基础，另一些省份则是改革开放的先锋地区（如广东、江苏），这些地区经济发展起步较早，因此工业发展的起步也相对较早。这种早期的工业积累使得这四个省份的高耗能产业产值占全国高耗能产业总产值的比重达到了 34% 以上；其次是中西部地区，如河南、黑龙江、陕西、山西，这些地区的高耗能产业相对集中，但由于当时中国尚处于工业化的早期阶段，因此这些地区的高耗能产业和重工业的聚集度还没有达到最高。

与 1998 年相比，2008 年中国高耗能产业的区域布局主要有以下几点变化：首先，东部地区高耗能产业的集聚程度明显下降，广东、浙江、江苏、辽宁、上海、福建、北京等省（直辖市）的高耗能产业产值在全国高耗能产业总产值中所占的比重均出现明显下降，例如，北京和上海在 2008 年的高耗能行业产值相较于 1998 年就分别下降了 32% 和 41%；其次，中部省份高耗能产业密集度明显上升，除个别省份（湖北和湖南）的高耗能产业聚集度有一定程度的下降外，绝大部分的中部省份如河南、陕西、山西、安徽的高耗能产业集中度都有了明显的提升，其中河南、山西和安徽的高耗能产业集中度提高幅度最大，三个省份的高耗能产业产值占全国高耗能产业总产值的比重相较于 1998 年的比重都上升了 10% 以上；最后，西部地区省（自治区）高耗能产业聚集度增长迅速，内蒙古、陕西、四川、新疆等省（自治区）的高耗能产业的聚集程度相较于 1998 年都有了很大的提升，其中内蒙古、陕西、四川三省（自治区）的高耗能产业产值占全国高耗能产业总产值比重相较于 1998 年均提升了 30% 以上。截至 2008 年，中国高耗能产业的整体布局已经由早期的"东高西低"转变成为"西高东低"。

（2）第二阶段：2009—2017 年

中国区域统计数据的不断完善，使得我们能够更加全面直观地分析中国各地区之间的高耗能产业转移趋势。中国碳核算数据库（Ceads）公布了中国 30 个省、直辖市和自治区的 42 个产业部门在 2012 年、2015 年和 2017 年三个年份的多区域投入产出数据，通过投入产出分析方法，我们可以进一步测算出 2008 年之后中国 30 个主要省份高耗能产业的转移情况。

图 1.1 展示了笔者基于中国碳排放核算数据库提供的多区域投入产出表数据和投入产出分析模型测算出的 2012 年、2015 年、2017 年中国 8 个主要地区之间的高耗能产业的规模和转移趋势。第二产业转移的原始数据包括 27 个第二产业。各地区的三个柱状图从左到右分别表示各地区 2012 年、2015 年和 2017 年的高耗能产业净流入，净流入为正数，代表该地区该年份为高耗能产业净流入，净流入为负数，则代表该地区该年份为高耗能产业净流出。

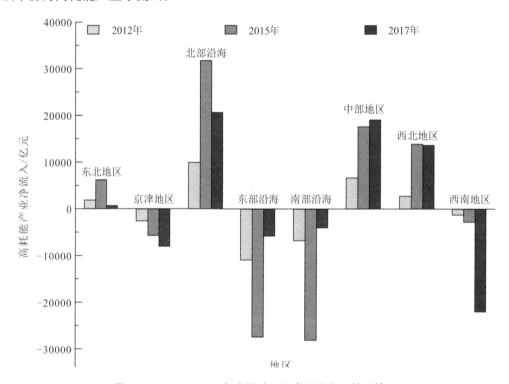

图 1.1 2012—2017 年中国地区间高耗能产业转移情况

数据来源：笔者根据中国碳排放核算数据库（Ceads 数据库）公布数据测算。

从转移趋势来看，北部沿海地区、中部地区和西北部地区是高耗能产业的主要流入地区，而京津地区、东南沿海地区和西南地区则是高耗能产业的主要流出地区。北部沿海地区是高耗能净流入最多的地区，2015 年和 2017 年的净流入超过 2 万亿元。北部沿海地区主要包括河北和山东两个工业大省，其中，河北是中国最大的钢铁生产省份。2017 年，河北省的钢铁总产量达到了 2.45 亿吨钢铁，占当年全国钢铁总产量的 23.4%。因此，河北省接受了许多冶金工业的流入。这也是北部沿海地区重工业（包括钢铁和冶金）在第二产业流入中所占比例最高的原因。

此外，在 2012—2017 年，北部沿海地区高耗能产业的流入明显下降。这可能与去产能改革有关。自 2016 年以来，河北省和山东省在中央政府的指导下削减了大部分钢铁、煤炭和水泥的过剩产能。这一改革抑制了这些行业的恶性竞争和其他领域的低效率产能流入。

由于"中部崛起"战略的实施，近年来中部地区第二产业净流入保持稳定增长。2009 年提出的"中部崛起"战略，旨在通过促进中部地区的制造业和城市化来促进该地区的经济增长，该战略的实施有效提高了中部地区第二产业在经济结构中的比重，因此也造成了这段时期内中部地区高耗能产业的大量流入。"一带一路"倡议引发的大规模基础设施投资，引发中部地区对钢铁和水泥等碳密集型产品的巨大需求。这可能也是第二产业流入上升的一个根本原因。因此，未来中部地区高耗能产业的流入可能会进一步增加，这势必会给中部地区的节能减排带来巨大挑战。

除了中部和北部沿海地区，西北地区也有大量的高耗能产业流入。与前两者不同，西北地区第二产业流入主要集中在采矿业和电力产业，这是因为中国西北地区拥有丰富的化石能源和可再生能源资源。2017 年，西北六省的煤炭产量占全国总产量的53.6%，原油产量占全国总产量的 35%。这些优势使得西北地区承接了大量中、东部地区矿业和能源产业的流入。

从整体上说，2008 年之后我国地区间高耗能产业转移呈现出明显的自西向东、自南向北的趋势。但与 1998—2008 年第一阶段不同的是，2008 年以后中国高耗能产业的转移结果使得中部地区和北部沿海地区（主要是河北和山东）的高耗能产业净流入规模逐步赶上了西部地区，中西部整体上的高耗能产业聚集度进一步升高，而东部沿海地区的高耗能产业聚集度则进一步下降。

高耗能产业的聚集和转移实质上也反映了碳排放和污染排放的空间聚集和区域转移。为了进一步了解中国各地区高耗能产业的聚集情况，我们基于中国碳排放核算数据库的数据计算了 2012—2019 年中国各地区高耗能产业的碳排放增长率，如图 1.2所示。

图 1.2 中从左到右依次是东部、中部、西部、东北四个地区 2012—2019 年高耗能产业碳排放的年增速，从中我们可以非常直观地看出来，东部地区增速最慢；西部地区增速最快，其次是中部地区和东北地区。2011—2019 年间这四个地区高耗能产业的年均增速分别为：东部地区 0.51%，中部地区 0.76%，西部地区 2.29%，东北地区 –0.07%。上文投入产出分析的结果也支持西部地区是主要的高耗能产业流入地区的结论。因此，我们更加有理由认为，中国的高耗能产业呈现出"东减西增"的趋势。

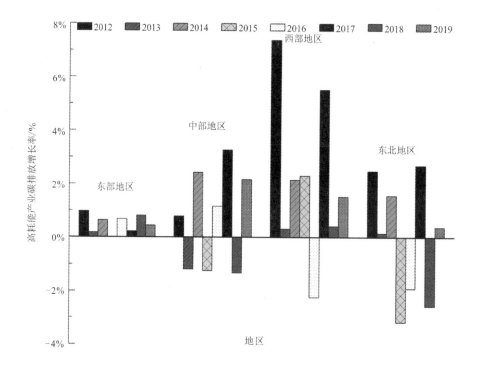

图 1.2 2012—2019 年中国各地区高耗能产业碳排放增长率变化

数据来源：笔者根据中国碳排放核算数据库（Ceads 数据库）公布数据测算。

1.1.2 高耗能产业在碳中和进程中面临的问题

1. 高耗能产业区域分布的差异化导致的"碳公平"问题

高耗能产业带来的一个重要问题就是减排过程中的"碳公平"问题。所谓"碳公平"，指的是部分地区在生产过程中实际产生的 CO_2 排放往往并不是其实际的碳排放，这就意味着按照生产侧碳排放来进行减排任务分配可能会造成不公平现象：例如，内蒙古每年需要向外省调出大量的电力，而这部分电力又大都是通过火力发电的方式产生的，因此，内蒙古每年需要排放大量的 CO_2 以满足其他省份的能源需求，如果根据其在生产过程中产生的碳排放来分配减排任务的话，那么内蒙古将需要承担较重的减排任务，这对内蒙古显然是不公平的。一方面，由于帮助其他省份承接了大量的发电产业，因此，其自身往往需要付出高昂的生态环境成本；另一方面，如果按照生产侧碳排放来分配及安排任务的话，那么类似于内蒙古这样的能源要素输出地区又必须承受较重的减排负担。相反，对于广东省来说，其每年都需要从外省调入大量的电力，因此广东自身在电力生产方面并不需要排放很多的 CO_2，如果按照生产侧碳排放来分配减排任务的话，那么广东需要承担的减排任务就比较轻。因此，这种高耗能产业的区域化分工很可能会造成东西部之间发展不均衡加剧的情况发生。

在中国实际的碳减排过程中，减排的目标是通过中央政府分配给下面的地方政府来完成的，这就涉及减排过程中目标分配的机制设计问题。通过上面的分析我们也可以看出，中国东、中、西部地区的产业结构存在着很大的不同，高耗能产业的转移趋势也截然不同。从整体上来说，东部发达地区由于经济发展起步较早，产业结构的优化程度相对较高，并且，这些地区在区域高耗能产业转移中也往往扮演着高耗能产业迁出者的角色，因此，这些地区自身的排放压力可能就比较小。例如，对于广东、上海、浙江、江苏等省（直辖市）来说，这些地区每年会从外省（主要是中西部省份）调入大量的工业原材料和能源，这使得这些地区自身的经济中高耗能产业增加值所占的比重很低，并且自身的减排压力也相对较小，但与此同时，其他能源和原材料调出省份的高耗能产业占比会升高，增加其减排压力。

对于广大的中西部地区来说，其面临的情况则截然相反。这些地区的经济发展起步较晚，产业结构的优化程度还不够高，地方经济发展对高耗能产业的依赖程度还比较大，因此，这些地区高耗能产业的聚集度往往也要高于东部地区。从高耗能产业转移的角度来看，中西部地区在这一过程中往往扮演着东部高耗能产业迁出的承接者的角色。因此，对于中西部的广大省份（自治区）来说，地方经济发展与碳减排之间的矛盾还比较尖锐。例如，内蒙古、新疆每年需要向东部调出大量的煤炭和电力，这使得这两个自治区都面临着较大的减排压力。

随着近年来高耗能产业的进一步西迁，东西部之间的产业结构分工差异越来越大，这就给中西部地区的减排进展带来了较大阻碍。图 1.3 展示了 2005—2019 年全国各省份（自治区、直辖市）碳强度下降幅度，可以看出，2005—2019 年间，东部地区碳强度的下降幅度最大，部分地区的碳强度下降幅度甚至能达到 60% 以上（北京、天津），而中西部的碳强度下降幅度相较于东部地区就要小得多。西部地区一些省份（自治区）的碳强度甚至不降反升（新疆）。而高耗能区域聚集度的差异很可能是造成这种减排进度差异的重要原因。

但是这种高耗能产业区域聚集度不同并不意味着区域差异化的产业分工是错误的，事实上，资源禀赋和比较优势也是造成这种"东轻西重"的产业分布格局的一个重要因素。相比于东部地区，中西部地区拥有更加丰富的矿产资源，这使得这些地区往往能够降低高耗能产业的生产成本；而东部地区在机械制造、计算机和通信设备生产等高端产业更具有比较优势。因此，这种区域化的产业分工往往有利于各地区更加充分地发挥自身的比较优势，实现整体经济效率的提高。也可以说，这种区域化的产业分工是经济社会向更高效率层面发展的一种必然趋势。而我们需要注意的是如何缓解这一过程中可能会出现的"碳减排不平等"的情况。

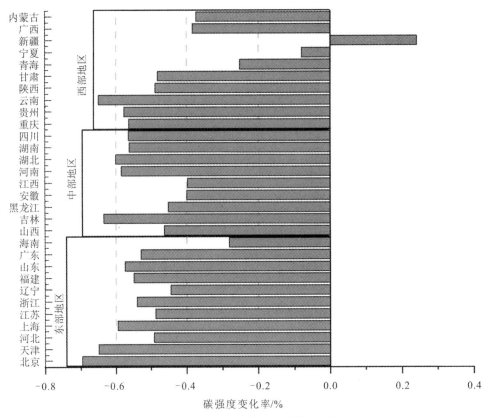

图 1.3　2005—2019 年各省份碳强度下降幅度

数据来源：笔者根据国家统计年鉴和中国碳排放核算数据库（Ceads 数据库）公布数据测算。

2. 高耗能产业区域分布差异化导致的生产要素供需的结构性失衡问题

除了"碳公平"问题之外，高耗能产业的区域聚集度差异导致的另一个问题就是区域生产要素的供给失衡问题。以广东省和贵州省的电力调配为例，广东近年来从西部地区调入电力达 300 亿千瓦·时以上，但是电力调出并没有给西部的能源供应省份带来相应的回报，在电力调配的过程中，主要的电力销售利润实际上被划归给了广东省和电力开发企业，而西部地区在付出了高昂的环境成本和生产成本之后地方政府只能拿到电力销售利润的很少的一部分。这种能源生产过程中的利益分配失衡导致的直接结果就是，西部地区在付出了巨大的综合代价之后却不能够得到应有的补偿，进而使得各地区之间的经济发展差距进一步拉大。这种问题也广泛存在于其他能源和工业原材料的生产和供应过程之中。

3. 高耗能产业自身发展与碳中和、碳达峰目标之间的矛盾

高耗能产业面临的另一个重要问题，就在于高耗能产业自身的发展与当前碳达峰和碳中和两个目标之间的矛盾。根据国家统计局公布的能源平衡表数据，2019 年中国煤炭消费量为 39.26 亿吨，直接碳排放约 74.6 亿吨，占全国总碳排放量的 76%；其他

化石能源（石油、天然气）直接碳排放约 25 亿吨，占全国碳排放总量的 24%。在煤炭消费中，电力行业用煤占比 55.4%，钢铁冶炼产业用煤占比 16.7%，建材用煤占比 10.2%，化工用煤占比 8.5%，其他用煤占比 9.2%，四大高耗能行业（电力行业、金属冶炼和压延加工业、非金属矿物制品业以及化工行业）的煤炭消费总量占全国煤炭消费总量的 90.8%。而石油、天然气等其他化石能源的消费总量中高耗能产业同样也占有很大的比重。这种高能耗、高碳排放的生产模式也是高耗能产业当下亟待解决的一个重要问题。

要想实现碳中和目标，如何处理好规模庞大的高耗能产业的转型是一个非常值得探讨的问题。这个问题绝非短期之内可以解决，需要长期的调整。一方面，经济的发展离不开这些产业提供的工业原材料，但另一方面，环境的恶化和全球气温的升高也要求人们必须控制碳排放。要想解决这一问题，既需要整个社会产业结构的深刻调整，也需要新型减排技术的支撑和生产技术的进一步发展。在接下来的部分，我们将针对上述三个问题的解决办法进行探讨。

▇ 1.1.3　高耗能产业三个主要问题的解决办法

针对上文提到的高耗能产业区域化布局导致的三个主要的问题，下面我们对这三个问题的解决方法进行探讨。

1. 加快全国碳排放权交易市场的建立

建立全国性的碳交易市场是充分发挥各地区减排优势、实现"双碳"目标的一种重要手段。正如上文分析的那样，中国各地区的产业结构、经济结构都存在着很大的不同，这就使得各地区在社会生产和碳减排方面也存在着不同的比较优势。东部地区整体的高耗能产业聚集度较低，产业结构优化程度较高，且地方经济更多以工业部门中的高端产业和第三产业为主，从而东部地区整体的减排成本会比较高昂；相比之下，西部地区的高耗能产业的聚集度较低，产业结构优化程度较低，且经济发展方式相对比较粗放，因此在减排过程中的减排空间还比较大，减排的边际成本也比较低。这就意味着，全国性的减排路径设计还存在着优化的空间。通过建立减排碳排放权交易市场，可以让各地区自主地根据自身的优势来进行减排任务的市场化再分配。例如，东部地区减排 1 单位 CO_2 排放，需要付出的经济成本如果远高于中西部地区（即两个地区边际减排成本的差额要大于全国碳排放权交易市场中的单价时），那么东部地区完全可以通过购买西部地区的排放权来将这部分减排任务转移给西部地区。通过这种碳排放权的市场交易，东部地区可以降低自己的减排成本，实现经济效率，而西部地区则可以通过这一交易来实现自身减排收益的提高。如此一来，全国整体的减排成本就得以下降。

全国碳排放权交易市场的建立不仅能够提高全国整体性的减排效率，降低减排成本，同时还能够缓解东西部地区之间的经济发展失衡。中央政府应当给予西部地区更多的支持，这种支持一方面可以表现为财政方面的更多支持，另一方面也可以通过给予中西部地区更多的碳排放权来实现。事实上，中西部地区本身的产业结构也决定了其需要更多的排放空间来平衡经济发展和碳减排之间的矛盾。这也是"碳公平"原则的体现。

2. 加强"一带一路"的产业迁出作用，实现全国整体性的产业结构优化

中国在 2013 年提出"一带一路"倡议，旨在加强与周边国家的经济合作，充分发挥各国的比较优势，实现共同繁荣。2015 年，三部委又进一步发布了推动"一带一路"建设的愿景与行动方案，进一步将"一带一路"倡议的实施提到了一个新的高度。与其他"一带一路"沿线国家相比，中国拥有完善的工业产业链和强大的工业生产能力，在国内需求日趋饱和、投资边际收益逐步下降的情况下，将这部分产能转移到"一带一路"沿线的发展中国家去，既可以帮助这些相对落后的沿线发展中国家完善自身的基础设施建设，促进当地的经济发展，同时也可以帮助中国消化国内过剩的产能，从而实现双赢。对于很多"一带一路"沿线国家来说，其经济发展还处于早期阶段，部分非洲国家和中亚国家还处在工业化的初期，国内基础设施建设和工业基础也都相当薄弱，国内经济发展的水平也比较低，部分地区还拥有丰富的矿产资源，但却无法实现有效的开发利用。中国通过"一带一路"倡议加强对这些国家的投资，帮助其完善自身的工业基础，促进其产业的发展，同时还能够优化自身的产业结构，这样就能够使各国发挥自身的比较优势，进而可以降低整体的生产成本，优化产业结构。

3. 加大节能减排技术的研发投入，提高社会的全要素生产率

无论是产业转移还是碳排放交易，本质上都是通过提高分配的效率来实现更好的减排，并没改变整个产业排放的绝对量，因此效果都相对有限。高耗能产业要想实现真正的减排，关键还是要在生产技术和减排技术上进行突破。因传统的高能耗、高排放的生产方式仍有较大的惯性，我国高耗能产业的能源结构生产方式短期内难以改变，CCUS（CO_2 捕集利用与封存，下文简称 CCUS）技术有望成为我国能源结构从化石能源为主向低碳供能体系转变的重要技术。为实现国家碳中和目标，CCUS 技术能够有效协调碳中和目标的实现和资源的充分利用。因此新增的高耗能产业的产能应当考虑碳捕集预留及碳利用与封存一体化解决方案，促进 CCUS 规模化应用同能效提升和发展可再生能源相互配合，共同保障实现日趋严格的碳减排约束目标，保证高耗能产业自身可持续发展及经济社会稳步向低碳化转型。由于 CCUS 技术实现碳捕获的成本较高，因此 CCUS 技术的利用要进一步结合碳交易市场实现一定的成本补偿。通过上文提到

的碳交易这种市场化的方式，可以为我国高耗能减排提供灵活的履约机制，有利于实现技术成本补偿，从而适应现阶段我国绿色低碳发展的需求。

此外，政府也应当通过适当的政策来鼓励企业的技术创新，实现全要素生产率的提高。已经有大量的研究证明，技术进步是促进碳减排最重要的影响因素，政府可以通过适当的产业政策来鼓励企业增大对生产技术的研发投入，同时也应当坚决淘汰掉市场中相对落后的产能。只有提高各种生产要素的利用效率，才能实现真正意义上的碳减排。

1.2　碳中和背景下中国煤电的出路

长期以来，煤炭一直是中国能源结构中的重要组成部分，是保障中国能源供给稳定的基石。由煤炭资源支撑起的煤电，也一直是中国电力结构中最为重要、最为可靠的供电方式。近年来，随着环境问题日益严重，国际社会对于控制 CO_2 排放已经达成共识，中国也宣布了自己的碳达峰、碳中和日程。煤电作为 CO_2 排放大户，未来面临着不断增长的电力需求和日益逼近的减碳目标的双重压力，为煤电寻找最合理、最具效率和经济性的出路对于整个中国电力系统、碳中和进程和经济发展都具有重要意义。

1.2.1　煤电未来发展所处的时代背景

2020 年 9 月 22 日，国家主席习近平在第七十五届联合国大会一般性辩论上发表重要讲话，指出中国将力争在 2030 年实现碳达峰，2060 年实现碳中和。2021 年 4 月 22 日，习主席在领导人气候峰会上再次表态：中国将严控煤电项目，"十四五"时期严控煤炭消费增长，"十五五"时期逐步减少。可以看出，中国作为有责任、有担当的大国，已经积极主动地提出了自己的碳达峰、碳中和日程，向国际社会表明了自身控制碳排放的决心和信心。电力行业产生的碳排放占比很高，而在中国的电力结构中，这些碳排放大多都来自煤电，因此国家也专门针对煤电提出了严控目标，未来煤电，尤其是新增煤电项目的发展势必会受到极大限制。

就当前的电力系统而言，电力供给结构仍然是以火电作为供电主力，其减排目标的实现将会从中国供给侧和需求侧同时开展，且供给侧将会是主要发力点。电力供给侧即电力生产部门，在当前中国的电力结构中，电力生产主要由火电、水电、核电、风电、光伏完成。图 1.4 展示了当前中国的电力装机情况和实际发电量情况。可以看出，火电无论在装机量还是发电量上都占据主要地位，风电、光伏近些年来虽然已经在装机量上有了很大的发展，但实际的发电量占比依然较低。而中国的火电主要由煤电构成，2020 年全国煤电装机量 1079 吉瓦，占火电装机量的 86.6%，因此电力系统的减排重点在于煤电。

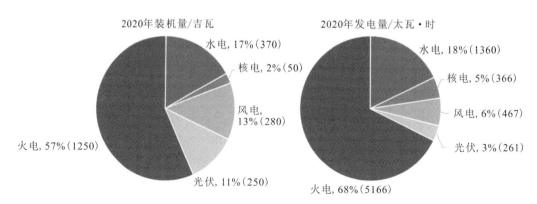

图 1.4　2020 年中国电力结构

数据来源：《中国统计年鉴 2021》。

展望未来，在碳中和目标下，中国面临着将整个电力供给结构"倒过来"的调整目标，未来中国将建设以清洁能源为主体的电力系统，目前较为成熟的清洁能源发电方式主要包括水电、核电、风电、光伏。中国的水电资源开发已经具备一定的规模，目前全国装机量达 370 吉瓦，占电力总装机容量的 17%，当前中国水电已经进入后期发展阶段，尚未开发的水电资源大多为小水电资源，未来水电装机量仍会有所增加，但增速会逐渐放缓，且随着水电资源的开发进入后期，其边际成本也会逐渐上升，因此水电会是未来电力系统中一个稳定的可再生能源角色，然而其体量很难再有大的提升，因此难以承担主力供电的角色。核电具有清洁、高效、稳定等一系列优点，目前装机容量 50 吉瓦，占电力总装机容量的 2%，很多观点都把核电作为未来可以依赖的新生代供电力量，但核电的劣势也十分明显，其选址布局等会牵扯到许许多多社会问题，高昂的成本、技术的特殊性、漫长的建设周期等原因也使得民间资本很难真正进入核电产业，且当前中国核电规模基数很小，即使未来能有一段时间的快速发展，在面临中国巨大的电力需求时，也很难迅速担当起主力供电重任。综上所述，风电、光伏未来将会在中国承担起主力供电的角色，这一看法目前也已经逐渐成为共识，国家关于风电、光伏发展相关的政策和目标规划也已经越来越明确。

煤电一直以来都是保障中国电力系统乃至整个社会经济安全稳定运行的基石，在新中国的发展过程中，遍布于中国大地的煤电机组为快速增长的电力需求提供了稳定的供给支撑；在面对各类极端气候时，煤电机组也以其一贯的稳定与可靠保障着电力系统整体的安全。发电原理决定煤电不可能避开 CO_2 排放，而这一特点与当前碳中和的目标明显冲突。一方面，中国庞大的电力系统离不开煤电的稳定供给；另一方面，煤电带来的大量碳排放也已经成为必须面对的问题。煤电的退出结局已定。为煤电寻找一条合适的出路，对于煤电行业本身和整个电力系统，乃至中国整体的碳中和进程都至关重要。

1.2.2　当前电力系统面临的主要问题

对煤电出路进行讨论，就一定要从其所在的电力系统出发，综合来看电力系统当前所面临的整体情况，唯其如此，才能让煤电乃至整个电力系统未来的发展目标更具可行性和经济性，实现低成本碳中和与高质量经济发展目标并行。

从整体电力需求来看，中国已经提出了 GDP 增长与一次能源消费及电力消费增长脱钩的目标，但短期内，在产业结构转型尚未完成之际，经济的发展仍将会带来大量的电力需求增长。从居民消费来看，当前中国人均电力消费较发达国家仍然有很大差距，可以预见，未来随着社会发展、居民生活水平的提高，居民电力消费将会有很大的增长空间，由此也会带来整体电力需求的增长。由此看来，中国的电力系统在面对大规模结构调整的趋势的同时，还要同时面对持续增长的电力需求，保障电力的安全稳定供给。

从风电、光伏的未来发展来看，碳中和的目标和其他清洁能源的各类限制决定了风电、光伏未来必须承担起主力供电的角色。2020 年风电总装机容量达到 280 吉瓦，占发电装机总容量的 13%，光伏总装机容量达到 250 吉瓦，占发电装机总容量的 11%。近年来中国风电光伏已经快速崛起，装机容量增长迅速，且度电成本也已经下降到接近煤电水平，但结合发电量来看，风电、光伏在 2020 年对发电量的贡献加起来只有 9% 左右，可以看出，风电、光伏虽然在中国已经开始大规模布局，但其为电力供给结构带来的改变其实有限。由于发电原理限制，风电、光伏具有与生俱来的不稳定性，受天气影响较大，从而导致风电光伏发出的电力质量较差，且在地域上也存在一定的源汇不匹配问题——高质量风电、光伏资源禀赋大多在西北地区，而用电需求却主要集中于东南沿海地区。储能及特高压输电线路是当前在技术上能够解决风电光、伏发电的不稳定性与源汇不匹配问题的方案，但储能尤其是高效实用的电化学储能在经济成本上仍然距离大规模商业化应用有一定的距离，且储能相关的产业链、政策规定、行业规范等都尚不完善，短时间内难以跟得上风电、光伏大规模布局的节奏；特高压输电线路建设在面临高成本的同时还要面对建设周期较长、整体规划需要考虑地理及源汇匹配等更多的问题，短期内也很难形成满足可再生能源输送需求的规模。所以整体来看，短期内风电、光伏虽然能够以较快的步伐展开大规模的布局，但仍不具备应对持续增长的庞大体量电力需求的能力。

从现存的煤电资源来看，中国火电发电量中有 90% 来自煤电机组，其稳定持续的电力供给满足和保障了持续快速增长的电力需求和电力系统整体的平稳运行，丰富的资源禀赋以及相对低廉的使用成本，使煤炭成为中国经济发展的最大源动力。2020 年中国煤电机组总装机容量 1079 吉瓦，占全国总发电装机容量的 49%。在运机组中，从技术水平来看，超超临界机组容量占比 27%，超临界机组容量占比 28%，可见中国煤电供给中过半来自先进机组；从机组装机容量来看，30 万千瓦以上的大容量先进机组占总装机容量超过 90%；从机组年龄来看，服役年限普遍不长，全国煤电机组平均运行年龄不到 12 年，60 万千瓦以上的机组平均运行年龄更短，普遍低于 10 年。总体来讲，中国当前拥有一个世界上体量最大且整体年轻、先进的煤电系统，这个煤电系统意味着巨大的固定资产、庞大的产业链及上下游相关产业、大量的从业人员等，直接弃用煤电，显然无论从可行性还是经济性上讲都是不合适的，如何为煤电寻找一条合理的退出路径，同时还能有效利用现存的大量煤电资源，不只是煤电行业应当思考的问题，更关乎整个电力系统的结构调整和碳中和进程的有效推进。

■ 1.2.3 逐步降低运行小时数及搭配 CCUS 将会是煤电的合理出路

煤电为中国经济快速增长立下了汗马功劳，现存的大量煤电机组直接弃用显然不合理，未来建立以清洁能源为主体的电力系统已经成为既定目标，会产生大量碳排放的煤电已经注定必须逐步退出。由于政府和公众对安全稳定和保障供应的执着，煤电退出的基本形式不应该是大规模集体"退役"，更可能是整体利用小时数逐渐降低。

21 世纪以来，中国的煤电建设一直稳步增长，煤电作为保障电力供给安全稳定的基石，在全国各地都有广泛的布局，煤电设备平均年利用小时在 21 世纪初高位时曾经接近 6000 小时，而 2020 年的煤电设备平均年利用小时数为 4133 小时，整体利用小时数正在逐渐走低，从中可以看出，煤电在担任主力供电角色时面临的电力需求压力已经逐步降低，煤电机组存量从整体来讲也已经处于充裕状态。近年来，煤电的职能似乎已在悄然改变，显现出面向未来碳减排目标而调整身份的趋势。此前，在社会建设和经济增长带来的大量紧迫电力需求背景下，煤电以其低廉的成本、稳定的供应以及良好的可控性，担任了电力供给的顶梁柱，而未来煤电机组将逐渐由主力供电的职能转向凭借其可靠性和可控性作为服务电源更大幅度参与调峰，以及作为备份电源，保障电力供给稳定和电网安全。在今后 40 年碳中和的进程中，煤电通过灵活性改造、清洁化转型及合理规划，短中期可以在风电、光伏等可再生能源仍不够成熟的情况下满足持续增长的电力需求；在中长期，大体量、高效率的煤电机组可以在风电、光伏大规模接入的过程中成为电力系统备份、调峰和系统安全的保障，且可以有效应对极端气候灾难。总的来看，煤电仍将是电力结构中重要且不可或缺的一部分，合理的规划和利用将使煤电在碳中和进程中成为宝贵的财富而非负担。

短中期来看，风电、光伏整体规模仍然有限，难以满足持续增长的电力需求，电力供给的安全稳定仍然要依靠煤电机组出力。煤电需要做好整体规划，从外部约束来看，要严格控制新增煤电机组，由中央领导，各级相关部门严格落实，严格控制煤电装机总量；在煤电系统内部，也应继续推进落后产能淘汰的相关工作，关停技术水平落后、难以统一管理的小煤电机组，提高煤电行业整体效率，使煤电行业整体做好利用小时数逐渐降低、由供电主力转向调峰备份的准备。虽然煤电已经注定要离开主力供电的舞台，但在风电、光伏整体技术成熟之前，仍然需要煤电站好最后一班岗，从而在推进碳中和进程的同时也能保证能源系统乃至社会经济的稳定运行。

技术是碳中和进程中煤电职能转换面临的重要问题。大多数煤电机组的启停、改变参数都是一个复杂、高代价且时间跨度较长的过程。低负荷与变参数运行将会给燃烧室稳定燃烧和汽轮机稳定运转带来挑战，需要设备硬件改造和控制系统软件改造双管齐下，对技术水平较低的煤电机组进行灵活性改造，使其能够担任备份和辅助服务的角色，用以对冲风电、光伏带来的不稳定性和应对极端气候灾难，保障安全稳定供电。

中长期来看，中国将建成以清洁能源为主体的电力供给系统，风电、光伏将成为主力发电方式，但这一过程依然需要煤电为电力系统低碳转型保驾护航，以确保电力系统安全稳定运行。从风电、光伏开始布局以来，煤电就承担起一定的电网调峰调频相关的辅助服务工作，近年来，煤电机组的灵活性改造已经越来越多地在全国开展，经过灵活性改造后的煤电机组拥有更高的灵活性和更低的变负荷成本，能够帮助煤电更好地转变为一个灵活性辅助电源的角色，在未来电力结构存在高比例风电、光伏发电机组时，经过灵活性改造后的煤电机组能够对冲风电光伏机组带来的不稳定性风险，保障电力系统的安全稳定运行。此外，当极端天气出现或在电力需求波动性较大的时段，煤电能够作为备份电源提供大量稳定可靠的高品质电力，保障正常生产和生活，降低电网调度调整成本，同时也能实现煤电机组沉没成本的有效利用。未来，随着风电光伏大规模接入、容量电价机制逐渐成熟，以及煤电灵活性改造铺展开来，煤电职能将从主力供电逐渐转向备份和辅助服务，继续担任电力系统安全稳定可靠供应的后盾。目前实现中长期煤电职能转型虽然有可选路径，但也存在亟待解决的问题，煤电的退出不会一蹴而就，更可能是整体年发电小时数逐渐降低、盈利方式由电量电价逐渐转向容量电价的过程。

除了通过灵活性改造来实现煤电整体角色转换，逐步降低利用小时数之外，煤电机组搭配 CCUS 也是煤电行业的一条可行出路。CCUS（carbon capture，utilization，storage）指二氧化碳的捕捉、利用及封存，是将二氧化碳从工业过程、能源利用或大气中分离出来，直接加以利用或注入地底以实现二氧化碳永久减排的过程。CCUS 与煤电机组配合，可以直接抵消煤电机组带来的碳排放，使煤电机组实现"零碳运行"。中国可以依托现存大量年轻先进的煤电机组进行 CCUS 的配置，"煤电 +CCUS"的组合在短期内从经济性而言可能并不可观，但长期来看，在现存的大量年轻先进煤电机组注定走向退出的背景下可以将固定成本"归零"，由此出发，将会优化长期内"煤电 +CCUS"配置方案的经济性。此外，"煤电 +CCUS"的组合方案也能弥补"可再生能源 + 储能"在极端气候应对方面的不足。

■ 1.2.4 煤电灵活性改造和搭配 CCUS 的可行性

煤电机组的灵活性改造目前在技术上已经基本成熟，具备大规模开展的可行性，经济性方面，也已经在一些地区有了效果不错的实践案例，未来，随着相关市场机制和政策规定逐渐完善，也将会有更大的经济发展空间。

煤电灵活性改造潜力从层级上可以分为资源潜力、技术潜力、经济潜力与市场潜力四个层次。资源潜力为已有及在建火电机组能提供最大可能的调节容量；技术潜力为根据各火电机组的特征和现有技术条件能够提供的调节容量增量；经济潜力为根据各类补偿标准、具备经济性的调节容量增量；市场潜力为在各类市场容量，特别是调峰辅助服务市场容量下可以支撑的调节容量增量。[1]

在目前的技术水平下，大小规模煤电机组都有一定的灵活性改造潜力，大容量先进机组本身就具有一定的低负荷运行能力，可以在 50% 的负荷水平下稳定运行，经过灵活性改造后能进一步降低至 40% 左右；小容量机组虽然自身低负荷运行能力不足，但经过灵活性改造后最小稳定运行负荷可以显著降低，调峰能力提升 50% 以上。总体来说，在技术层面，中国现存煤电机组具备很大的灵活性改造潜力。

成本消纳是煤电转型需要解决的根本性问题。目前中国的大部分火电机组可以接受 60% 以上的负荷水平，不至引起较大额外成本，当然收益会因发电量减少而减少。60 万～ 100 万等机组能够有更大的承受范围，但继续降低至 50% 负荷左右将进入深度调峰状态，机组损耗等额外成本出现，更低的负荷水平将大大提高运行成本。因此，通过技术改造煤电能够实现调峰调频等灵活运行方式，但相关成本如果没有比较好的消纳方式，在实际运行中将很难落实。在现有的技术水平下，煤电机组的运行成本—负荷曲线大致呈 U 形，由满负荷开始，一开始的成本下降来自降负荷减少的投煤，此阶段为基本调峰阶段，煤电机组能够保持稳定运行，电量收益也会随发电量减少而减少，但电量收益的减少要大于成本的降低，因此对煤电机组来说，没有调峰补偿和容量电价的前提下，此阶段整体净收益也在下降；当负荷水平达到 50%～60% 后，煤电机组将进入深度调峰状态，此时运行工况将出现变化，机组将开始产生额外的调控成本和损耗折旧成本；当负荷进一步下降到 20%～30% 时，机组已经难以维持燃烧室及汽轮机的正常运转，此时需要进一步通过投油等辅助方式来维持运行，这将进一步产生额外的使用成本及排放成本。煤电机组变负荷成本定性曲线如图 1.5 所示。

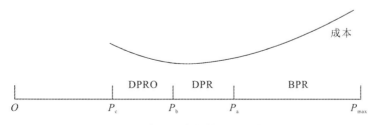

图 1.5　煤电机组变负荷成本定性曲线

通过灵活性改造及煤电机组整体利用的供需匹配及合理规划，可以在一定程度上缓解成本消纳问题，将深度调峰临界负荷水平进一步降低，即 U 形曲线最低点左移，从而让煤电机组能够在成本上承受更低的负荷水平，但低利用小时数带来的不只是电量电价的收益降低，还会带来机组损耗和整体运行成本的提高，需要政府、电力部门、煤电企业、消费者多方共同努力才能实现成本消纳：企业需要灵活性改造和清洁性改造，降低灵活性运行的成本；政府需要改革电价，将单一电量电价营收方式转变为容量电价、辅助服务收益、碳市场收益等多维综合性的营收方式；电力部门和政府应当完善辅助服务补偿方案，建立并优化容量电价机制和全国碳交易市场，为煤电企业实现多维营收提供支持。

目前国内很多地区都已出台了针对煤电参与深度调峰和辅助服务市场的相应补贴政策，且随着政策试点时间越来越长，其合理性也不断得到优化。东北地区走在全国火电灵活性改造市场机制优化的前列，近年来，东北地区煤电机组调峰辅助服务费用逐年上涨，到 2019 年总规模已超过 30 亿。具体到电站，根据机组情况和需求侧情况，机组能够得到的调峰及辅助服务补偿费也能够达到 0.4～1 元 / 千瓦·时，相较于常规发电的电量电价，已经能够很好地满足火电营收需求。

CCUS 方面，目前中国的 CCUS 各技术环节均取得了显著进展，部分技术已经具备了商业化应用潜力。根据《中国 CO$_2$ 捕集利用与封存（CCUS）年度报告（2021）》研究预测，中国地质封存潜力约为 1.21 万亿～4.13 万亿吨。然而，目前中国 CCUS 技术的减排潜力还未充分体现，总减排贡献不高于 100 万吨 / 年，且盈利空间狭窄，但长远来看，CCUS 技术的减排潜力巨大。我国 CCUS 行业整体仍然处于工业示范阶段，中国已投运或建设中的 CCUS 示范项目约为 40 个，CO$_2$ 捕集能力达 300 万吨 / 年，这些项目多以石油、煤化工、电力行业小规模的捕集驱油示范为主。CCUS 的技术成本是影响其大规模应用的重要因素，随着技术的发展，我国 CCUS 技术成本未来有较大下降空间。预计到 2030 年，我国全流程 CCUS（按 250 公里运输计）技术成本为 310 ~ 770 元 / 吨 CO_2，到 2060 年，将逐步降至 140 ~ 410 元 / 吨 CO_2。随着 CCUS 技术逐渐成熟，碳交易市场等机制逐渐完善，CCUS 项目的经济性也会逐渐得到体现。目前 CO_2-EOR 和 CO_2-EWR 等项目已经开始出现盈利空间，未来 CCUS 项目也有望通过加入碳交易进一步提升自身盈利能力。抓住低成本的 CCUS 早期机会，对于开展技术示范、加快技术学习曲线、提振政府和全社会对于 CCUS 技术的信心都具有重要意义。

长期来看，煤电企业在进行自身灵活性改造的同时也可以同时关注 CCUS 相关技术的发展，"煤电 +CCUS"的源汇匹配思路能够帮助煤电在未来以清洁能源为主的电力体系中保留一席之地。CCUS 的全国范围大规模布局应当尽快展开，短期内 CCUS 搭配煤电的经济效益可能并不显著，但随着减排进程逐渐深入，可再生能源占比逐渐上升，依托现存大量固定成本归零的煤电机组布局的 CCUS 配置将会显示出其在可靠性和经济性上的优势。一方面，对煤电机组的保留和利用能够保障电力系统在峰谷调节和应对极端气候的可靠性；另一方面，CCUS 的下游产业链成熟后，搭配成本归零的煤电机组，其相对于"可再生能源 + 储能"配置的经济性也将会逐渐显现出来。CCUS 的全面布局需要很长的建设周期，应当将眼光放长远，尽快在全国展开布局，在未来可再生能源比例上升后，"煤电 +CCUS"的配置不仅能够帮助煤电保留一条可靠的生路，也将会有力推动中国电力系统低成本碳中和进程。

▉ 1.2.5　煤电转型政策建议

综合来看，未来中国煤电不宜一次性整体退出，而应通过进行灵活性改造，以运行小时数逐渐降低的形式逐步退出主力供电的舞台，从而实现逐渐向灵活性辅助电源和备份电源的角色转换，同时通过搭配 CCUS 技术来获得在碳中和背景下更高的可用性。

从宏观调控角度来讲，相关部门应当严格贯彻落实国家关于严控煤电相关的政策目标，合理统筹规划，将煤电机组的最大总装机量控制在合理范围内，同时在煤电行业内部也应继续推进淘汰小锅炉、落后机组等，提高煤电系统整体效率，实现行业瘦身，为未来的转型做好准备。

从电力市场角度来讲，应当进一步推进电力市场化改革，使煤电的退出和转型带来的成本能够通过合理的市场机制消纳，同时需要统一并完善辅助服务市场相关的政策规定及补偿标准，如建立容量电价机制等，为煤电转型为灵活性服务电源和备用电源提供市场机制保证及经济性动力。此外，碳市场在推动碳中和进程上也有其重要作用，目前电力行业已经加入了全国碳市场交易，应当继续完善碳市场运营机制，通过碳市场更好地帮助煤电完成转型与退出。

从煤电企业角度来讲，政府需要从政策规定及成本补贴两方面双管齐下，推动煤电企业尽快对煤电机组进行灵活性改造，一方面要有合理完善的统一改造规定，另一方面也要给予一定的灵活性改造补偿，给予煤电企业改造动力。

从煤电配合 CCUS 角度来讲，需要尽快意识到 CCUS 的定位应当是电力系统碳中和进程中不可或缺的角色，而非不得已而用之的托底方案，在全国范围内推动 CCUS 的布局，并探索完善"煤电 +CCUS"的配置方案相关的运营方式及市场模式，从政策引导及市场机制完善两方面推进 CCUS 加入煤电转型这一进程。

总而言之，煤电虽然已经注定要从电力供给的主舞台退出，但通过灵活性改造和CCUS 等技术的加持，中国的煤电资源仍然能够通过逐步降低运行小时数的方式，以更加缓和的方式实现转型和退出，这一方面能够帮助整个煤电行业找到自己未来的生存之路，另一方面也有助于推进整个电力系统低成本碳中和的进程。

1.3　把握燃煤发电低碳转型窗口期，加快 CCUS 技术示范应用

气候变化问题正从科学认识转变为政治承诺和具体行动，未来碳排放控制将日趋成为影响经济发展和能源转型的紧约束。中国正处于全面建设社会主义现代化强国的关键时期，在应对气候变化的前提下仍要兼顾支撑经济发展和保障能源安全等多重目标的实现。碳中和目标框架下的传统煤电面临着"碳锁定"的风险，消极应对或被动退出将影响电力系统的安全稳定运行，并引致巨大的社会转型成本。现有煤电减排技术体系与碳中和愿景的实际需求之间存在差距，在此背景下，CCUS 技术定位愈加明确，并引起了各方关注。CCUS 技术能够保障燃煤电厂继续低碳利用现有基础设施并实现深度减排。

煤炭主导的传统能源体系下，CCUS 具备技术可塑性、减排灵活性和碳利用持续性，是构建中国兼具韧性和弹性的低碳能源系统的关键。生态环境部、地方政府、能源国企等各方积极行动，以布局推进规模化 CCUS 技术项目示范。现有研究表明，从技术可行性、成本经济性、区位适宜性等多维度考虑，国内煤电厂具备进行 CCUS 技术改造的潜力。CCUS 是煤电行业实现大规模减排和可持续发展的重要技术路线，也是中国实现碳中和目标的"托底"技术。未来应尽早明确煤电 CCUS 的战略定位，加紧技术示范验证，培育产业基础。各级政府应牵头部署建设国家级煤电 CCUS 产业集群，

配套出台基于规模化示范项目的财税和产业激励政策，未来 10～15 年在具有形成产业集群潜力的综合能源基地规划布局一批百万吨级全流程煤电 CCUS 示范项目。

1.3.1　碳中和背景下 CCUS 技术的定位及最新进展与动向

中国低碳多元供能体系的构建依赖于 CCUS 技术的规模化应用。当前中国社会的高质量运行存在着推动经济发展、保障能源安全与应对气候变化等多重目标，CCUS 技术则是多目标约束下实现中国大规模深度减排的必然选择（林伯强，2021）。[2] 气候变化问题正从科学认识转变为政治承诺和具体行动，现阶段中国应对气候变化的行动逐步深入，CCUS 技术的发展路线也逐渐清晰。2030 年前，CCUS 技术处于研发示范阶段，主要依靠政策驱动技术发展，整体产业发展处于培育期到规模化推广期的关键阶段；预计至 2050 年，实现 CCUS 技术的低成本、低能耗、大规模运行，构建成熟的 CCUS 技术体系和产业集群；至 2060 年，CCUS 技术将突破"能源不可能三角"，实现低廉的技术应用成本、保障能源安全稳定供应、有效应对气候变化的三重目标，助力碳中和目标的实现。

从权威智库机构研究成果来看，CCUS 是不可或缺的重要减排技术。生态环境部环境规划院的相关报告指出，CCUS 技术有助于在兼顾大规模化石能源零排放利用的前提下保持电力系统灵活性，从而为中国碳中和愿景的实现提供技术可行的排放路径参考和托底技术保障。中国工程院的源汇匹配结果表明，CCUS 技术提供的碳减排潜力基本可以满足实现碳中和目标的减排需求。按照当前技术发展路径预测，2050 年和 2060 年，通过 CCUS 技术可以分别实现 6 亿～14 亿吨和 10 亿～18 亿吨的 CO_2 减排。作为实现碳中和目标的关键性减排路径，CCUS 技术的规模化应用还将减少对目前处于开发早期阶段的储能等技术的依赖，大幅减少能源转型的成本和复杂性（姜大霖，2020）。[3]

从政府规划和战略性文件来看，推动 CCUS 技术发展的政策信号已明确释放。国家发改委 2021 年 6 月份下发了《关于请报送二氧化碳捕集、利用与封存（CCUS）项目有关情况的通知》，以了解各地 CCUS 项目发展情况。财政部、科技部、生态环境部正在研究加大对 CCUS 技术研发投入和政策扶持力度，加快推进低成本低能耗碳捕集、多样化利用及安全可靠封存的全链条集成技术示范。浙江省发布能源碳达峰行动方案，加快 CCUS 技术科技攻关，超前部署 CCUS 技术，积极推动火电机组十万吨级 CCUS 技术应用示范。内蒙古自治区出台"十四五"科技创新规划，重点推进 CCUS 关键技术突破，并率先实现 CCUS 技术的集群化和产业化。随着 CCUS 技术进入《绿债目录（2021 年版）》支持范围，未来涉及成本消纳机制的更多实质性支持政策有望制定和推行。

从国内大型能源央企动向来看，积极进行 CCUS 战略布局的思路日益明确。CCUS

技术是传统化石能源国企低碳绿色发展的重要现实选择，可以实现基础设施再利用和递延停产成本，避免因减排而造成的化石能源资产"贬值"。因此，国内大型能源央企纷纷顺势而为，加快推进实施百万吨级 CCUS 技术大规模全流程示范和新型技术攻关，及早抢占能源低碳转型新的战略制高点。中国石化 2021 年 7 月份宣布开启中国首个百万吨级 CCUS 项目（齐鲁石化—胜利油田 CCUS 项目）建设，这将成为国内最大的 CCUS 全产业链示范基地。华能陇东能源公司百万吨级 CCUS 项目完成投资项目备案，将建成年捕集量 150 万吨的大规模 CCUS 技术全流程示范项目。中国海洋石油集团有限公司恩平 15-1 油田正在实施国内首个海上 CO_2 规模化封存项目。由中国华能牵头的海上风电产业技术创新联合体、CCUS 技术创新联合体正在积极申报发改委和能源局的 CCUS 产业创新平台。

从国际绿色技术发展进程来看，CCUS 技术研发和产业化应用正在加速。全球 CCUS 行业已经告别示范项目阶段，在政企合力下进入快速增长期。以欧美为代表的发达国家积极投入资金开展 CCUS 技术研发和示范工程。欧盟将 CCUS 技术视为确保可持续电力生产的必要机制，并制定完善的碳捕获和封存法律。英国未来十年将提供 8 亿英镑资金，在至少两个地点建立 CCUS 集群。美国在 2021 年 1 月份发布 45Q 条款最终法规，采用递进式补贴价格的方式，将用于强化驱油的每吨 CO_2 捕集的补助金额由 35 美元提升至 50 美元。北美多地也提出区域 CCUS 产业集群枢纽规划，并配以税收抵免等综合性激励政策。各大国际能源企业也在投入大量资金开展 CCUS 研发和示范活动，以期在全球 CCUS 产业竞争中占得先机。埃克森美孚成立全新的 CCUS 业务部门，正在推进超过 20 个 CCUS 项目。道达尔每年将 10% 的研发经费投入 CCUS 部门，并与阿布扎比国家石油公司签署框架协议，寻求联合研发和部署 CCUS 技术的机会。BP 等公司在米德尔斯堡附近海域建设了"东海岸集群"项目，预计每年可封存 CO_2 2000 万吨。

■ 1.3.2　中国发展煤电 CCUS 的必要性和可行性

燃煤电厂在中国的电力供给中扮演着至关重要的角色。截至 2021 年底，中国全口径煤电装机容量 11.1 亿千瓦，约占全球煤电产能的 48%。中国拥有世界上最高效的燃煤发电机群，总体呈现出存量大、机组新、效率高的特征（IEA，2020）。[4] 国家能源局发布的数据显示，高效大功率的超临界、超超临界燃煤机组约占总煤电装机的 44%，煤电机组平均供电煤耗为 305.5 克标准煤／千瓦·时，平均服役年限却仅约 12 年。目前中国煤电机群的运行年龄约是全球煤电机组平均运行年龄的一半，大规模且年轻的煤电机群具有在未来几十年内锁定碳排放的风险。通过对燃煤电厂的 CCUS 技术改造，可以在实现大规模碳减排的前提下尽量延长庞大煤电资产的使用年限。

煤电产业是中国资源禀赋条件最优、能源安全保障贡献最大、全经济社会系统影响和渗透度最深的部门。鉴于中国庞大而年轻的煤电机群和电力系统结构，在没有经济可靠的大规模储能技术支撑的情况下，目前迅速淘汰煤电是不现实的。当前，燃煤锅炉的清洁生产技术改造、末端脱硫脱硝除尘等废气处理技术已经十分成熟，燃煤发电所产生的污染物排放（除 CO_2 之外）得到了有效控制。未来只需要针对煤电生产过程的各环节和全产业链进行改造和升级，持续降低 CO_2 排放，便可使煤电成为真正意义上的清洁电力。

未来中国煤电的规模和利用小时数很大程度上依赖于 CCUS 技术的突破。在碳中和愿景下，中国不应完全抛弃自己的煤炭资源优势，而是应该基于现实国情为庞大的煤电产业寻找顺应潮流的出路。CCUS 技术在燃煤电厂的广泛应用具有显著的现实意义，能够实现深度电力脱碳，并保障燃煤电厂提供可调度的低排放电力。目前中国现存煤电机组的运行年限较短，远远低于 30 年的平均煤电机组服役年限。在储能技术未成熟规模化应用的当下，贸然推动可再生能源对煤电的大规模替代，会对电力系统的安全稳定运行造成较大冲击，并引致巨大的社会成本。基于当前的电源结构、电力生产惯性和煤电被强力锁定的现实国情，中国政府需要明确发展煤电 CCUS 的必要性和可行性。

首先，煤电 CCUS 是实现电力系统碳中和的必要技术手段。间歇性可再生能源发电的稳定运行存在较强的不确定性，仍需电网侧和储能等关键技术的突破。清洁低碳经济安全的电力系统应该包含间歇性的可再生能源电力和稳定可靠的可调度电力，后者通过以化石燃料为基础并部署 CCUS 技术可以实现供应。煤电结合 CCUS 则具有稳定可调度和灵活性等特征，可以大幅降低发电碳排放，提升煤电资产利用率和电力系统运行可靠性，增强电力低碳转型路径的弹性。根据 CCUS 专委会的测算结果，到 2040—2050 年，全国在服役期内的煤电厂结合 CCUS 技术年潜在减排规模预计可达 10 亿～ 20 亿吨。实现电力系统完全脱碳的转型期内，煤电 CCUS 累计减排贡献潜力预计在 200 亿吨以上。

其次，一定条件下煤电 CCUS 是具备经济性的减排路径。CCUS 技术与燃煤电厂的集成方式取决于燃煤电厂的类型。普通煤粉电厂可通过采用燃烧后捕集技术从电厂的烟气中捕集 CO_2。整体煤气化联合循环发电厂（IGCC 电厂）则一般采用燃烧前捕集技术来获得高浓度的 CO_2。与 CCUS 技术结合的燃煤电力不会增加额外的并网成本或风险，在弱阳光和低风速等可再生能源电力出力不足时段以及用电高峰时段，可以保障电力安全稳定的持续供应，降低电力系统的维护成本。根据 CCUS 专委会的测算结果，当前实施 CCUS 改造后的低碳煤电的平均成本为 0.5 ～ 0.75 元 / 千瓦·时，低于配置化学储能的风能入网成本 0.6 ～ 1.1 元 / 千瓦·时。中国科学院武汉岩土力学研究所的研究成果表明，在考虑技术进步、CO_2 碳驱油及驱水收益的情景下，2030 年、2040 年、2050 年的煤电 CCUS 成本预计将比现有水平下降 13%、25% 和 35%。如果考虑区域集群式发展产生的规模效应等，成本将进一步大幅下降。由于未来电网消纳成本随着风、光等可再生能源渗透率提高而可能加速上升，煤电进行 CCUS 改造相较于可再生能源配备储能具备一定的成本竞争力。

再次，中国燃煤电厂实施 CCUS 具有较好的地域耦合潜力。未来煤电产业发展呈现出空间布局向西北部资源密集地区转移、转化利用规模向大型化发展、碳排放源更加集中等特征。能源金三角（鄂尔多斯盆地）、新疆准东（准噶尔盆地）等地的燃煤电厂具有较为适宜的 CO_2 地质封存与利用条件，适宜优先开展 CCUS 改造。随着中国煤炭开发重心向西部转移，煤炭资源开发利用地区（碳源）与 CO_2 地质封存场地（碳汇）具有高度的区位耦合性，有利于培育形成煤电 CCUS 产业集群。大型煤炭能源基地的集中西移有利于 CCUS 区域管网布局建设，通过共建共用基础设施，发挥产业集聚效益和规模效益，CCUS 减排成本可实现大幅下降。CCUS 专委会预计到 2050 年，有较好地质封存利用的坑口燃煤电厂结合 CCUS 后完全供电成本可下降至 0.25 元 / 千瓦·时左右。此外，由于中国西北部存在着分布广泛的咸水层和石油资源，CO_2 排放源和封存地的地域重合有助于更加便利地实现源汇匹配，缩短输送距离，减少运输成本。

最后，现役煤电机组实施 CCUS 改造仅有 10 ～ 20 年的窗口期。基于现有煤电存量机组服役时间测算，在不延长服役时间的情况下，2030—2045 年预期煤电退役装机容量约 6.5 亿千瓦，占现役煤电装机的 60% 以上。大规模 CCUS 技术的推广是延缓机组退役的最有效技术路径，因此 2030 年以前是开展 CCUS 规模化示范的重要战略机遇期。若无法实现技术突破与产业化能力储备，在 2030 年全国碳达峰后，煤电将被迫大规模快速退出，到时将造成固定资产沉没成本损失，并给电力系统安全稳定运行带来更大挑战，能源系统转型的成本和复杂性都将显著提升。

■1.3.3　燃煤电厂结合 CCUS 技术发展面临的问题

当前，燃煤电厂结合 CCUS 技术发展面临着发展定位和战略规划不清晰、大型规模化示范项目经验匮乏、技术应用成本高昂和技术改造路线模糊等挑战。

第一，发展定位模糊，未形成明确的总体战略规划。美国等发达国家已经将 CCUS 技术发展视为重要减排路径。特朗普时期美国就提出未来 25 年通过启动、扩张和规模化应用三个阶段实现 CCUS 技术大规模部署的发展路线图。拜登政府也明确 CCUS 是唯一能够实现减少新建燃煤电厂碳排放的清洁低碳技术。在 2020 年 12 月美国众议院通过的 9000 亿美元经济救助方案中，约有 65 亿美元支持计划用于推进 CCUS 技术在工业和能源领域的应用。相比而言，目前中国CCUS技术发展定位仍然不明晰，未来传统煤电行业是逐步加速退出还是耦合CCUS技术的路径尚未明确，国家总体的CCUS战略规划尚未形成，清晰完善的技术发展规划尚未制定。此外，在中国CCUS项目实践过程中，面临着管辖部门及审批程序不明确、相关技术规范缺乏等亟待解决的问题。从政府至公众，国家自上而下对CCUS技术的重大战略意义认识不够，产业推进较为缓慢，不利于整体气候战略的实现。

第二，产业化程度低，未开展大型规模化示范项目。当前CCUS产业的发展受到高资本需求、长投资周期、复杂技术链条、强政策依赖性等障碍的制约。中国仍然处于技术早期研发及中小规模试点示范阶段，科技研发投入不足，缺乏大规模全流程CCUS项目示范经验。由于投资成本高昂，高排放企业自发开展CCUS项目的积极性不高，单一项目CO_2捕集规模为1万～10万吨/年，并未形成产业规模及集聚效应。相比而言，受益于强有力的联邦45Q税收减免政策，美国引领全球CCUS部署与技术应用。目前美国运行中的百万吨级CCUS示范项目有11个，占全球总数的一半以上，建成超过6000公里CO_2专用运输管网，每年约6000万吨CO_2用于驱油，步入产业化发展的前期阶段。目前，美国示范项目在总体规模、产业成熟度、行业覆盖、专用管道等方面实现了对中国的全面领先，中国同美国等发达国家CCUS技术发展水平的差距可能正在被拉大，未来有被进一步"卡脖子"的风险。

第三，技术应用成本高，未明确最优化技术改造路线。技术成本是燃煤电厂能否成功实施CCUS改造的关键因素。当前，CCUS技术发展正处于起步阶段和技术学习曲线的中前期，相较于技术成熟度高、发电成本大幅降低，并且已经实现规模化发展的风电、光伏而言，当前实施CCUS技术改造的燃煤电站的度电成本并不具备优势。捕集成本是CCUS技术流程中的主要成本来源。未来随着CO_2捕集需求的提升，可能会需要进一步提高燃煤电厂的捕集量，这将会引致总体发电成本的上升。因此，减少捕集成本应是未来降低整体CCUS技术应用成本的主要方向。此外，针对燃煤电厂的不同发展阶段和模式，燃煤电厂进行CCUS改造也存在着多样化的技术路线，且不同技术路线的实施成本也存在较大差异。如果未明确最优化的煤电CCUS技术改造路线，势必提升能源电力系统低碳化转型的总成本，导致资源配置的无效率。

■ 1.3.4 燃煤电厂结合CCUS技术发展的政策建议

未来燃煤电厂结合CCUS技术发展应注重明确"利用带动封存，政策驱动商业"的技术总体定位。社会各界应凝聚共识，主动把握碳中和愿景下的减排路径选择，有序提升CCUS技术减排贡献度。为了早日形成低成本、低能耗的煤电CCUS技术体系和产业集群，政府需要强有力且持续的政策支持推动 CCUS 的部署和更广泛的商业化，国有能源企业在其中也应积极发挥示范引领作用。政府应从法律法规和财税政策两方面加强立法保障和创新融资机制，给予企业更大力度的政策支持。

第一，加强顶层机制设计，明确技术中长期发展战略定位。在积极践行和推动中国碳中和进程中，需要根据新的减排形势综合评估煤电 CCUS 的战略定位。大力发展结合 CCUS 技术的清洁高效燃煤利用是实现碳中和目标不可或缺的重要途径之一。CCUS 作为煤电产业可持续发展的战略性和支撑性技术，能够担当保障中国能源安全保供稳价、国有资产保值增值的重任。CCUS 改造可以实现煤炭低碳利用，延长煤电资产的使用年限，促进现有核心煤电产业链可持续高质量发展。CCUS 能够为煤电行业实现碳中和确定锚点，有望成为低碳转型下战略新兴产业的重要支柱性技术。应该将 CCUS 纳入国家重大低碳技术范畴，形成社会各界对发展 CCUS 技术的共识。应抓住"十四五规划"这一技术播种的黄金时期，积极将相关技术研发纳入后续国家科技计划和产业发展规划，为其提供长期稳定的支持。

第二，规范行业技术标准，加强相关制度设计和战略规划。"十四五"时期是探索大规模、经济可行煤电 CCUS 项目的窗口期，应尽快组织编制中长期技术发展规划与行业技术标准，使 CCUS 技术走向规范化发展轨道。未来的战略规划具体可分四步走。首先，加强技术验证与产业培育。加大对 CCUS 技术研发和工程产业储备的支持力度，在 2030 年前通过 10 年左右技术研发和储备，拉近中国同发达国家的技术差距，推动 CCUS 成本和额外能耗的下降。其次，规模应用与协同推进。2030—2045 年围绕鄂尔多斯盆地、新疆等重点区域开展规模化推广应用，预计建成 5 ~ 10 个基地化 CCUS 产业集群。再次，重视技术知识产权保护。尽早弥补在 CCUS 技术产权保护机制与体系建设上的空白，激励和推动国内 CCUS 技术的研发。最后，制定 CCUS 项目监管条例和行业规范。明确 CCUS 研发示范项目的责任主体和监管审批主体，建立行业与政府、投资者与项目方之间的联合协调机制，探索不同利益相关主体的沟通交流机制。

第三，发挥国有大型能源企业优势，加快技术研发和示范。鼓励国有能源企业充分发挥资本和资源的调动优势，主动探索 CCUS 项目发展的商业模式，牵头规划建设 CO_2 专用运输管道等基础设施，提升源汇匹配水平，统筹降低区域减排成本。大型能源国企目前具备较好的 CCUS 工程实践基础，如国华电力 15 万吨 / 年燃烧后碳捕集和封存等全流程示范项目，为 CCUS 产业规模化发展积累了宝贵的实践经验。未来，综合考虑成本及区位因素，应优先选取大型国企燃煤电厂实现最大捕集能力示范。大型能源国企应以主人翁的心态积极开展全流程大规模煤电 CCUS 示范项目，提升具备规模化产业化应用的工程能力和技术条件。例如，选择源汇匹配条件适宜、地方政府态度积极的地区（如陕西、内蒙古、新疆等地区），积极有序开展煤电

CCUS 全链条工程示范。综合发挥人力、资金等优势，加快新一代低成本捕集技术的研发应用，开展 CO_2 输送管道等基础设施的规划与布局建设，为培育大规模产业集群做储备。

第四，开展关键技术突破，积极布局产业主要发展方向。将 CCUS 作为关键技术创新突破的重要方向，积极争夺前沿低碳技术话语权，尽快建成"技术开发—工程示范—产业化"的煤电 CCUS 技术创新体系，延展清洁固碳产业链，打造碳减排技术创新策源地。同时，探索设立 CCUS 技术专项扶持资金，将相关技术纳入科技研发的考核机制。针对捕集、压缩、运输、注入、封存等全链条技术单元之间的兼容性与集成优化，突破大规模 CCUS 全流程工程相关技术瓶颈。重点聚焦低成本低能耗捕集技术、资源化利用技术、区域管网布局建设、地下空间的精细化评估（未来圈地的靶区）、高效安全封存技术、工程装备及监测技术。在政策支持和引导下，应探索更多符合中国国情的创新性 CCUS 模式，继续开展煤电产业 CCUS 改造规模化的时空优化等预研工作，实现煤电产业 CCUS 改造从产业化培育期到规模化推广期的高效率过渡。把握 2030—2035 年燃煤电厂 CCUS 技术改造的最佳窗口期，在电力行业超前部署新一代低成本、低能耗 CCUS 技术，推进 CCUS 技术代际更替，从而避免技术锁定，争取最大的减排效益。

第五，加强政策性保障，尽快制定出台基于示范项目的激励政策。在技术示范阶段，可以综合考虑通过碳市场和电力市场两个手段为燃煤发电 CCUS 提供政策性激励。在碳市场方面，加快制定火电行业实施碳捕集的减排量核算方法，建立健全碳交易市场体制机制推动 CCUS 技术发展。在电力市场方面，通过保障性的电量和补贴电价减少燃煤发电企业实施 CCUS 示范的成本负担。2030 年前早期培育阶段，建议对实施碳捕集示范电厂给予 6000 小时以上的固定发电小时数保障，以及不超过 0.15 元/千瓦·时的补贴性电价。此外，建议明确将 CCUS 技术纳入核证减排项目和绿色信贷支持目录，加快全流程技术示范及成本下降，积极推进技术与产业培育。最后，政府可以借鉴光伏及风电等新能源产业大规模发展的成功经验，通过政策激励推动 CCUS 产业的规模化生产，进而发挥规模经济带来的技术成本下降效应。受益于规模经济效应，中国的光伏组件成本十年内已下降近 90%，实现了发达国家 40 余年才达到的成本突破。未来，煤电 CCUS 也可以遵循这一发展思路，以形成规模化优势为引领，逐渐积累成本优势，进而培育技术优势，最终实现整体技术的商业化运行。

1.4　中国钢铁行业实现"双碳"目标的技术措施与成本效益分析

钢铁作为重要的工程和建筑材料，存在于生产生活的许多方面。我国是世界上最大的钢铁生产国和消费国。国家统计局数据显示，2020 年我国粗钢产量为 10.53 亿吨，约占世界总产量的 57%[1]。钢铁行业是能源密集型产业，也是我国目前最大的能源消费部门。煤炭作为钢铁生产过程中的主要原料和燃料，在生产中用来发热和制造焦炭，在钢铁行业能源消费总量中约占 75%。以煤炭为主导的化石燃料在钢铁生产过程中的使用使得钢铁行业成为工业部门中较大的 CO_2 排放源之一，钢铁行业的温室气体排放量约占我国温室气体排放总量的 15%[2]。工业生产每吨钢铁平均排放 1.85 吨 CO_2[3]，由此可以看出，钢铁行业的高碳特征较为明显。

根据"十四五规划和 2035 远景目标"的要求，中国锚定"努力争取 2060 年前实现碳中和"。在 2030 年碳达峰和 2060 年碳中和目标的约束下，中国各个工业部门追求脱碳的压力越来越大，钢铁行业也面临着从环境和经济角度减少碳足迹的压力。钢铁行业作为减少能源系统 CO_2 排放的贡献者和关键推动者，改善其温室气体的排放状况就显得尤为重要，钢铁行业降碳行动的技术方案设计的作用也日益凸显。可以预见的是，钢铁行业的技术升级路径将越来越受到经济因素与减排目标的双重驱动，理解钢铁行业的技术升级方案的减排潜力和成本效益变得十分必要且重要。

1.4.1　钢铁行业的生产工艺及碳排放

在从技术角度探讨钢铁行业减排的可能性之前，我们需要对钢铁行业的生产工艺状况加以分析，钢铁企业需要评估并决定从技术和经济上可行的生产方式来减少他们的碳足迹。目前主流的钢铁生产工艺可以分为三种：一是采用高炉、转炉和焦炉的长流程，在该生产工艺中，钢铁企业以铁矿石作为原料；二是废钢和电弧炉的短流程；三是直接还原铁和电弧炉流程。由生产工艺可知，电弧炉的原料可以是废钢，也可为直接还原铁，实际生产中一般是废钢和直接还原铁的混合物。不同生产工艺对能源需求及 CO_2 排放强度会产生影响。如表 1.2 所示，就能源强度而言，根据国际能源署 2020 年的估计，同样生产 1 吨粗钢，高炉、转炉和焦炉的长流程需要消耗 21.4 吉焦的

---

[1]　国家统计局 . http://www.stats.gov.cn/. 获取日期：2021 年 10 月 .
[2]　世界钢铁协会 , 钢铁统计年鉴 .www.worldsteel.org. 获取日期：2021 年 10 月 .
[3]　世界钢铁协会 , 钢铁统计年鉴 .www.worldsteel.org. 获取日期：2021 年 10 月 .

能源，废钢和电弧炉的短流程需要消耗 2.1 吉焦的能源，且主要消耗的是电力而非煤炭，以氢气为基础的直接还原铁和电弧炉流程则需要消耗 17.1 吉焦的能源。

表 1.2　钢铁行业主要生产工艺的能源强度

方法	高炉、转炉和焦炉长流程	废钢和电弧炉短流程	以氢气为基础的直接还原铁和电弧炉流程
国际能源署	21.4吉焦 / 吨	2.1 吉焦 / 吨	17.1 吉焦 / 吨
世界钢铁协会	22.7吉焦 / 吨	5.2 吉焦 / 吨	21.8 吉焦 / 吨

备注：这里显示的国际能源署和世界钢铁协会能源强度数值的差异主要归因于电力的处理。

资料来源：国际能源署与世界钢铁协会。

钢铁行业 CO_2 排放的来源主要有三个方面：一是焦炭作为生产原料参与化学反应所产生的排放；二是化石能源作为燃料燃烧所产生的碳排放；三是钢铁生产中电力消耗所引起的间接碳排放。[5] 由于对煤炭等传统化石能源的依赖度较高，钢铁生产是碳排放强度高的生产过程。按钢铁行业平均计算，生产 1 吨粗钢会产生 1.4 吨直接 CO_2 排放和 0.6 吨间接 CO_2 排放。如表 1.3 所示，通过高炉、转炉和焦炉的长流程使用直接喷煤生产 1 吨粗钢，直接排放约 1.2 吨 CO_2，此外，使用电力和热力会间接排放约 2.2 吨 CO_2，如果改用如喷煤气等作为燃料，那么直接碳排放强度将会有所降低。通过氢气为基础的直接还原铁和电弧炉短流程，可以实现更低的碳排放强度，每生产 1 吨粗钢，直接排放的 CO_2 为 1.0 吨，间接排放的 CO_2 为 1.4 吨，这是因为该生产工艺 70% 的生产依靠天然气而非煤炭。通过废钢和电弧炉由于主要消耗电力，可以实现更低的碳排放强度，每吨粗钢的直接排放仅为 0.04 吨 CO_2，间接排放约为 0.3 吨 CO_2。

表 1.3　钢铁行业主要生产工艺的 CO_2 排放强度

方法	高炉、转炉和焦炉长流程	废钢和电弧炉短流程	以氢气为基础的直接还原铁和电弧炉
国际能源署（直接）	1.2 吨 CO_2/ 吨	0.04 吨 CO_2/ 吨	1.0 吨 CO_2/ 吨
国际能源署（直接 + 间接）	2.2 吨 CO_2/ 吨	0.3 吨 CO_2/ 吨	1.4 吨 CO_2/ 吨
世界钢铁	2.2 吨 CO_2/ 吨	0.3 吨 CO_2/ 吨	1.4 吨 CO_2/ 吨

资料来源：国际能源署与世界钢铁协会。

高炉、转炉和焦炉的长流程是中国国内钢铁行业的主流生产工艺路线，该生产方法消费的煤炭占其化石能源消费的 95% 以上，生产的高碳特征明显。与意大利（81.57%）、美国（68.01%）、印度（54.78%）等全球前十大粗钢生产国相比，中国电弧炉炼钢率（11.6%）最低，而且废钢在电弧炉原料中的比例也较低（2018 年该比例为 38%），这是导致中国钢铁行业能源消耗和温室气体排放较高的因素之一。[6]

　　钢铁部门如果要对能源系统的可持续低碳转型作出贡献，就必须采取重大措施，改进其生产流程。对于长流程而言，可以通过不同的方式提高高炉、转炉和焦炉的生产效率或减少生产损失，这些方案包括：（1）通过最大限度地提高原材料中的铁含量来优化高炉配料组合，以减少煤作为还原剂的使用；（2）增加喷油的使用，例如喷煤粉（PCI）、天然气、塑料、生物质或氢；（3）在高炉中使用焦炉煤气作为能源。这些措施有潜力在长流程中减少 CO_2 排放，但不能消除钢铁生产中的 CO_2。

　　就现阶段而言，提高电弧炉炼钢占比是钢铁行业减煤减碳的重要方向，它可以有效减少煤炭资源消耗，而且碳排放量明显低于长流程。由于减少温室气体排放的紧迫性，在中国钢铁行业用电弧炉替代高炉和转炉长流程进行生产的呼声也日益高涨，[7]电弧炉生产工艺对环境更加友好，而且能灵活地应对市场需求的变化。提高电弧炉在钢铁生产中的比重将对钢铁行业脱碳起到关键作用。工信部在 2020 年发布《关于推动钢铁工业高质量发展的指导意见（征求意见稿）》，要求中国到 2025 年电弧炉钢产量比例提升至 15% 以上，力争达到 20%；废钢比达到 30%。在减少钢铁行业资源消耗和碳排放方面，废钢发挥着重要作用。在钢铁生产过程中，每使用 1 吨废钢，可以减少 1.4 吨铁矿石、740 千克煤炭和 120 千克石灰石的消耗，以及 1.5 吨 CO_2 的排放。当前，电弧炉炼钢能否被钢铁行业采用的关键因素在于其成本的高低，而其成本主要来源于电价和废钢。中国电价具有一定的优势，尤其是中国云贵川地区，电价优势明显，具备大规模发展电弧炉潜力。而就废钢而言，高质量的废钢是生产高质量钢铁产品的必要条件，废钢作为钢铁行业重要的原料之一，主要来自拆除的建筑物和报废车辆及机械，或是在炼钢过程产生的废料。2019 年中国每年的废钢铁资源量约为 2.41 亿吨，到 2030 年将增加到 2.80 ～ 4.30 亿吨，到 2050 年将增加到 4.90 ～ 6.00 亿吨。[8]然而，当前中国废钢处理企业的总产能仅为 1 亿吨左右，[9]这意味着必须为钢铁行业建立一个结构良好的回收和再利用系统。如果电价优势和废钢供给增加，中国电弧炉炼钢比例将大幅提升，那么通过生产流程优化就可以有效降低钢铁生产中能源消耗和导致的温室气体排放。

■ 1.4.2　钢铁行业实现"双碳"的技术措施与减排潜力

　　电弧炉冶炼并不能完全替代高炉和转炉等使用以铁矿石为原料的钢铁冶炼工艺，这是由于电弧炉冶炼使用废钢为原料，而钢材在使用过程中会有铁元素的损耗流失。因此，从中长期来看，采用更先进的煤控技术改造长流程工艺是实现钢铁行业减煤减碳的长效路径。由于生产过程所需的高温以及化学或物理反应产生的碳排放，钢铁行业被认为是能源系统中最难缓解的温室气体排放部门之一。[10]氢气还原炼钢技术与

CCUS 技术是目前钢铁行业已知的具有超低碳排放潜力的技术方案，目前业界正在探索多种新的工艺技术设计（如表 1.4）。

表 1.4　钢铁行业近零碳排放技术的状况

近零碳排放技术	可应用时间	技术重要性	当前部署情况
氢气			
高炉：电解氢气混合	2025 年	中	•2019 年以来，蒂森克虏伯公司在德国的高炉中测试氢气使用，以取代部分喷煤（蒂森克虏伯，2019 年）
直接还原铁：基于天然气的电解氢气混合	2030 年	高	•20 世纪 90 年代，特诺恩塔克拉夫公司在墨西哥测试了 90% 氢气的使用（直接还原铁生产规模 9000 吨 / 年）（特诺恩塔克拉夫，2018 年）。 • 作为 SALCOS 项目的一部分，萨尔茨吉特钢铁厂正在德国进行兆瓦级电解槽示范，并进行将氢直接还原铁工厂整合到现有场地的可行性研究（SALCOS，2019 年）
直接还原铁：仅基于电解氢气	2030 年	很高	• 作为 HYBRIT 项目的一部分，试点工厂于 2020 年 8 月在瑞典开始运营；试点工厂目标是到 2025 年实现 100 万吨 / 年的生产规模（HYBRIT，2020 年） • 安赛乐米塔尔公司牵头在汉堡设计的试点工厂，将于 2030 年建成（安赛乐米塔尔，2019 年）。 • 蒂森克虏伯公司计划向完全氢气还原过渡（蒂森克虏伯，2020 年）
辅助工艺：氢气用于高温加热	2025 年	高	•2020 年初，奥沃科奥瓦科公司和林德公司在瑞典成功完成了使用氢气加热钢材的试验（奥沃科奥瓦科，2020 年）。 • 塞尔萨公司、挪威国家电力公司和挪威 Mo 工业园区于 2020 年签署了一项协议，以生产氢气替代钢铁生产中的化石燃料（塞尔萨，2020 年）
CCUS			
高炉：尾气富氢 / 碳利用或存储方法去除 CO_2	2030 年	很高	• 日本的 COURSE 50 项目完成了初始实验测试阶段；第二阶段的目标是到 2030 年达到全面商业规模，可以与 CCUS 技术一起部署（日本钢铁联合会，2011 年）。 • 德国的 Rosgesa 中试工厂在高炉中测试富含氢气的焦炉气，计划最早于 2020 年在两座高炉中实施（萨斯特公司，2019 年）。 •Stepwise 项目在瑞典试行一项技术，将脱碳的高炉煤气用于发电（二氧化碳去除量为 14 吨 / 天）（Stepwise，2020 年）
高炉：将废气转化为化学品	2025 年	中	• 蒂森克虏伯公司于 2018 年在德国启动的 Carbon2Chem 中试工厂已从钢铁生产中的尾气中生产氨和甲醇，目标是到 2025 年建成工业规模的工厂（蒂森克虏伯，2020 年）。 • 由欧洲 11 个合作伙伴组成的联合项目 Carbon4PUR，正在试点将钢铁生产中的尾气转化为聚氨酯泡沫和涂料（20 吨 / 年）（Carbon4PUR，2020 年）

续表

近零碳排放技术	可应用时间	技术重要性	当前部署情况
直接还原铁：基于天然气的 CO_2 捕集	目前	很高	• 自 2016 年起在阿布扎比市运营的工厂，二氧化碳捕集能力为 80 万吨 / 年，二氧化碳用于附近油田提高石油采收率（阿布扎比国家石油公司，2017 年）。 • 自 2008 年以来特尔尼翁公司在墨西哥运营的两家工厂捕获了 5% 的二氧化碳排放量（15 万～20 万吨 / 年）用于饮料行业，并计划扩大，二氧化碳捕集能力（特尔尼翁，2018 年）
熔炼还原：使用 CCUS 技术	2028 年	很高	• 由 ULCOS 财团开发的 HIsarna 试点工厂目前在荷兰的塔塔钢铁厂运行（钢铁生产规模为 6 万吨，尚未应用 CCS 技术）（塔塔钢铁，2017 年）；荷兰的目标是在 2027～2033 年建成一座工业规模级（150 万吨 / 年）的应用 CCS 的电厂。 • 在 Finex 工厂中对基于胺的二氧化碳洗涤进行初步测试（普锐特冶金公司，2020 年）

资料来源：《钢铁技术路线图 2020》。

1. 氢气还原炼钢的技术措施与减排潜力

氢气还原炼钢技术的核心原理是在冶炼过程中用氢气代替焦炭作为还原剂，以实现几乎无碳排放的钢铁生产。钢铁冶炼产生的碳排放主要来源于碳还原的化学反应，而氢气还原炼钢技术针对的是长流程中的高炉炼铁和短流程中的直接还原炼铁环节。对于长流程，氢气炼钢除了消除还原反应的碳排放，还可以省去煤炭焦化环节产生的碳排放，对于传统炼钢过程中要用到的煤、天然气或石油，未来可以逐步用可再生的氢气予以替代。具体而言，氢气可以作为煤粉喷吹的替代注射材料，以改善传统高炉的性能，向高炉中注入氢气可以减少约 20% 的二氧化碳排放。[11] 对于短流程，在直接还原铁和电弧炉生产工艺中，目前主要使用天然气作为还原剂，直接还原过程也可以用氢气来完成，进而用电弧炉进一步加工成钢材。氢气可以通过不消耗化石能源的方式制取，例如电解水、化工生产中收集的副产氢气，因此，使用氢气是解决钢铁行业化石能源碳排放问题较为可行的技术路径。

目前已有的较为成熟的制氢工艺，按制取原材料分类，可划分为灰氢、蓝氢和绿氢，分别指化石燃料制氢、工业副产氢和可再生能源电解制氢，目前天然气制氢是主要来源，约占全球专供氢气产量 7000 万吨的 75%，约占全球天然气用量的 6%，全球专供氢气产量只有不到 0.1% 来自水电解工艺。[12] 然而，只有绿氢才是真正零排放制氢方式。根据《可持续发展方案》，绿氢将成为 2030 年主要的还原剂大规模应用，到 2050 年，绿氢的需求将扩大至 1200 万吨 / 年。虽然对于一项新技术而言，这意味着快速的扩张和部署，但国际能源署的模型却表明，到 2050 年，钢铁生产总量中，依靠电解氢作为主要还原剂的产量还不足 8%（相当于粗钢产量的 14%）。

很多国家和地区都开发和部署了氢气还原炼钢技术，包括欧盟的 ULCOS 项目、瑞典的 HYBRIT 项目、德国的 SALCOS 项目、日本的 COURSE50 项目和奥地利的 H2FUTURE 项目[13]，其中一些项目已经进行了大规模的研究。不同地区的试验生产条件和技术选择各有差异，由此碳减排潜力也有所不同。一般来说，氢源越清洁，减少碳排放的潜力就越大，预计最大的碳减排将会超过 80%。[14] 比如，瑞典的 HYBRIT 项目与传统的高炉和转炉生产方式相比，二氧化碳排放量减少了 98%，日本的 COURSE50 项目则旨在通过用富氢气体替代焦炭减少 10% 的二氧化碳排放。[15]2020 年 12 月我国工信部发布的《关于推动钢铁工业高质量发展的指导意见（征求意见稿）》提出，要在氢冶金、非高炉炼铁、洁净钢冶炼等前沿技术取得突破进展。[16] 目前，宝武、河钢、酒钢等钢铁企业也开始了氢气炼钢探索试点。

2. CCUS 的技术措施与减排潜力

钢铁行业在实现碳中和的过程中如果完全消除对化石能源的消耗，不仅在技术上实现难度很大，而且在经济上也会极大增加钢铁生产成本，因此，保留使用一定的化石能源，可能是钢铁行业实现碳中和最现实的情景。在此情景下，钢铁行业就需要使用 CCUS 技术对这部分碳排放进行处理。通过 CCUS 技术，可以把生产过程中排放的二氧化碳进行提纯，继而投入新的生产过程中，实现二氧化碳资源化利用。CCUS 的核心环节是碳捕集，可分为燃烧前捕集（原料和燃料脱碳）、燃烧后捕集（废气处理）和全氧燃烧。在中国，钢铁厂被认为是适合燃烧前和燃烧后捕集的二氧化碳中等浓度源。根据国际能源署发布的《可持续发展方案》，预计到 2050 年，钢铁行业将累计吸收 35 亿吨二氧化碳，配备 CCUS 的生产路线占钢铁总产量的 15%。到 2070 年，全球钢铁行业产生的二氧化碳中约 75% 将被捕获。为达到这一目标，2030 年至 2070 年，全球平均每年要建造 14 家具备碳捕获能力的钢铁厂，如此一来，升级改造将面临严峻挑战。

目前 CCUS 技术的发展尚处于起步阶段，但是在钢铁试点项目中，其减排潜力巨大。酋长国钢铁公司位于阿布扎比的直接还原铁厂是目前钢铁行业唯一正在运行的 CCS 工厂，该工厂每年能够捕获 80 万吨二氧化碳，捕获后的二氧化碳被压缩和脱水后，经过 50 千米管道，注入成熟的陆地油田，用于提高石油采收率。由于其特别设计，直接还原铁铁厂在正常运行过程可消除约 90% 的二氧化碳，因此不需要增加额外的碳捕获工艺步骤。在委内瑞拉，一处类似工厂排除的废气含二氧化碳接近 100%，但被捕获的二氧化碳目前仍被排入大气。特尔尼翁公司位于墨西哥的直接还原铁厂将二氧化碳捕获后进行利用。高炉、转炉和焦化工艺产生了钢铁行业绝大多数的直接二氧化碳排放，钢铁行业应用主流的碳捕集技术是焦化和高炉、转炉炼铁尾气中二氧化碳的燃烧后捕集。在传统的高炉和转炉钢铁厂中加入二氧化碳捕集装置，可以将二氧化碳总排放量减少约 40%。[17] 国际能源署研究表明，到 2060 年，钢铁行业中的二氧化碳捕集累积应达到 100 亿吨左右（约占钢铁行业总排放量的 44%），[18] 这证实了钢铁行业将是 CCUS 技术工业应用的关键领域，因为它具有集中生产和相对容易捕集的特点。钢铁行业中捕集的绝大多数二氧化碳需要进行运输和储存，二氧化碳被液化并通过管道、车辆、船舶和其他方式运输，在储存方面，二氧化碳利用陆地／海底咸水层隔离或枯竭的油气藏隔离。中国二氧化碳封存潜力估计超过 1.84 万亿吨，但是最适合的封存地点位于北部和沿海地区，这需要考虑二氧化碳运输问题。[19]

■ 1.4.3　钢铁行业技术措施的成本效益分析

虽然氢气还原炼钢与 CCUS 技术是钢铁行业技术上可行且有效的减排方案，但是低碳技术的商业模式和成本效益是真正落地所需要考虑的重要问题。能源价格、技术成本、原材料的可得性和区域政策格局都是影响钢铁行业技术措施组合的因素。

1. 氢气还原炼钢技术的成本效益

氢气还原炼钢已不存在冶金技术障碍，当前氢气的使用仍然面临一些挑战，主要是氢储存和成本问题难以解决。由于氢气特殊的物理化学性质——密度不足空气的 1/15，且易燃易爆，因此储运需要极其特殊的条件，目前储氢方法主要分为气态、液态和固体储氢三种。低温液态储氢由于价格昂贵，目前主要在航天领域应用；有机液态和固态储氢尚处于示范阶段，尚未成熟；而高压气态储氢尽管已得到广泛应用，但由于体积比容量较低，不适用于大规模用氢场景，目前主要在燃料电池车应用。氢气的运输同样是个问题，由于氢能产业尚未成熟，氢气运输成本和前期建设较高，且运力较低，经济性有待提升。由于氢气分子体积很小，能够透过部分材料的结构间隙渗透出来，包括某些铁管和钢管，导致管道脆化和开裂，从而增加这些材料的损坏风险。而且，相对于天然气等大分子气体，氢气更容易逸出密封件和连接件。钢铁企业已在开发和部署相关工艺安全管理系统，管理有毒或易燃危险物质容器泄漏所带来的风险。氢气作为还原剂的经济性尚不及碳，据测算，氢气成本需降至 1.26 元／标方，或者对每吨碳排放征收 25 元的碳税，才能达到氢碳还原平价。[20] 现有的试点项目表明，由于基础设施成本相当高，所以使用可再生能源或核能产生的氢气炼钢的总成本远高于传统炼钢，比如，瑞典 HYBRIT 项目采用的氢冶金技术成本比传统的高炉生产方式高 20% ～ 30%[21]。而在德国的 SALCOS 项目中，风电设施和氢气发电厂的投资总额约为 6050 万美元。[22] 到 2030 年，随着可再生能源成本的下降以及制氢生产的规模扩大，利用可再生电力生产氢的成本可能降低 30%。

氢气炼钢技术在未来发展和采用的时间受到多种因素的影响，包括：（1）电源。

氢气炼钢需要大幅增加可再生能源发电的产能。生产 200 万吨氢基钢所需的总能量约为 8.8 亿千瓦·时。因此，可再生能源的可用性、稳定的供应以及具有竞争力的成本是氢气炼钢技术转变的关键因素。（2）氢气供给安全。未来向氢基钢的转变在很大程度上依赖于绿色氢在工业规模上的广泛可用性。大规模提供氢基钢生产所需的生产能力和基础设施对其商业可用性进程有重大影响。此外，绿氢的价格须同时降低，才能使其经济运作起来，因此，需要将氢供应安全与可再生电力低成本供应的联系起来。（3）原材料。从高炉、转炉长流程生产到使用以氢气为基础的氧化还原铁和电弧炉短流程生产，原料改变是必要的。在大规模转向氢基钢生产的情况下，氧化还原铁供应的安全性是不确定的，很可能导致价格溢价上升，对氢气炼钢技术的经济性产生负面影响。此外，为了实现钢铁行业整个价值链的近零碳排放，与钢铁供应商（如铁矿石行业）紧密合作是必不可少的。（4）生产技术。以天然气为基础的氧化还原铁和电弧炉短流程的生产方法已经建立，未来，将整个生产过程转换为以氢为基础在技术上是可行的，尽管总体成本仍然很高，且该技术还有待大规模验证。（5）监管。提高氢基钢份额的经济效益也依赖于政府的政策，政府可以为初期投资氢气炼钢技术的企业提供技术补贴，以补偿技术转变所需的资本支出。因此，这种技术转变依赖于政府和行业利益相关者之间的合作。

2. CCUS 技术的成本效益

当前，CCUS 技术面临的挑战之一是，如何将大批量的压缩的二氧化碳从钢铁厂运输到大规模的二氧化碳封存站点，尤其是海上封存站点。管道作为一种解决方案，实施的可行性将取决于土地条件、运输体积，以及二氧化碳是否来自多个分散式排放点源。另一种方案是使用专门的海上油轮，将二氧化碳从一个或多个港口直接运输到海上封存站点，或者也可以先运输到岸边的存储地点，再通过管道输送到封存站点。开发 CCUS 技术的主要不确定性之一是其未来的成本。国际能源署发现，在特定地区背景下，创新型工艺技术（如 CCUS 技术）的预期成本要比传统技术高 10%～50%，如果在现有的高炉中采用 CCS 或 CCU 技术，每吨粗钢的运营成本将增加约 130 美元，这部分增加的成本要显著高于今天的炼钢利润率。

目前，碳捕获和使用在技术上仍不成熟，在经济上还有待证实。综合考虑 CCUS 技术所涉及的环节，碳捕集是最昂贵和最耗能的一环。从高浓度碳源捕集的成本远低于从中低浓度碳源捕集的成本，后者在钢铁行业中捕集成本非常昂贵。目前，在钢铁厂安装年产能为 10 万吨的二氧化碳捕集和封存设施的成本约为 2700 万美元。[23] 在宝钢（湛江）工厂启动的 CCUS 项目，碳捕集能力为 50 万吨 / 年（储存点距离工厂 100 公里范围内的北部湾盆地），需要投资 5200 万美元。[24] 在运输成本上，中国境内的二氧化碳运输通常依靠油罐车，每吨二氧化碳运输成本约为 0.13～0.2 美元 / 公里。宝钢

（湛江）工厂进行的项目试验表明，CCUS 技术总的减排成本为 65 美元 / 吨二氧化碳，到 2030 年，化学和物理捕集成本可能达到 20 美元 / 吨二氧化碳的目标。[25]

最后，有必要对氢气还原炼钢和 CCUS 技术的减排成本进行比较。氢气还原炼钢与 CCUS 技术的相对成本主要取决于用氢能发电的可再生能源的价格。当电价低于 45 美元 / 兆瓦·时时，新项目中氢气还原炼钢的成本将低于 CCUS 技术的成本；然而，对于现有项目，在电价降至 25 美元 / 兆瓦·时之前，氢气还原炼钢不具备成本竞争力。[26] 考虑到中国高炉冶炼的巨大产能，在现有高炉设施中实施 CCUS 是最有利的，转换为 CCUS 技术在短期内更具经济可行性；如果采用充足的可再生能源，那么，氢气还原炼钢将成为经济上的首选。[27]

1.5 协调发展碳市场与电力市场，促进电力行业向低碳转型

自 2020 年 9 月中国提出碳达峰、碳中和目标以来，中央政府密集出台了关于能源市场、碳市场、金融市场等多方面的配套政策。我国与欧美等发达国家不同，仍处于能源消费和碳排放的"双上升"阶段。[28] 因此，对我国而言，碳达峰、碳中和是一场广泛而深刻的经济社会系统性变革，实现的关键在于能源结构能否顺利向清洁低碳转型。而能源转型的关键在电力，故构建以新能源为主体的新型电力系统是未来电力市场改革的主要方向。2021 年 11 月 24 日，习近平总书记在中央全面深化改革委员会第 22 次会议中强调"要遵循电力市场运行规律和市场经济规律，优化电力市场总体设计，实现电力资源在全国更大范围内共享互济和优化配置，加快形成统一开放、竞争有序、安全高效、治理完善的电力市场体系"。

当前，碳减排对电力行业尤其是火电行业的约束力度逐渐加大，电力市场面临着电源结构优化、价格机制改革、竞争效率提升等多方面的压力。2021 年 7 月 16 日，以火电企业为首批覆盖对象的全国碳市场正式上线，旨在以市场型减排手段促进相关排放行业加大减排力度。"双碳"目标下，全国碳市场的上线交易将给新型电力系统建设带来诸多机遇与挑战，最主要的就是碳约束带来的减排成本以碳价格为纽带，将隐形约束转化为显性约束。未来一段时期内，协调发展碳市场与电力市场，促进电力行业构建更加清洁、高效、低碳的新型电力系统，是实现"双碳"目标的重要任务。

1.5.1 碳市场建设和电力市场改革现状

1. 碳市场建设现状

碳市场是服务碳达峰、碳中和的关键政策手段，其减排成本相较于行政命令手段

可降低 50%。[29] 中国于 2011 年开始部署碳市场试点建设工作，先后在北京、天津、上海等八地开启试点。截止到 2020 年底，全国八个试点碳市场的累计配额成交量达到 4.55 亿吨二氧化碳当量，累计成交额超过 105 亿元，为全国碳市场提供了制度与经验借鉴。全国碳市场的部署以 2017 年印发的《全国碳排放权交易市场建设方案（发电行业）》为开端。经过三年多的设计与部署，2021 年 2 月 1 日，以发电行业为试点行业的全国碳市场的首个履约周期启动，并于同年 7 月 16 日正式上线交易。

图 1.6 和图 1.7 分别展示了我国八大试点及全国碳市场日成交均价和日成交总量的具体情况。由图 1.6 可知，全国碳市场的日成交均价高于大多数试点城市。具体来看，北京碳排放配额的成交价格较高，大致维持在 80 元 / 吨，但在 2020 年底出现跳水，2021 年第一季度维持在 30 元 / 吨以下的低位水平。其余七个试点的碳价格基本在 40 元 / 吨以下。全国碳市场上线交易当天，开盘价 48 元 / 吨，当天最高成交价达 52.8 元 / 吨，超过了大多数试点城市的成交价格，但这一价格快速走低，直到履约期结束前才出现回涨。由图 1.7 可知，全国碳市场不仅在日成交价格上高于试点城市，更是在日成交总量上表现为几何倍放大。全国碳市场上线交易首日成交总量超过 410 万吨，较全国各试点启动首日线上二级市场成交量的总和更高。值得注意的是，2021 年 12 月底，随着第一个履约期的临近，碳排放配额交易呈现出"量价双高"局面，且在 12 月 30 日达到 62.26 元 / 吨。

从市场主体来看，目前全国碳市场只纳入了年排放量 2.6 万吨二氧化碳当量（综合能源消费量约 1 万吨标准煤）及以上的 2162 家发电企业和自备电厂，纳入配额管理的发电机组包括常规燃煤机组、燃煤矸石、煤泥、水煤浆等非常规燃煤机组（含燃煤循环流化床机组）和燃气机组。这些发电企业的年度配额总量达 45 亿吨，约占全国碳排放总量的 40%，也因此使我国碳市场成为全球覆盖温室气体排放量规模最大的碳市场。然而，从上述分析可知，目前我国碳市场活跃度仍较低，成交量仍较小。

目前，全国碳市场的配额分配主要采取基于基准法的免费配额制。配额总量采取自下而上的方式确定，主要分两步：第一，省级生态环境部门根据区域内重点排放单位 2019—2020 年度的实际产出量、配额分配方法、碳排放基准值三个指标分配各单位配额，并加总为省级配额；第二，将各省级配额加总，形成全国配额总量。未来在覆盖行业、配额分配和交易模式三方面仍有改进空间。从覆盖行业来看，未来将从单一电力行业逐步推广至包括石油加工及炼焦业、化学原料和化学制品制造业、非金属矿物制品业等在内的多个行业；从配额分配来看，未来将从行业基准线法逐步转变为有偿分配法，且有偿分配比例将不断提高；从交易模式来看，未来将从配额现货交易的单一交易方式逐步扩展至包括国家核证自愿减排量（CCER）及其他交易品种的多种交易模式。

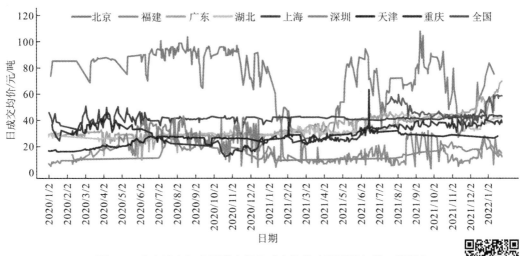

图 1.6　八大试点与全国碳市场日成交均价（彩图请扫描二维码）

数据来源：Wind 数据库。

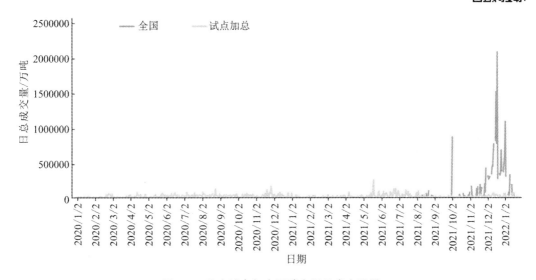

图 1.7　八大试点与全国碳市场日成交总量

数据来源：Wind 数据库。

2. 电力市场改革现状

2002 年 2 月，国务院印发"电改五号文"（《关于印发电力体制改革方案的通知》），提出了"厂网分开、主辅分离、输配分开、竞价上网"的 16 字改革方针，拉开了第一轮电力市场化改革的序幕；2015 年 3 月，"电改九号文"（《关于进一步深化电力体制改革的若干意见》）对第二轮电力改革做出总体部署。新一轮电改的核心内容为：在进一步完善政企分开、厂网分离、主辅分开的基础上，按照"管住中间、放开两头"的体制构架，在发电侧和售电侧开展有效竞争，实施"三放开（有序放开除输配外的竞争性缓解电价、配售电业务、公益性和调节性以外的发用电计划）、一独立（交易机构更加独立）、三强化（强化政府监管、电力统筹规划、电力安全高效运行和可靠供应）"。在新一轮电改政策的支持下，我国电力市场建设稳步有序推进，电力市场交易体系逐步健全，市场开放度和活跃度显著提升，市场配置资源的决定性作用不断显现。2021年3月15日，中央财经委员会第九次会议提出要"深化电力体制改革、构建以新能源为主体的新型电力系统"，为中国电力系统转型升级指明了方向。在电力系统清洁、高效、低碳化背景下，电力市场改革更多体现在电力定价机制改革方面。其中，不同类型电力的上网电价改革是近年来的重点内容，图1.8展示了2015年以来我国电力定价机制的主要发展历程。

图1.8 新一轮电改以来电力定价机制发展历程

由图1.8可知，在电力定价机制不断改革的进程中，各类型电力价格逐渐由计划向市场迈进。对于煤电行业，当前燃煤电价浮动比例逐渐放宽，市场化程度大幅提升。2020年9月"双碳"目标提出后，"能耗双控"和严控"两高"项目力度进一步加大，叠加国际疫情形势严峻，大宗商品价格上涨，煤炭现货价格一度上涨至2500元/吨（秦皇岛5500大卡动力煤），而下游国内电力价格却无权上涨，"市场煤，计划电"使煤电顶牛困境难以化解，拉闸限电现象多地频发。为了保障煤价高涨下的煤电供应，2021年10月12日，发改委印发《关于进一步深化燃煤发电上网电价市场化改革的通知》（以下简称《通知》），《通知》中具有里程碑意义的一点是将除高耗能企业外的燃煤发电市场交易价格浮动范围扩大至±20%；此外，《通知》明确规定要有序放开全部燃煤发电电量上网电价和推动工商业用户全部进入电力市场。对此，国家发改委价格司司长万劲松在新闻发布会中表示："此次电力市场改革的核心在于从发用'两头'建立起'能跌能涨'的市场化电价机制，给市场价格变化更多的弹性空间，让电价更灵活反映电力供需形式和成本变化"。[30]

对于新能源行业，以风、光为代表的清洁电力均采用以煤电价格为基准的指导价，且前者价格不得高于后者。经过十多年的发展，我国风电、光伏等新能源装机规模已达世界领先水平，技术水平已具备平价上网条件。现阶段新能源的定价机制要能够在实现电力企业基本收益的前提下使电价充分发挥信号作用，从而引导资源合理配置。对此，2021 年 6 月 11 日，发改委印发《关于 2021 年新能源上网电价政策有关事项的通知》，取消新建集中式光伏电站、工商业分布式光伏项目和陆上风电项目财政补贴，实行平价上网，上网电价按煤电基准价执行。值得注意的是，户用分布式光伏仍存在少量补贴，但将在 2022 年取消；海上风电项目成本较陆上风电项目更高，政府给定的指导价格也相对更高。

■ 1.5.2　碳市场和电力市场的互动关系

价格通常是市场的核心作用参数。碳交易机制即通过价格信号对市场主体形成激励和约束，促进社会资源更多转向低碳领域。火电行业是碳减排的突破口，也是未来减排的重中之重。碳交易对电力行业、整体经济的影响均取决于碳减排成本有多大，以及是否向上下游产业转移。Lin 等（2015）认为，碳市场可以促进风、光等可再生能源的发展，碳市场与电力市场协同发展时促进效用更加显著，且有利于降低风、光等可再生能源发电价格。[31] 当前，中国的碳市场建设和电力市场改革均处于不断发展完善阶段，除了自身设计的问题外，彼此间的关系对二者协调发展会产生重要影响，未来，随着碳约束力度的逐渐加大，甚至会产生决定性影响。因此，有必要理顺二者之间的互动关系。具体来看，碳市场建设和电力市场改革的互动关系主要表现在以下三个方面。

一是碳市场价格与电力市场价格相互影响。一方面，碳价是发电成本的一部分，发电企业的报价会将此部分成本考虑进去，从而改变发电企业经营和报价策略，并通过电力市场将成本向电力用户传导，影响电力市场中的出清电价。当前发电企业的初始碳配额以免费发放为主，未来碳配额将更多地由免费获得转向拍卖获得。相较于其他国家碳市场建设经验，我国"双碳"目标难度更大、时间更紧，未来国内碳市场的初始配额总量和分配方式将会以更快的速度紧缩和转变。当火电企业以拍卖的方式在碳市场上购买相对更少的碳配额，这部分费用将会内化并显著推升火电企业的度电成本，这会引致电力交易价格的大幅度提升。另一方面，当企业在电力市场上购入可再生能源电力后，其碳排放量将下降，从而降低对购买碳配额的需求，抑制碳价格的上涨。

二是碳市场建设可加快电力市场改革步伐。随着全国碳市场覆盖范围、配额设计与分配和交易模式的不断完善，碳成本将渗透进各类电力企业的度电成本中，从而使电力企业根据碳市场所释放出的价格信号而改变生产行为决策——尤其是对高碳排放的煤电企业而言，其成本将显著升高，导致其在电力市场竞争中处于成本劣势，从而会促进该类型企业转向可再生能源发电投资，推动可再生能源发电比重不断上升；同时，作为绿色电力，可再生能源发电的预期收益将有所提高。在不考虑碳成本等外部成本的情况下，电力体制改革也会在市场化进程中优化电力结构，但其对推动电力系统转型的作用可能因煤电等高碳排放电力的稳定性、灵活性和经济性等因素而受限或延迟。由此可知，碳市场的建设是加快电力系统向清洁高效发展、促进能源使用向绿色低碳转型的重要举措。

三是电力市场改革能增强碳市场政策效果。相较于市场化程度高的电力定价机制，电价管制会使碳市场的运行效率降低 30%。[29] 可再生能源在过去十几年中发电成本不断降低，但由于其所固有的间歇性、波动性和不确定性等弊端，仍难以像煤电等常规电源一样直接参与市场，获得投资激励。安全和绿色同属于非经济效率目标，具有明显的外部性，难以通过直接市场竞争实现。因此，仍需要某种支撑机制与电力市场衔接。在电力体制改革的各项措施中，经济调度对于碳市场在电力行业有效发挥作用尤为重要。经济调度将把碳市场给低效机组增加的碳成本纳入电力调度决策中，从而增加排放强度较低的发电机组的利用小时数，有利于与碳市场形成合力，增强碳市场政策效果。

1.5.3 碳约束下电力市场发展问题

只有碳市场和电力市场协同发展，才能够充分发挥市场机制在能源资源配置和气候治理优化等领域的作用。然而现阶段我国能源资源机制设计与气候环境治理体系之间的协调性还较差，缺少系统性和全局性规划。[32] 未来，碳市场与电力市场的协同发展面临着保供和减排目标冲突、转型成本过高和减排成本传导受限三方面的挑战（图 1.9）：

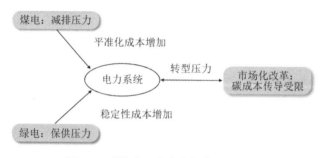

图 1.9 碳约束下电力市场发展问题图

一是电力系统面临保供压力和"双碳"目标的客观冲突。碳中和目标约束下，我国能源发展正处于清洁能源替代化石能源、可再生能源电力替代煤电的双重更替期。可再生能源的大规模发展将给我国带来两方面的问题：一方面，由于风能、太阳能等可再生能源具有间歇性、波动性等特征，发电可靠性较差，此类电源的大规模接入将给电力系统稳定性和安全性带来严峻挑战，同时"十四五"期间电力系统呈现夏、冬双峰负荷尖峰化加剧态势，电力供需的结构性、区域性、时段性缺电风险加大，电力系统稳定运行的压力增大；另一方面，随着电源结构调整中可再生能源发电占比不断上升，为了缓解电力供应压力，电力系统对灵活性电源的需求逐渐增加，煤电未来需要深度参与系统调峰、调频、调压和备用等电力辅助服务，煤电的"压舱石"和"稳定器"作用愈发凸显，即可再生能源越发展，煤电就越不可或缺。在此背景下，煤电企业的功能定位转换方向仍未明确，更是缺乏相关激励政策促进煤电企业积极转型应对，巨大的煤电存量与待建产能面临着资产沉没搁浅风险的同时，也给双碳目标的实现带来了一定威胁。

二是电力系统面临较高的转型成本。未来我国能源消费结构将逐步由煤炭化向电气化过渡，电力部门是我国碳中和目标实现的关键。具体来讲，电力系统需要对发电侧能源结构进行改革，不仅要淘汰或改造现有的高排放化石能源热发电机组，还要加大对水能、核能、风能、太阳能等清洁能源的投资开发利用。但目前电力系统结构转型仍面临煤电和新能源发电的双重挑战。一方面，转型时燃煤发电平准化成本将有所增加。尽管煤电具有高碳排放的弊端，但同时其也具有经济、稳定、高效等优势，在可预见的非水可再生能源大规模并网的前提下，煤电将成为电力系统的"稳定器"和"压舱石"。然而，煤电机组将在低负荷状态下运行，平均发电成本和维修成本必将大幅度提高。在现阶段，由于电力市场和电价机制的不完善，煤电企业市场化生存能力较弱，其成本的上升仍难以完全向下游传导。[33]另一方面，转型后可再生能源为主的电力系统稳定性成本大幅升高。预计到 2050 年，我国一次能源消费结构中传统化石能源的需求将大幅下降，风、光等可再生能源占电力系统的比重将达到 75%[34]。尽管风、光等可再生能源发电技术已达到平价上网水平，但相较于煤电占绝对优势的电力系统而言，风电、光伏等清洁能源占比较高时电力系统的不稳定性问题会加剧，能源电力系统的稳定性和消纳成本将会随之增加。[35]

三是电力系统生产侧碳成本难以向下游传导。尽管我国最新电力市场改革措施致力于疏通煤电企业煤价上涨压力，但一方面未考虑燃煤电厂以外的其他发电企业，另一方面还未考虑碳成本所导致的发电成本的增加；此外，仍采用"基准价＋上下浮动"的电价策略，电价仍无法充分反映发电成本变化的全部。碳成本传导的最大意义，是使得发电侧和用电侧共同承担环境外部性成本，真正意义上的碳成本传导，前提要做到电力市场价格传导顺畅，两个市场都能准确发现价格。早期实施碳市场的发达国家，其电力市场化程度较高，绝大部分电价可以随成本自由调整，碳减排成本大多可以顺利往用电侧传导。但是在中国的电力体制改革背景下，此部分成本还难以向用能企业传导，主要原因在于电力市场价格传导还不够顺畅，电力市场仍处计划和市场并存阶段，上网电价和销售电价还存在进一步改革的空间。此外，不能顺利传导的碳成本会加剧电价扭曲。价格扭曲不仅会导致效率低下，还会造成社会福利损失。碳成本体现了环境外部性成本，理应由最终消费者买单。但由于电力的公共物品属性，在电力系统生产侧成本难以向下游传导的情况下，碳价格带来的碳成本无疑会加剧我国电价扭曲程度，导致更多的效率与福利损失。

■ 1.5.4 促进碳市场和电力市场协同发展建议

对我国而言，严峻的碳中和目标既是倒逼挑战，又是重要机遇[36]。碳市场和电力市场协同效应的充分发挥是碳中和目标实现的必要条件。从二者的关系来看，电力市场的完善是全国碳市场充分发挥作用的关键，前者的改革成效决定着后者时是否可以最大化其低碳引导作用。在碳中和进程中，政府显然是主导，但需要更多的通过市场化手段进行资源优化配置并最大程度降低转型成本。碳达峰、碳中和目标年限逐渐逼近，这决定了现阶段要加快电力市场和碳市场的协同发展规划，利用市场化手段实现碳减排目标。

一是让市场在可再生能源的开发利用方面发挥更大作用，降低电力系统转型成本。首先，各地区的可再生资源禀赋、电力负荷情况以及电网系统结构具有较大差异。可以制定相关支持措施引导市场广泛参与可再生资源开发利用的整个环节，形成有利于新能源发展和新型电力系统整体优化的动态调整机制。其次，要在电网保障消纳的基础上，通过源网荷储一体化和多能互补等途径，实现各类市场主体共同承担清洁能源消纳责任的机制。由此，可再生能源能够通过市场机制找到最便宜的容量备用、调节电源、调节服务等，进而达到更低的系统消纳成本。最后，依靠碳市场和电力市场加快可再生能源成为电力系统的主体。碳市场可以在增加可再生能源正外部性的基础降低传统化石能源减排的负外部性，从而天然具有促进可再生能源发展的属性，应尽快将CCER纳入履约并在配额分配方案中考虑CCER的影响，通过CCER抵消机制补偿新能源的低碳环境效益，增加可再生能源电力的市场竞争力。对电力市场而言，要贯彻落实峰谷分时电价机制，通过价格杠杆转变居民消费习惯、促进可再生能源开发利用。

二是通过碳市场引导用能企业节能减排，促进碳市场和电力市场协同发展。碳市场需要尽快纳入更多行业，完善配额核算及分配原则，形成有效碳价格信号。[35]一方面，当前全国碳市场主要覆盖发电行业的重点排放单位，未来将在进一步增加电力重点排放单位数量的基础上更多纳入钢铁、水泥等高耗能和高排放行业。未来纳入重点排放管制的各类企业将同时面临碳市场和电力市场的双重约束，其耗能策略可能需要适时动态调整，同时，应建立碳资产储备管理专门办法。对于高耗能企业而言，虽然碳交易带来碳成本，但也可能是企业提高效率和竞争力的机遇，碳成本会迫使他们提高效率，而效率提升则有益于企业保持可持续稳定的竞争力。另一方面，碳市场是一种显著的政策调节性市场，碳价格是其发挥碳减排作用的核心与关键，而碳配额数量及其分配方式是影响碳价格的重要因素。在碳配额总量上，未来应在科学合理核定各类重点排放单位全流程碳排放量的基础上紧缩碳配额总量，追求行业间边际碳减排成本相同，避免加剧行业间"碳泄漏"，对进入碳市场的企业形成真正的"硬约束"，而不只是徒有虚名。在碳配额分配方式上，应逐渐从免费发放转向以拍卖法为主的有偿发放，提高企业获得碳配额的成本，形成企业自主减排的倒逼机制。

三是深化电力市场化尤其是电价改革，让电价真正反映市场供需以及碳减排成本。[35]一方面，电力体制改革要能够促进电力系统可持续发展，在双碳目标约束下，我国在制定电力体制改革相关政策时应该全面考虑不同电源属性的特征及其定价和补偿机制，使电力市场各环节成本和收益可以自由传导。如，建立绿色电力市场化交易，将可再生能源电力从传统化石能源电力中进行分离，在市场上作为独立商品进行售卖，为可再生能源电力提供与传统化石能源具有差异的市场，从而依靠市场力量促进可再生能源的开发利用。另一方面，发电企业纳入碳市场后，成本上涨压力加剧，终端电价亟须改革。尽管目前最新颁布的燃煤电价政策中，已经允许电价实行 20% 的上浮，但电价的市场化程度仍不够，需要进一步放开电价浮动范围，从而使电价可以把碳成本完全传导至下游，实现电价和碳价的良性互动，以碳价格作为信号引导企业节能减排。值得注意的是，碳成本在电力市场参与主体中的分配应以系统视角科学设计。但不管怎样，为了更快促进电力市场更加低碳、清洁、高效，让电价反映市场供需及碳减排成本应成为电力市场化改革的重要方向。

1.6　强化能源企业气候信息披露，助力中国经济系统稳步迈向碳中和

1.6.1　气候变化对我国能源体系的深层次影响

气候风险是指不确定性的气候变化给微观企业和经济系统造成损失的概率，包括直接风险和间接风险。直接风险表现在，温室气体排放量剧增可能会导致全球变暖问题加剧、南极北极冰川融化速度加快、海平面上升、洪涝灾害、飓风、冰雹、地表温度骤降等一系列威胁人类生存和发展的高度不确定性自然灾害，这些自然灾害会直接

造成企业、家庭财务状况的恶化。间接风险又称为转型风险,具体来说表现在以下两个方面:首先,在中国经济进行低碳转型的过程中,伴随着社会发展,煤炭、石油以及天然气等传统能源正在被逐渐替换,新的清洁能源作为传统能源的替代品正在逐步进入人们的生活中。在资源更替和结构重组的过程中,不可避免会出现诸多不确定性和潜在风险。此外,中国经济系统向碳中和不断推进,环保政策力度不断加大,将直接导致企业环境成本增加,进而倒逼能源结构、产业结构不断调整优化,带动绿色产业强劲增长,促进实体企业在优胜劣汰的竞争环境中逐渐成长。

由此可知,气候变化将对我国的能源体系产生颠覆性的影响。中国目前拥有全球最庞大也最有效的能源系统之一,这个以化石能源为主的系统正在经历着前所未有的大变革。图1.10、图1.11刻画了2020年我国电力装机量和发电量构成情况,截至2020年,我国水电和风电分别累计装机达3.8亿千瓦和2.8亿千瓦。我们可以看到,无论是装机量还是发电量,火电均占有一半及以上的份额,势不可挡的碳中和进程正在倒逼着火电功能的转换,风电、光伏将成为主要的增长力量,安全、稳定、保障供应是清洁转型的基本原则,也是转型的主要挑战。此外,这套能源系统还需同时支撑中国未来长时期的经济增长。伴随着火电的逐步退出,水、核、风、光是否可行,或者说如何支撑得住目前及未来经济大幅增长的用电需求,可谓是困难重重。能源系统在转型过程中势必将付出高昂的经济代价和社会成本。2021年10月26日,国务院印发了《2030年前碳达峰行动方案》。从当前来看,全社会大约70%的发电量仍然需要依靠火电,全社会大约70%的用电量仍然聚焦于高耗能产业。该方案出台后,随着"新能源 +储能"的新型电力系统全面推进,以及煤电清洁利用配合灵活性改造,能源结构的转变已是大势所趋。

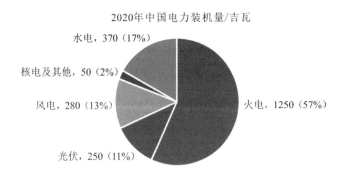

图 1.10　2020 年中国电力装机量构成情况

数据来源:中国电力企业联合会,2020。

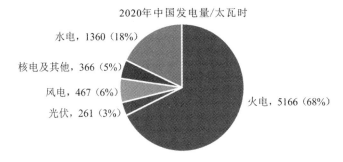

图 1.11 2020 年中国发电量构成情况

数据来源：中国电力企业联合会，2020。

1.6.2 我国能源企业关于气候信息的公开披露现状

在"双碳"目标提出以来，中国社会对气候环境问题的重视程度已达空前。在这个特殊的背景下，我们不再将企业行为定位于个体行为，而是迫切需要将环境问题、污染问题等外部性问题进行通盘考量，考虑其可能给整个社会以及利益相关者带来的影响。2002 年 1 月，中国证监会和国家经贸委联合制定并颁布了《上市公司治理准则》，该准则首次对上市公司提出了社会责任的要求，明确了公司要尊重和维护相关利益者的利益，重视社会责任。其后，深交所、国资委和上交所相继发布了要求上市公司履行社会责任和披露社会责任信息的指导性意见。社会责任信息的披露可分为两种方式：一是在年报中披露，二是单独编制社会责任报告（CSR）予以披露。

即使相关信息披露的历程推进了这么多年，仍与国际社会存在较大差距。[43,44] 其中最大的问题在于信息披露形式不规范，内容不完善，缺乏统一的标准。多数上市企业目前的披露要求仍然停留于"合规"而不是"主动"，即只披露法律法规有明确要求的。但即使是这样，相关诸多的法律细则仍待进一步完善。现在的事实是，如果企业以年报的形式披露，往往笔墨较少，信息准确性低，这无疑增加了利益相关者获取相关信息的成本和难度；而以社会责任报告的形式单独披露，由于没有标准统一的披露规范，企业往往会像完成作业一样进行报告。相关研究一致认为，目前中国企业的社会责任报告存在信息质量参差不齐、形式多样等问题，正是由于有效信息含量低，缺乏比对标准，目前国内企业社会责任报告的发布并没有引起市场如预期那样的关注和反响，企业尚不够积极的披露态度也是可以理解的。经济学最原始的逻辑是讲究激励机制的。强制企业，特别是高污染、高能耗的能源企业进行环境信息披露，在短期内将会给企业带来较高的环境成本甚至声誉损失，缺乏正向的激励措施。相关部门要引导企业，特别是能源企业进行内驱性的信息披露。为了实现这一目标，我们必须加强信息披露的顶层设计，让能源企业意识到环境信息披露在今后转型过程中的重要意义和长期激励。当前法律法规强制企业披露的环境信息内容是有限的，比如，仅聚焦于一般污染排放的信息，而隐藏了特征污染物的披露；此外，信息的披露只局限于环境层面，而忽略了气候层面。众所周知，气候变化是一个复杂而长期的系统性概念，而公众对这个概念的认知还存在很大的局限性。当前，中国企业缺乏对气候信息的公开披露，这更不利于企业决策层和广大投资者针对气候变化开展长期转型预期和适应性措施。总体而言，应对气候变化需要长期全局性的统筹兼顾和协调统一。我们必须充分认识到，在当前庞大的能源系统支撑下的经济系统是一套完整运作的体系，不是互相分割的组件。如果我们仅仅聚焦于一个企业或者一个行业的发展，而忽略了它们之间的相互联系以及系统环境，微观企业便很难形成长效的应对气候变化的共同预期。如果企业间未能达成长期减排的共识，我们很难期望企业在没有任何有效激励机制的条件下付出高昂成本在短期建立起一套完善的信息披露系统，然后进一步面临损失。因此，与其强制性要求企业按照僵化的披露准则被动披露部分污染排放信息，不如在产业链上设置长期的减排目标，以给予企业长效的应对气候变化的预期。微观企业一旦形成长期共识，特别是面临迫切转型的高污染、高排放企业，就会自驱性地进行涉及环境、气候、转型、社会责任等全方位的信息披露，此时，相关部门只需加以适当的引导和规范，而无须强制其披露甚至立法和引入行政处罚。近些年，随着气候变化的影响逐渐显现，各个行业对气候变化的关注度均有了大幅提升。从中国上市公司年报中的气候环境披露程度来看，披露相对比较积极的一些行业主要有制造业、科学研究和技术服务业、采矿业、农林牧渔业等一些直接受到气候变化冲击的行业。相较而言，运输、零售、金融、房地产、文化、教育等行业披露程度较低。其中，值得我们注意的是运输业、建筑业、零售业以及房地产业。这些低披露水平的行业均具有碳排放量大、减排成本相对较高、减排潜力较大等特点。

除此之外，我们更应关注产业链上能源企业的气候信息披露。众所周知，在整个经济体系面对气候变化的威胁时，能源行业首当其冲，它既是国民经济的基石产业，又是急需绿色转型的高耗能、重污染产业。在应对气候变化的漫漫长路中，能源系统面对的挑战不言而喻，但我们仍然要强调正确引导微观企业重视气候变化并采取积极的态度努力应对的重要性，对气候风险的积极认知和应对措施即使在短期增加了企业的环境成本，但是长期来看，这对于使整个经济系统在保持平稳运行的状态下向碳中和目标稳步推进具有重要意义。

■ 1.6.3　能源企业缺乏气候信息的公开披露可能引发的潜在危害

日益严峻的气候问题正在对投资者所投资的公司产生全面、长期、颠覆性的影响，进而导致从根本上重塑全球范围的资产组合，资本市场将迎来比预期更快的金融资产的重新配置，这将引起整个经济系统发生结构性的重大变化。毋庸置疑，气候问题足以站在时代的高度，引起各界关注。能源行业是整个经济系统中最直接受到气候变化冲击的，即使我们意识到气候变化将对我国的能源系统产生颠覆性的影响，事实上，我们也很难有效评估这种影响，最大的挑战来源于气候风险本身的复杂属性。我们不得不承认，气候变化本身具有的高度不确定性、长时域性、非线性与内生性，使得全社会普遍对气候变化的认知有限，截至目前，气候变化所带来的风险仍被各行各业严重低估，尤其是能源行业（Krueger et al., 2020）。[40] 举例来说，假设一家传统能源公司目前的股价为 20 元，在能够准确评估气候风险及气候风险能够被充分考虑的情况下，我们假设这家公司的真实股价为 10 元。正是由于被全社会投资者普遍低估的气候风险，整个经济系统处于被高估的脆弱均衡中。在理想路径中，投资者是理性的，随着投资者对气候风险认知的不断深入，从长期来看，股价会逐渐回落到真实价格。但实际情况往往并非如此。正如上文所说，首先，对气候风险的正确认知是一件困难的事，这种认知困难是一种天然的屏障，如果该能源企业不能主动公开披露有关气候变化的信息，那么当人们不能免费获取信息或获取信息需要付出较大成本时，往往会本能地选择规避、忽视或忘却，也就是行为经济学中所说的信息规避 [38] 以及行为金融学中的鸵鸟效应 [40]。也就是说，无论是对于投资者还是公司内部管理者，在决策过程中往往会被动地认为气候风险与财务风险相比好像并不是一件重要的事，他们这种自发的"默契"使得气候风险被低估，进而使得股价维持在 20 元的高位。在本能规避决策的过程中伴随着风险的不断累积，直到这价值 10 元的气候风险被完全暴露在股价中，此时，人们就会突然意识到之前被低估的气候风险，比如在未来碳中和进程中，该能源公司正式被限制生产和出售盈利，甚至被强制兼并。其次，由于该能源企业对于气候信息的披露不足，导致外部投资者和公司内部管理者之间关于气候风险的认知可能存在信息不对称的情况。[41,42] 举例来说，公司内部的管理者可能比外部投资者更早知道该能源公司会被限制生产或出售的消息，但出于各种动机，比如想让公司股价尽可能久地维持在高位或为了更高的薪资报酬等，往往会选择尽可能久地隐瞒这种不利的消息。众所周知，隐藏信息是需要付出成本的，同时也需要客观条件的配合，随着负面消息的不断累积，当隐藏信息的成本大于信息释放所带来的损失时，或者当隐藏信息的客观条件不满足时，积累的信息就会突然释放到市场中。那么此时，该公司的股价是不是就如预期一样从 20 元跌到 10 元了呢？事实并非如此，因为投资者是非理性的。在信息级联和从众效应的带动下，信息在传递过程中会不可避免地产生白噪声的叠加，而恐慌的投资者往往反应过度，盲目抛售，从而导致股价出现暴跌。[38,39]

事实上，值得我们关注的不单单是由于能源企业缺乏气候信息的公开披露，上述气候变化所诱发的股价暴跌，而是在这种股价暴跌的背后所隐藏的比如潜在的资金链断裂、能源供给中断、融资困难等诸多风险。[37,40]能源行业在整个经济系统中扮演着举足轻重的作用，想要保证整个经济系统平稳地向碳中和进程迈进，维持能源系统的稳定转型至关重要。鉴于能源企业高投资、重资产等属性，能源企业正面临高负债规模、高资产负债率的集体焦虑。此外，在国内清洁能源发展战略下，发电企业清洁能源装机规模不断提高，与此同时，新能源补贴缺口日益增加，直接推高了民营清洁能源运营商、风电装备制造企业的资产负债率。需要高度重视的是，上市公司高资产负债率将产生高额财务费用，利息偿付压力增加，同时应付账款规模增加，现金流压力上行，面临偿债安全性与稳定性下降的风险，企业融资能力下降。能源行业这些固有的属性更加剧了股价暴跌后潜在的资金短缺风险，由于能源公司无法获得为维持运营所需要的足额资金，消费者可能会面临现实世界的能源短缺。已申请破产的美国百年老店太平洋天然气和电力公司由于缺乏资金进行必要的维修，设备更新换代慢，经常会在面临高温、强风、强降雪等极端气候时选择关闭其系统，这导致加州福尼亚北部经常发生大规模停电。即使中国独有的制度优势大大降低了能源供应中断的风险，但这仍然可被视为一个警示。为应对气候变化，我国能源系统被迫进入了一个充满不确定性的状态，被严重低估的气候风险、历史沉淀的丰厚利润加之国家统一调度的资源配置优势使得我国能源系统维持着不甚牢固的均衡。股价一旦发生崩盘，短时间内断裂的资金链将大大增加能源供应中断的风险，引起社会混乱局面。此外，气候变化诱发的股价崩盘将给能源公司的融资渠道带来巨大挑战。我们必须意识到上述气候风险与传统的金融风险有本质的区别。比如，在能源领域，过去 20 年中，投资者被以石油和天然气为代表的能源商品周期性投机泡沫所驱动已是不争的事实，特别是在美国金融危机和欧债危机爆发之后愈演愈烈。在这里，我们需要意识到，未来气候变化所导致的系统性变革与过去能源商品遭受的非理性繁荣与萧条有着本质的差别，气候风险所引发的去资本化使得悲观投资者难以快速重拾对传统重碳能源公司的信心。也就是说，气候变化导致的未来能源供应短缺可能不会很快让投资者重回谈判桌。例如，对煤炭日益消极的情绪已经让美国很多煤炭公司破产。此外，投资者并不是唯一容易出现从众行为的个体，银行和保险公司在全球范围内都在规避煤炭，这是一个不争的事实。随着未来越来越频繁的极端气候事件的出现，在潜在灾难发生后为重建工作获得保险或贷款可能会变得更加困难，甚至在某些情况下不可得。未来融资的困难将进一步增大能源供应中断的风险，日益严重的能源供应短缺又将进一步恶化投资者的消极情绪，引发新一轮的从众行为，这些都给能源公司的生存带来巨大挑战。

■1.6.4　强化能源企业气候信息披露，助力中国经济系统稳步迈向碳中和

我们希望能够通过强化能源企业主动进行气候相关信息的合理有效披露，一方面，通过规范企业内部的主动披露，倒逼企业内部管理人员强化对气候风险的认知，更重要的是让外部投资者逐渐产生气候风险意识，在决策时将气候风险纳入评估，让他们在投资过程中逐渐意识到企业在未来面对不确定性的气候变化时可能会有怎样的损失或可能发生的变革，从而对该企业现有的估值水平产生反思。尽管这一认知仍然是有限的，但我们相信气候信息披露的作用将会是巨大的，它能够有效预防我们前面所说的信息规避效应，减少上文所说的由气候变化诱发的股价突然暴跌的风险。另一方面，通过强化能源企业气候信息披露，能够有效降低公司内部管理人员与外部投资者之间关于气候风险认知的不对称性，防止有关气候变化的负面信息突然释放到市场中，引起市场恐慌，我们希望整个经济系统尽可能在保持平稳运行的状态下向碳中和目标稳步推进。总之，更好的信息披露有助于显性化潜在风险，有效缓解信息不对称程度，增加领导关注潜在解决方案的机会，提前预警。下面，我们将针对如何强化和规范气候信息披露给出以下建议：

首先，强化气候环境信息披露顶层设计。鉴于未来不断增加的气候风险，政府部门需要不断创新金融工具和不断完善披露规则来防范和减弱这些风险所带来的严重后果。当前，我国企业层面的气候环境信息披露制度尚处于纲领性指导阶段，且缺乏披露细则的规范化要求，这导致诸多企业披露内容随意，缺乏实质性信息，给利益相关者获取关于该企业应对未来气候变化所采取的态度和措施等相关信息增加了难度。以企业碳信息披露为例，无论是从国际还是国内来看，发展都尚不成熟。纵观全球，自2000 年以来，就存在着基于不同需求而制定的碳披露框架体系和倡议规则。这些差异化的框架体系为企业的信息披露提供了不同的准则和依据。现阶段，特别是在企业长效减排预期未达成时，针对这些差异化的披露方式，在法律法规层面，政府相关部门有必要完善并统一相关法律基础，在现有环境法规的基础上进一步纳入企业气候环境信息披露规则和条例，明确信息披露的法定责任人和奖惩措施。政府相关部门在制定政策规则时，建议考虑行业在整个经济系统中所处的位置，分层实施。如：可根据转型升级的轻重缓急和减排成本优先划定某些重点行业，出台信息披露细则，强制披露；也可视情况给予相应补贴；适当鼓励或激励某些非重点行业主动开展标准化的披露工作，进而使企业气候环境信息披露工作在经济系统中梯度性、动态性开展；也可试点

先行，在综合考虑政治、经济、环境、产业结构等方面后，选出有代表性的某些城市、省份或地区针对微观企业开展气候环境信息披露试点工作，结合不同试点区域的实际情况，强制或鼓励当地企业逐步开展披露工作，可尝试建立一套完整的信息披露体系，包括核准、盘查、披露、监督和奖惩，最后在全国范围内逐渐铺开。

另外，政府部门应进一步明确公司具体的披露细节和规范。此外，我们应该认识到，一项好的制度措施绝不是孤立的，而是应该形成一套完整高效的运作系统。也就是说，除了进一步强化对企业层面的信息披露要求外，还应完善相应的配套流程，以便更好地督促企业自愿披露，形成良性循环。如：信贷机构在计算信用评级时应加强考虑企业气候风险的流程，具体而言，评估需要考察包括能源公司与故障设备有关的爆炸或火灾历史；存储相关设施所处区域的气候风险，比如可能妨碍运营的缺水或高温等方面。再如，地方政府有责任要求其管辖范围内的保险公司和银行针对所承保的能源公司开展对潜在气候变化应对的压力测试，并定期监管针对能源公司承保的保险公司和再保险公司的资本要求水平，防范系统性风险。

其次，完善企业内部气候环境信息披露管理制度。特别是在当前碳中和的时代背景下，企业作为信息披露的主体，更应意识到积极应对气候变化的重要性，提高自主高质量披露气候环境信息的自觉性和专业性。具体而言，企业可以在内部设立专门的气候环境披露部门，组织专业的人员，有针对性地进行信息收集、核准、披露以及监管。我们应该认识到，从众行为和信息级联效应是一把双刃剑。在这个环节中，一个高效专业的披露部门可以为广大投资者筛选出信息含量较高的有利消息，过滤冗余和错误信息。当消息来源可靠时，接下来所发生的信息级联及从众就是有效的行为，就可以在社会中形成正向的循环效应，进一步激励企业的信息披露。此外，独立的部门有利于形成独立的监管，完善落实相应的奖惩制度，提高环保绩效，增强外部投资者、银行和保险部门的信心，降低融资成本，也充分展现了当代企业的社会责任水平。同时，应进一步强调银行业、保险业、机构投资者、国有企业等关键信息的释放和市场引导作用，关键时刻应竭尽所能助力能源企业的转型升级。

此外，依托数字科技，引入规范化的外部监督机构。我们不得不承认，信息披露，归根到底是企业内部的自发性行为。企业之所以选择对外信息披露，本质上是希望发布的信息能够在市场中引起反响，进而达到盈利或实现其他目标。要知道，节能减排、应对气候变化等目标是长期的，而企业为了实现上述长期目标，在短期内必然要付出昂贵的环境成本或转型代价，这里就存在一个短期与长期矛盾的问题。即使企业，或者整个能源体系，整个产业链有长效减碳的预期，但难免在短期会有所反复和波动。也就是说，我们不能避免企业有时会为了短期利益、逃避处罚或维持声誉而进行有选择的披露。为了使我们的经济体系坚定不移地向零碳目标迈进，有必要在证监会之外设立专业化、规范化、强有力的监督机构。在当代大数据的背景下，依托区块链等数字科技的力量，对微观企业的环境气候披露信息进行标准化的分类、存储、调用、实时监控、行政处罚。这种标准化的流程一方面节约了成本，另一方面保障了数据质量，增加了数据的透明度和可视化。

最后，我们需要提高公众监督的意识。正如我们在上述部分提及的，企业在面临长期利益增加和短期利益受损的矛盾时，难免会在短期出现摇摆或反弹。要知道，任何的短期波动都是不利于长期目标实现的，而任何机械化的程序都很难做到毫无疏漏。当最坏的情况出现时，我们必须要借助人民的智慧和力量，利用公众对微观企业披露信息的监督，强化企业坚持长期节能减排的信心。但这需要一个前提条件，即我们很好地完善了企业内外部的披露规则和制度。我们要保证公众接触到企业的规范化披露是相对容易的，披露内容的标准和规则也是清晰简洁的，此时，就可以形成一个企业内部与外部公众的良性循环。2021 年 4 月 15 日，生态环境部办公厅发布《关于加强高耗能、高排放项目生态环境源头防控的指导意见（征求意见稿）》。可以预见，在信息透明化程度越来越高的未来，强制企业环境气候信息披露时代已经到来。无论是上市公司还是非上市公司，无论是能源企业还是非能源企业，都必须提前做好准备。我们要以更加昂扬积极的态度，更加坚定地向零碳目标迈进。

■ 参考文献

[1] 潘尔生，田雪沁，徐彤，等 . 火电灵活性改造的现状、关键问题与发展前景 [J]. 电力建设，2020, 41(9): 58-68.

[2] 林伯强，中国碳中和视角下二氧化碳捕集、利用与封存技术发展，《第一财经日报》，https://www.yicai.com/news/101083782.html, 2021-06-16.

[3] 姜大霖 . 中国中长期能源低碳转型路径的综合比较研究 [J]. 煤炭经济研究 ,2020(11):6.

[4] IEA. 中国碳排放交易体系——设计高效的配额分配方案 , 2020.

[5] 黄丽文，部龙江，贾艳艳 . 钢铁企业碳排放的计算与分析 [J]. 冶金能源 , 2013.

[6]《中国钢铁工业年鉴》编辑委员会 . 中国钢铁工业年鉴 [M]. 中国钢铁工业年鉴社 , 2019.

[7] Li Y, Zhu L. Cost of energy saving and CO_2 emissions reduction in China's iron and steel sector[J]. Applied Energy, 2014, 130: 603-616.

[8] Vercammen S, Chalabyan A, Ramsbottom O, et al. The growing importance of steep scrap in China[J]. McKinsey Company, 2017.

[9] 马文欢 , 赵亚克 , 詹海华 . 2019 年钢铁行业运行状况分析及发展趋势预测 [J]. 冶金管理 , 2020, 394(8):26-31.

[10] International Energy Agency (IEA). Transforming industry through CCUS. 2019. https://www.iea. org/reports/transforming-industry-through-ccus.

[11] International Energy Agency (IEA). Iron and steel Technology Roadmap. https://www.iea.org/ reports/iron-and-steel-technology-roadmap.

[12] Watakabe S, Miyagawa K, Matsuzaki S, et al. Operation trial of hydrogenous gas injection of COURSE50 project at an experimental blast furnace[J]. ISIJ International, 2013, 53(12): 2065-2071.

[13] Huitu K, Helle M, Helle H, et al. Optimization of midrex direct reduced iron use in ore-based steelmaking[J]. Steel Research International, 2015, 86(5): 456-465.

[14] Zhang B, Wang Z, Yin J, et al. CO_2 emission reduction within Chinese iron & steel industry: practices, determinants and performance[J]. Journal of Cleaner Production, 2012,(33): 167-178.

[15] 工信部：关于推动钢铁工业高质量发展的指导意见（征求意见稿）.https://www.miit.gov.cn. 获取日期：2021 年 10 月 .

[16] 秦大河 , 董文杰 , 罗勇 , 等 . 中国气候与环境演变：2012（第 3 卷）：减缓与适应 [M]. 气象出版社 , 2012.

[17] Wildgust N, Gorecki C D, Bremer J M. An overview of the IEA Greenhouse Gas R&D Programme regional geologic storage capacity studies[J]. Energy Procedia, 2011(4): 4835-4840.

[18] Sun L, Dou H, Li Z, et al. Assessment of CO_2 storage potential and carbon capture, utilization and storage prospect in China[J]. Journal of the Energy Institute, 2018(91): 970–977.

[19] 中国氢能源及燃料电池产业创新战略联盟 .《中国氢能源及燃料电池产业白皮书》2019 年版 . https://baijiahao.baidu.com/s?id=1661954067099572861&wfr=spider&for=pc. 获取日期：2021 年 10 月 .

[20] Kroop Simon. Energy-efficient hydrogen production for today's and future steelmaking. 2020. https://www.green-industrial-hydrogen.com/fileadmin/user_upload/20200818_Best_Practice_Steel_Industry_ GrInHy2.0_SimonKroop.pdf. Virtual Forum about Hydrogen @ Mining: Best Practice Examples of Hydrogen Applications. Germany.

[21] Luossavaara-Kiirunavaara AB. Swedish steel AB(SSAB), vattenfall. HYDRID prestudy release/ HYBRID brochure. LKAB. 2018. http://www.hybritdevelop ment.com/.

[22] 陈宜瑜 , 丁永建 , 佘之祥 . 中国气候与环境演变评估（Ⅱ）: 气候与环境变化的影响与适应、减缓对策 [J]. 气候变化研究进展 , 2015, 1(2).

[23] Xi L, Qianguo L, Hasan M, et al. Assessing the economics of CO_2 capture in China's iron/steel sector: A case study[J]. Energy Procedia, 2019, 158: 3715-3722.

[24] Tonomura S, Kikuchi N, Ishiwata N, et al. Concept and current state of CO 2 ultimate reduction in the steelmaking process (COURSE50) aimed at sustainability in the Japanese steel industry[J]. Journal of Sustainable Metallurgy, 2016, 2(3): 191-199.

[25] Steven Vercammen AC, Ramsbottom Oliver, et al. Tsunami, spring tide, or high tide? The growing importance of steel scrap in China. McKinsey & Company; 2017.

[26] Energy transitions commission (ETC), rocky mountain Institute (RMI). China 2050: a fully developed rich zero-carbon economy. https://www.energy-transitions.org/wp-content/uploads/2020/07.

[27] 胡鞍钢 . 中国实现 2030 年前碳达峰目标及主要途径 [J]. 北京工业大学学报 (社会科学版), 2021. 21(3): 1-15.

[28] 马忠玉 , 等 . 基于 SICGE 模型的中国碳市场与电力市场协调发展研究 [J]. 宏观经济研究 , 2019(5): 145-153.

[29] 国家发展改革委新闻发布会 介绍进一步深化燃煤发电上网电价市场化改革有关情况 - 国家 发展和改革委员会 (ndrc.gov.cn) , 访问时间：2022-01-25.

[30] Lin W, et al. Aligning emissions trading and feed-in tariffs in China[J]. Climate Policy, 2016, 16(4): 434-455.

[31] 张森林 . 基于 "双碳" 目标的电力市场与碳市场协同发展研究 [J]. 中国电力企业管理 , 2021(10): 50-54.

[32] 林伯强 . 可再生能源发展关键在于电力市场化建设 [N]. 中国证券报 , 2021-12-13(A03).

[33] Energy transitions Commission. China 2050:A fully developed rich zero-carbon economy. https://www.energy-transitions.org/publications/china-2050-a-fully-developed-rich-zero-carbon-economy. 下载时间：2022-01-25.

[34] 林伯强 . 支持碳中和进程 逐步完善阶梯电价 [N]. 21 世纪经济报道 , 2021-06-29.

[35] 何建坤 . 全球气候治理新形势及我国对策 [J]. 环境经济研究 , 2019. 4(3): 1-9.

[36] Jaffe A M. Financial herding must be checked to avert climate crashes[J]. Nature Energy, 2020,5(2):101-103.

[37] Shefrin H, Statman M. The disposition to sell winners too early and ride losers too long: theory and evidence[J]. Journal of Finance, 1985, 40(3):777-790.

[38] Çelen, Bogaçhan, Kariv, et al. Distinguishing informational cascades from herd behavior in the laboratory.[J]. American Economic Review, 2004.

[39] Krueger P, Sautner Z, Starks L T, et al. The importance of climate risks for institutional investors[J]. Review of Financial Studies, 2020, 33.

[40] 李海燕 . 煤炭类上市公司碳信息披露现状和对策研究 [J]. 国际商务财会 ,2021(13):55-57.

[41] 张静依, 邵丹青, 黎菁, 等. 中国高碳行业气候信息披露现状研究——以房地产行业为例 [J]. 现代金融导刊, 2021(9):22-28.

[42] 刘瑞霞. 气候风险信息披露国际进展 [J]. 中国金融, 2021(3):79-81.

[43] 马险峰. 推动金融机构气候与环境信息披露的思考与建议 [J]. 现代金融导刊, 2021(1):10-12.

第2章

拥抱低碳革命：
绿色产业发展的机遇与挑战

绿色产业的发展势如破竹。"风""光"无限好，"绿电""储能"齐上阵。电动汽车是否也能成为储能系统的"神助攻"？森林碳汇如何为"双碳"目标添砖加瓦？碳汇碳捕集、利用与封存 (CCUS) 有多重要？可再生能源补贴退坡后，如何助力新能源企业融资？

2.1 "风""光"无限好：碳中和目标下中国新能源企业该何去何从？

2.1.1 中国风电产业和太阳能光伏产业发展背景

2020 年中国碳排放已突破 100 亿吨，根据 CEADs（Carbon Emission Accounts and Datasets）的测算，电力供应行业仍然是我国碳排放的主要来源。而目前，中国的供电体系仍然以火电为主，因此，调整现有的电力结构，增加新能源发电比重，将主导电源从火电逐渐转换为清洁能源电力，对于碳中和目标的实现具有十分重大的意义。根据全球能源互联网发展合作组合（Global Energy Interconnection Development And Cooperation Organization）2021 年 3 月份发布的《中国 2030 年能源电力发展规划研究及 2060 年展望》预测，2030 年中国太阳能发电总装机量预计为 10.25 亿千瓦，风电总装机量为 8 亿千瓦；2060 年中国太阳能发电总装机将达到 38 亿千瓦、风电装机达 25 亿千瓦。而根据中国电力企业联合会发布的最新数据，截止到 2021 年底，中国太阳能光伏的装机量约为 3.07 亿千瓦，风力发电装机为 3.28 亿千瓦，距离能够实现碳达峰、碳中和的风光装机量还差得相当远，中国风电和太阳能发电的发展潜力巨大。

这场加速中国能源转型的革命已经拉开序幕，不少欧美发达国家已经实现了碳达峰，面对这一时间紧、任务重的承诺，中国在努力实现碳达峰、碳中和目标的背后不仅仅是一场环境保卫战，更是促进中国经济产业结构升级的一次革新。而对于相对起步较晚的中国风电与光伏产业来说，在中国政府的大力扶持下，中国"风""光"发电也交出了一份满意的答卷。不论是在每年的新增装机容量还是累积装机容量上，中国风电和光伏发电均呈现出爆发式增长、规模化发展态势（如图 2.1、图 2.2 所示）。但目前可再生能源的补贴缺口已经相当大，因此，过去以补贴为主的发展模式已经不复存在，补贴退坡，一些靠"骗补"起家的落后产能将被逐渐淘汰，行业集中度也会越来越高。坐拥更强的资源配置能力以及更大的市场影响力，碳中和背景下，中国风电产业和太阳能光伏产业的龙头企业将会越来越强，同时，也肩负着更重的责任。

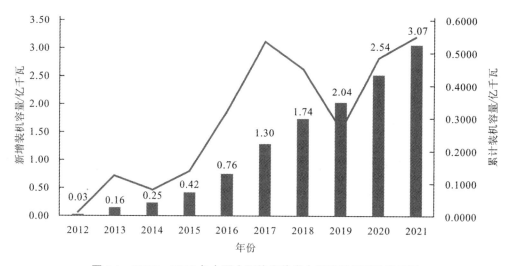

图 2.1 2012—2021 年中国太阳能光伏发电新增及累计装机容量

数据来源：中国电力企业联合会。

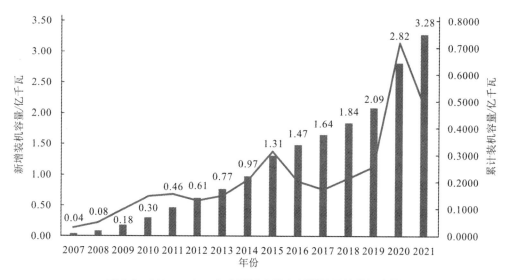

图 2.2 2007—2021 年中国风力发电新增及累计装机容量

数据来源：中国电力企业联合会。

2021 年 9 月 11 日，国家发展改革委发布了《完善能源消费强度和总量双控制度方案》（发改环资〔2021〕1310 号），方案的提出为"双碳"目标的实现提供了保障，并进一步推动了供给侧结构向清洁低碳调整。高耗能行业将面临更大的压力，地方可再生能源的消费将会增加，在这样的环境下，风电、光伏产业的龙头企业凭借着规模、技术、成本等优势，将迎来更大的发展空间。因此，接下来，笔者将选取中国风电和太阳能光伏产业链不同环节上具有代表性的企业进行分析，并给予中国风电和太阳能光伏企业一些发展建议。

2.1.2　中国风电产业链各环节企业发展现状分析

1. 上游——零部件生产

上游零部件生产主要包括叶片、风塔、轴承、齿轮箱、铸件等。根据前瞻产业研究院和开源证券研究所的数据，风电机组零部件中，成本占比前三的是风塔、叶片和齿轮箱，其中，风塔和叶片的成本占比均在20%以上，且二者成本占据了整个风电机组成本的一半左右。

伴随着海上风电的发展，受装机区域转移和竞价上网等因素的影响，叶片大型化趋势还将继续。而大型叶片重量轻、叶片大、强度高的特点使得大叶片的生产难度较大，只有少数企业才具备生产能力。中材科技作为中国最大的叶片生产厂商，其叶片的市场占有率已经连续九年位居全国第一。而中材科技叶片的市场竞争力也随着叶片的大型化趋势快速提升。

风塔生产对可靠性要求极高，具有一定的技术壁垒和客户壁垒。目前来看，塔筒的市场比较分散，其中，天顺风能作为国内塔筒行业的领军企业，其2020年在国内市场的占有率仅为10%左右。但长期来看，在大型化趋势下，大风机对配套的塔筒品质提出了更高的要求，且随着海上风电的发展，头部企业的规模效应和成本优势愈发凸显，塔筒较为分散的竞争格局将得到改善。

轴承作为风电机组的核心零部件，技术门槛高，工艺十分复杂。美国、日本、德国、瑞典等国的大型轴承公司占据了全球约70%的轴承市场，基本上垄断了轴承行业的高端市场，而我国作为全球最大的轴承消费市场，尽管市场占比约30%，但企业基本处于轴承行业的中低端市场。目前，虽然主轴轴承的国产化程度仍旧较低，但新冠肺炎疫情在某种程度上给予了中国企业千载难逢的发展机会，随着中国轴承企业的研发与核心技术的突破，预计轴承进口替代进程将会加快。

铸件生产具有高精度、特定性、唯一性等特点，大功率机组需要适配更高精度和强度的风电铸件，这给铸件生产增加了难度，扩大铸件产能需要投入大量的资金，且生产过程中污染严重，由于头部企业具有明显的资金优势以及环保能力，在环保政策收缩的背景下，头部企业在投建大兆瓦铸件产能上优势凸显，从而进一步筑牢了技术壁垒，也进一步巩固了市场优势地位。

2. 中游——整机制造

风电产业的发展较容易受到政策变动与外部环境的影响。近年来，由于风电行业政策的变化，风电装机量、风机价格以及产业链格局均出现了较大变化。在这一过程中，一线大型整机企业由于其较高的研发水平、规模优势和成本控制能力，客户资源稳定，优势逐渐加强，且在产业链上下游协同趋势下，龙头整机制造商更具备议价能力。受年内抢装影响，风电整机制造三大巨头——金风科技、远景能源、明阳智能的市场占有率从 2019 年的 62% 下降至 2020 年的 48%（如图 2.3 所示），市场份额被稀释。

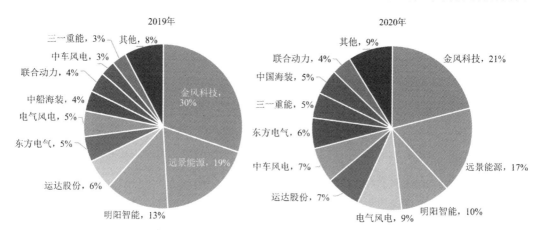

图 2.3　2019—2020 年中国市场风电整机制造商竞争格局

数据来源：BNEF 彭博新能源金融、民生证券研究院。

"风电平价时代"背景下，风机向大型化方向发展。一方面，大型风电机组具有更大的叶片和更高的塔筒，在相同的自然条件下，大型风电机组具备更高的风能利用效率和发电小时数。另一方面，风电机组大型化后，随着所需风机数量的下降，单位零部件成本和非风机成本将被摊薄，从而促进风力发电度电成本的持续下降，使风电行业形成增效降本的良性循环。

因此，在风机大型化趋势下，整机制造商的大兆瓦机组设计开发能力和工艺技术将面临考验，具有大机组开发能力的企业将脱颖而出。另外，行业对整机制造商的供应链管理能力也提出了更高的要求。目前，大型机组的零部件产能还比较有限，对整机制造商来说，不管是与各环节紧密合作、保持稳定供应，还是通过自产零部件的方式，具备较强的供应链管理能力、成本控制能力，都将在未来拥有更大的话语权。

3. 下游——风电场开发、建设及运营

中国的风电场运营商主要是大型中央发电集团，此类运营商占据了 50% 的市场份额，另一半市场主要由国有能源企业、民营或外资风电场运营企业占据，其中民营和外资风电场所占份额较小。随着碳中和目标的不断深入以及中国风电装机容量的累积增加，现有存量需要大量的风电后期运维服务，同时，碳中和加速了风电机组的更新换代，而大量的机组更替、升级又会给风电运维市场带来新的增长点。

风机的运营维护成本较高，在风电场方面，降本的途径之一是降低风机出现故障的频率，其二是简化后期运营维护的流程。同时，大型机组也有利于运维成本的降低。

另外，需加强互联网技术在风电场管理方面的应用，利用大数据技术打造智慧风电监测平台，实时采集数据，及时分析处理，提高风电场的智能化、数字化运维水平，做到风电场高效、安全运营。

2021年12月13日，国家能源局综合司发布了《风电场改造升级和退役管理办法》，鼓励并网运行超过15年的风电场进行改造、升级、退役。其实早在2020年5月，辽宁省发展改革委下发的《辽宁省风电项目建设方案》便提出对现役风电机组更新项目建设的支持；2021年5月，浙江省发展和改革委员会、浙江省能源局在印发的《浙江省可再生能源发展"十四五"规划》中强调要重点开展单机容量小于1.5兆瓦的风电机组的技术改造和升级；2021年8月，宁夏自治区发展改革委在《关于开展宁夏老旧风电场"以大代小"更新试点的通知》中明确了至2025年老旧风电场更新和增容的规模目标。在2021年9月10日召开的第四届风能开发企业领导人座谈会上，国家能源局新能源和可再生能源司副司长王大鹏表示，要有序实施风能资源优质地区的老旧风电场升级改造，推动中国风电产业的高质量发展。

风电机组的使用寿命一般为20年，至此，2000年左右安装的风电机组早已老化，且我国早期安装的机组的单机容量都比较低，将风电机组更换成更高容量以后，将会提高整个风电场的利用小时数。此外，许多小机组被大机组更换，也可以大大减少机位数量，节约土地资源。据全球知名能源咨询顾问公司Wood Mackenzie测算，投产15年以上的老旧风电场的运营和维护费用比投产不到5年的新风电场高出50%，因此，对老旧风电场进行改造，运维成本也会有所下降，从而有助于风电场经济性的提升。随着我国风电规模的持续壮大，风电场改造升级的需求会越来越多，市场空间巨大。2022年1月20日，国家能源局印发的《2022年能源行业标准计划立项指南》也提出将风电场的改造升级列为能源行业标准计划立项重点方向，以促进中国风电行业提质增效。

■2.1.3 中国太阳能光伏产业链各环节企业发展现状分析

1. 上游——硅料、硅片

（1）硅料

光伏产业链多晶硅生产环节进入困难。目前，我国生产多晶硅的企业较为稳定，造成这一现状的原因有以下两点：第一，当前多晶硅生产较为成熟的工艺是改良的西门子法，生产工艺较为复杂，具有较高的技术门槛，现有企业具有一定的技术垄断。第二，多晶硅生产线的建设需要投入大量资金，且生产线从开始建立到能够正式投入使用要经过大概一年至一年半的时间，存在着较高的资金壁垒。因此，我国的光伏产业硅料端的竞争程度比较小，整体呈现出寡头垄断的市场形态。如图2.4所示，2019年和2020年，我国光伏产业硅料端的CR5（业务规模前五名公司所占的市场份额）一直被保利协鑫、通威股份、新特能源、大全能源和东方希望占据，且CR5占有率从2019年的77%上升至2020年的86%，可见我国硅料市场正进一步集中。

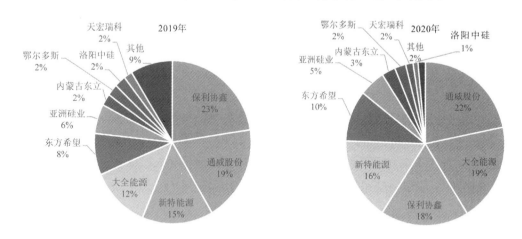

图2.4 2019—2020年中国多晶硅生产企业竞争格局

数据来源：CPIA中国光伏行业协会、光大证券研究所。

同样的，相较于电池、组件的投产周期，多晶硅的投产周期与产能释放周期要更长，这导致硅料的供应不够灵活。短时间内，多晶硅的产量较为固定，这就导致在市场需求出现较大变动时，多晶硅环节更容易出现产能失配的问题。2020年，世界各主要经济体以及碳排放大国纷纷提出碳中和目标实现的具体节点。能源革命波及整个世界，迫切需要在能源消费和供给结构上打开新的格局，在全球范围内掀起绿色电力浪潮。此前，"风""光"等清洁能源的市场，如欧洲、美国、印度、中国等由于受到新冠肺炎疫情的影响，清洁能源装机有所下降。而在全球疫情得到有效控制的前提下，下游如此强大的装机需求使得硅料的需求只增不减，硅料供应十分紧张。

由于硅料生产技术起源于西方发达国家，因此我国光伏产业早期原材料对外依赖度较高，这导致我国光伏产业的发展长期受制于海外。2012年欧美"双反"以后，我国加速了硅料的国产化进程。通过不断研发，我国光伏产业不断掌握硅料生产的关键技术，逐步降低硅料的生产成本，多晶硅的进口占比也在不断下降。2020年，我国多晶硅的产量达到了全球的70%以上，即从过去受控制的局面变成全球多晶硅供应的中坚力量。而我国光伏产业链的保利协鑫和通威股份不仅是国内硅料生产龙头企业，其实力在国际市场上也不容小觑。

随着硅料需求急速增长与硅料产能释放缓慢之间的矛盾越来越大，预计硅料供需将继续失衡，"得硅者得天下"的时代将再次开启。凭借着成功的疫情防控经验，目前中国的内部环境较为稳定，因此，中国的多晶硅企业应当加快扩大产能，针对成本占比最大的电力成本，选择电价较低的地方建厂投产，多地布局，降低成本，助力我国在全球新的能源供应格局中占据有利位置。

（2）硅片

中国硅片企业在国际市场中占据绝对主导地位。根据中国光伏行业协会的数据，2020年全球有超过90%的硅片产量来自中国，"中国制造"甚至有愈演愈烈的态势，因为中国硅片生产企业相对于国外企业更具有成本优势。另外，单晶硅片逐渐取代多晶硅片成为市场主流，而新增单晶硅片的产能主要来自我国，中国成为全球硅片新增产能的高地。

硅基太阳电池主要以单晶硅电池为主，一方面原因是单晶具有更优异的品质，且下游电池片端对单晶产品的转换效率明显提升，另一方面是因为单晶炉生产能力的提高以及金刚线切割技术的全面应用，使得单晶硅片的设备成本、电耗水平以及生产成本被大幅度摊薄。因此，单晶硅的度电成本比多晶硅更有优势，应加快布局单晶硅产能。

单晶硅片市场呈现双寡头垄断特征，隆基股份和中环股份两者的市场集中度高达60%。硅片端市场集中度高，根据中国光伏行业协会的数据，2020年中国硅片产量CR5占比高达88.10%（如表2.1所示），国内竞争程度小，市场偏向寡头垄断形态，具有超强的议价能力。此番硅料涨价，由于硅片头部企业掌握硅片定价权，迅速抢占其他硅片企业的生存空间，导致头部企业的利润不减反增，完美地将硅料涨价的压力传导给了光伏产业链的下一环节。

面临硅料紧缺、价格上升的压力，长周期、大金额订单合作能够提前锁定硅料供应，从容应对硅料短缺，有效抵御原材料供需波动风险。但签订长单只能保证硅料量的供应，对于硅料的价格还需要每月另外商定。同时，企业还可以通过加快配套电池、组件产能，突出一体化优势来提升供应链管理能力。

目前，硅片向更大、更薄方向发展。高功率、大硅片可大幅度降低下游逆变器、线缆、支架等单瓦成本，驱动光伏产业降本增效，助力光伏产业的平价进程。

2. 中游——电池、组件

光伏产业链各环节毛利率呈现"微笑"形曲线，即两端高中间低的形态。中游组件和电池环节市场集中度低，附加价值低，毛利率低，整体市场偏向竞争形态。从表2.1可以看出，电池片和组件端的CR5占比相较于硅料和硅片端偏低，且在CR5占比增速上也不如光伏产业链上游表现优异。因此，组件和电池环节在面对上游硅料和硅片的涨价以及下游太阳能发电平价上网的压价时，将会遭受双重压力。

表 2.1　2019—2020 年中国光伏行业产业链各环节 CR5 占比及变化

光伏产业链环节	2019 年 CR5 占比 / %	2020 年 CR5 占比 / %	CR5 占比增幅 / %
硅料	69.3	87.5	18.2
硅片	72.8	88.1	15.3
电池片	37.9	53.2	15.3
组件	42.8	55.1	12.3

数据来源：交银国际。

（1）电池

目前，单晶 PERC 电池是光伏电池的主流产品，量产效率约 23%，逐步接近 24.5% 的效率天花板。回顾 PERC 电池的发展史，我们可以从中总结出宝贵的产业发展经验，并为电池端的后续发展带来新的启发。2012 年，"863" 专项的启动标志着 PERC 电池在我国的产业化进程正式开启。2012—2014 年，PERC 电池核心设备的供应主要由国外厂商垄断，国内设备生产才刚刚开始起步，尽管这一时期 PERC 电池的转换效率已经达到 20.4%，但由于技术尚未成熟，因此，产能仍处于试验扩张阶段。2015—2017 年，国产 PERC 电池设备工艺日趋成熟，性价比日益凸显，逐渐打破国外厂商对核心设备供应的垄断。与此同时，PERC 电池技术不断成熟，PERC 电池转换效率的提升也极大地推动了 PERC 电池产能的进一步扩张，据中国光伏行业协会的数据，2017 年 PERC 电池的市场占有率为 15%。2018—2020 年，随着国产 PERC 设备工艺的不断成熟，国产 PERC 电池设备占据了 50% 以上的市场份额，PERC 核心设备的国产替代基本完成。随着设备价格的下降和 PERC 电池转换效率的进一步提升，PERC 电池生产线的投资成本迅速下降，从而推动了 PERC 电池产能的爆发式增长。

电池环节在光伏行业具有很大的技术变革和发展潜力。与单晶 PERC 电池相比，异质结电池（HJT）转换效率更高，工艺更简单，生产能耗更低，降本空间更大，但目前其成本较高，同时，电池端发展也会受到政策变动、贸易争端、技术更替等周期的影响。

（2）组件

2020 年年底开始，因供需关系紧张，多晶硅料价格持续上涨。仅在 2021 年一季度就上涨了约 50%；而同期，组件价格仅上涨了 2%。上游原材料涨价无法向下游有效传导，原因主要是组件环节下游客户大多以国企为主，集中度高且议价能力强。在当前国家大力推动碳中和政策的形势下，为完成装机指标，部分国企已将投资收益率要求降低，此时，组件价格就会变得十分重要。

与上游的硅料、硅片环节相比，组件环节由于技术门槛低、投产成本低，行业竞争激烈，利润微薄。根据 PV Infolink 的数据，自 2016 年起，作为组件行业的中坚企业，晶科能源光伏组件的出货量一直位居全国第一，直到2020年才落到第二名。除此之外，在众多组件企业中，隆基股份的产业链一体化做得比较好，隆基是硅片和组件两个环节的龙头，同时，隆基也与多家硅料企业签订硅料长单，保证硅料供应的充足，因此，这使得隆基股份在硅料供应短缺且短期内很难改善的背景下拥有了远超一般组件企业的竞争优势。

由于上游硅料的扩产周期较长，随着上下游产能不匹配程度的加剧，短期内硅料价格居高不下，电池及组件的盈利面临压力。在这种情况下，龙头组件企业的一体化和供应链管理优势凸显，在硅料价格上涨阶段已逐渐锁定了原材料长期订单，保证硅料供应充足，但盈利仍受到严重损害。随着硅料价格的进一步上涨，组件行业落后产能加速出清，且龙头组件企业在获单能力和成本管控上更具优势，中长期来看，组件头部企业集中度将得到提升，组件定价权进一步强化，组件盈利回归至合理水平。

3. 下游——光伏电站的运营与维护

光伏电站的投建运营要求企业具有较高的获取资源的能力，因此国内光伏电站运营商主要以大型央企、国企为主，比如我们耳熟能详的五大发电集团——华电集团、华能集团、国家电投、国家能源集团、大唐集团，都有涉足该业务。光伏产业下游市场集中度较高，控价能力较强，增值能力稳定，通常受国家政策和电力消纳问题影响较大。在"双碳"目标下，为保障清洁能源装机需求得到满足，光伏下游企业应当兼顾经济性与政策性，降低全投资回报率。

光伏下游除大型集中式光伏电站外，分布式光伏的发展也很重要。2021年6月7日，国家发展改革委发布的《关于2021年新能源上网电价政策有关事项的通知》（发改价格〔2021〕833号）表示，2021年起，对新建的集中式光伏电站、陆上风电项目和工商业分布式光伏项目不再补贴。2021年5月11日发布的《国家能源局关于2021年风电、光伏发电开发建设有关事项的通知》（国能发新能〔2021〕25号）表示，2021年国家财政对户用光伏发电项目的补贴预算额度是5亿元。由此可见国家对推进户用光伏发电建设的决心。同时，国家能源局综合司于2021年6月20日下发的《关于报送整县（市、区）屋顶分布式光伏开发试点方案的通知》也预示着未来屋顶分布式光伏建设将迎来爆发式的增长。有关分布式光伏的定期检修、维护等专业服务，具有十分广阔的市场空间，这为光伏产业下游带来了新的市场机会。当分布式光伏发展至一定规模时，未来市场或许会出现大量的提供专业服务的第三方运维机构。

■2.1.4　碳中和目标下中国风电和太阳能光伏企业的发展建议

经历了市场的大浪淘金，现有的中国风电和太阳能光伏企业早已身经百战，摆脱了靠补贴发展的路径,进入市场化竞争阶段,中国光伏和风电产业已具有领先和不容小觑的规模优势。过去,"风""光"应用市场聚集于欧洲、美国,而今,随着中国、印度等新兴市场的崛起,全球新能源产业打破了单一市场布局,向全球化拓展,极大地缓解了单一市场需求急速变化带来的行业动荡。在全球碳中和的大背景下,全世界都在努力追求绿色低碳循环发展。未来,中国"风""光"将比想象中更风光。结合上文分析,为中国风电和太阳能光伏企业提出几点发展建议。

第一,加强精细化管理,合理并购扩大生产。"风""光"时代来临,面对补贴退坡和市场考验,只有那些真正拥有实力的企业才能够笑到最后。可以说,碳中和也在一定程度上加快了中国"风""光"市场的完善。未来"风""光"的成本还会继续下降,许多龙头企业的业务范围已经波及整条产业链,事实证明,这种拥有垂直一体化结构的公司在供应链管理、成本控制上更具优势,在继续锤炼企业管理能力的基础上,这些企业可通过收购或并购项目来兼并一些市场的中小玩家,巩固头部优势,扩大生产经营规模。

第二,紧抓政策风向,整合当地资源。目前我国海上风电的装机还尚未成规模,未来装机空间较大。根据 BNEF 的数据,归功于大功率海上机组的研发以及带来的规模效应,目前全球海上风电的平均度电成本相较于 2012 年已经下降了 67.5%,中国海上风电目前的度电成本基本在 675~856 元/兆瓦之间。但由于各省风资源等差异,各省的海上度电成本差距较大,其中福建、广东两省的成本最低。因此,中国风电企业的发展不仅应当结合政策导向,还要将当地的资源充分利用起来。位于具备天然土地优势以及资源优势的中国北部、西部的企业,应当挑起建设集中式光伏、风电的大梁。东南沿海应加快建设海上风电基地;而土地成本较高的东中部企业,应该因地制宜,重点考虑建设和发展分布式光伏、分散式风电。

第三,打造核心竞争力,开启产业高质量发展模式。在旺盛需求的刺激下,"风""光"产能未来会迅速扩张。但今后的"风""光"产业不再是规模和低价的竞争,而是综合实力的较量。风电、光伏是典型的技术密集型产业,通过技术工艺的不断更迭、升级以及新技术的大量涌现,能推动高新技术大规模、产业化应用,实现节能降耗、降本增效。建立高效的"风""光"市场,开启产业高质量发展模式,占据创新与成本优势,才能立于不败之地。

2.2 中国海上风电发展、利用的现状与趋势

作为全球最大的发展中国家，中国提出碳达峰、碳中和两大目标，这充分彰显了我国在应对气候变化问题上的大国担当和构建人类命运共同体的责任意识。我国目前拥有全球最大的能源生产和消费系统，化石能源在一次能源中仍然占据主导地位，清洁能源占比较少，而碳中和要求建立以清洁能源尤其是光伏和风能为主的新型能源体系。随着土地利用紧张，陆上风电的潜力逐渐缩小，装机容量增长速度呈现放缓态势，在陆上风电开发较为成熟的情况下，海上风电在中国清洁能源转型乃至碳中和的进程中将更加重要。[1]海上风电的发展潜力巨大，增长速度较快。事实上，在遭受疫情打击后，全球各国政府都将海上风电视为能源行业发展中的一个重要驱动力，政府和行业都在努力发展海上风电，如美国风能协会呼吁延长税收减免，以帮助企业度过危机，而德国则表示将免除对海上风电项目延期完工的罚款。[17]

2.2.1 中国海上风电发展现状

面对全球气候变化危机，中国的绿色能源革命继续加速，风力发电场在这一过程中发挥了重要作用。中国大力发展包括风能在内的可再生能源，2020年，中国的风能装机容量已经跃居全球第一。风电资源的开发利用不仅有助于实现中国对于能源生产清洁化的愿望，且该行业的国内创新不断增加，也对缓解气候变化产生了实质性的影响。中国的风电发展已经超出了许多国际预期，国际能源署预测，中国的风电年产能将能够满足900多万户家庭供电。尽管欧美等发达国家在绿色技术实践方面已经占据了相当大的历史领先优势，但中国正迎头赶上。2020年中国海上风电装机容量达到了9996兆瓦，而同期陆上风电装机规模是海上风电的27倍多，即接近28万兆瓦。而2017年，陆上风电的装机容量则为海上风电装机容量的66倍多。2017年到2020年，海上风电的装机容量实现了快速增长，年均增速为53.19%（如图2.5）。

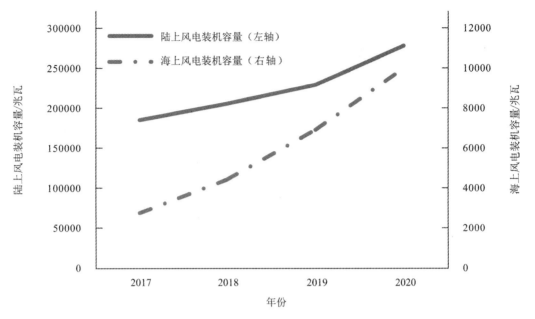

图 2.5　2017—2020 年中国海上风电及陆上风电增长变化

数据来源：CEIC 数据库。

1986 年，中国山东省荣成市建成了第一个风电场，在最近二十年，东部沿海地区的风电场数量不断增加，这意味着风电场与社会经济发展最为迅速的中国东部地区之间的地理距离缩短，能源需求与供给之间不再需要过长的电路进行传输。其间，中国也出台了一些政策用于激励陆上风电和海上风电的发展，不断推进政策工具、研发投入、技术法规和市场探索。2019 年，陆上风电指导价在 0.34 ~ 0.52 元 / 千瓦·时之间，2020 年在 0.29 ~ 0.47 元 / 千瓦·时之间，2021 年，新核准的陆上风电项目全面实现平价上网。2019 年国家发展改革委印发的《关于完善风电上网电价政策的通知》指出，对于包括潮间带风电和近海风电在内的海上风电项目仍给予补贴，海上风电指导价 2019 年为不高于 0.8 元 / 千瓦·时，2020 年则为 0.75 元 / 千瓦·时 [3]。

除了采取补贴手段，政府还竭尽全力吸引私人投资，激励技术创新，从而建成了目前世界上最大规模的风电市场。尽管相关的政策在世界上其他国家和地区如欧盟和印度也有实施，但是中国风电如此迅速的增长和庞大的规模是全球唯一的。[4] 在研发和投入的激励下，中国的风电技术已经逐渐进入成熟阶段。随着技术的进步，国内风电行业各企业间的竞争不仅有利于中国的绿色能源生产，也有利于产生溢出效应，通过在全球范围内进行技术创新和高质量的工艺合作来共同应对气候变化。然而，目前中国海上风电的潜力尚未被完全发掘。总的来说，中国目前在风能技术方面的研究和开发得到了政府的大力支持，但技术成果往往存在于不同的风电产业企业当中，这意味着可以通过一定形式的交流如定期的全国性会议来促进技术的交流分享，避免重复投入，同时汇聚最新技术成果，使海上风电得到更为迅速的发展。如叶片设计、控制系统和涡轮机制造等领域，都需要极高水平的专业技术，进一步汇集这些知识，对中国绿色能源的未来发展至关重要。

1. 中国海上风电装机迅速增加

中国能源需求继续快速增长，其中大部分由煤炭和石油提供。尽管水电已经作出了重要贡献，但电力供应以煤炭为主。然而，政府已承诺降低能源强度并增加可再生能源的使用。人们越来越关注海上风电，将其作为接近需求的潜在新可再生能源。"十一五"以来，中国海上风电装机容量迅速增加，海上风电的补贴政策带来了积极的激励作用。随着陆上风电、光伏逐步实现平价上网，海上风电也开始备受热捧，正在迎来一轮"抢装"热潮。全球风能理事会的数据显示，2019 年中国占全球海上风电新增装机容量的 40%，2020 年底中国海上风电装机容量已经占到全球海上风电总装机容量的 20% 左右。欧洲各国海上风电装机容量全球领先，中国在世界海上风电发展的浪潮中也占有一席之地（见图 2.6）。

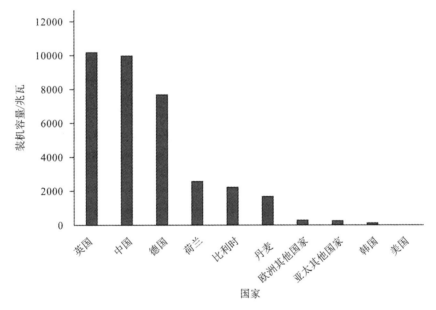

图 2.6　2020 年世界各国海上风电装机容量

数据来源：CEIC 数据库。

2. 深远海风能资源开发潜力巨大

中国近海风能资源开发或规划开发接近饱和，而深远海风能资源的开发利用仍处于萌芽阶段。深远海风资源大概占整个海上风能资源的 80%，开发潜力巨大。随着碳中和目标的提出，海上风电作为清洁能源有较好的发展前景。众所周知，欧洲大部分地区位于高纬度，属于温带、亚热带，甚至寒带地区，几乎没有台风；而我国沿海地区几乎都会受到台风影响，所以海上风电的发展必须考虑到这些因素。目前中国已经在抗台风的风电设备方面取得了一定的突破，国内首台自主研发的抗台风型漂浮式海上风电机组在广东阳江测试下线，这标志着中国一批关键技术的突破。

《风电发展"十三五"规划》重点发展的省份是位于黄海、东海和南海水域的江苏省、福建省和广东省。但其他沿海省份也有相应的海上风电建设计划，海上风电的投资出现了类似陆上风电投资的热潮。从北到南，山东、江苏、福建、广东都建设了海上风电基地，甚至海上风能资源并不丰富的广西壮族自治区也开始建设海上风电产业园。目前来看，中国海上风电基地的竞争略显无序。

3. 海上风电成本仍有下降空间

过去的十年，陆上风电的建造成本下降了30%，目前已降至约7000～8000元/千瓦。与陆上风电和光伏相比，海上风电的平价之路相对艰难，中国海上风电的建造成本仍然较为高昂，限于技术和环境条件，目前海上风电的建造成本为14000～18000元/千瓦，约为陆上风电成本的两倍。只有海上风电发电利用小时数达到3600小时以上、上网电价达到0.65元/千瓦·时以上，海上风电项目投资才有可能实现收益目标。目前上网电价还是大幅度低于成本，海上风电的工程造价需要进一步下降。根据美国能源部的报告，美国的陆上风电成本约为9300元/千瓦，近海风电成本则高达26000元/千瓦，浮动式海上风电成本更是高达34000元/千瓦。如此之高的成本，美国仍然规划在2030年以前新装1700多个海上风机，由此可见，海上风电的成本仍有较大的下降空间，或者海上风电的成本收益仍具吸引力。占据海上风电成本最大的部分是风电机组和风机基础及施工的费用，这也将是海上风电成本下降的突破口。

4. 海上风电补贴变化

2019年5月，政府将海上风电电价从固定价格改为指导价，新批准的项目的电价将具有竞争力，且不高于0.80元/千瓦·时的指导价。竞争的新阶段已经到来，补贴减弱。2020年，该指导价格降至0.75元，政府宣布，除了2018年底之前批准的项目和2021年底并网的项目外，新的风电装机容量将从2022年起不再获得中央政府补贴。这导致了短期的海上风电抢装热潮，因为开发商赶在2021年底补贴的截止点之前将他们的风电场建成并发电上网。

■2.2.2　中国部分沿海省份海上风电发展情况

中国海上风电行业的发展已经进入了快车道，江苏、广东、福建和浙江等沿海省份的项目审批和建设明显加快，项目不断获得批准意味着中国海上风电的规模仍在持续扩大[5]。

中国华南地区海上风电发展以广东省为代表。作为中国最发达的省份之一，广东希望减少对从中国西部引进电力的依赖，并加快改善其能源结构。广东省是核电的重要中心，但由于核电建设涉及漫长的审批和建设过程，因此需要开发其他清洁能源以实现清洁能源的快速过渡。同时，广东省拥有漫长的海岸线和良好的风力资源，并且由于海上风电场可以在沿海城市附近建造，更容易交付和使用海上风电所产生的电力，因此在过去的两年，广东成为中国发展海上风电的热点地区。海上风电被认为是所有可再生能源中最具潜力的，作为一个新市场，广东到 2020 年底的装机量仅为 320 兆瓦。但当地政府已着手制定了一项面向 2030 年增加 66.85 吉瓦装机容量的计划。此外，该省在 2018—2019 年批准了 11 个兆瓦级项目，此举有助于海上风电的开发商享受最后一批国家海上风电补贴。然而，到目前为止，只有 1.9 吉瓦或大约 1/10 的获批项目启动了建设。海上风电设备供应及安装的瓶颈意味着广东的大多数项目不太可能在 2021 年退补以前取得成功。这种情况也使得广东在 2022 年后的海上风电发展具有不确定性。一些 10 吉瓦项目已获得批准，但并未启动开发。这些项目最终能否顺利进行，很大程度上取决于当地的金融刺激计划，未来，广东省政府将考虑提供此类激励措施，但目前尚未确定补贴细节。在长期发展规划中，广东将首先实现在近海浅水的海上风电建设计划，而位于"深水站点"的部分项目则留待下一阶段开发（2022—2030 年）。

整个福建省的沿海地带都处于中国的风能富丰区（符合风力发电风速的小时数最多），具有发展海上风电的良好的自然条件。福建省在其"十三五"计划中制定的海上风电目标并不大，该目标设定，到 2020 年将有 2 吉瓦项目启动建设。而目前在建的项目已经远远超过了这一目标。福建省没有在 2020 年暂停项目审批，只是强调推进此前批准的 18 个海上风电项目的建设。中国长江三峡集团和省政府经营的福建能源投资公司是福建市场的两个主导者，它们采取了"集群发展"战略。福建省的海上风电发展已经粗具规模，也取得了一定的技术进步和产业规模，如兴化湾海上风电场建设、漳州的海工装备等。然而，海上风电目前存在成本高企的问题，一是起步晚，发展规模不够大，导致规模效应不足，单位成本下降速度较慢；二是产业链不够完善，没有形成全产业链体系的充分竞争。

浙江在发展海上风电方面相对较晚，但现在它有五个项目正在开发中。这五项都被列为 2020 年该省能源建设的重点，得到当地政府的大力支持。加速发展和新的势头引发了项目抢装的势头，然而，该市场成为中国主要海上风电地区也存在一定的困难。海上风电、军事和海洋空间自然保护之间的潜在冲突可能会限制该地区未来的容量潜力。此外，浙江省政府没有明确在中央退补之后为海上风电项目提供地方补贴。

就装机容量和在建项目而言，江苏目前是中国最大的海上风电区域市场，因为它是迈向海上风能开发的先驱。领先地位主要是由于其离岸站点较浅，因此风险较低且经济前景清晰。在省级"十三五"规划（2016—2020年）中，江苏设定，到2020年，海上风电装机容量达3.5吉瓦，累计建设单位4.5吉瓦累计批准项目6吉瓦。然而，区域市场的发展超出了其2020年的所有预期。截至2020年，该省不批准新的海上风电项目，但该省正在考虑海上风电的长期发展。最近的"十四五"规划中的信息表明，到2025年，海上风电装机容量将达到15吉瓦。

2020年起，山东省更多地开始了创新形式的海上风电开发，特别关注海上风力涡轮机与水产养殖业的结合。一个典型的海上风电项目是使用海上风电涡轮机的基座作为人工鱼礁来繁殖牡蛎、海参和多种鱼类。山东省青岛市计划在附近海域建立垂直轴浮动海上风力发电机组，该项目计划将氢气生产和水产养殖业务纳入其中。这更多的是一个探索性项目，可以获得海上风电—氢能联合发展的丰富经验。山东已起草地方能源政策，拟开发六个海上风电综合体，但具体的计划尚未公布。2020年，山东省政府还明确表示，不批准任何需要国家补贴的新海上风电项目，也不太可能提供地方补贴来刺激发展。

■ 2.2.3　中国海上风电发展趋势

1. 海上风电逐渐成为中国清洁能源发展的重要组成部分

相较于陆上风电而言，海上风电具有更好的被消纳条件。中国12个沿海省、直辖市和自治区（台湾地区除外）的总面积仅占国土面积的14%左右，但区域人口却超过6亿，占全国总人口的40%以上，人口密度及经济密度极高，用电量占全国总用电量的50%以上。中国的陆上风电则主要集中于人口分布较为稀疏、经济较不发达的西北地区。海上风电生产的电力可以迅速被传输到庞大的市场，用于满足部分电力需求，因此相较于陆上风电，有更好的消纳条件。此外，深远海的风能资源庞大且相对稳定，相较于陆上风电更有利于并网送电。

海上风电占中国整体风电的比例较少，但增长很快。截至2019年底，陆上风电占所有并网风电的97%，年增长率为13%。而同期海上风电则增长了55%。这种差异是陆上风电连接到电网的问题以及土地稀缺造成的。陆上风电发展迅速，但中国西北、华北和东北三大风电主要区域正接近饱和，可用站点减少，风电被削减。因此，风电行业现在正在寻求分布式海上风电。由于海上风电不占用土地，也不会对当地居民产生重大影响，因此可以考虑建造更大的涡轮机。

2. 中国海上风电全产业链发展加快

海上风电产业链不仅包括装备制造，还要考虑到海装船、港口基础设施和运维管理等环节。目前中国已经具备了海上风电机组的涡轮发电机、叶片、塔筒、电缆、变电站等整机及零部件的制造和安装能力，但需要注意的是，随着对于深远海区域风能的开发，有些生产线已经无法满足新型装备的制造，需要更新技术和生产设备，以应对即将到来的深远海海上风电行业的需求。此外，现有的海上风电叶片多为难以回收并循环利用的复合材料，需要开发新型叶片材料，以符合低碳环保的要求。

目前中国具备海上安装资格的船数量较少，将无法满足庞大的海上风电安装需求。2021 年，中国海上风电安装船的租金暴涨 1 倍，这反映了中国海上风电安装船供给紧张。与陆上风电安装所使用的标准化生产的吊车不同，海上风电安装所需要的海装船需要定制化，生产成本更高，生产周期也更长。如果不提前布局海装船，将影响海上风电发展的速度，因此中国海上风电安装船这一薄弱环节亟须强化。相应的，还需要对港口基础设施进行改造，使其能够处理叶片、基座和其他风电设备的制造和运输，以促进未来海上风电项目的规模化发展。

3. 海上风电对地方补贴的需求增加

中国于 2014 年首次为沿海风电设定了标杆价格，即 0.85 元 / 千瓦·时，远高于燃煤发电 0.42 元 / 千瓦·时的平均水平。海上风电行业经历了迅速增长。2016 年底，国家能源局公布了《风电发展"十三五"规划》，设定了到 2020 年安装或正在建设 10 吉瓦海上风电的目标，将超过 5 吉瓦的海上风电连接到电网。广东、江苏、浙江和福建各将建设至少 1 吉瓦。中国 11 个沿海省份开始规划海上风电扩建，开发商开始着手准备项目。

随着碳中和目标的提出，海上风电作为清洁能源有较好的发展前景。2020 年 1 月，财政部、国家发展改革委和国家能源局联合发布的文件提出，按规定完成核准（备案）并于 2021 年 12 月 31 日前全部机组完成并网的存量海上风力发电，按相应价格政策纳入中央财政补贴范围。同时按照政策要求，2018 年底前核准的海上风电需要在 2021 年底前并网，才可以获得 0.85 元 / 千瓦·时的核准电价。这意味着中央政府对于海上风电的补贴开始收紧。

随着中央财政补贴退坡，广东和浙江已经相继出台了激励措施，其他沿海地区应该也会很快明确地方海上风电补贴政策。广东省政府明确了 2022 年海上风电中央补贴取消后广东地方的海上风电的补贴标准。浙江对于风机制造商推动平价项目，也有相应的奖励和补贴，明确"十四五"期间海上风电新增目标，重点推进海上风电发展，打造"近海及深远海海上风电应用基地 + 海洋能 + 陆上产业基地"的发展新模式，积极推动海上风电可持续发展，加快建立省级财政补贴制度，通过竞争性方式配置新增项目，支持海上风电的有序发展。随着社会各方对碳中和目标理解的加深，海上风电将迎来快速发展。

■2.2.4 对中国海上风电发展的政策建议

2021 年是海上风电并网补贴的最后一年，因此出现了"抢装"的现象。从长远来看，这可能会加重无序发展的现象。中央财政补贴退坡后，建议地方政府补贴政策继续接力，在电价补贴、税收返还、融资贷款等方面给予一定支持，推动海上风电向平价快速过渡。但是，地方政府的补贴政策需要更加透明，更有前瞻性，尽可能避免海上风电的窗口期"抢装"对产业链的扰动，促进可持续健康发展，否则对电价敏感且资本比重较大的海上风电产业发展将难以为继。从全国范围来看，各省应该结合自身的资源禀赋和技术基础，形成一定的差异化发展，避免无序竞争，避免对同一海上风电技术研发进行重复投入。

第一，利用规模优势，进一步降低全产业链成本。就海上风电项目而言，更少、更大的涡轮机更具成本优势，其较高的成本效率将增加海上风电项目对大型涡轮机的需求。应推动海上风电全产业链发展，协同降低成本。从海上风电全生命周期看，平价的主要驱动力是风电技术进步、风机效率提升、较好的商业模式和规模效应。大兆瓦海上风电机组的投用可以摊薄度电成本。据全球风能理事会预计，2020年全球海上风电平均机组容量到2025年可以升至2005年风机水平的3倍以上。从产业链来看，在项目设计和施工建设方面，建议推进风机基础设计与塔筒、主机设计一体化，合理调度船机资源。建议中央政府协调推进海上风电集中连片开发，推动海况、海洋地质资源、风资源数据库共享共建，共享海上升压站和外送通道，降低并网和维护成本。

第二，做好统一规划，避免无序竞争。目前中国沿海已出现较多海上风电基地，但同质性较强，难以发挥区域优势，效率不高。因此，应当全面摸清沿海各地在海上风电行业发展的优势，结合已有的机械制造、船舶制造等基础，分工协作，而不是生产同质化产品，由此可以避免形成一些产品产能过剩而另一些产品供给不足的局面。要利用好碳中和的政策红利，积极推进能源转型，把握好政策力度，巩固、完善已有的包括海上风电在内的清洁能源的产业基础，保障清洁能源的消纳，还可以结合氢能开发、储能、深远海渔业养殖等产业共同发展，促进海上风电发展的商业模式创新，实现海上风电开发效益最大化。

中国早期的海上风力涡轮机依赖进口。海底性质的差异和台风的风险意味着直接从欧洲进口的涡轮机并不总是合适的，这就增加了工程成本。因此，后来人们改进了设计以满足中国的需求，以获得更好的可靠性和更低的成本。中国的海上风电开发商一直尝试通过开发更大的叶片和涡轮机来降低制造成本，提高电力输出和质量。但是轮机的大小也取决于自然条件，如欧洲的北海享有高风速，又没有遭受飓风的影响，因此采用更大的涡轮机是有意义的。但中国的一些水域，如江苏和山东沿海，风速较低，涡轮机使用频率也不是很高，加之较浅的水域意味着基础成本较低，因此在某些情况下，较小的涡轮机可能更经济。

第三，还可以借鉴国外先进的海上风电发展经验。欧洲是全球海上风电发展最迅速的区域，中国的海上风电发展可以在从欧洲国家在海上风电发展的经验教训中获得灵感，并充分利用近年来欧洲的技术、政策等。由于海上风电行业需要通过降低成本来确定其长期可行性，研发计划的重复制订必将导致有限资金的低效使用，因此，通过和国外运营的开发合作，不仅可以解决技术难题，还可以获得大量实际经验。海上风电项目的缓慢增长也限制了拥有大量财政资源的中国公用事业单位可获得的投资机会。相比之下，欧洲开发商一直在努力解决项目融资问题。因此，这可能代表着通过共同投资和开发欧洲海上风电项目实现重大互惠互利的机会。除了为中国投资者提供有吸引力的回报率外，它还将使开发商获得开发和运营海上风电场的第一手经验，并接触到欧洲市场采用的领先技术。需要注意的是，欧洲国家在海上风电领域的世界领先地位可能非常有助于中国克服开发其庞大的海上风电资源的一些关键障碍。但是，欧洲使用的所有解决方案不一定适用于中国。中国的沿海条件与英国第三轮项目不同，英国的研发重点是大于 30 米水深的解决方案。相比之下，在大多数情况下，中国的水深不太可能超过 20 米，而相对不坚硬的海底条件可能会带来不同的挑战。尽管如此，在建造和运营海上风电场所采用的技术和最佳实施方案等方面仍然存在相当大的重叠。因此，中国有必要在这些方面吸取已有的建设经验，以提高效率，减少人力和物资的浪费。

2.3 美国制裁政策下中国光伏产业发展形势分析

一方面，随着碳达峰和碳中和目标的提出，发展清洁能源的重要性日益凸显。由于发电领域一直是中国碳排放的"大户"，要在 2060 年前实现碳中和，意味着中国现有的电力结构和能源结构都需要进行重大变革。在这一背景下，发展清洁能源以替代高碳排放的化石能源是推动能源结构绿色转型、最终实现碳中和的关键。从目前情况来看，由于水源潜力限制，水电发展进入瓶颈；核电由于其安全性和长布局周期，难以快速发展；风电受地理限制较大。相比之下，光伏由于其清洁安全、资源充足、相对广泛和潜在经济等优点，被寄予厚望。事实上，经过多年发展，中国光伏产业已逐渐成为国际上具有相当竞争力和相对优势的能源产业。根据中国设定的目标，在碳中和 2℃升温目标路径下，2020 年、2030 年、2035 年和 2050 年的非化石能源消费占总消费的比重将分别为 16%、26%、31% 和 45%，非化石能源占总发电量的比重也由 2020 年的 37% 大幅上升至 2050 年的 80% 以上。[6] 这一将能源结构和电力结构"倒过来"的壮举，势必需要光伏产业推动。目前，光伏产业已成为国家战略性新兴产业。

另一方面，随着中国工业化发展持续推进，能源需求也在逐年扩大。受限于资源禀赋，中国石油及天然气严重依赖进口，外依存度长期处于高位并呈持续上升趋势。截至 2021 年，中国石油对外依存度达到 72%，天然气对外依存度达到 46%。同时，中国油气进口来源集中，大量石油进口依赖于霍尔木兹海峡与马六甲海峡，一旦稳定局面遭到破坏，能源安全将失去重要保障。因此，为了扭转这一局面，中国有必要在传统的化石能源外开辟出一条新的能源发展道路，实现在新能源全产业链的布局甚至领先，以巩固国家能源安全壁垒，打破中国在"原油体系"中的被动局面。[7] 由此可见，光伏产业将在碳中和目标的实现及国家发展战略中起到至关重要的作用，发展光伏产业也是中国掌握自身能源命脉的关键一步。

然而，经历过虚假繁荣和"双反"制裁的中国光伏产业目前仍面临着潜在的制裁危机。2021 年 5 月 12 日，美国总统气候问题特使发言称拜登政府正在考虑以所谓"强迫劳动"之名向中国光伏产品实施制裁。6 月 24 日，美方又将新疆合盛硅业有限公司等新疆公司列入所谓"实体清单"，结合美国海关暂扣令，由此展开了对中国光伏行业的打压组合拳。9 月 2 日，中国对美国无理的光伏产品制裁政策提出的诉讼被驳回。世贸组织认为，美国没有违反全球贸易规则。暗流涌动之下，面对蠢蠢欲动的美国，中国光伏产业仍需突破瓶颈，取得能源革命的胜利任重道远。

■ 2.3.1 中国光伏产业基本情况

1. 中国光伏产业发展回顾

光伏现象于 1839 年由法国科学家贝克雷尔偶然发现，后续美国贝尔实验室的三位科学家发明了单晶硅太阳电池，为光伏产业的发展奠定了基础。而后，光伏产业在欧洲得到了迅速发展。21 世纪初，欧盟各国开始大力扶持光伏产业，光伏逐渐成为其能源结构的重要组成部分。由于需求的大量增加，欧洲本土企业难以实现充足的光伏产品供给，加之欧洲政府大手笔的补贴过于诱人，众多中国企业借此机会涌入光伏大潮中，中国也一跃成为全球最大的光伏电池和组件制造国家。然而，彼时中国企业的主要工作仅仅是光伏材料的简单组合，毫无技术壁垒可言。制作光伏组件的原材料国内无法生产，需要从国外进口，产成品国内需求不足，大多需要出口国外，企业的盈利手段也主要依靠海外补贴。这就导致中国光伏产业表面上发展形势喜人，但实际在技术和创新上无半点优势可言。

2008 年，突如其来的金融危机打破了这一虚假繁荣景象。由于欧盟和美国经济面临窘境，政府光伏上网补贴下调，同时欧美市场需求也随之下降，整个光伏行业陷入低迷，众多光伏企业陷入危机。欧美光伏公司为了维护自身利益，通过各种渠道发声，认为中国低价光伏产品的恶意倾销导致了欧美国内企业经营困难。几经周折，2011年，美国对中国光伏电池组件产业发起了反倾销和反补贴调查，对中国光伏企业征收

18.32% ～ 249.96% 的反倾销税，同时针对中国政府的补贴征收 14.78% ～ 15.97% 的反补贴税。欧洲国家也如法炮制，对进口的中国相关光伏产品征收 11.8% 的临时性反倾销税。[8] 中国看似坚不可摧的"光伏大厦"顷刻倒塌。危难时刻，中国政府及时出手。一方面，针对进口多晶硅的"双反"调查加以回击；另一方面，加大光伏补贴力度并刺激内需。2013 年初标杆电价补贴政策出台后，全年国内行业增长率迅速提高到212.89%，及时扭转了颓势。随后，中国光伏产业逐渐复苏并崛起，实现了全产业布局并在多个领域构建了技术壁垒。

2. 中国光伏产业发展现状

近年来，国内光伏企业从生产设备到制造工艺都取得了突破性进展，实现了全产业链的国产化。经过十余年的发展，中国光伏产业在国际竞争中逐渐占据主动，从供给端到需求端自主可控，大量相关技术处于领先地位，应用市场及产业规模迅速扩张，各环节产品市场占有率稳步提高。在 2021 年全球光伏 20 强排行榜中，中国企业上榜18 家并包揽前七。[9]《中国光伏产业发展路线图 2021 年版》显示，2021 年，全国多晶硅产量达 50.5 万吨，同比增长 27.5%。2021 年全国硅片产量约 227 吉瓦，同比增长40.6%。随着头部企业加速扩张，预计 2022 年全国硅片产量将达到 293 吉瓦。2021 年，全国晶硅电池片产量约 198 吉瓦，同比增长 46.9%。预计 2022 年全国电池片产量将超过 261 吉瓦。2021 年，全国组件产量达到 182 吉瓦，同比增长 46.1%，且以晶硅组件为主。预计 2022 年组件产量将超过 233 吉瓦。

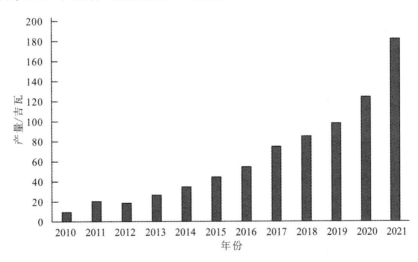

图 2.7　2010—2021 年全国太阳能组件生产情况

数据来源：中国光伏产业发展路线图。

根据《中国光伏产业发展路线图 2021 年版》，2021 年，中国新增光伏并网装机容量约 54.9 吉瓦，同比增长 13.9%，全国累计光伏并网装机容量达 308 吉瓦（如图 2.8

所示）。据统计，2021 年中国光伏新增和累计装机容量均位居全球第一。发电量方面，2021 年，光伏发电量为 3259 亿千瓦·时，约占全国全年总发电量的 4.0%。据估计，2022 年光伏新增装机容量有望超过 75 吉瓦，累计装机容量将达到 383 吉瓦。

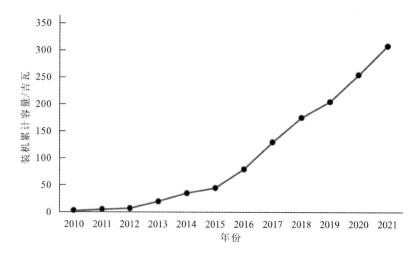

图 2.8　2010—2021 年全国光伏发电装机累计容量

数据来源：中国光伏产业发展路线图。

■2.3.2　中国光伏产业市场分析

1. 国内市场

《中国光伏产业发展路线图 2021 年版》主要数据整理如表 2.2 所示，2021 年中国国内光伏新增装机量达 54.9 吉瓦，同比增长 13.9%，其中，分布式光伏装机量 29.3 吉瓦，占全部新增光伏发电装机的 53.4%，历史上首次突破 50%。分布式电站占比提升到 53.4%，占比首次超过集中式。2021 年户用装机量达 21.6 吉瓦，创历史新高，约占新增光伏装机量的 39.4%。用户光伏占分布式市场的 73.8%。由于供应链价格上涨，2021 年光伏集中式装机增长趋势放缓。随着大型风光基地项目开工建设，预计 2022 年大型地面电站的新增装机将成为主力，集中式装机占比将重新超过分布式。分布式市场方面，整县推进及其他工商业分布式和户用光伏建设将继续支撑分布式光伏发电市场，虽然占比下降，但装机总量仍将呈现上升态势。在"双碳"目标下，"十四五"期间中国光伏市场将迎来市场化建设高峰。预计"十四五"期间国内年均光伏装机新增规模将保持在 50～90 吉瓦。按照当前国内组件产量增长计算，国内市场预计能够消化 40%～50% 的终端产品。

表2.2　"十四五"期间光伏年均装机量测算

非化石能源占比目标	光伏与风电发电量比例	总增量（亿千瓦·时）	光伏增量（亿千瓦·时）	光伏年平均装机（吉瓦）	风电增量（亿千瓦·时）	风电年平均装机（吉瓦）
17.0%	50：50	7898	3949	48	3949	27
	55：45	7898	4344	53	3554	24
	60：40	7898	4739	58	3159	22
17.5%	50：50	7898	3949	56	3949	32
	55：45	7898	4344	62	3554	28
	60：40	7898	4739	68	3159	25
18.0%	50：50	7898	3949	64	3949	36
	55：45	7898	4344	71	3554	32
	60：40	7898	4739	77	3159	29
19.0%	50：50	7898	3949	80	3949	45
	55：45	7898	4344	88	3554	40
	60：40	7898	4739	96	3159	36
20.0%	50：50	7898	3949	95	3949	54
	55：45	7898	4344	105	3554	48
	60：40	7898	4739	115	3159	43

数据来源：国家能源局、兴业证券。

2. 进口情况

2021年，中国进口多晶硅11.42万吨，进口金额为20.40亿美元，主要进口地区包括德国、马来西亚、日本等。从德国进口的数量为51316.04吨，进口金额为97631.66万美元；从马来西亚进口的多晶硅数量为29726.58吨，进口金额为56675.18万美元；从日本进口的多晶硅数量为15411.14吨，进口金额为21561.34万美元。中国光伏行业协会统计数据显示，近年来中国多晶硅进口比例呈下降趋势，目前自给率达到近80%。总体来看，中国光伏材料进口占比逐年降低，在保证产量持续增长的同时，同步提高并保持高水平的自给率，中国光伏产业链基本成熟，全产业链基本实现国产化，基本不会出现核心原材料及设备被海外厂商"卡脖子"的情况。

3. 出口情况

光伏出口是光伏产业的重要支柱。2021年中国光伏产品出口总额约284.3亿美元，同比增长43.9%。其中：硅片出口额245亿美元，出口量约22.6吉瓦；电池片出口额13.7亿美元，出口量约10.3吉瓦；组件出口额246.1亿美元，同比增长44.9%，出口量约98.5吉瓦，同比增长25.1%，出口额和出口量均创历史新高。从中国光伏组件出口市场分布来看，合作国家及市场相对稳定。2020 年，荷兰、越南、日本、巴西、澳大利亚出口市场金额分列前五位，合计占比超过 55%；西班牙、印度、德国、墨西哥紧随其后（图 2.9）。2021 年，荷兰、巴西、印度市场份额增长明显，分别占组件出口额的 24.3%、12.2% 和 10.3%；日本、澳大利亚、西班牙的市场份额均超过 5%（见图 2.10）。

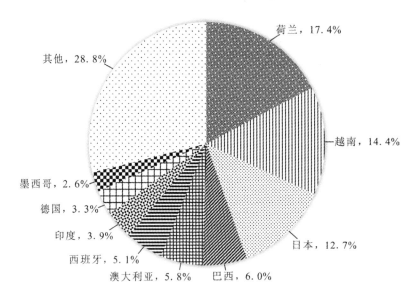

图 2.9　2020 年中国光伏组件出口国家市场占比

数据来源：中国光伏行业协会。

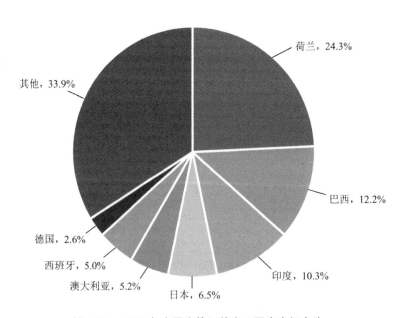

图 2.10　2021 年中国光伏组件出口国家市场占比

数据来源：中国光伏行业协会。

（1）荷兰

荷兰是光伏组件出口欧洲市场的重要集散地，且本身也有较为可观的产品需求。近年来，荷兰政府大力推进可再生能源支持计划，并制定了"2020年可再生能源比例达到14%、2023年可再生能源比例达到16%"的目标。根据荷兰中央统计局发布的最新数据，2021年荷兰太阳能市场新增装机容量达到了创纪录的3.3吉瓦。荷兰太阳能协会预测，2035年将突破20吉瓦。更有乐观的预测指出，到2030年荷兰光伏装机量将有望达到36吉瓦。按照荷兰能源研究中心的推算，荷兰对光伏组件的需求仍将持续，未来一段时间内仍是中国光伏的重要海外市场。同时，荷兰近年来与中国关系较为密切，商贸合作频繁。从2020年荷兰涉嫌规避光伏双反税和2021年ASML光刻机事件可以看出，荷兰同中国光伏企业的合作具有一定的黏性。根据UNGA两国关系数据，中国与荷兰国家关系保持稳定良好。从长远角度考虑，中荷政企合作对双方也均有裨益。因此，荷兰主动参与到光伏制裁的可能性并不高。

就整个欧洲市场而言，2021年欧洲太阳能市场新增装机量为26吉瓦左右。据欧洲太阳能协会中等水平预测，2021—2024年，欧盟的太阳能装机量将分别增加22.4吉瓦、27.4吉瓦、30.8吉瓦和35吉瓦，即在未来几年内仍会保持15%左右的增长趋势。[10]从市场体量来看，欧洲也是中国光伏组件出口的第一大海外市场。2021年中国对欧洲出口光伏组件45.3吉瓦，同比增长54%，占光伏组件出口总体份额的45%，其重要性不言而喻。

（2）越南

2017年，越南政府出台了光伏补贴政策，2020—2021年是FIT政策的收尾阶段。为获得最后的补贴优惠，大批量光伏项目进入"抢装"节奏。2020年越南进口光伏组件为14.6吉瓦，预计2021年会有所下滑。这无疑是在透支未来光伏项目的潜力。从目前种种装机情况来看，越南对光伏产品的需求已经趋于饱和，未来成长空间比较有限。从清华大学国际关系学院"中外关系定量测量组"发布的《中国与大国关系分值表》来看，近年来中越关系也比较紧密且稳定。因此，长期来看，中国与越南在光伏领域产生摩擦的概率并不大。

（3）日本

日本对中国光伏产品依赖较大。一方面，日本本土太阳能行业陷入瓶颈。调查结果显示，2020年与太阳能相关的公司总债务约为486.5亿日元，有79家相关公司破产。另一方面，日本能源转型的压力较大。2021年5月26日，日本国会参议院正式通过修订后的《全球变暖对策推进法》，将碳中和目标正式修订入法。时间压力与发展阻力或迫使日本在短期内对中国光伏产品保持稳定需求。但从政治层面上考虑，清华大学中国与大国关系分值及UNGA两国关系数据显示，中日关系不佳且美日关系紧密，日本受美国影响，仍有可能参与到对中光伏制裁中。

（4）巴西

截至 2022 年 4 月，巴西累计安装的光伏系统总装机容量已超过 15 吉瓦，仅 2021 年就增加了 5 吉瓦以上。这得益于自 2012 年以来巴西所进行的超过 527 亿雷亚尔的投资。预计未来对光伏发电的投资将持续保持增长。同时，巴西新法案规定，当前建设的项目以及在新法公布后 12 个月内立项的项目，都可以在 2045 年前享受电网使用费的折扣。据巴西分布式发电协会估计，这项措施或将鼓励在两年内另外增加 10 吉瓦的装机量。同时，巴西的光伏组件需求几乎被中国企业所包揽，阿特斯、比亚迪等企业也在巴西纷纷设厂。UNGA 两国关系数据也显示，中国与巴西关系稳中向好，这是中国企业在巴西广阔发展空间的坚实保障。

（5）澳大利亚

澳大利亚是全球光伏发展最发达的地区之一，其太阳能新增装机量自 2018 年达到峰值后明显下降。根据澳大利亚能源委员会报告，澳大利亚 2021 年新增光伏装机达到 5.2 吉瓦。澳大利亚本地的供应链并不完整，绝大部分光伏组件的生产都无法在澳洲本土完成，因此澳大利亚光伏产品多依赖进口，且与中国光伏企业合作最为频繁。Solar Quotes2021 年度在澳市场组件品牌知名度排行榜显示，晶科能源、天合光能、隆基股份、赛拉弗、尚德电力等中国品牌在澳大利亚广受关注与欢迎。然而，澳大利亚对光伏产品的需求并不迫切，同时，清华大学中国与大国关系分值也显示中澳政治贸易关系尚不明朗，存在一定的变数。

（6）西班牙

近年来，西班牙光伏市场发展迅猛。2021 年西班牙新增光伏装机量约 3.3 吉瓦，可再生能源占西班牙总发电容量的 56.6%，达到 112.8 吉瓦。根据西班牙贸易协会相关数据，西班牙政府将批准超过 13 亿欧元的资金支持太阳能项目，预计将带来 3.5 吉瓦的自发自用光伏装机量。国家关系方面，UNGA 两国关系数据显示，中国与西班牙关系良好稳定。因此总体来看，西班牙光伏市场仍有潜力，西班牙主动参与对中光伏制裁的可能性并不高。

（7）印度

根据印度中央电力管理局的相关数据，印度已经实现了 100 吉瓦的装机可再生能源容量。在已装机的 100 吉瓦可再生能源容量中，太阳能占比约 44%，风能占比 40%。同时，印度已经确立了在 2022 年前达成 175 吉瓦和 2030 年前达成 450 吉瓦可再生能源容量的目标，这也意味着印度光伏市场仍具有较大的空间。然而，印度对中国光伏产品并不算友好。为了扶持本土制造业，减少对进口产品的依赖，增加其本国组件的竞争力，2020 年 7 月，印度对进口太阳能电池和组件征收保障税，自 2020 年 7

月 30 日至 2021 年 1 月 29 日，对进口自中国、泰国、越南的所有太阳能电池和组件征收 14.9% 的保障税；自 2021 年 1 月 30 日至 2021 年 7 月 29 日，对上述进口商品征收 14.5% 的保障税。清华大学中国与大国关系分值也显示，中印关系持续恶化。因此整体来看，未来对印光伏贸易并不乐观。

（8）德国

德国是传统的"光伏强国"。根据欧洲光伏产业协会的数据，2021 年德国新增光伏发电量达到 5.3 吉瓦。在德国政府正式取消了太阳能补贴上限后，德国可能会迅速加速太阳能项目部署。德国经济部于 2021 年 2 月 28 日提出了新的立法草案，将在 2035 年实现"完成 100% 可再生能源供给，放弃化石燃料"的目标。预计德国对于中国光伏组件需求仍会稳定持续。从国际关系方面来看，清华大学中国与大国关系分值显示，中德关系正处于前所未有的紧密阶段。因此总体而言，中国与德国未来在光伏市场仍会有较为频繁的贸易往来。

2.3.3　制裁风险预估及应对方式

总体来看，世界各国都背负一定的能源转型压力，对光伏组件存在长期需求是必然趋势。从光伏产业市场分析中可以初步判断，与中国进出口关联的各国几乎没有动机主动采取主动制裁政策。对于大部分国家如荷兰、越南、日本等国而言，其能源转型压力较大，阻碍与中国光伏企业的合作弊大于利；而部分对光伏产品黏性较小的国家如澳大利亚而言，其出口份额占比并不大，即使合作受阻影响仍然可控。因此可以判断，存在制裁动机的仅有美国。具体而言，美国为了保护和发展本国光伏产业，可能会裹挟其他国家或组织如欧盟、日本等，对中国光伏企业进行制裁。

1. 风险预估

（1）产业链受限

光伏行业的产业链整体性强，上下游企业之间通常会通过相互持股等方式强化合作关系，构造一条完整的产业链。因此，一旦美方决定对中国光伏产业进行宽泛打击，产业链上任何一个环节都有可能成为突破口。企业可能会被列入相关限制类清单，从而在采购受控物项时受阻。

从现有条件来看，中国在硅料、硅片、电池片及组件生产等绝大部分制造方面已实现国产化，多晶硅、硅片、电池片及组件在全球的占比分配率分别为 76%、96%、83% 和 70%。目前最后一个亟待国产化的关键环节是光伏银浆。2020 年，中国正面银浆约有 50% 已实现国产化，但发展前景较好的 HJT 电池所需的低温银浆尚未能量产，其原材料受日本厂商限制。HJT 低温银浆市场占有率最大的供应商也是日本企业，国内厂商仅能提供部分稳定产品。因此，一旦新一轮光伏制裁来袭，美国裹挟日本很可能对出口中国的低温银浆进行限制，届时会在短期内对中国光伏电池片的技术革新造成影响。但长期来看，低温银浆最终实现国产化已是必然趋势。目前相关技术壁垒已经大体消除，随着产能的提高，低温银浆这一最终节产业链缺口也终将补全。

（2）多国联动制裁

美国发布的《新疆供应链业务咨询报告》联动效应可能涉及其他国家主体。根据过往的光伏制裁案例经验，美国所发起的光伏制裁会与诸如欧盟等国家主体进行联动。从现有情况来看，美国与中国在光伏领域贸易往来较少，一旦开启制裁，可能会针对中国光伏出口贸易结构进行针对性的贸易制裁。基于光伏进出口情况，由于目前中国光伏产品出口产品占产量比重较大，所以对于出口的限制可能会对中国光伏企业带来较大影响。

从现有出口客户来看，美国的单方面制裁对中企业影响较小，且形式大于实际意义。需要额外注意的是舆论风险，境外媒体、智库或咨询机构很可能会借机抹黑或进行不实分析和报道。因此，企业在经营中需要注重了解中国与东道国的相关法律法规，密切关注国内外新闻媒体相关舆论。若欧盟受美国裹挟发起制裁，荷兰、西班牙、德国等市场在短期内与中国贸易很可能受阻。由于欧盟国家是中国光伏产业的传统市场，整体市场占比较大，因此来自欧洲市场的冲击对部分出口导向的中小企业在短期内可能会陷入经营困境。如何合理布局业务，降低地缘政治风险也是企业面临的问题之一。而一旦日本、澳大利亚等国也参与其中，中国光伏组件出口将受到极大限制，短期内企业收入将受到极大影响，对于光伏企业现金流的冲击不容小觑。但客观来说，各国均有一定的碳中和能源转型压力，长期的全球范围的制裁可能性并不大。因此理论上，如果能够做好针对性的应对，那么无论是美国自身或是多国联动，对中国光伏产业的总体影响都比较有限。

2. 应对措施及反击策略

在国际市场中，为规避潜在可能的地缘政策风险，光伏企业需要做好战略规划及应急预案。第一，为了应对和预防美方的舆论攻击，企业对外信息发布需要谨慎把关内容及措辞，正确看待中外新闻媒体舆论，同时公司经营需要严格遵守中国与东道国的法律法规监管。一旦面对舆论攻击，要积极配合国家回应质疑并表明立场。第二，依托"一带一路"等政策规划，加紧开辟其他亚洲和南美国家市场，如巴基斯坦、智利和巴西，并与之建立稳固的合作关系。通过与这些政治关系较为安全的国家进行贸易，可以有效降低风险国家的出口份额比例，进而减少制裁风险。第三，对市场趋势做出合理预测以分散风险。例如，平衡越南、印度市场的下行趋势与巴西等国的上升态势，合理安排布局产能。加深对国际市场的了解有助于企业更好地制订生产计划，调整企业发展战略。第四，做好海外产能布局的准备。长期来看，海外贸易壁垒已有抬升的趋势，国内生产国外销售的模式恐受到较大限制。因此，将产业链部分环节布局到国外可能是未来光伏产业的发展趋势。可依托"一带一路"等政策在当地办厂，不仅能够拉动当地经济提供就业，也能够有效降低地缘政治风险，同时也有助于构建全球影响力。

从国内光伏产业发展来看，在光伏补贴退坡的大背景下，目前中国光伏企业发展态势依旧良好，在全产业链都具有一定的竞争优势。面对潜在的制裁风险，光伏企业需要注意以下几点。第一，加紧低温银浆国产化步伐，或开发同类替代品作为过渡，补齐产业链国产化缺口。例如隆基股份布局大规模投入建设 Topcon 电池产线，产量超10吉瓦，用以对标 HJT 电池。如果全产业链能全面国产化，被"卡脖子"的顾虑将彻底消除。第二，积极引导技术革新。想要真正引领"光伏革命"，仅仅是产量上的领先远远不够。实现技术上的创新和领先才能真正保证不再受制于人。第三，稳健维系企业现金流。由于产品出口对光伏企业营收影响较大，光伏企业尤其是中小企业需要留有一定空间应对制裁带来的短期出口冲击及仓储压力。此外，一旦制裁开始，国家也应当及时为光伏企业开启融资通道，以降低企业现金流压力，同时推出政策促进国内光伏组件需求消化企业存货。总体而言，即使光伏制裁出现，相关企业也仅存在短期压力，其中对出口导向的中小企业影响可能较大。长期来看，由于各国都背负一定的能源转型压力，故制裁难以成为常态。

2.4 碳中和背景下的绿色电力市场机制分析

2.4.1 绿色电力市场机制发展背景

为了实现碳减排的目标，逐渐减少化石能源的使用，同时增加清洁能源的利用，是实现碳减排的两条路径。中国目前正不断尝试有利于减少碳排放的能源转型，电力行业是碳排放的最主要来源之一，因此政府在清洁能源领域尤其是发展清洁的电力方面投入了大量的资金以及政策扶持。在可再生能源电力发展之前，大水电以及核电是最经济的清洁电力。但是近年来，国内大水电资源的开发已经遇到瓶颈，大水电开发面临的环境问题以及边际成本大幅上升都限制了大水电的进一步发展。另外，2011年福岛核电站的安全事故让全世界意识到了核能的风险，各国逐步减少核能的使用。因此可再生能源电力成为传统电力的最安全有效的替代方式。发展可再生能源电力已经成为全球能源转型和应对气候变化的最重要的途径之一。

可再生能源电力也叫做绿色电力，主要是指以水力发电、光伏发电、风力发电、生物质发电为主的可再生能源发电。近年来，中国的可再生电力发展非常迅速。截至2020年底，中国可再生能源的发电装机量达9.34亿千瓦。2020年中国可再生能源发电量为22148亿千瓦·时，居世界第一位。中国可再生能源发电行业发展如此迅速主要依赖于政府的补贴和政策的支持。然而，与急速发展的发电侧形成鲜明对比的是，可再生能源电力的需求侧发展一直处于缓慢推进的状态。因此，中国可再生能源电力市场存在着供需发展不平衡的问题，即供给侧通过国家的补贴政策已经基本形成了较为良好的生产结构；而需求侧中国绿色电力市场却仍然处于起步的阶段。

开放的电价市场是发展绿色电力市场的基础。随着我国电力市场化改革的逐步推进，电力市场化改革取得了一定成果，市场化发展程度逐步提高，但目前市场模式、电价以及碳排放等方面均存在一些问题，需要继续探索和创新，因此，对绿色电力的市场机制的研究对中国电力体制改革和可再生能源电力的发展有着重要的意义。

■ 2.4.2 构建绿色电力价格机制可能面临的问题

制约中国绿色电力发展的因素很多，主要可以分为三类，分别是绿色电力的成本问题，目前现行电力市场机制的问题，以及政府对可再生能源发电行业的补贴政策问题。以下将分别进行讨论。

1. 成本问题

根据目前的测算，可再生能源发电的成本随着技术的逐步推广已经可以做到基本与火电等传统行业的价格持平，甚至已经可以做到低于部分落后的小火电机组的成本。因此，从发电侧来讲，部分可再生能源电力如火电、陆上风电等，其发电侧的成本已经具备平价上网的条件。

虽然从发电侧成本来看，可再生能源发电的技术已经初步实现了可再生能源电力平价上网的可能，但可再生能源发电的出力具有随机性与不稳定性的特点，可再生能源机组的出力主要依赖于当地的天气，因此可再生能源电力的上网对电力系统的稳定性有一定的冲击。而为了维持电力系统的安全可靠运行，就必须要火电等其他机组作为备用或调频机组使用，目前最常用的备用和调频机组依然是火电，这些机组也极大增加了电网的运行成本。另外，可再生能源的发电分布具有非常显著的地域特征，这也使得可再生能源的利用、存储和运输变得较为困难，在过去的很多年导致了严重的弃风弃光等能源浪费问题。中国目前正在推进的特高压网络建设，以及为了配合可再生能源电力的有效利用建设了储能项目，一定程度上解决了部分绿色电力的运输利用的问题，但也同样增加了绿色电力的利用成本。因此，绿色电力的使用实际上在电网侧给电网增加了很高的运维成本，也为电网的安全可靠运行增加了风险。从电网侧来说，绿色电力的使用成本依然远高于目前传统的火电成本。

2. 市场机制

制约绿色电力发展的重要原因之一是现行的电力市场机制的问题。中国目前缺乏适应绿色电力发展的电力市场运行机制。市场化机制的不完善，能源体系建设的滞后，是制约我国可再生能源电力发展的主要原因。2021 年之前，各类能源发电的上网电价是各种来源的电力根据其不同的成本由发改委统一制定的的上网电价，上网后再按照统一的价格标准销售给用户。除阶梯电价和部分地区实时的分时电价外，目前并未在终端实现一个合理的电价差异化机制。这种固定单一的电价机制无法为绿色电力的上网创造有利条件。结合前文的成本分析，目前中国的绿色电力的价格相对传统火电价格较高，在现有的体制和价格机制下，绿色电力供应商很难与传统发电企业进行市场化竞争，绿色电力的供应协议难以靠自身竞争解决。因此，这种市场价格机制实际上极大地抑制了绿色电力的发展。良性的绿色电力的价格机制应当是价格紧随市场变化的。可变的电力价格有利于通过市场价格的变化反映出不同资源的稀缺程度，也能够让绿色电力的环境正外部性在价格中体现出来，同时也有利于资源的优化配置。

2021 年 10 月，国际煤炭价格出现了大幅上涨，国内市场煤炭价格也出现了极大涨幅，甚至出现了现货价格 2000 元 / 吨的高价。煤炭价格上涨以及过去煤炭去产能导致动力煤紧缺，从而引发了国内部分省市出现缺电的问题。化石燃料价格的上涨导致火电成本增加，这其实为国内市场化的上网电价改革提供了非常有利的时机。国家发改委于 2021 年 10 月 12 日发布的《关于进一步深化燃煤发电上网电价市场化改革的通知》（以下简称《通知》）中提出，要有序放开全部的燃煤发电上网电价，扩大市场化交易电价的上下浮动范围。同时，要有序推动工商业用户进入电力市场，按照市场价格购电，取消工商业的目录销售电价。《通知》的发布标志着中国开放上网电价的开始，同时也是中国市场化改革最大的一次迈步。

3. 政策问题

中国在过去的十几年间出台了一系列鼓励可再生能源发展的政策，如税收优惠、财政贴息、固定电价补贴等。这些补贴政策的共同点都是对绿色电力的上游供给侧进行补贴激励，确实在前期极大地促进了绿色电力的发展，但最终还是会产生对供给侧的过度刺激，使得供给侧生产规模扩张过于迅速。而需求侧由于电网公司的消纳成本比较高，且这部分成本无法转嫁给消费者，因此需求侧电网公司对绿色电力的上网和消纳积极性不高。因此，绿色电力的供给侧和需求侧产生了不均衡，导致弃风弃光等问题。同时，可再生能源电力固定上网电价的补贴制度过于依赖政府在财税和价格方面的管控，这也在客观上限制了可再生能源发电成本降低的潜力。[11] 另外，固定可再生能源电力上网电价补贴制度导致政府无法通过价格机制和有效的补贴制度来实现可再生能源发展的具体目标，导致政府的可再生能源电力保障制度与现实的可再生能源电力发展目标脱钩。[11]

2.4.3 绿色电力市场运行机制分析

1. 电力现货市场

绿色电力电价制定的前提是电力现货市场的建立。当前国际上对于电力现货市场的重要性有着共识。电力是一种特殊的商品，其特殊的物理属性要求电力系统的运行必须满足供给需求实时平衡的要求，这也就意味着电力市场的生产、交易、使用是同时发生的。因此电力现货市场可以定义为电力与金融交易工具在一日前甚至更短时间内进行交易的场所。现货市场中电价的制定主要来源于现货市场中的传统电力以及绿色电力在投标时的真实报价，同时考虑现货市场中发电企业发电所投入的成本。[12]

电力现货市场在电力的资源配置中起到关键性甚至决定性的作用。电力现货市场的存在可以实现电力市场的充分竞争和电力资源的高效优化配置，也反映了电力商品在短期供需关系和时空下的真实的价值，是促进绿色电力市场发展的重要基础。目前，英美等国家已经建立了成熟的电力市场现货交易，但由于电力体制结构差异以及电源组成的不同，各国现货市场设计存在较大不同。中国的电力现货市场处于起步状态。2015年，发改委下发了《关于进一步深化电力体制改革的若干意见》，这一文件的发布标志着中国新一轮电力体制改革的全面启动。2017年，发改委下发了《关于开展电力现货市场建设试点工作的通知》，在全国8个省份试点进行电力现货市场运行。2019年，发改委和能源局联合发布了《关于深化电力现货市场建设试点工作的意见》。这些电力现货市场相关指导文件的发布是中国正式开始建立电力现货市场的标志，也为促进可再生能源电力的消纳奠定了基础。

2. 以市场为主导的交易机制——绿色电价交易

绿色电力的市场化也称绿色电价交易，是一种自愿交易市场，一般是指绿色电力的生产和自愿买卖交易的市场化过程。绿色电价交易是由消费者对某些烈性的可再生能源偏好驱动的。这种绿色电力交易机制的本质是通过增加用户对绿色电力的自主选择来增加绿色电力的需求，并从需求侧带动供给侧，来增加绿色电力的投入并促进绿色电力的发展。实际运行中，电力市场的供给侧有很多企业利用可再生能源发电，他们通过委托代理或者其他批发商和零售商销售电力；而电力用户则根据自己的个人偏好或者经济条件来选择电力供应商的产品，可以是全部的火电或者其他的绿色电力，或者一定比例的绿色电力加传统电力。

绿色电价交易市场运行的基础是供需平衡。可再生能源电力的价格是由自愿参与市场的卖家为某一产品支付的金额以及绿色电力的供应量共同决定的。理论上来说，绿色电力的自愿交易市场在供需平衡的基础上，是不会产生市场定价的价格扭曲的。而这个优点可以解决对比强制性市场措施带来的价格扭曲问题。另外，与配额制不同，绿色电价交易允许消费者超越强制性政策决定的要求，减少用电对环境的影响。因此，自愿的绿色能源产品必须为买家提供显著的利益和价值，这种交易方式才能获得成功。

这种以市场为主导的绿色电力交易模式正处在发展和完善的阶段，之前主要在欧美等发达国家实施。荷兰，德国，美国等都在进行绿色电价交易。这种交易的设置本身可以给愿意为清洁能源多付费的用户一个渠道来自愿选择使用绿色电力，而他们额外支付的金额则可以用来进一步促进可再生能源的发展。2021年9月7日，中国正式启动绿色电力交易试点。17个省份的259家市场主体以线下和线上的方式共同完成了绿色电力交易79.35亿千瓦·时。国家发改委、国家能源局在正式复函国家电网公司、南方电网公司时提到，目前中国开展绿色电力市场的条件已经成熟，企业有需求，地方有意愿，同时技术可实现，交易可组织。目前，各个方面就开展绿色电力市场的工作达成了共识，并在此基础上，正式开始实时绿色电力交易试点工作。

3. 以政府强制为基础的消纳措施——配额制

可再生能源配额制是指政府为了建立和发展可再生能源电力市场，增加可再生能源电力的消纳，为使可再生能源发电量达到一个有保障的最低水平而采用的强制性的政策手段。配额制是中国采用的最早也是目前推广最广泛的促进绿色电力消纳和使用的管制政策。中国2018年出台了《可再生能源电力配额及考核办法（征求意见稿）》[①]（以下简称《办法》)，《办法》的出台意味着中国的可再生能源电力政策从原来单纯的固定电价模式转型为强制性的可再生能源电力配额制以及可再生能源证书相结合的模式。政府通过政策法规的形式对可再生能源的配额做出强制性的规定，也就是我们常说的配额制。随着中国减排目标的设立，配额制的重要性更加不言而喻。2021年国家能源局下发了《关于征求2021年可再生能源电力消纳责任权重和2022—2030年预期目标建议的函》以确保完成2030年非化石能源占比的目标。文件提出，2021年全国可再生能源、非水可再生能源电力在总电力消纳中的占比分别为29.5%、11.4%，到2030年要分别达到40%、25.9%。

所以对于有配额要求的主体来说，有三种可以获得绿色电力的方式。一是在电力市场上购买可再生能源电力，这部分电力的交易量将被登记为电力用户的绿色电力配额消费。第二种是在绿证市场购买绿证，绿证对应的可再生能源电量可以等量记录为

---

① 国家能源局综合司.关于征求《可再生能源电力配额及考核办法（征求意见稿）》意见的函[EB/OL].[2019-05-03].http://zfxxgk.nea.gov.cn/auto87/201803/t20180323_3131.htm.

配额消费量。第三种是从其他超额消费绿色电力的企业或个体购买其超额消费的指标来完成自己的配额要求。

配额机制最重要的考虑就是配额指标。配额目标的设计应考虑配额指标与市场结构以及市场主体之间的相互作用。配额制可以有效促进绿色电力的消纳和发展，但实质是设定目标和惩罚的强制性管理措施会将市场价格扭曲带入强制性市场，因此不合理的配额指标可能会造成社会总效益的无谓损失。另外，配额制责任主体的设置也是配额制的重点环节。不同国家配额制的责任主体也不尽相同。美国、德国等国家主要将售电企业作为可再生能源配额责任主体。而英国、意大利等则将供电企业作为责任主体。目前中国的配额制主体也集中在发电侧。[13] 另外，如可再生能源种类核算、配额指标的分配，以及配额制实时的配套机制等，都是需要慎重考虑的问题。

4. 绿色证书交易机制

绿色电力证书，简称绿证，是国家可再生能源信息管理中心按照国家能源局的规定，依据发电企业的可再生能源上网电量通过国家能源局可再生能源发电项目信息平台向发电企业颁发的非水可再生能源发电能力每兆瓦·时上网电力所具有的标识码电子证书。绿证是对发电企业的非水可再生电力发电量的证明，可以被用来作为消费绿色电力的一种凭证。2016年，国家能源局配合绿色电力配额制首次提出了绿证交易机制。2017年1月，绿色电力证书交易正式开始实行。2017年7月，绿色电力证书交易平台正式上线，标志着绿色证书交易正式开始施行。

绿色证书交易根据政策的不同可以分为两种模式，一类是基于自愿的绿证交易；另一类是基于可再生能源消纳配额制的绿证交易。基于自愿的绿证交易是指电力市场的交易者自愿增加其可再生能源电力的消纳。基于可再生能源配额制的绿证交易则是指配额义务的主体在未完成可再生能源消纳目标的前提下，可以通过购买绿色证书来完成其减排或绿色电力消纳的目标。

绿证的价格制定也是绿色证书推广中的关键性问题。绿证的价格最终应该由市场来决定。绿证的本质是以溢价的价格向市场出售电力，因此对于绿色电力生产者而言，其每兆瓦的绿证价格应当至少等于商品电力的市场价格与具有经济可行性的再生能源发电项目的实际电价的差额。他们的收入主要来源于两个，一个是可再生发电后产生的电力销售收益；另一个则来源于销售其生产可再生能源电力的绿证收入。由于可再生资源发电的成本通常大于使用化石燃料发电的成本，因此仅靠销售商品电力的收入不足以使可再生能源项目盈利。因此，绿证的交易可以帮助可再生能源发电企业增加其盈利，绿证的收益也可以促进可再生能源发电企业的扩张和发展。另外，绿色电力证书的自愿认购也能够使企业和个人为加速绿色转型、推动市场创新和更好地整合可再生能源消费作出贡献。

■2.4.4　政策工具对绿色电力发展的作用

1. 命令控制型政策

目前在环境资源领域，命令控制型政策工具也叫做强制管控政策工具，被广泛使用。资源环境管制主要是为了纠正环境问题的外部性。传统环境资源理论认为，消除环境问题外部性必须依靠政府的强制力，如法律法规或政策标准。目前中国实施最广泛的绿色电力消纳保障政策是配额制，其实质要求可再生能源发电在总能源发电中占一定比例和要求，并由市场内的各个主体分别进行消纳。另外，惩罚机制也是强制措施的一种。一般情况下，罚金的设置会高于可再生能源电力的使用成本，所得罚金会被用于投资或者建设新的可再生能源项目。目前，中国针对可再生能源使用的强制措施并不包括罚金等惩罚措施。国家发展改革委员会发布的《关于可再生能源电力配额制的通知》要求，能源主管部门和电力运行管理部门负责督促对未履行配额义务的电力市场主体限期整改，将未按照其要求完成整改的主体记入不良信用记录，予以联合惩罚。

命令控制型的政策有着明确的目标，并依靠政府等强制性的管理机构来保证政策的实施结果。因此，它的效果一般是非常显著的，但同时其缺陷也是非常明显的。首先，法律法规等管制措施缺乏对责任主体异质性的考虑，对应现行的绿色电力配额制来说，就是不同主体的配额指标的分配很难做到真正的公平合理；而不合理的指标也会导致配套绿证市场的价格扭曲，从而大大增加治理成本。

2. 自愿性政策

随着管制政策效率的降低，管制成本逐渐增高，政策制定者开始寻找其他方式来处理环境资源等问题。20 世纪 90 年代，以自愿为基础的经济类政策工具被逐步应用于环境和资源领域，但自愿性政策工具的有效性问题一直存在很大争议。目前中国可再生能源电力的消纳主要是以配额责任制度为主体，自愿性政策工具并没有被广泛使用在可再生能源电力市场的政策制定中。

自愿性政策工具被定义为是一种没有强制性约束的协议，市场主体愿意参与自愿性协议的主要动因是自愿性政策工具争议的根本。有研究认为，管制压力和管制威胁是促使经济人进行自愿性协议的最主要原因。[14] 这是因为企业自主参与自愿性协议可以避免部分管制成本，管制也是控制命令型政策工具的主要方式。但同时，管制的压力也是自愿性协议的主要原因之一。非管制压力例如环境压力、消费者偏好，也会对绿色电力市场的发展产生显著影响。

目前的自愿性政策主要包括绿色电力证书和建立绿色电价市场化交易以及支持再生能源技术市场化的项目等。目前中国的自愿性措施的实施尚在起步阶段；而欧美国家的自愿性措施实施较早，且取得了较好的效果。数据表示，美国的绿色电力定价和绿色电力自由选择项目上线后，2002 年美国的绿色电力容量为 980 兆瓦，比 2001 年增加了 45%。据统计，2002 年有 40 万消费者购买了绿色电力，占全部消费者比例的 1%，是 1999 年消费者数量的 3 倍。[15]①

■2.4.5 政策建议

发展可再生能源电力可以实现从源头减少碳排放，是实现碳中和目标的合理有效途径。为了达成 2060 年的碳中和目标，加大可再生能源电力的利用和消纳，建立、发展和完善绿色电力市场刻不容缓。针对绿色电力市场的布局和发展，提出以下政策建议：

1. 政府政策以及宏观调控对可再生能源电力价格及其市场化的运作具有至关重要的作用。因此，制定合理政策和管理措施对于推动可再生能源电力的发展有着重要影响。中国目前实施的《可再生能源法》等多数是一些笼统的条款，因此政府政策的重点是形成一个与《可再生能源法》匹配的政策体系，出台适应市场经济要求的具体政策与措施，解决上网电价、成本分摊、消纳措施等具体问题。

2. 进一步完善并深化电力体制改革，为绿色电力的发展提供良好的市场环境。目前中国正处于电力市场化改革推进的关键时期，可再生能源电力市场的建立也正在逐步推进，政府在参考欧美经验的同时，必须结合中国国情，优化电力交易的环境，制定合理的可再生能源电力的交易法规。应当保留政府对于应急事件的出力权，建立有中国特色的可再生能源市场化运行机制，推动可再生能源电力市场的持续健康发展。

3. 加强绿色电力的宣传教育，更多地采用宣传手段来提高全民的绿色电力使用意识。沟通扩散性工具被认为是最有效的提高群组绿色意识的方式。通过各种媒体介绍绿色电力对环境生态的改善作用，以及提高人民生活质量、实现国民经济持续发展的重要作用，使更多的群众和组织支持绿色电力的发展，使更多决策者投资者认同绿色电力发展，增加社会资本对绿色电力的投资。

---

① 数据来源于 Status of State Electric Industry Restructuring of February 2003.Energy Information Adminstration, 2003a [EB] .[2022–03–05]http://www.eia.doc.gov/cneaf/electricity/chg str/tab5rev.html.

2.5　碳中和约束下中国储能技术现状及前景分析

■2.5.1　中国新能源发展概况以及对于储能的需求

世界气象组织发布的《2020 年全球气候报告》指出，2020 年全球主要温室气体浓度将继续上升，全球平均气温比工业化前高出约 1.2 摄氏度。由于全球变暖，可能会出现极端天气灾害和全球传染病暴发等风险，这将阻碍经济发展，加剧地缘政治紧张局势。为应对全球气候变化，全球 175 个国家于 2016 年 4 月签署了《巴黎协定》，承诺将全球平均气温上升控制在工业化前 2 摄氏度以内。2020 年 9 月，中国宣布二氧化碳排放量在 2030 年达到峰值，并努力实现 2060 年的碳中和目标。实现这一目标对于中国经济的高质量发展、美丽中国建设、建设人类命运共同体非常重要。随着我国碳达峰、碳中和目标的提出，新能源未来将成为电力供应的主体。

随着可再生能源装机规模的提高，中国可再生能源发电量占比也在逐渐提高。根据 2021 年 BP 能源统计年鉴，虽然煤炭仍然作为主要发电燃料，但可再生能源发电量占全国总发电量的 11.10%。随着中国碳达峰和碳中和目标的推进，未来新能源发电的比重必将进一步提高，风电和光伏未来必将在发电侧占据主导地位。然而，风电和光伏的发电稳定性较差，将风电和光伏接入电网需要现有的火电厂进行深度调峰。随着风电和光伏的比重逐渐加大，仅仅依靠火电的调峰不足以维持电网系统的稳定，而用电侧的需求又呈现多样化态势，这使得中国的电力系统面临诸多挑战。

一方面，风能和太阳能等可再生能源已被广泛认为是实现清洁能源和可靠发电的可持续替代能源。然而，由于这些可再生能源的间歇性，其连续可靠供电的电网应用仍然受到限制。另一方面，极端气候的加剧更是促进了风电和光伏的随机性以及用电侧的峰谷差。虽然中国新能源消纳能力有所提升，但应对高比例新能源并网调峰仍是未来需重点解决的难题。

能量种类增加导致电力系统可靠性降低。同早期单一发电模式不同，随着新能源种类的增加，发电侧的能源种类也越来越多，如何协同多种类能源平衡发电是电网系统目前亟须解决的问题。目前，中国正在大力推进智能电网建设，使得电网能够涵盖发电、输电和用电所有阶段，智能调度和输送发电侧出力，以最大可能消纳新能源发电。即便如此，面对日益加剧的极端气候以及逐渐增加的新能源占比，仅仅依靠电网消纳新能源发电将会越发困难。

综上所述，随着新能源发电接入电网的比例逐渐增加，发展储能技术成为中国未来电力系统发展的必然方向。一方面，可再生能源的间歇性和可变性可能会导致电网中的供需严重失衡，尤其是在可再生能源普及率较高的情况下。目前中国西部地区风电光伏接入电网比例较高，但同时新能源发电过剩现象较为严重。另一方面，化石燃料发电厂的部分负荷和低负荷运行也会导致其效率损失。大规模储能有助于减少发电厂频繁的部分负荷和低负荷运行，并通过减少可再生能源造成的这些不平衡，提高电网的可靠性和弹性。

■2.5.2　储能类型

1. 化学储能

电化学储能，简单来说就是一块巨型的可充电电池，其原理类似于常见的充电电池，目前常用的有全钒液流电池、高温钠系电池、锂电池等，它们由不同规模的单体根据规模需要进行电气系统集成，成为一个储能系统。电化学的储能原理趋同，均为阴阳极的氧化还原进行储放能。

与其他电化学储能技术相比，液流电池具有输出功率和容量解耦、寿命更长、安全性更高和效率更高的优点，有望成为一种大规模储能技术。在典型的液流电池中，溶解或悬浮在电解液中的氧化还原活性物质通过发生氧化还原反应的电极从槽中泵出，阳极和阴极都由离子交换膜或多孔膜隔开。其中，金属基液流电池，尤其是全钒液流电池，在过去几十年中已经在世界各地普及并应用。然而，对低成本、高能量密度储能系统的需求促使研究人员寻找更有前景的钒替代品。有机液流电池利用有机分子作为电解液中的氧化还原活性物质，有机氧化还原活性物质具有的良好的结构可调性、丰度和低廉的成本，为提高能量密度和降低电解液成本提供了新途径。

2. 抽水储能

这是一种使用历史最长的储能方式，也是规模可以很大的方式，基本原理是先设置存在高度差的两个水库，在需要储能时，将水由低位抽到高位的水库，在需要进行发电时，再将高位水库的水泄放，进行水力发电。一般会在用电低谷、电价较为便宜的时候抽水，用电高峰时进行放水发电。抽水蓄能电站的规模可以做很大，同时也是目前所有储能方式中技术最成熟的一种，但是缺点在于，不是所有的地方的地理水文条件都能建设抽水蓄能电站。同时，当电站规模较大时，也会影响当地的岩石地质条件，产生一系列环境和环保问题。

3. 压缩空气储能

压缩空气储能，是指在用电低谷时收集空气进行压缩储能，再在需要发电时将压缩空气通过一系列汽轮机组，代替火力发电时的原动机，推动燃气轮机，点燃化学燃料进行发电。因为需要巨大的压缩空气储气空间，压缩空气电站常常建在具有地下洞穴的地方，地理条件要求较高。虽然目前已经研究出可以摆脱对化石燃料和地下洞穴的依赖的新型压缩空气储能电站，但是这些新型电站普遍存在着效率低、成本高的情况，暂时没有大规模商业应用的案例。压缩空气储能的优点是规模大、寿命长、运行维护费用低，但是因为建设条件比较受限，所以商业规模仍然较小。

4. 飞轮储能

飞轮储能，是指在用电低谷时用电动机将飞轮进行加速，使电能转化为飞轮的动能进行储存，在需要发电时，让飞轮带动发电机发电，再将动能转化为电能。飞轮储能系统是一种复杂的储能和转换装置。一方面，飞轮储能系统通过提高飞轮转子的转速将电能转换为机械能，因此在充电过程中可以被视为一个电机。另一方面，飞轮储能系统通过降低转速可以释放储存的机械能，因此在放电过程中可以被视为发电机。作为一种储能设备，它具有寿命长、转换效率高、能量密度大、环境影响小等一系列优点。因此，飞轮储能系统已被广泛应用于不间断电源系统、海上风电场、陆地电网的电力传输系统、隔离混合系统、卫星供电系统和车辆能量收集系统。为了最大限度地提高飞轮的恒转动惯量，减少能量损失，目前的飞轮储能系统采用磁悬浮技术悬浮飞轮转子，避免飞轮转子与定子接触，即磁悬浮飞轮储能系统。通过将飞轮转子悬浮到空气中的平衡位置，可以消除飞轮转子和定子之间的摩擦，通过调节磁悬浮系统的磁力，飞轮转子的位置可以在不同的自由度内进行控制，然而目前飞轮储能的规模较小，储能密度较低，所以不用在大规模储能的场合。

5. 超导磁储能

超导磁储能，是将电能利用超导线圈，通过变流器转化成电磁能进行储能，发电时再通过变流机释放电能。超导磁储能系统直接存储电能，没有能量形式转换，其响应速度极快、储能密度大、转换效率高，且超导线圈处于超导状态时没有焦耳热能散失，可以完成和电力系统的实时大容量能量交换和补偿无功功率。其缺点在于超导系统的低温冷却环节实现难度大，冷却成本太高。

6. 超级电容储能

超级电容储能，是将电能储存在超级电容的电磁场中，该过程没有能量形式的转换，所以超级电容储能的动态响应快，且寿命长，循环次数多。超级电容的存放电是电极与电解液界面的电荷吸附、脱附过程，有单双层结构之分。超级电容储能的缺点是能量密度低，不能进行大规模储能，多用在电能质量改善、抑制风光波动等方面。

7. 热储能

常见的热储能系统多为熔盐储热系统，常见形式是收集太阳能，将工业盐加热至熔融态，然后加热蒸汽推动涡轮机进行发电，多用在光热资源较丰富的地方。目前的储热技术多为塔式光热的形式，即在装有熔盐的塔的四周铺满镜面，反射太阳光进行聚光，将盐加热至熔融态。此种储能方式污染小，能源几乎免费且易得，适合于光热资源好的地区。

8. 氢储能

氢储能在储能时利用电能将水电解为氢气和氧气，电能转化为化学能，然后对氢气和氧气进行一系列利用，产生电能。氢储能的优点在于，氢气是一种热值较高的燃料，且在燃烧过程中环保无污染，因此氢储能对于发展燃料电池汽车具有重大意义。氢气运输方式主要有三种，即管拖车中的压缩氢气、超冷罐车中的液态氢和氢气管道。前两种模式分别因压缩成本高和液化运输成本高而昂贵。与前两种模式相比，后一种模式相对便宜，然而目前的氢气需求有限，管道的初始基础设施投资巨大。此外，直接使用电力市场的电力生产氢气也非常昂贵。因此，如何合理利用当地资源，实现氢气的经济化生产是一个关键技术问题。根据现有的技术和市场需求，氢储能的能量转换效率低，转换成本高，基础设施投入大，且存在爆炸等安全问题。目前还尚未有商业化项目落地，仍停留在实验室的工程试验阶段。

表 2.3　不同类型储能技术比较

储能技术	优点	缺点
铅酸电池	电压稳定，便宜，维护简单，可靠性高	比能低，使用寿命短，日常维护频繁
锂离子电池	能量密度高，输出功率大，循环性能优越；自放电小；可快速充放电，充电效率高；对环境较为友好，称为绿色电池；使用寿命长	成本高；必须有特殊的保护电路，以防止过充或过放；与普通电池的相容性差
液流电池	安全、可深度放电；规模大，储罐尺寸不限；充放电速率高；寿命长，可靠性强；无排放，噪声小；充放电切换快	电池正极、负极电解液交叉污染；有的要用昂贵的离子交换膜；能量转换效率不高
钠硫电池	能量大、效率高、省材料，使用时间长，原材料易获得，工艺简单，质量也非常轻	安全性比较差，原材料易燃，不是很适合移动，运行温度应保持在 300 ～ 350 摄氏度
抽水蓄能	循环效率高，额定功率大，容量大，使用寿命长，运行费用低，自放电率低，负荷响应速度快	电站选址受地理资源条件约束，涉及生态环保问题
压缩空气储能	成本低于抽水蓄能电站，规模大，稳定性高，运行寿命长，运行费用低	传统压缩空气储能依赖化石燃料和特殊地理条件，新型地上压缩空气成本高、效率低、响应速度慢，各设备和子系统协调控制复杂
飞轮储能	几乎无摩擦损耗，能量转化效率高，充电时间短，几乎无有害物质产生，工况环境适应性好，寿命长	自放电率较高，实际储能密度低，价格昂贵
超导磁储能	能量的充放电非常快，功率密度很高，响应速度极快	超导材料价格昂贵，维持低温制冷运行需要大量能量，能量密度低（只能维持秒级）

续表

储能技术	优点	缺点
超级电容储能	寿命长，循环次数多；充放电时间快，响应速度快；效率高；少维护，无旋转部件；运行温度范围广，环境友好	储存的能量不大，能量密度低，投资成本高，有一定的自放电率
热储能	污染小，制作工艺成熟，污染较小	对建设规模和气候条件的要求较高，需要建设在太阳能辐射比较强烈的地方，并且需要占用大量的土地，投资成本较高
氢储能	储能密度高，储存时间长，适宜大规模储存	能量转化效率低，压缩和输送困难，危险性高

■ 2.5.3 储能技术应用前景分析及政策建议

英国帝国理工学院多领域研究团队预测了9种储能技术在12种特定应用场景的全生命周期成本，分析了不同技术在未来的成本竞争力。研究发现，除了长时间放电应用场景外，其他特定的储能技术不太可能竞争过锂离子电池，它们的性能优势不会超过锂离子电池成本下降的速度。[16]可以预测，将来绝大部分电力驱动设备将会安装锂离子电池。

随着电池寿命的不断延长以及成本的不断降低，电动汽车用户也会逐渐倾向于参加V2G项目，即将电动汽车的电池在需要时向电网放电以获得收益。相较有序充电而言，V2G技术可以为电网提供更大的柔性，起到削峰填谷的作用。根据Tepe、Figgener[17]的研究，德国正在从传统的集中式能源生产商向可再生的分散式能源生产商转变。截至2020年底，全球已有1000万辆电动汽车投入使用。德国政府计划到2030年在德国公路上行驶700万至1000万辆电动汽车。700万辆电动汽车的总容量为350吉瓦·时，如果每辆电动汽车以11千瓦的平均功率接入电网，最大总可用功率将为77000兆瓦，这大约相当于2019年德国的最大电力需求。因此，一方面，如果所有电动汽车在峰值负荷时同时充电，峰值负荷可能会翻倍。另一方面，电动汽车可以在短时间内提供覆盖德国全部负荷的电力。由于德国私家车97%的时间都在停车，因此额外使用车辆以V2G的形式为电网供电是一种很有希望的方法。电动汽车电池的额外使用可以通过降低总体拥有成本为车主提供经济利益。此外，从国民经济的角度来看，利用率越高，资源的利用效率就越高。在这种情况下，通过V2G使用电动汽车可以减少所需固定存储系统的数量。

此外，对可再生能源的协整和储存而言，液流电池和钠硫电池将会是未来的主流发展方向。可再生能源具有不稳定性，所产生的电力如果直接进入电网，将会对电力系统的稳定性造成很大的影响，目前常用的应对方法是利用火电厂进行调峰。随着可再生能源装机规模的不断增大，使用火电调峰将会变得更加困难，因此发展大规模储能技术具有重要意义。可再生能源发电设施应当与储能设备相结合，将产生的不稳定的电力进行储存，然后再向电网输送稳定的电力，缓解火电调峰的压力。以目前的技术水平，只有液流电池和钠硫电池具有大规模发展的潜力和经济性，它们都具有使用寿命长、充放电速率大、可深度放电、工作原理简单、尺寸不限等优点，这两种储能方式也有各自的特点。

液流电池系统的各种优势使其成为适合大规模电化学储能应用的最有前途的技术之一。液流电池的主要优点之一是其独立可调的能量和功率容量。与能量和功率容量均取决于电极特性的传统电池不同，液流电池的能量容量仅取决于其电解质溶液的体积和浓度，而功率容量是多孔电极几何形状和电池组中可用电池数量的函数。此外，液流电池的响应时间较短，因为它们使用两种不同类型的氧化还原反应作为电池活性物质来存储电能。液流电池的其他一些优点还包括结构设计的灵活性和循环稳定性的长期运行。受上述优势和其他有趣特性的吸引，不同类型的液流电池技术，如水性氧化还原液流电池、混合液流电池、有机液流电池和半固态流动电池已经开发和使用。典型的液流电池系统包括一个电池、两个外部电解液箱（用于储存电解液）、泵（用于将电解液输送到电池中）和其他附件。单电池通常包括由聚合物电解质膜分隔的正极和负极。在电池化学方面，已经提出了几种类型的液流电池，包括但不限于全钒氧化还原液流电池、锌溴、铁铬和多硫化物溴液流电池。其中，全钒氧化还原液流电池是研究和开发最充分的用于大规模储能的液流电池技术。由于在其两种电解液中使用了钒，可以防止电解质的交叉污染，与其他几种储能技术相比，全钒液流电池提高了往返效率和运行寿命（超过20000个循环），并且维护成本低，对环境的危害小，电解质回收也容易。然而，全钒液流电池并非没有缺点，例如材料和容量的退化、低功率和能量密度，以及高资本成本，这些都限制了该技术的广泛应用。因此，为了提高性能、成本效益和广泛的商业化，需要更多地关注全钒液流电池料的研究和开发，如制备新膜、提高电极性能和改善电解质组成。

与锂离子电池相比，钠硫电池用钠代替锂作为阳极，再加上合适的阴极，有助于以低成本获得高电流密度。钠硫电池由于采用液态金属钠作为阳极材料，运行温度在300～350摄氏度，故安全性较差，容易发生燃烧爆炸等事故，而且还要额外消耗能源进行加热。虽然已经研究出来了可以在室温下运行的钠硫电池，但是室温钠硫电池的容量保持率低，循环性能差，这会影响电池的稳定性。此外，钠硫电池在多硫化钠的化学和溶解性方面也存在局限性，导致电池导电性较低。通常，降低钠硫电池的工作温度会导致严重的性能损失。由于室温钠硫电池系统是非常有吸引力的新型储能系统，许多研究人员目前都在关注室温钠硫电池。通常，室温钠硫电池会使用硫或硫复合材料作为阴极，并与金属钠匹配作为阳极。电解质采用有机溶剂溶液。在放电过程中，金属钠在阳极处被氧化，产生钠离子和电子。钠离子通过电解液内部移动到阴极，电子通过外部电路移动到正极，从而产生电流。同时，通过在正极上接受钠离子和电子，硫被还原为多硫化钠。在钠硫电池的整个反应中，穿梭效应的抑制是最关键的问题，因为它直接影响钠硫电池的整体能量密度和循环寿命。有四种主要策略可以抑制穿梭效应。第一个策略是寻找一种新型的阴极材料来取代元素硫。第二种策略是防止多硫化物在电解液中扩散。第三种策略是阻止多硫化物向阳极迁移。第四种策略是修改金属阳极。具体来说，第一种策略主要是寻找一些与元素硫类似的新型阴极材料，如小硫分子、硫化钠、硫碳复合材料、"硫当量材料"三硫化钼等。第二种策略主要是在阴极中引入功能材料。阴极主要是对多硫化物具有物理限制的多孔碳材料以及对多硫化物具有极性吸附和催化作用的无机材料。第三个策略是使用新的电解质系统。电解液主要有醚类电解液、酯类电解液、离子液体和聚合物基复合材料。第四种策略是更换分离器或插入中间层或修改金属钠阳极，以阻断多硫化物的扩散路径，从而抑制钠枝晶的生长，避免电池短路。

总而言之，钠硫电池的比能量较高，是铅酸电池的3～4倍，在储存相同能量的条件下电池体积比液流电池小很多，并且可大电流、高功率充放电，可以瞬时充入和释放超过常规电流密度3倍的能量，非常适合用来接收由于可再生能源发电不稳定所造成的电流激增，另外，钠硫电池采用固体电解质，所以几乎没有液体电解质电池的自放电现象及其他副反应，充放电效率非常高。因此，政府部门除扶持锂离子电池发展外，也应当鼓励液流电池和钠硫电池的发展，提供好的政策，引导民间资本流入，使液流电池和钠硫电池在未来的储能市场上占据主导地位。

2.6 新型储能现状分析及前景展望

2.6.1 新型储能的重要性

当今世界正面临着日趋严峻的气候变化形势，中国作为世界上最大的发展中国家，在2020年9月的联合国大会上积极响应《巴黎协定》的号召，提出了2030年碳达峰以及2060年碳中和的目标，体现了中国政府对全世界人民强有力的责任担当以及在新形势下贯彻可持续发展深刻内涵的决心与信心。

当前，大力推进以及发展新能源、实现清洁能源对化石能源的更替将是中国实现低碳目标的必由之路。中国的新能源产业经过这些年的曲折发展，建设规模不断增大，自主研发能力不断增加，市场机制逐渐建立，虽然中国的新能源产业发展过程是波浪式前进、螺旋式上升的，但是中国的这一行业目前已经在装备制造以及利用规模上占据全世界领先的地位。

虽然新能源有着清洁低碳、来源无穷尽的好处，但与目前仍然占据中国发电量七成的火电发电相比，新能源发电所具有的间歇性、随机性、反调峰的特性限制了其目前还无法提供长时间的稳定供电，而电力系统的原则是要保证时时刻刻的"供需平衡"，那么，在新能源的装机容量不断增长的同时，如何解决新能源电力来源的不稳定性与电力系统的稳态要求这一组矛盾，就是我们在大力推进碳减排的路程中亟待解决的问题。

而储能就是在能源转型过程中的一个核心技术。虽然电力消费是即发即用的，但储能却可以通过特定的装置或物理介质将电能储存起来，由此可以在很大程度上弥补新能源发电不稳定的局限性。

2.6.2 新型储能发展现状

1. 技术发展现状

按照存储介质不同，对目前已有的储能技术来进行分类，主要有电化学储能、机械类储能、电磁储能、热储能等。由于不同储能方式在作用时间、运行特点等方面的技术特性不同，其在电力系统的实际运用中所适用的场景也有所不同。其中，飞轮储能、超级电容储能以及超导储能所具有的高功率密度、毫秒级响应速度以及高循环寿命的特性，使其更适用于短时间内对功率需求高的场景，如辅助一次调频、提供系统阻尼、改善电能质量等，属于功率型储能电池；而抽水蓄能、压缩空气储能、电化学储能具有能量密度大、可以深度进行充放电的特性，这类储能技术则适用于对能量需求高且需要较长时间电能支撑的场景，如电网的削峰填谷、负荷调节等，属于能量型储能电池。

电化学储能技术中，锂离子电池以其高能量密度、高功率密度以及高充放电效率的特性成为电网侧的主要储能应用，但锂离子电池的相对成本仍然较高且存在热失控等安全性问题，若要大范围适用于电力系统，其相关技术还有待进一步提高。铅炭电池作为新一代的铅酸电池具有成本优势，但它的能量密度低、使用寿命短，且在过充电时负极易析氢失水，从目前来看不适用于规模化应用。全钒液流电池所具有的优势是循环寿命长、运行的安全性较高，且其功率和能量都可以进行单独设计，可适用于发电侧以及用户侧的规模化部署。但该电池目前的转换效率较低且成本较高，在储能应用方面的性价比有待进一步提升。钠硫电池虽然能量密度较高，但其对高温运行环境的要求容易导致金属钠的自燃，不利于整体系统的安全稳定运行；且钠硫电池仍需要依靠技术进步来改善其初期投资成本较高、使用寿命较短的限制，在一定程度上阻碍了其广泛应用。

物理储能技术中，以抽水蓄能储能发展技术最为成熟且应用最为广泛，抽水蓄能储能和压缩空气储能的优点在于具有较大的容量规模、较低的运行维护费用以及较长的运行时间，但它们都受限于地理环境的制约且建设周期长，抽水蓄能还可能对当地的生态环境造成影响，目前更多的是应用于发电侧，其对于电网侧灵活布局、快速响应的场景需求并不匹配；而飞轮储能的瞬时功率大、响应速度快，但它的能量密度较低，无法支撑长时间的储能需求场景，可以考虑与能量型储能装置如抽水蓄能共同配置形成互补。

电磁储能技术中，以超级电容储能的发展较为成熟，但其在电力系统的应用受限于能量密度低、成本高等劣势，而超导储能目前还处于研发阶段，其商业化应用实践及其在电力系统各种场景下的适用性还有待观望。

2. 产业发展现状

CNESA 全球储能项目库数据表明，截至 2020 年底，中国已投运储能项目的累计装机规模为 35.6 吉瓦，同比增长 9.8%，在全球储能项目中占 18.6%。在各类储能技术中累计装机规模占比最高（89.3%）的仍是传统的抽水蓄能，同比增长 4.9%；排名第二（9.2%）的为电化学储能，同比增长 91.2%，且累计装机规模中又以锂离子电池占据近九成（88.8%）；累计装机规模位列第三的为熔融盐储热（1.5%），而压缩空气储能及飞轮储能的累计装机规模均不足 1%。

随着 2019 年可再生能源储配储能电站的应用模式不断在全国范围内进行试点铺开以及 2020 年"双碳"目标的提出，可再生能源的快速发展及其在电力系统的不断渗透为储能的规模化发展奠定了基础。虽然抽水蓄能仍是目前占比最大的储能方式，但电化学储能快速增长的发展趋势也不可小觑。在"十三五"期间（2016 年—2020 年），电化学储能装机规模的年复合增长率为 87%，在中国储能市场中的占比也由"十二五"末的 0.5% 提升至"十三五"末的 9.2%，达到了历史新高度，是 2015 年新增投运规模的近 50 倍。预计我国的电化学储能市场将在"十四五"期间由目前的商业化初期阶段踏上规模化发展的新台阶。

3. 产业政策及战略

储能行业的快速发展离不开国家的政策的大力支持及高瞻远瞩的战略部署，目前我国已经初步形成了包括储能产业的顶层发展规划、储能在电力市场应用的激励政策以及地方性储能支持政策等多层次产业政策支持。

（1）储能产业发展规划

储能行业的快速发展离不开国家的政策的大力支持及高瞻远瞩的战略部署。储能产业首次被纳入国家级规划是在 2014 年，国务院发布的文件《能源发展战略行动计划

（2014—2020）》中提出将储能列入 9 个重点创新领域之一。2016 年，由国家能源局发布的《国家能源局关于促进电储能参与"三北"地区电力辅助服务补偿（市场）机制试点工作的通知》中首次提出要将储能和电力市场改革结合起来。2017 年，国家发改委、能源局等五部门联合发布《关于促进我国储能技术与产业发展的指导意见》，这是首个针对储能大规模应用及其发展的指导性政策并提出了储能行业未来十年的发展目标，对储能行业各方各面都进行了明确的部署并就补贴问题给出了明确的答复。这些文件的发布不仅提高了大众对储能行业的认知度，且表明了储能行业对可持续发展的重要性。2021 年 7 月，国家发改委、国家能源局出台了"十四五"期间首个国家层面的综合性储能政策——《关于加快推动新型储能发展的指导意见》（简称《意见》），为新型储能在未来十年的总体发展目标做出了规划，《意见》中所提出的装机规模目标给储能行业的发展预留了一个广阔的发展空间。该政策的发布不仅为储能行业注入了一针强心剂，还有利于新型储能向市场化发展转变，从而能够进一步有力支撑"3060"双碳目标的实现。各省市也积极响应国家政策的号召，以科学性、稳妥性为原则及时跟进、落实储能产业的具体规划，为储能产业在"双碳"大目标之下提供了良好的政策环境。

（2）储能在电力市场的激励政策

近年来，清洁能源上网的不断推进为储能技术在电力市场的应用拓宽了空间。2018 年 7 月，国家发展改革委、国家能源局两部门联合出台了《关于积极推进电力市场化交易进一步完善交易机制的通知》，对清洁能源的消纳以及电力资源如何更好在大范围内进行配置提出了更高的要求，并提出要放开对于电力市场主体跨省区交易的限制以增添电力市场化交易的活力；同期还发布了《关于创新和完善促进绿色发展价格机制的意见》，《意见》中要求对于高峰时段和低谷时段之间的电价价差要进一步拉大，以激励各方投资主体能大力发展储能技术进而通过削峰填谷在电力市场中获得收益。2021 年 7 月发布的《国家发展改革委关于进一步完善分时电价机制的通知》，在分时电价的基础上进一步提出了季节性电价机制等。储能产业目前应用最为广泛的商业模式就是利用峰谷价差来进行套利，该《通知》要求对于峰谷的价差进一步拉大，不仅有助于推动新型储能在电网侧及用户侧的应用，还给新型储能的发展提供了更大的市场空间，对储能行业未来的发展所起的作用不可小觑。可以看出，在"双碳"顶层目标的指导及相关政策的统筹规划下，未来多元能源体系下的电力价格形成机制正在逐步构建当中。

（3）地方性储能支持政策

各省份对国家推进储能发展的号召积极响应，以各号文件中的指导要求为最高纲领，结合地方经济发展基础及储能发展情况陆续推出适合各自地区发展的储能扶持政策，使中央的政策能够进一步落地，为储能产业的发展提供更加良好的市场环境和制度保障。

其中，湖北省、河北省、新疆维吾尔自治区等 11 省（市、自治区）提出了与光伏相配套的储能装机规模及储能时长等相关政策。如湖北省就明确表示对风、光配套储能的项目可以获得优先级支持；河北省则提出储能配置需在光伏相关保障性项目占到10%的比例；新疆维吾尔自治区也积极响应国家政策的号召，提出要以科学性稳妥性为原则确定光伏或风电项目的新增项目空间。另外，福建省、湖南省、云南省等15省（市、自治区）提出了对"风光水火储一体化"及"源网荷储一体化"的有关布局规划。如湖南省对"风光水火储一体化"提出的要求是结合本地的资源禀赋及能源利用特点，在结合风光水能及煤炭等多元化能源发电互补的基础上，着重着手于电源侧基地的开发布局，并在此基础上配备适当比例的储能装置，对各类电源的利用进行综合性的统筹规划及运营，提高能源的利用效率；云南省则提出要充分利用好当地风能及太阳能的资源，对其进行进一步的协调开发及利用，并结合金沙江及澜沧江下游的水电站发电中心来构建一个"风光水储一体化"的探索性示范基地，同时对煤电进行清洁化改造以作为保障性能源，优化升级当地的能源消费结构。

受国家层面对储能行业利好政策的引导，各地方结合自身特点从多个方位对新型储能的发展进行了布局，有力促进该行业逐步向规范化、市场化、规模化方向迈进。可以预见，"十四五"期间各省、市、自治区将进一步推进储能产业的配套发展，在"双碳"大目标之下，储能未来的政策环境将进一步利好，市场空间将得到进一步拓宽，储能产业的发展将步入区域性战略布局的新台阶。

■ 2.6.3　储能产业面临的问题

1.电化学储能的安全性问题

近年来，由于电动汽车产能的快速释放以及规模效应，推动技术创新的同时促进了锂电池成本的大幅降低，使其成为电化学储能中最具前景的一项技术。虽然锂电储能具有较强的发展潜力，但是锂离子电池不仅在本征安全风险方面面临着应用制约，在实际运行中也存在过早老化的问题。其主要原因在于锂离子电池在电动汽车行业与电力行业运用时所具备的标准存在偏差，电力系统的复杂性对锂离子电池的安全标准及质量效率等方面提出了更高的要求。国内关于储能相关标准的建设还未形成体系，相应的政策制度也不够完善。虽然全球范围内储能安全准则体系正在形成过程中，但目前还不足以完全保障储能的安全性问题。

锂离子电池安全性差的隐患在各种应用场景下均有体现。2021年7月，特斯拉在澳大利亚新建的大型电池储能基地就发生了一个13吨锂离子电池爆炸燃烧事件，大火整整持续了三天多才得到控制，其他有关锂电池车间及工厂相关的燃烧爆炸事故也时有发生。此外，锂离子电池在运输、应用（手机电池及电动汽车等）、回收等各个环节都曾发生过爆炸燃烧事故，导致其爆炸的原因有过度充放电、高温、挤压及碰撞、内外线路的短路等原因，这些外部因素促使锂离子电池内部释放出大量热量且无法得到释放，从而导致电池热失控最终引发其着火爆炸。

2. 技术路线多样性不足

目前虽然有着各种形式的储能技术，但最为成熟且应用最为广泛的仍是最古老的抽水蓄能方式，占据了九成的储能规模，而剩下的一成中又以锂离子电池占据了绝对地位，其他储能形式的应用目前仍然十分有限。锂离子电池由于电动车产业的发展，技术得到了极大的提升，且其响应快速、能量密度高、转换效率高的优势使其能够在灵活性需求高的电力系统中得到广泛的应用。从经济性上看，锂离子电池的成本相对来说仍然较高，无法适用于长周期性能量存储的场景；从安全性上看，锂电池在应用中仍存在着不容忽视的安全性差、系统性差、控制复杂等问题，技术仍然有待进一步提高。此外，在全球低碳倡导下，新能源产业预期将持续增长，由此可能也会带来储能产业的爆炸式增长，那么，锂电池的发展还将受到锂原料的资源约束。因此，为了能够更好地跟可再生能源进行配置以及在电力系统中提供更加稳定、安全的辅助服务，未来还需要大力推进钠硫电池、液流电池等多种储能技术共同发展，发挥协同作用。

3. 储能的独立市场主体地位尚不明确

要推动储能的大力发展，除了政策导向外，还要确保储能能够在电力市场中获得收益，为储能提供一个有保障的盈利模式。虽然2021年7月发布的《关于加快推动新型储能发展的指导意见》中提出了新型储能的独立市场主体地位要得到明确，但在储能应用的具体场景中，如开展共享储能以及为新能源场站提供调频调峰等辅助服务时仍然缺乏明确的、有针对性的政策制度保障。储能仍然没有以一个完全独立的发电商以及辅助服务供应商的身份参与到电力市场交易中，这导致其收益存在很大的不确定性，从而在一定程度上限制了储能的灵活性发展，无法发挥其市场主体的活力。

4. 储能多元价值体现不足

我国电力体制虽然经过了一系列的改革，但目前电力现货市场以及辅助服务等市场的建设还不够完善，电力以及提供辅助服务的储能等商品属性没有在价格中得到完全的体现，无法发挥出储能技术的真正优势。虽然近来年各地已陆续建立起峰谷电价制度，并有部分试点地区实行季节性电价制度，但目前的价格机制仍然不够灵活，电力在不同时段的价值差异体现不够充分，从而限制了储能的套利空间，同时也降低了电力系统的运行效率，不利于"十四五"期间储能的规模化发展。

5. 补贴力度有待加强

储能作为一项仍在研发中的新兴技术，需要大量的资金投入来支撑其技术创新，但目前对于储能参与电力系统辅助服务的补偿力度较小，峰谷电价套利空间不足，用电侧参与辅助服务机制也还不够完善，这都给储能的盈利带来了一定的难度，难以满足储能发展初期对资金的高度需求。而中国的光伏发电以及电动汽车的补贴历程都表明了财政补贴对于新技术发展的有力支撑及有效的促进作用，不仅可以快速提高其市场接受度，还可以有效降低技术的应用成本。

■ 2.6.4 前景展望

1. 储能规模持续扩大

虽然储能行业目前仍然面临着不少技术以及市场机制上的问题，但国家政策对该产业的支持力度可见一斑。《关于加快推动新型储能发展的指导意见》（以下简称《指导意见》）中进一步提出，我国新型储能的发展目标是 2025 年要达到 3000 万千瓦以上的装机规模。CNESA 数据显示，截至 2020 年底，我国新型储能装机容量为 3.81 吉瓦，由该指导意见制定的储能发展目标可以推算，未来五年新型储能的空白市场空间为 26.2 吉瓦，年复合增长率高达 51%，由此可以看出，新型储能产业仍然有着无限广阔的发展空间。

根据清华大学气候变化与可持续发展研究院预测数据，2030 年前可再生能源的消纳可以通过火电的灵活性改造以及电网的互联互通来进行支撑，其中跨区域电力交换功率总容量需要达到当前容量的 2～3 倍，到 2050 年这个数字需要达到当前的 3～7 倍。预测结果还显示，在政策情景、强化减排情景、2 摄氏度情景和 1.5 摄氏度情景这四种情景中所需的储能装机容量在 2050 年需要分别达到 587 吉瓦·时、682 吉瓦·时、1198 吉瓦·时和 1417 吉瓦·时，其中 2 摄氏度情景和 1.5 摄氏度情景中所需的储能装机容量规模分别是政策情景的 2 倍和 2.4 倍。

2. 锂电储能将成为先锋力量

以各类电池储能技术的特性及发展水平综合来看，电化学储能目前是最具应用前景的。电化学储能的灵活性使其在发电侧、电网侧、用户侧以及微电网侧都可以得到广泛应用，适用的应用场景包括调频调峰、黑启动、分时电价套利、离网供电、可再生能源并网消纳、电力系统辅助服务等。其中，锂离子电池由于近年来电动汽车产业的快速发展，目前成本水平已初步具备规模化应用的可行性。锂离子电池根据正极材料的不同，又分为磷酸铁锂电池及三元锂电池，根据高工产研锂电研究所数据显示，2020 年磷酸铁锂电池占中国锂电池出货量的九成以上。由于电力系统储能对安全性、稳定性要求较高，磷酸铁锂电池在这些方面比三元锂电池更具优势，且综合成本也要低于三元锂电池，因此，预计磷酸铁锂电池在锂电储能应用的主导性地位将进一步得到延续。

3. 电池回收产业将有较大发展

虽然目前全球锂资源供应充足，但随着新能源汽车产业规模的持续扩大以及在电力系统中储能装置配置的不断提升，大量的退役电池不仅会给环境带来巨大压力，锂、铜等依赖于自然环境的资源开发也将由于供需缺口的持续扩大变得不可持续，从而将推动电池回收利用市场的扩容。据预测，到 2025 年，退役后的中国动力锂电池数量将超过 73 万吨，而解决这些退役电池的一个方案是将多个完整的电池组并接在一起，为可再生能源消纳提供储能装置。但退役电池需要经过状态评估、分选重组、系统集成等过程，在这些过程中的制造成本及其改造后的再利用性能将决定其经济效益的大小。目前已有实验数据表明梯次利用的回收收益较直接回收原材料要高，且有不少布局电池回收领域的企业也能实现经济效益，预计随着相关技术的发展及回收利用机制的不断完善，电池回收产业将快速发展。

■2.6.5　推动新型储能发展的政策建议

第一，完善储能配置安全标准。除了锂离子电池的安全性问题之外，储能装置在设计、运营及维护、废旧电池回收等环节目前都缺乏一个统一的标准安全体系，由此带来的储能产品的质量问题对其快速发展造成了一定的阻力，不利于储能行业形成一个长期的良性发展。因此，应尽快建立及完善储能安全标准相关规定，加强各主体的储能安全意识，将储能安全事故责任落实到位，为储能的安全应用提供有力的法律法规保障。另外，还应进一步强化储能技术标准体系的顶层设计，针对储能应用的不同场景规范该行业的技术应用标准，并对储能电站在各个环节中都建立多重保护装置以及可能的突发危机预案，最大限度地将危机遏制在萌芽中。

第二，以多元化路线发展储能技术。储能技术在未来新型电力系统中应用的重要性不言而喻，虽然目前应用以抽水蓄能以及电化学储能为主，但未来更为多变的适用场景需要我们以多元化路线来发展储能技术，在推进目前技术相对成熟的储能进行商业化应用的同时着手于各类型储能技术的进一步突破，可以在有条件的地区建立产学研一体的储能技术研发试验基地，政府、企业以及科研机构可联合打造新型储能创新研发基金以支撑技术革新，助推未来新型储能向着降低成本、增强稳定性及应用多元化的方向发展。

第三，进一步提高储能独立市场主体地位。目前储能以独立主体地位进行商业运营仍缺乏较为成熟的模式，限制了储能的灵活性发挥，也不能利用储能的全系统优化配置和调度。因此，为使独立储能在电力系统中发挥更好的作用并实现其可持续性的规模化发展，无论是国家层面还是地方政府，都应在相关政策的制定中进一步明确独立储能的身份定义，加大力度扶持储能的独立市场主体地位并完善独立储能的价值评价体系。在独立储能的发展初期，可借鉴抽水蓄能的两部价定价机制对其进行政策帮扶，而在独立储能发展的中后期，可同时参与电力现货市场、辅助服务市场以及租赁市场等多个电力市场来获取投资回报，因此，应加快完善各个电力市场的交易品种、交易机制以及定价机制，从而保障储能顺利以独立主体地位参与电能量市场、辅助市场以及租赁市场进行交易。

第四，加快电力现货市场及辅助服务市场建设。当前，储能的多元价值无法在价格中得到完全的体现，不利于调动储能企业及个体参与储能投资的积极性。因此，储能优势的发挥亟待一个制度更加规范、建设更加完善的电力市场舞台。目前国内电力现货市场的交易品种还十分有限，具体规则也还在进一步探索当中，建议国家层面对此加大力度，推动电力现货市场及辅助服务市场协同有序发展。通过市场供求关系来反映发用电价格以增强其灵活性，只有电能的供求关系得到了真实的体现，才能激励储能参与到电力现货市场以及辅助服务市场中，以体现出自身真正的价值。另外，还可以建立适应的容量电价机制以及储能成本补偿机制等来完善储能参与电力市场的机制。

第五，提供财政和市场准入支持。为加快推动我国储能技术的发展，保持产业链领先地位，可以考虑对储能行业的财政支持，包括向储能应用的示范项目提供资助、对储能装机提供容量补贴和电量补贴、对储能投资采取税收的减免和加速折旧等政策；储能行业的市场准入支持，可以考虑对配置储能的新能源电力进行优先并网和优先发放核证减排配额等。

2.7 挖掘电动汽车储能潜力，助力低成本实现碳中和

2.7.1 电动汽车储能潜力概述

在全球共同应对气候变化的大背景下，习近平总书记为中国实现低碳发展提出了具有里程碑意义的重要承诺：二氧化碳排放力争于2030年前达到峰值，努力争取2060年前实现碳中和。截止到2021年底，我国仍然是世界上二氧化碳排放量最多的国家，化石能源的利用是二氧化碳排放的来源，而交通部门高度依赖石油消费，导致其相对其他部门更加难以实现低碳转型。[18]为此，电动汽车取代燃油汽车成为打破这一僵局的有力方式，使得交通部门实现深度低碳转型成为可能。电动汽车产业作为我国的战略性新兴产业，具有广泛的外部性。第一，其在使用阶段不排放污染物，成为空气污染治理的有力手段。第二，燃油汽车向电动汽车的转变，可以有效降低石油对外依赖度，有效保障能源供应安全。第三，其作为移动的储能系统与电网进行协调互动，能起到调峰调频的关键性作用，提升电网接纳可再生能源电力的能力。

随着电气化在各行各业深入推进，电力结构的清洁化转型决定着碳中和目标是否可以顺利实现。在这样的背景下，以风电和光伏发电为主的可再生能源电力的大规模并网消纳、替代传统火电，就成为实现碳中和的必经之路。而风电和光伏的间歇性特征，导致需要构建与之相对应的储能系统来调节电力供应与电力需求之间的不匹配问题。电化学储能被认为是当前解决可再生能源电力消纳问题的关键技术。但电化学储能由于在生产和报废阶段都会不可避免地产生大量的污染物，所以其在使用阶段的环境成本不可以被忽略。加之电化学储能系统寿命有限，且随着大量的充电和放电过程，其寿命会呈现显著下降，目前电化学储能系统的寿命在 10 年左右。然而，碳中和目标的提出确定了可再生能源电力在电力消费中的渗透率将会持续提高，所以电化学储能寿命有限性与可再生能源电力催生的电化学储能需求的增长之间必然会产生巨大的供需问题。

在没有其他新的储能材料来支撑可再生能源电力发展的情况下，我们面临两个选择：第一，持续不断地增加电化学储能系统的投资部署，以满足可再生能源电力增长带来的市场需求。核心的问题是，如何处理电化学储能材料在生产以及报废阶段产生的污染物排放问题，随着电化学储能材料应用的快速增长，这一问题将变得尤为重要。另外，大规模的电化学储能部署会为社会带来大量的经济成本，能源使用成本的上升很有可能会导致大宗商品价格上涨，引起负面的社会问题。第二，充分挖掘电化学储能替代手段，在满足可再生能源电力上网调峰调频需求下，积极探寻电化学储能替代方案。电动汽车就是一个非常好的电化学储能的替代品。电动汽车的动力电池，可以起到和电化学储能系统相同的功能性作用。使用电动汽车替代电化学储能的优点是，电动汽车的储能性功能是消费者在使用电动汽车过程中的第二功能性作用（第一功能性作用是出行），其成本已经在消费者购车过程中被支付，所以电动汽车的使用不会为社会带来能源使用成本的显著变化。另外，随着交通部门的深度电气化推进，电动汽车在未来会实现规模化发展，大量动力电池在电动汽车上的应用将使电动汽车作为移动的储能系统起到电网调峰、促进可再生能源消纳的功能性成为可能。

■2.7.2 电动汽车发展现状

电动汽车的发展离不开政府的支持与推广。电动汽车的应用最早可追溯到 1881 年法国人 Gustave Trouve 发明的铅酸蓄电池电动三轮车，之后，美国在 1890 年生产出第一台电动汽车。后来由于石油的发现和利用，电动汽车的发展前景受到限制。再后来，随着环境污染问题被大众以及政府部门所认知，电动汽车的发展终于得到各国政府的重视。此后不久，关于电动汽车的发展规划被发达国家纳入国家层面发展规划中，并出台相关政策以支撑电动汽车快速发展。

　　新能源汽车的中国发展技术路线第一次在 2001 年启动的"863"重大专项课题所明确。自此，新能源汽车以示范项目推广形式出现在各种大型活动项目中。随着国家在 2012 年左右实施的"十城千辆"示范项目结束，新能源汽车在中国的发展开始从公共领域转向私人领域，这标志着新能源汽车产业在中国前期的布局基本完成。自此，电动汽车在中国的发展进入第二个全新阶段。在这一阶段，新能源汽车生产企业依托国家政府的补贴进入一个爆发式的增长期。新能源汽车市场开始涌现出一批新的新能源汽车品牌，新能源汽车市场进入活跃期，不同的车辆生产企业之间的市场竞争关系致使电动汽车动力电池成本迅速下降，与相同性能的燃油汽车的成本差异快速缩小。2016 年，新能源汽车在中国的发展进入第三阶段：补贴退坡期。考虑到新能源汽车与燃油汽车成本的不断缩小，以及大量的补贴为政府带来的财政压力，政府开始于 2016 年制订补贴退坡计划，由"双积分"的规制措施来取代电动汽车的补贴措施，进一步引导电动汽车的发展。

　　截止到 2021 年 6 月，全国新能源汽车保有量超过 600 万辆，占全国汽车保有量的 2.06%，而其中的纯电动汽车占据了主要的新能源汽车市场，占比达 81.68%。图 2.11 显示了近四年来不同新能源汽车种类的产量数据。

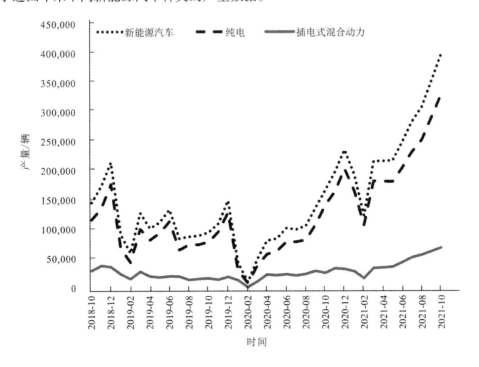

图 2.11　新能源汽车产量变化

　　我国新能源汽车主要包括纯电动汽车、插电式混合动力汽车以及燃料电池。纯电动汽车市场占有率超过 80%，插电式混合动力汽车竞争力不足，原因是当前补贴模式下，车辆生产企业生产纯电动汽车获得的政府补贴以及政策红利更多。这是一种由供应模式导致的市场现状,而不是由消费者自身偏好形成的市场结构。而这一特点与西方国家新能源汽车市场结构不同。以美国为例,美国插电式混合动力汽车月均销量基本与纯电动汽车持平。与纯电动汽车相比,插电式混合动力汽车不受电动汽车充电基础设置不足造成的里程焦虑问题的限制,且与相同价格燃油汽车相比,在能源使用成本以及加速性能上具有更加明显的优势。这也进一步说明,中国新能源汽车结构是政策驱动形成的,市场需求在其中起到的作用相对较小,因为在电动汽车充电基础设施相对不足的条件下,插电式混合动力汽车相较于纯电动汽车更具有里程优势,并且享受与纯电动汽车相同的便利性政策支持,如相较于燃油汽车,新能源汽车在北京、上海等城市更易拿到汽车牌照,以及享受相关的路权政策。

2.7.3 动力电池

动力电池是电动汽车的核心部件,其成本占据电动汽车整车成本的 35% ~ 50%。随着电动汽车销量的增加,电动汽车动力电池的装车容量也在急速攀升。目前,市场上的电动汽车动力电池可以分为四类:三元材料、磷酸铁锂、锰酸锂以及其他。新能源汽车补贴政策实施之初,对于高续航的电动汽车会给予更多的补贴支持,以克服新能源汽车里程受限的问题。在这样的政策背景下,三元材料动力电池由于具有更高的能量密度,相同电池体积下可以储存更多的电力,以保障更长的单次充电行驶里程,一度成为市场的宠儿。各大车企纷纷将三元材料动力电池研发和利用作为企业核心业务。但这一趋势在近年来正在发生改变。根据 Wind 数据库的最新数据,我们统计了近两年不同动力电池的月度装车容量(图 2.12)。

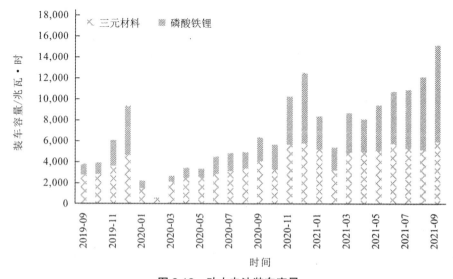

图 2.12 动力电池装车容量

数据来源:Wind 数据库。

从图 2.12 可以看出，随着电动汽车产量增加，动力电池装机容量也在急剧攀升，相比于 2019 年 9 月单月装车容量 3953.7 兆瓦·时，2021 年 9 月单月动力电池装车容量增加了 297%，达到 15694.7 兆瓦·时。其中三元材料以及磷酸铁锂动力电池占据动力电池的绝大部分的市场份额，截止到 2021 年 9 月，两者在动力电池市场中的占比分别为 39.11% 和 60.80%。更加具体来说，我们发现三元材料动力电池的市场份额正在转移给磷酸铁锂。造成这一市场结构的原因可能包括以下几点：第一，受短期成本变化影响。正极材料占据了动力电池的主要成本，三元材料动力电池的正极材料主要包括钴和镍。受到疫情影响，其材料成本大幅上涨，导致三元材料动力电池成本升高。第二，补贴下降导致三元材料动力电池优势变得不明显。更高的能量密度是三元材料动力电池的最大优势，而这一优势所带来的价值正随着补贴的逐渐退坡而变得不那么重要。另外，磷酸铁锂动力电池在电动汽车上的空间优化部署，使其能量密度有了显著的提升，导致其与三元材料动力电池的能量密度劣势缩小。第三，受到市场反馈的影响。截止到 2021 年 10 月，在新能源汽车销售市场中，大部分的热销车型均搭载了磷酸铁锂动力电池，从而带动了磷酸铁锂动力电池的应用。另外，在安全性方面，国内新能源汽车品牌"比亚迪"于 2020 年 3 月发布的磷酸铁锂电池"刀片电池"，在应对各种严苛实验条件下，其安全性能仍然表现良好。但这并不意味着未来磷酸铁锂动力电池一定能成为动力电池市场中的不败者。动力电池市场结构的转变对不同动力电池的成本效益高度敏感。在未来，市场一定是由具有更高成本优势、续航性能以及安全性能的动力电池主导的。

2.7.4　充电基础设施

充电基础设施的规模化布局是电动汽车能够被消费者所接受的前提。目前在中国，纯电动汽车在新能源汽车市场中占据绝大部分份额，消费者在使用电动汽车过程中的里程焦虑以及充电便利性不足成为制约电动汽车在中国发展的重要原因。近年来，随着国家对充电基础设施的规划以及政策支持，电动汽车充电桩建设速度快速提升，民营企业与国营企业纷纷加入竞争市场。这使得目前北京、上海等一线城市电动汽车充电桩的普及率飙升，消费者当地出行需求基本可以得到满足。然而，我国电动汽车充电基础设施不足的问题还远远没有被解决。比如，在非一线城市，以及高速服务站，充电基础设施严重不足，导致电动汽车用户节假日远途出行受限。图 2.13 展示了自 2015 年以来我国充电桩保有量的变化情况。

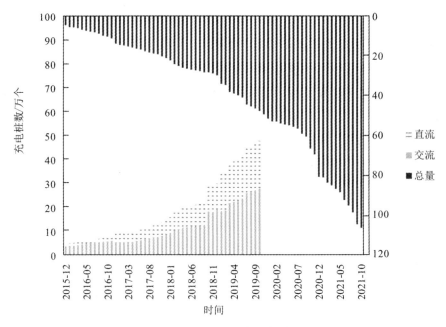

图 2.13 电动汽车充电桩

图 2.13 的数据显示，截止到 2021 年 10 月，全国范围内充电桩保有量超过 100 万，相比于 2015 年 12 月，近 6 年来电动汽车充电桩保有量增幅达 2047%，而电动汽车充电桩仍然保持很高的增长速度。电动汽车与电动汽车充电桩之间呈现互为因果相互作用的关系。充电桩的快速扩张使得消费者对使用电动汽车的里程焦虑问题得到缓解，从而促进电动汽车的普及，而这反过来又为充电桩企业带来经济效益，从而促使充电桩企业再投资。另外，截止到 2019 年 10 月，虽然我国充电桩市场上交流桩的市场份额要大于直流桩，但这一现状正逐渐发生改变，交流桩与直流桩的比例从 2015 年 12 月的 3.14 ∶ 1 到 2019 年 10 月的 1.39 ∶ 1，整体呈下降趋势，且市场份额的变换仍在继续。按照这一趋势可以合理预期在未来充电桩市场中直流充电桩的市场份额将会越来越大，逐渐占据市场的主体地位。导致这一现象的主要原因是电动汽车的充电焦虑问题导致消费者对在充电速度上有显著优势的直流充电桩的需求增加。近年来，在公共领域，充电桩的新增市场中直流充电桩具备明显的竞争优势，可以满足消费者对快速充电的需求；而对于交流充电桩，其主要的受众人群是家庭私人车主安装在停车位上的专用私人充电桩。

▇ 2.7.5 电动汽车何以成为储能系统

电动汽车作为一种储能材料来参与电网削峰填谷，以实现解决可再生能源电力不稳定性问题的经济可行的主要作用途径包括两种：第一，居民的电动汽车充电行为主要发生在夜晚用电低谷期，而电动汽车的使用放电过程发生在白天用电负荷峰值期，与居民用电负荷呈现出明显的互补和替代关系，从而达到对电力负荷削峰和填谷的作用。第二，电动车的主要功能是满足用户出行。一般来说，电动汽车的动力电池在使用过程中由于反复充放电，续航能力会逐渐缩减，当电池容量缩减到额定容量的 60% ～ 70% 时，就因不再适用于电动汽车而被报废。被报废的动力电池可以回收并配套应用于分布式或集中式可再生能源发电站，起到储能的作用。电动汽车成为储能装置一方面可以避免因大规模建设电化学储能系统带来的直接经济成本。另一方面可以充分利用电动汽车的储能性作用避免电化学储能的部署，可以有效降低因电化学储能生产以及报废阶段产生大量的污染问题。挖掘电动汽车作为储能来实现平衡电力波动，促进可再生能源电力消纳以及实现电力低碳转型的具体原因包括以下几个方面：

第一，电动汽车渗透率增加带来动力电池装车容量增长，使得电动汽车作为储能系统有望变得经济可行。影响电动汽车作为储能系统参与电网的调峰和调频的首要因素是，电动汽车是否具备足够的规模效益以真正在调节电网负荷中起到关键性作用。根据最新的数据，截止到 2021 年底，全国范围内电动汽车的保有量达到 784 万辆。按照平均每辆电动汽车动力电池装车容量为 40 千瓦·时来计算（2021 年电动汽车热销品牌特斯拉 model 3 电池容量为 60 千瓦·时，比亚迪·汉大于 60 千瓦·时），当前电动汽车在报废后，在不考虑动力电池加速退化的情境下，可以提供约 200 吉瓦·时的备用储能容量，应用于可再生能源系统等相关梯次利用场景中。根据乘用车市场信息联席会的统计数据，中国电动汽车用电负荷目前大概为居民用电负荷的 0.1%，目前依靠电动汽车来实现对居民用电负荷调节的作用可能并不明显，但当前，电动汽车占全部汽车保有量仅为 2% 左右，在目前政策支持下，可以预见的是，电动汽车市场份额将会呈现快速上升趋势，从而使得这一作用变得逐渐明显。根据由工信部指导、中国汽车工程学于 2020 年发布的《节能与新能源汽车技术路线图 2.0》，到 2030 年，我国新能源汽车销售量将达到汽车总销售量的 40% ～ 50%。届时，电动汽车作为储能参与电网调峰和调频的潜力会提升 10 倍以上。根据习近平总书记 2020 年 12 月 12 日在气候雄心峰会上通过视频发表的题为《继往开来，开启全球应对气候变化新征程》的重要讲话，2030 年我国风电和太阳能发电装机容量将达到 12 亿千瓦以上。事实上，电动汽车的预期市场增长速度是远高于风电和光伏发电在未来的增长速度的。如果能够发挥好电动汽车在负荷转移以及动力电池梯级利用两个方面的储能作用，可以在很大程度上支撑风电和光伏发电在中国的发展。

第二，短期内，可再生能源电力的快速发展离不开电化学储能在相对短的时间尺度上进行调峰和调频，而目前电动汽车是替代电化学储能最有可能的手段。目前，我国可再生能源电力调峰的服务提供方主要为火电及抽水蓄能。碳中和背景下，传统火电将由电力供应的主体地位演变为以保障能源供应安全为主要作用的辅助性角色，在参与提供调峰辅助服务中将可能起到关键性的作用。但由于技术限制火电调峰的灵活性提升空间有限，其调峰作用主要体现在应对电力需求季节性波动，即相对较大的时间尺度上。而在瞬时平衡电力供需、应对极端意外情况下灵活性较差。加之抽水蓄能电站受到自然资源限制，可开发潜力有限，使得构建与可再生能源电力装机相匹配的电化学储能系统成为必要选择。而目前，电化学储能成本相对较高，且由于其寿命有限，电化学储能报废回收处理过程会引起大量的污染物排放。电动汽车电池可起到与电化学储能系统相同的储能功能，且其成本相对更低，技术上可以替代电化学储能系统构建，避免额外的投资以及不必要的污染物排放。

第三，随着电动汽车市场渗透率的增长，引导和规制电动汽车消费者的充电行为成为必须。电动汽车数量的增长会带来电力消费显著增长，根据计算，电动汽车市场份额每增加1%，会带来23.65吉瓦·时/年的电力消费增长。[19]电动汽车充电负荷与居民用电负荷并不呈现完全互补的关系，当电动汽车大量接入电网时，峰对峰的充电模式会增加电力供应不足的风险，这给电力系统的运行稳定提出了挑战。图2.14展示了北京市典型日用电负荷曲线与电动汽车充电习惯曲线之间的关系。

如图2.14所示，居民典型日的用电负荷高峰期在每天的上午10点到晚上8点，低谷主要出现在凌晨1点到7点。而电动汽车用户用电行为在典型日一般存在三个高峰，即早上8点、下午3点以及晚上11点。电动汽车与用户用电负荷的互补性主要体现在电动汽车用户在晚上利用谷时电价进行充电，虽然电动汽车充电的次高峰出现在居民用电负荷高峰期时段相对较低的时间节点，即下午的3点。这在目前电动汽车保有量相对较低的情境下可以起到一定平衡负荷的作用，但在未来电动汽车高度普及的情境下，电动汽车在该时间节点的集中充电行为很有可能使得该时间节点成为新的用电负荷高峰，增加电网运行风险以及电力使用成本。所以，随着电动汽车渗透率的不断提高，电动汽车的随机充电行为需要有效的引导和规制，以避免峰对峰充电模式的出现，导致用电成本整体升高。如何采用有效的峰谷分时电价配合一定程度的充电行为引导和规制措施，充分发挥电动汽车储能功能实现用电负荷合理转移以达到平衡负荷的作用，可能成为未来电动汽车发展中必须要解决的问题。

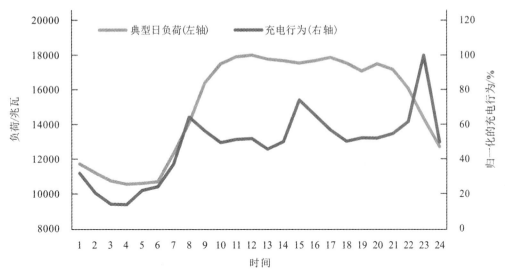

图 2.14　北京市典型日负荷曲线与充电行为曲线

第四，梯级利用退役动力电池，是实现退役动力电池最大化利用的最优方案。目前电动汽车的动力电池寿命大概在 5 至 8 年。近年来由于电动汽车产销量快速攀升，动力电池报废迎来快速增长期。对退役动力电池不合理的处置方式会导致严重的污染物排放。退役动力电池一般具备 80% 的额定容量，充分对动力电池进行多情景的再利用，是实现动力电池充分利用的有效手段。目前，中国的动力电池梯级利用处于模式探索阶段，还没有形成成熟的利用模式和产业链条。退役动力电池在进行余量检测后，可应用于低倍率供电场景中，比如与家庭以及工作场所互动作为储能电源起到备用电源的作用，亦可以结合峰谷分时电价实现盈利。集中式的动力电池可直接应用在风电以及光伏发电产，实现储能的作用，进而对可再生能源电力并网起到关键性作用。另外，退役动力电池可替代电化学储能参与辅助服务市场进行获利。退役动力电池的梯级利用，可以在很大程度上避免对电化学储能系统的需求，从而起到资源节约和保护环境的作用。

■ 2.7.6　电动汽车成为储能系统的障碍与对策

第一，制定有效规划措施规制和引导消费者错峰充电。随着交通部门电气化程度的不断提高，大规模的电动汽车接入电网会对电网负荷分布产生重要影响。峰对峰的充电模式会提高电网的供电压力以及运行风险，并产生大量的备用以及调峰调频成本。谷对谷的充电模式会导致设备利用率低，造成资源浪费。科学引导电动汽车消费者采用错峰充电行为模式是实现资源合理配置、降低电网运行风险的关键，也是必须要解决的问题。虽然从我国实行的峰谷分时电价来看，消费者的充电行为对充电电价是比较敏感的，即消费者愿意为相对更低的电价改变自己的行为，集中在电价相对较低的凌晨进行充电。但同时我们也发现，当前的峰谷分时电价对消费者行为的作用还有待提高，因为大部分消费者并没有选择在用电低谷期进行充电，而是一种随机行为。针对此种现状，政府应设置更加严格的规制或引导措施，促使充电桩企业充分考虑用电负荷分布，制定更加有效的峰谷分时电价，引导消费者进行错峰充电，以起到优化资源配置的作用。

第二，完善政策法规，推动电动汽车退役动力电池多情景梯级利用。随着第一批车载动力电池的退役，其再利用问题被相关部门逐渐重视起来。近年来，工信部、国家发改委等相关政府部门陆续发布多个政策指导文件，以规范动力电池梯级利用工作。目前，动力电池在中国的梯级利用仍然处在初始探索阶段，还没有形成完整的动力电池梯级利用产业链条，是目前我国重点推进退役动力电池梯级利用急需解决的问题。首先，政府部门应根据动力电池梯级利用的试点项目实施效果，总结发展经验和制定更加完善的发展规划，来推动动力电池梯级利用产业稳步发展。其次，要积极探索动力电池多情景梯级利用方案，并制定相应的方案标准，解决动力电池多样性带来的回收利用难题，以实现充分利用不同属性动力电池的最优配置。另外，面对未来电动汽车动力电池梯级利用市场爆发式的增长模式，政府部门应提前规划市场管理方案，确立准入标准，以确保对动力电池梯级利用以及回收过程中的安全性问题，以实现动力电池梯级利用实现产业化发展。

第三，规模化推进智能化充电基础设施建立，助推电动汽车产业快速发展。目前我国电动汽车产业飞速发展与滞后的充电设施规划之间的矛盾日益凸显，充电设施不足为消费者带来的充电焦虑问题是阻碍消费者实施实际购买行为的关键。虽然随着近年来政府对于电动汽车充电桩建设的政策支持，电动汽车充电桩的保有量呈现指数增长的趋势，但目前仍然不能满足中国电动汽车用户的需求。电动汽车公共充电基础设施仍然面临以下两个主要的问题：第一，充电桩的布局在经济相对不发达的二线城市以及城镇农村地区严重不足，在这些地区，电动汽车用户更加依赖家庭私人充电桩进行充电，公共快速充电桩不足难以满足其快速充电的需求是阻碍当地消费者购买电动汽车的主要原因。第二，当前动力电池技术水平的提升虽然使得电动汽车的续航里程实现了质的飞跃，但仍然不能满足用户实现远途出行的需求。而高速服务站点充电设施的缺乏加剧了这一问题。政府部门已经出台了相关计划来规划指导电动汽车充电基础设施在未来的发展，如工信部发布的《新能源汽车产业发展规划（2021—2035年）》提到，要建立"电动化、网联化、智能化"的电动汽车充电基础设施。在此基础上，政府部门首要要解决的还是充电基础设施不足的问题，而解决这一问题的关键还是要进一步面向居民区、二线城市以及城镇农村地区提供补贴，促进相关基础设施规划规模化落地。

2.8 中国森林资源碳中和潜力及其发展对策分析

2060 年实现碳中和目标的进程中，碳固定技术将会发挥重要作用，生物固碳功能需要得到有效利用。生物固碳具有较大的碳固定潜力，其中包括森林碳汇、渔业碳汇等海洋碳汇。森林是陆地生态系统的重要组成部分，是人类经济社会活动不可或缺的生态资源。一方面，森林碳汇相较于海洋碳汇而言，其资源所在位置、碳汇量测算、碳汇交易等相对容易实现，因此开发森林资源进行森林固碳对开发生物固碳具有重要意义。另一方面，森林是林业部门发展的物质基础，开发森林资源实行森林固碳的过程能够有效促进森林资源较为丰富地区的林业发展。生产林产品可以带来一定的经济收入，森林碳汇交易也可以将其生态价值有效转化为经济价值。因此，发展森林碳汇是平衡当前经济发展与生态环境保护之间关系的重要途径之一。

1997 年通过的《京都议定书》首次在国际气候变化协议中明确提出将森林碳汇作为一种重要固碳途径，这是国际首次承认森林碳汇对应对气候变化的作用，并要求签署方加强对森林可持续发展的经营和森林生态系统的保护。然而，我国森林资源分布不均，地区差异较大，有效识别森林碳汇发展的区域优势，可以为进一步完善碳汇交易机制提供一定的研究基础。本部分拟从全球气候变化背景下森林碳汇的重要意义、森林碳汇政策制定及其发展、中国森林资源发展现状、各地碳汇资源发展潜力以及如何有效发挥森林碳汇资源的生态价值等方面进行分析，为今后中国推进森林碳汇的发展并发挥其碳中和能力提供相关对策建议。

2.8.1 全球气候变化背景下森林碳汇的提出

气候变化问题较为严重时，会对部分地区的自然生态系统产生影响。气候变化是一项全球性的问题，各国应共同努力应对气候变化。国际气候大会多次制定国际环境政策并对各个国家的减排任务进行划分，并促进国际合作，共同应对气候变化。尽管气候变化还有一定的不确定因素，但及时采取相关应对措施非常重要。为应对气候变化问题，全球各国应该共同为此做出努力，如减少温室气体排放、加强资源环境保护、恢复生态系统功能等。

1997 年通过的《京都议定书》首次在国际气候变化协议中明确提出将森林碳汇作为一种重要固碳途径，这是国际首次承认森林碳汇对应对气候变化的作用，并要求签署方加强对森林可持续发展的经营和森林生态系统的保护。该议定书从两个角度肯定了森林碳汇在气候变化中的重要作用：首先是规定以"净排放量"计算温室气体排放量，即从需要承担减排义务的国家实际排放量中扣除森林所吸收的二氧化碳的数量。其次是提出的清洁发展机制，该机制促使发达国家与发展中国家合作从而共同实现碳减排应对气候变化，其中林业碳汇正是清洁发展机制的一个重要组成部分。之后的"巴厘岛路线图"将 REDD（Reducing Emissions from Deforestation and Forest Degradation，即减少毁林和森林退化所致排放量）列入气候变化协议中。随后，在 REDD 的基础上再次提出 REDD+，加号代表应在原先的基础上加上增加森林碳汇，再次强调了森林对应对气候变化的重要价值。联合国政府间气候变化专门委员会（IPCC，2007）第四次报告指出，全球森林覆盖面积约占地球面积的 30%，预测到 2030 年，全球碳汇能力将达到27.50 亿吨二氧化碳/年（预测结果区间为 12.70 亿～ 42.30 亿吨二氧化碳/年）[20]。① 森林生态系统在固定二氧化碳方面发挥着不可替代的作用，但若要从自然科学角度精确测量碳库的净变化量，还是比较困难的，这也就给森林碳汇发展的研究造成了一定的困难。另外，有效发挥森林的生态服务价值，需要对其进行科学高效的管理，避免滥砍乱伐、占用林业用地发展农业等现象发生。否则，森林不但不能有效地固定二氧化碳，反而会成为碳排放源，因此应特别重视森林碳汇的发展和管理。

随着气候变化问题逐渐得到全球各个国家的重视，森林碳汇的碳中和能力也得到了重视。各个国家开始开展对森林资源的保护和森林碳汇管理的研究等。尤其是英国、新西兰等国，都有正在实施或正在开发的林业碳汇项目。欧盟国家对待气候变化政策一直处于较为积极的状态。欧盟积极推动《京都议定书》的签署和生效，并且于 2005 年成立了碳排放交易市场，欧盟成员国之间可以利用清洁发展机制进行合作。森林碳汇是清洁发展机制的重要组成部分，由于欧洲大多数国家较早就开始应对气候变化和碳排放问题，其对生态环境的保护也较为突出，所以森林资源也得到了大力发展。此外，澳大利亚也是大力推进林业碳汇项目的国家，其在 2014 年 7 月废除了碳税并实施碳减排基金，此时林业碳汇成为其碳交易市场的主要产品。除此之外，巴西积极推进森林碳汇发展，明确应重点关注土地利用、土地利用变化和再造林工程等对森林碳汇的影响，以期能够减少乱砍滥伐对森林资源的损害和由此产生的碳排放（森林）。目前世界各国对于森林碳汇的发展和政策并不一致，主要基于本国发展需求和国际气候变化政策进行制定，对于全球森林碳汇发展的政策目标并未统一规定。

---

① IPCC. (2007). In Climate Change 2007: Mitigation. Contribution of Working Group Ⅲ to the Fourth Assessment Report of the Intergovernmental Panel on Climate Change. Retrieved from https://www.ipcc.ch/site/assets/uploads/2018/03/ar4_wg3_full_report-1.pdf.

■2.8.2 中国森林资源碳中和潜力分析

森林碳汇在发挥应对气候变化作用时成本较小，也不会对当前的发展模式产生较大的负面影响，因此我国早在 2004 年开始就森林碳汇试点项目，并在 2007 年发布的《应对气候变化国家方案》中明确了森林碳汇的在应对气候变化中的地位。在之后的 2009 年联合国气候变化峰会上，我国提出要大力发展森林碳汇。在国际会议的承诺和目标激励下，我国各项碳汇林项目开始深入推进。2010 年 8 月，中国绿色碳汇基金会成立，该基金会前身是 2007 年成立的绿色碳基金，旨在应对气候变化和增加森林碳汇，标志着我国发展林业碳汇迈出了关键一步。中国绿色碳汇基金会自成立以来组织实施了多个碳中和项目，并在全国二十多个省、市、自治区完成碳汇林面积多达 120 多万亩。除此之外，我国一些私营企业和外资企业也积极参与森林碳汇项目，促进生态系统恢复，如中国绿色基金会和蚂蚁金服的"蚂蚁森林"项目、诺华制药的"川西南林业碳汇"项目等。

中国在实现 2060 年碳中和目标的进程中，必须同时推进减少二氧化碳排放和固定二氧化碳两条途径。减排在碳中和进程的前期是相对有效的，然而在碳中和进程的后期，必须更多地使用碳捕获技术或者生物碳汇进行碳吸收。从固定二氧化碳的角度来看，CCUS 技术是一个重要的技术途径。传统的高能耗、高排放的行业，其生产方式具有较大的惯性，因此为实现中国 2060 年的碳中和目标，CCUS 技术能够在实现煤炭资源的充分利用的同时有效协调环境保护，助力碳中和实现。然而，由于利用 CCUS 技术进行碳捕获需要付出的成本较高，技术难度也较大，相较于该技术，利用生物自身生态服务功能进行二氧化碳吸收固定更具有经济效益。然而，当前生物碳汇固碳的很多参数问题亟须解决，尤其是海洋碳汇量估计难度较大，碳汇量难以确定，就无法在碳中和目标中发挥作用。由于森林的生物量核算相较于海洋生物来说相对容易实现，因此充分发挥森林的生态价值对于实现中国的碳中和目标具有重要意义。与此同时，林业碳汇可以用于交易，其除了栽种树木的成本之外几乎不需要额外的成本支出，同时林业有林产品产出的收益，发展林业碳汇能够有效平衡发展经济和保护环境之间的关系。因此在环境保护与经济发展之间的矛盾日益突出的情况下，开发森林自身的固碳作用具有重要的现实意义。

为准确了解我国森林资源变化情况，自 20 世纪 70 年代开始，我国以每 5 年为一周期清查国家森林资源。第九次全国森林资源清查（2014—2018 年），调查面积达 957.67 万平方公里。清查结果显示，全国森林覆盖率达到 22.96%，森林面积为 2.2 亿公顷。其中人工林面积 7954 万公顷，继续保持世界首位。森林蓄积量为 175.6 亿立方米，森林植被总生物量 188.02 亿吨，总碳储量 91.86 亿吨。年涵养水源量 6289.50 亿立方米，年固土量 87.48 亿吨，年滞尘量 61.58 亿吨，年吸收大气污染物量 0.40 亿吨，年固碳量 4.34 亿吨，年释氧量 10.29 亿吨。从这些数据可以看出，森林具有较高的生态服务价值，在环境保护中起着重要作用。从清查结果可以看出，我国森林资源总体上呈现数量持续增加的趋势，尤其是森林面积和蓄积量，实现了连续 30 年的双增长，森林的生态功能不断增强。《全球森林资源评估 2020》报告显示，2010—2020 年间我国森林年均净增长量达到 190 万公顷，森林面积年均净增长量全球第一。但当前我国的森林覆盖率仍然低于全球平均水平，森林资源相对不足、地区分布差异较大、生态系统也较为脆弱等问题依然存在，因此当前还是需要进行森林资源的保护和生态系统修复，以促进森林碳汇的发展。

在"十三五"期间，我国开展和推进多项造林再造林、绿化等项目，并将其与扶贫相结合，成立生态扶贫专业合作社，推进扶贫和国土绿化行动，充分发挥森林的经济价值和生态价值，推动森林资源丰富地区的经济发展。森林具有林地生产的经济价值和服务环境的生态价值，利用碳交易平台可以有效将其生态价值转化为经济价值，因此其生态价值也逐渐得到重视。在国家林业和草原局联合国家统计局展开的森林资源价值评估中，第一期评估（2004—2020 年）结果显示，林地林木资产价值约为 13.35 万亿元，森林生态系统服务价值大致为 10.01 万亿元。到 2013—2015 年的第二期森林资源价值评估时，林地林木资产价值上升到 21.29 万亿元，森林生态系统服务价值上升趋势相对不明显，大约为 12.68 万亿元。在 2016 年启动的第三期森林资源价值评估中，林地林木资产价值为 25.05 万亿元左右，森林生态系统服务价值上升到 15.88 万亿元，另外还有大约 3.1 万亿元的森林文化价值。各评估期具体数据如图 2.15 所示，从图中可以直观看出，从 2004 年第一期评估开始到 2020 年第三期结束，中国林地林木资源和森林生态系统服务价值上升趋势还是很明显的。尤其值得关注的是，从第二期到第一期的价值评估结果可以看出，林地林木资产价值上升趋势比森林生态系统服务价值的上升幅度要明显；而从第三期的评估结果可以发现，森林系统服务价值（包括其文化价值）上升幅度比林地林木价值上升幅度大。可以看出，中国林地资源的发展经历了优先发展林业产品，再到发挥森林资源生态服务价值的过程，森林资源的生态价值逐渐得到重视。

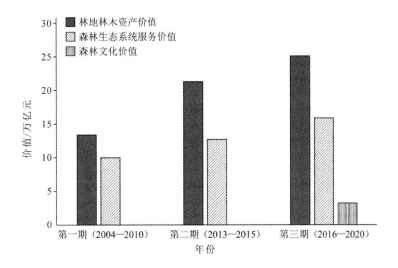

图 2.15 中国森林资源价值评估结果

数据来源：国家林业和草原局。

森林生态系统的固碳功能是应对气候变化的重要途径，碳中和背景下，随着中国碳减排战略自上而下的实施，更加微观的地区差异应该得到考虑。中国各地区在创造碳汇时，要充分发挥比较优势。根据第九次全国森林资源清查调查结果，我国有福建省、江西省、台湾省、广西省四个省的森林覆盖率超过60%，浙江省、海南省、云南省、广东省四个省的森林覆盖率介于50%～60%之间。湖南省、黑龙江、北京市、贵州省、重庆市、陕西省和吉林省七个省市森林覆盖率在40%～50%之间，湖北省、辽宁省、四川省和澳门四个省市森林覆盖率在30%～40%之间。安徽省、河北省、香港、河南省、内蒙古和山西省的森林覆盖率在20%～30%之间，山东省、江苏省、上海市、宁夏、西藏、天津市和甘肃省七个省市的森林覆盖率在10%～20%之间，另外，青海省和新疆的森林覆盖率低于10%。从森林覆盖率的角度可以看出，南方地区的森林覆盖率高于北方省市，但仅从森林覆盖率情况无法得出各省市森林碳汇的发展潜力，碳汇是一段时间内森林蓄积量变动的流量，而森林覆盖率是一个存量的概念，因此需要进一步对中国各地碳汇潜力进行分析。

从森林碳汇量来看，地区分布差异较大。云南省、贵州省、四川省和重庆市等地区的森林碳汇量较高，其固碳成本也相对较低。相对而言，北京市、天津市、江苏省、上海市、浙江省等省市的森林碳汇量不高，而其固碳成本又相对较高。因此碳汇量较高且固碳成本低的这些省份比较适合开展造林固碳。从总体上看，中国西南地区适合开展造林固碳，其成本相对较低，因此能够在造林再造林的项目中获得一定的碳汇交易收益。而东部沿海地区由于其土地成本较高且森林资源并不丰富，其固碳成本均较高，因此并不适合开展造林再造林固碳项目。对于当前实现碳中和目标来说，发展低碳经济的战略安排全国应该统筹规划，即针对不同地区的具体情况分别进行规划和制定相应政策。例如在东部沿海地区可以鼓励低碳经济发展，在西北西南等森林资源相对较为丰富的地区可以鼓励进行造林再造林工程以发展林业碳汇应对气候变化，同时也能为当地带来一定的经济收入。

■2.8.3　助推碳汇发展的对策建议

森林碳汇能够有效地平衡经济发展与生态保护之间的关系，在轮伐期内合理砍伐树木可以将其作为林产品实现一定的经济价值，而每年森林增长带来的碳储量增加又是一个巨大的碳库，能够有效减少空气中的二氧化碳。因此，对于森林资源丰富的地区，合理规划林业的功能区并加以高效管理，能够有效发挥森林资源的生态价值和经济价值。除此之外，借助碳汇交易的平台可以将森林碳汇的生态价值转变为经济价值。2021年10月24日，中共中央、国务院印发的《关于完整准确全面贯彻新发展理念做好碳达峰碳中和工作的意见》正式发布，该文件明确将碳汇交易纳入全国碳排放权交易市场体系中，这一举措将明确碳汇交易在中国碳汇市场上的重要地位，同时推进各地森林资源的保护和发展。目前多地都已开展碳汇交易项目，如内蒙古大兴安岭国有林区具有较高的生态功能价值，2021年以来内蒙古已经完成了多宗林业碳汇产权项目的交易，累计成交碳汇63万多吨，成交金额高达970万余元，取得了较为显著的成效；陕西省发行了首个《林业碳票管理办法》，该办法是为能够产生森林碳汇的林地颁发碳票，通过第三方监测核算，制定其可以获得碳汇收益的凭证。此外，江苏省、安徽省、江西省等都在积极推进地方林业碳汇交易规则的制定和林业碳汇交易的进程。

目前人们对国内碳汇交易的发展还存在一定的限制和误区，当然主要是因为国内碳交易市场目前还处于初级阶段，发展配套设施还不够完备，除此之外，对碳汇交易的发展也存在误区。首先，从碳汇交易的误区出发对当前国内碳汇交易发展现状进行分析。第一，碳汇交易的概念不明晰。森林碳储量和碳汇量的区别没有明确，其中森林碳储量是一个存量的含义，是整片森林存续期间所有固定碳的储量，而碳汇量是一个流量的概念，是一段时间内碳储量的增长量，因此两者之间是有区别的。此外，碳汇交易并不等同于碳交易，碳交易是碳排放额度的交易，而碳汇交易是森林固碳能力的交易，属于碳交易中的一种产品交易类型。第二，碳汇交易并不能完全以盈利为目的。开展森林碳汇交易，实现森林碳汇生态服务功能的经济价值，是为了进一步加强各地对森林资源的保护和发展，推广植树造林工程，不断恢复森林生态系统的多项功能，并持续发挥其固碳作用。第三，并不是所有的森林都可以作为碳汇进行交易。林地开发为森林碳汇项目需要符合规定的相关标准和条件，只有根据相关管理办法进行审批完成的林地项目才可以对其产生的碳汇进行交易。最基本的一条标准为，所有森林碳汇经营项目必须是人工林，需要在无林地上进行造林再造林工程后产生的森林资源，才可以作为有效的森林碳汇项目进行交易。另外，一片林地产生的碳汇量交易超出基线碳汇量的部分才可以进行交易，因此，需要满足种种条件，才能确认为林业碳汇项目，并在碳交易平台上进行交易。

除了认识上的误区，当前碳汇交易还有许多问题没有解决。首先是碳汇核算问题，森林碳汇方法学上还需要进一步的研究并加以规范。目前国家林业和草原局制定并形成了包括《碳汇造林项目方法学》《竹子造林碳汇项目方法学》《森林经营碳汇项目方法学》《竹林经营碳汇项目方法学》在内的四个方法学规范，对当前碳汇项目的核算进行标准化管理。然而，当前森林碳汇测算的方法论还不够成熟，且存在较多争议，因此，加快形成一套科学严谨的森林碳汇测算方法论或测算模型，是当前发展森林碳汇交易项目的基础，也是发挥森林碳汇碳中和潜力的必要条件。其次是当前关于森林碳汇的制度顶层设计和保障等方面还不完善。如上文所说，当前森林碳汇交易的项目需要满足许多标准，由于当前碳汇交易发展仍然处于初级阶段，现有制度设计可能并不合理也不完全符合现实要求。例如对森林碳汇项目生长基础和"额外性"等要求都较为苛刻，存在林地不符合要求无法参与到森林碳汇交易平台的现象。最后是关于森林碳汇实现的路径不明确。碳中和的提出凸显了森林碳汇重要的生态价值，然而仍存在许多对森林碳汇认识不充分、森林碳汇相关专业人员不足等问题。因此应该加大对森林碳汇功能的宣传，并加大专业化人才的培养，不断培育良好的林业模式，加强对林地的管理，才能更好地发挥森林的生态服务价值。

从当前碳交易市场现状来看，我国碳交易市场的发展还处于起步阶段，碳价格制定基础薄弱，碳交易机制还不成熟完善。根据 2018 年中国碳定价调查，截至 2018 年我国平均碳价基本在 30 ～ 40 元 / 吨二氧化碳。国外相关学者的研究表明，二氧化碳的社会成本远高于当前我国碳交易市场的碳排放配额定价，因此我国森林碳汇在国内碳交易市场上缺乏竞争力，因此，为了推进区域间的碳汇交易，需要建立并完备国内区域间碳汇交易的制度，从而能够较好地实现森林碳汇的经济价值。推进区域间碳交易的进程和完善其制度保障，充分发挥森林资源丰富地区的生态服务优势，能够实现区域之间的合作共赢，平衡区域间经济发展与环境保护的关系。碳汇交易的保障制度可以从规则制定、相关金融支持措施等方面展开，各地都应积极摸索发展和完善碳汇交易规则的制定，提出适合本地发展的制度措施。对于碳汇交易的相关金融支持措施，国家林业和草原局鼓励商业性金融机构发展林业股权抵押等支持措施；另外，广东省在肇庆市试点了碳汇指数保险等金融措施，为森林碳汇损失风险提供保障。因此，相关金融支持政策措施也应加快制定并完善，保障林业碳汇交易可以平稳高效发展。

在推进发展森林碳汇的过程中，除了林业碳汇交易的发展之外，森林碳汇与互联网企业的融合也许是有效发挥其碳中和潜力的另一途径。当前互联网企业的碳排放相对于其他行业较低，其产生的碳排放大部分是由于耗电产生的，其庞大的数据库可能是产生碳排放的重要原因。除此之外，可能还有基础办公产生的碳排放，但总的来说，互联网企业的碳排放量相对较少。一片林地的固碳能力从长期来看是可持续发展的，但是短期看来其固碳能力相对有限，因此将森林碳汇与互联网企业融合或许是帮助互联网企业实现其企业碳中和战略中相对经济、便捷、可行的一条路径，也能有效利用森林的固碳能力转化为经济价值，为拥有林地的农户带来一定的经济收入。当前阿里巴巴开展的"蚂蚁森林"项目就是将用户环保行为通过收集能量的形式加以测算和度量并量化为不同树种，之后会在荒漠地区种植。此项目主要是为了解决西北地区荒漠化问题，通过这种方式保护和改善当地的生态系统。最近由于碳汇交易的兴起，"蚂蚁森林"产生的碳汇量交易问题成为热点。阿里巴巴声明，将"蚂蚁森林"产生的森林碳汇归于用户个人所有，并不属于其公司碳中和的战略部分。然而对于互联网企业来说，在森林资源较为丰富的地区承包一个林地项目，将其每年产生的森林碳汇量抵消本企业产生的碳排放，就可以实现该企业的碳中和目标。因此本书认为，互联网企业与森林碳汇项目的融合可以有效发挥森林的碳中和潜力并有助于实现其公司碳中和目标。另外，我国的互联网企业多数位于东部沿海地区，而在内蒙古、吉林、黑龙江等北部地区和四川、云南等西南地区的森林资源较为丰富，促进互联网企业利用森林碳汇实现其碳中和目标也有利于森林资源较为丰富地区的经济发展，减少地区经济发展不平衡的问题。

除此之外，随着碳汇交易的逐步推进，森林碳汇的发展能够同时提高碳汇的经济收入和林业林产品的收入。当前影响碳汇收入和林产品收入的主要因素有植树造林成本和木材价格等，降低植树造林成本能够有效降低森林固碳成本和林产品成本，对于提高两者的收入具有重要作用，或者提高木材价格能够增加林产品收入。推进森林碳汇的发展，也可以有效减少轮伐期内乱砍滥伐的现象。因此规范森林的管理，进一步提高植树造林的效率或发展较为成熟的树木种植技术，可以有效降低该地区的固碳成本，从而获得一定的森林固碳竞争优势。综上，通过碳汇交易的方式助推森林碳汇的发展，可以在保护资源环境的同时为当地带来一定的经济收入，为"绿水青山就是金山银山"提供有力证明。

2.9　退补后助力新能源企业融资的措施

■2.9.1　退补加剧了新能源企业的融资困难

随着气候变化愈加受到各国的关注，新能源产业也逐步走上能源的主舞台，截至2021年11月召开第26届联合国气候大会时，全球已有54个国家承诺2050年实现"净零"排放，而中国也早已承诺将在2030年碳达峰并在2060年达到碳中和，这一切都将新能源产业的发展置于一个十分迫切且紧要的位置。虽然自2010至2020年间，全球新能源的投资额已经从每年的2385亿美元增长到了每年3035亿美元，而2021年上半年全球新能源的投资额已经达到1743亿美元[①]，但相对于全球庞大的能源系统以及碳减排的压力，其仍然需要有更大的提升。

中国的新能源投资额自2013年超过欧洲后便稳居榜首。根据中国电力企业联合会的数据，中国自2010—2020年这11年间，在新能源电源上的年度投资额占整个电源侧年度投资额的48.87%，且最近两年所占比例更高。其中，中国的新能源投资额主要以风电为主，尤其是2020年，风电投资额约占整个电源投资额的50%；太阳能发电的投资额虽然一直在增长，但其总体来说占比仍然较低。中国新能源的投资额在政府关于上网电价的补贴、电站装机的补贴和各种政策支持之下，于2015至2017年这3年间发展迅猛，政府对于新能源行业的支持也引致民间资本与金融资本在股市及债券市场上迅速流入新能源企业，但也由于补贴拖欠以及一系列政策风险，投资者疑虑逐步增加，使得2018年新能源的投资额略有下降。在中国政府2019年提出碳中和的战略发展后，虽然2019—2020年新能源投资额整体稳定，上升平缓，但这其中隐含着补贴退出的负向影响。

"双碳"目标下，一方面，政府在气候雄心峰会中提出要在2030年达到12亿千瓦以上的风电和太阳能发电装机容量，这是一个致力于新能源投资的雄心勃勃的计划；另一方面，政府近年来也一直在逐步进行可再生能源补贴退坡事宜。以风电和光伏产业为例，随着《关于2018年光伏发电有关事项的通知》和《关于完善风电上网电价政策的通知》的发布，2021年，中国国家政府对于上网电价的补贴将全面取消（具体而言，光伏补贴在2020年结束，海上风电补贴在2021年结束），而政府的上网电价以及装机容量给予风电和光伏产业所享有的补贴是这些行业的主要优势。目前新能源企业

---

① 数据来源于彭博新能源财经。

一方面要拓宽融资渠道和融资流量以进一步发展其产业规模，另一方面还需要面对补贴取消后导致的资金量受损等问题。

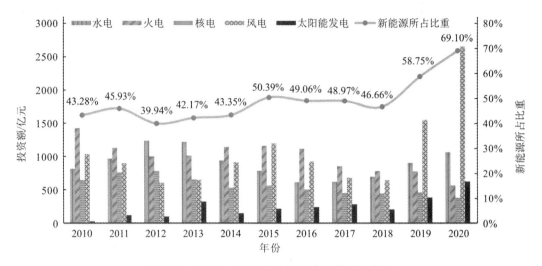

图 2.16　2010—2020 年中国分类别电源投资额

数据来源：中国电力企业联合会。

　　一方面，过去十年间，中国新能源行业的投资额虽然一直在回旋式上升，但其波动很大程度上取决于政策的导向与支持力度，这也使得新能源企业的融资成本呈现出较强的波动性；另一方面，新能源行业本身所需初始投资高、投资回收期较长这一特性也使得新能源企业的股权投资者需要顾虑这一企业的前景与长期现金流，新能源企业的贷款方也需要考虑政策风险下其短期偿债能力的变化。

　　在如此庞大的投资体量下，融资的作用便显得尤为突出。全球新能源行业融资从融资主体而言主要分为专用于新能源项目的融资和新能源企业的融资。新能源项目的融资主要通过项目级常规（即非减让性）债务融资，2017 年新能源的项目融资额达到 1190 亿美元的峰值，平均占 2017—2018 年总投资的 32%。新能源企业融资即为资产负债表融资，它包括股权融资和债务融资，大多也用于支持庞大的新能源项目。两者区别在于，资产负债表融资几乎完全用于资助太阳能光伏和陆上风能的发展，而项目级别的常规债务用于更广泛的技术，包括海上风能。此外，需要注意的是，绿色债券有可能将大量资金引向可再生能源。近年来，每年仅用于可再生能源的绿色债券发行规模迅速增长，从 2013 年的 20 亿美元增长到 2019 年的 380 亿美元。绿色债券通常用于对现有资产进行再融资，由于其具有大额票据规模，可以吸引机构投资者。

　　全球新能源融资从主体是否为政府主导可以分为公共融资和私人融资。根据 "global landscape of renewable energy finance 2020" 发布的数据，2013 至 2018 年期间，私人融资平均占可再生能源项目总投资的 86%，相当于每年承诺的 2570 亿美元。同期公共财政平均达到 440 亿美元。2013—2018 年，项目开发商仍是私人融资领域的主要参与者，2017—2018 年平均提供了 56% 的私人融资，主要是通过资产负债表融资，包括债务或股权融资。2017—2018 年，商业银行和投资银行平均占私人融资总额的 25%，通常向太阳能光伏、陆上风能和海上风能等成熟技术提供非减让性贷款。2017—2018 年，机构投资者（包括养老金计划、保险公司、主权财富基金、捐赠基金和基金会）为新能源项目提供的私人直接投资平均仅占 2%。近年来，非能源生产企业在新能源领域的作用受到了关注，2017—2018 年平均占私人融资的 6%。非能源生产公司的新能源投资主要是由于新能源技术的价格竞争力日益增强，价格长期稳定和供应安全，以及社会和环境方面的关切，有节省成本的潜力。由于企业占全球能源消费的 2/3 左右，它们在能源行业的脱碳过程中可以发挥重要作用。具体而言，由于中国、哥伦比亚、墨西哥和土耳其等国家发展金融机构的投资激增，公共财政在 2013 至 2018 年期间平均占总投资的 14%，2017 年达到峰值，为 19%。国家、双边和多边发展机构一直提供大部分公共投资，2013 至 2018 年平均每年承诺 370 亿美元。2017—2018 年，政府直接提供的公共财政平均占 9%，高于 2015—2016 年的 5%，其中大部分直接用于太阳能光伏和陆上风能项目。在向仍需要额外支持以降低资本成本的技术和区域提供资本方面，公共财政可发挥关键作用，例如通过提供风险缓解工具。公共部门还可以通过展示难以进入的部门和市场的商业潜力来降低技术成本，例如农村地区的离网生物质能项目、屋顶光伏项目等。

　　具体的，就中国的新能源上市公司而言，其融资主要分为内源融资、股权融资、债务融资。企业的内源融资主要取决于企业上一年度的盈余及留存收益，很大程度上受到企业经营环境不确定性的影响，但是这一资金来源可自由调度性强，从融资成本的角度而言，内源融资主要作用于企业中新技术的研发投入，且多以管理费用的形式在企业的资产负债表中体现。股权融资是指企业通过增发配股等方式为企业的扩大再生产融资，这一融资方法虽然存在投资者和企业之间的信息不对称，但其相对于债务融资而言，可使用形式更为灵活，支配的宽容度更高，这是中国新能源上市企业主要的融资方式，这一融资来源下的资金多被企业用于规模投资，往往也是新能源项目融资的主体。债务融资主要是企业通过发行债券以及银行借款等手段募集的短期使用资金，这一融资来源对新能源企业而言风险较大，且使用灵活度较低，因为债务融资的还本付息期往往较短，这与新能源投资项目的长回收期以及现阶段新能源企业低盈利但高预期的特性相违背。与此同时，由于风电、光伏等投资项目日常维护成本较低，初始投资占比很大，故新能源企业的债务融资大多数额不大，多用于企业的日常经营。

　　图 2.17 展示了中国新能源上市公司的债务资本成本，从中可以看出新能源行业的债务资本成本呈现出明显的周期性特征，尤其是风电和光伏的债务资本成本，二者变化趋势也基本一致，在装机补贴等支持力度较强的年份其债务融资成本也更低，这充

分说明了这个行业的政策导向性，在充分利好的政策下，新能源企业通过债券等手段更容易获得买方的信任，从而以低于往年的债券融资成本进行融资。而在政策利好的年份，新能源企业也更容易通过政策的支持在银行等金融机构获得贷款审批。

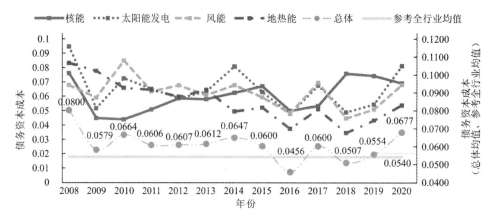

图 2.17　中国新能源上市公司债务资本成本

数据来源：Wind 数据库、CSMAR 数据库。

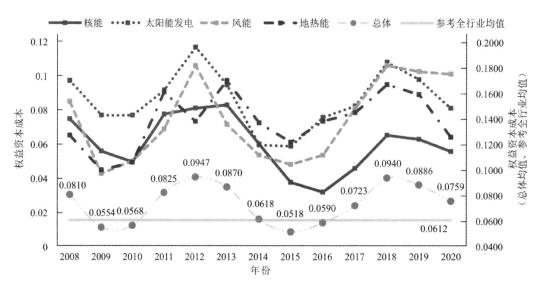

图 2.18　中国新能源上市公司权益资本成本

数据来源：Wind 数据库、CSMAR 数据库。

中国新能源上市公司的权益资本成本整体来说呈现出更大的波动性，且整个行业的融资成本与宏观环境和政策大方向更为贴合，可以看到，在 2009 至 2010 年间，欧美等大量补贴新能源项目拉动了中国光伏企业的上游制造商，也拉高了整个中国新能源行业发展的预期，这是中国新能源企业权益资本成本第一次下降，而在 2011—2013年，由于"双反"的出台以及随后的中国政府将光伏行业纳入去产能行业，这一时段中国新能源上市企业的权益资本成本迅猛增长，在冲击下首当其冲的即为要被"去产能"的光伏行业，其权益资本成本近乎 12%，这一时期整个市场对新能源行业的期望也陷入了较大的落差。但随着时间的推移，自 2014 年起，政府可能是出于应对气候变化的逐渐紧迫也可能是出于能源安全的考虑，光伏行业被从"去产能"的目录中摘离而出，紧接着，对于风电、光伏、地热能等的补贴也逐步升温，这一时期是新能源行业融资的第二个"黄金时期"。然而，一方面，可能是随着新能源企业的体量和风电、光伏等装机容量的逐步扩大导致补贴金额巨大且难以为继；另一方面，可能出于中国的新能源平准化度电成本的逐步下降且市场竞争已然成型，使得这一行业无需过多的补贴，政府便逐步缩减了对新能源行业的补贴，这也使得新能源行业的政策利好逐步削弱，其权益资本成本出现了较大的上升。但自 2020 年中国提出"双碳"目标后，2020 年度，中国的新能源企业融资成本又呈现出急剧下降的态势。

总体而言，中国的上市公司债务融资成本均值为 5.4%，权益融资成本均值为 6.12%。虽然这一测度存在较大误差，但在同一计算方法下可以用来横向比较中国新能源行业的融资成本是高是低。而根据我们的计算，大多数年份中国新能源行业的融资成本均远远超过全行业平均水准。至今为止，只有 2015 年和 2016 年左右新能源政策十分利好的情况下，新能源企业的融资成本才低于全行业平均标准，这说明总体上新能源项目的融资是困难且富有挑战的，在当下这一行业还不够成熟时，其规模投资和研发支出等需要筹措的资金比成熟行业需要更多的成本，而且也更具挑战性。但总体而言，新能源企业的债务融资相对于权益融资更加平稳，而权益融资相对于债务融资也更受到政策导向的影响。目前态势下，政府一方面在气候大会上提出了"双碳"目标并且在雄心峰会上提出"在 2030 年风电光伏装机达到 12 亿千瓦"；另一方面，对于风电、光伏的补贴也基本已经取消，所以在这一背景下更需要审慎地研究新能源企业融资的成本是否在下降，新能源企业发展所需的资金是否更容易募集。而且由于要达成"双碳"目标，中国的新能源需要更进一步的发展，故需要更进一步从源头助力新能源企业，即从融资端切合实际地解决新能源发展的问题。

■2.9.2　新能源企业融资存在的问题

虽然新能源企业的投资一路高歌猛进，但当下一方面需要进一步加大产业扩张的步伐，以助力"双碳"目标的达成，另一方面还需要在补贴取消的背景下扩宽融资渠道，降低融资成本，故当下中国新能源产业面临如下难点：

1. 新能源产业的环境正外部性没有通过市场机制体现

就新能源产业的发展原由而言，发展新能源产业很大一部分原因是由于全球面对气候变暖问题愈加急切，且全球各国在应对气候变化方面的举措愈加切实，决心愈加坚定，在此背景下发展新能源产业就显得尤为重要，而中国政府在2020年承诺在2030年碳达峰，2060年碳中和，这一举动与决心既具有魄力，也需要有强大的新能源产业作支撑，在这一背景下，所需要的清洁能源发电量将会有突破性的增长。以往在新能源企业上，主要采用政策主导、金融手段辅助的方式来通过补贴，上网电价，信贷优惠等进行落实，但是将来面对如此庞大的新能源产业，单纯依赖于政府的补贴将会面对两个问题：一方面，随着中国新能源企业逐步增多，中国新能源产业逐步壮大，政府支持新能源企业所需要付出的边际成本也会递增，这就存在一个难以持续的问题；另一方面，即使能长久通过政府行为来支撑新能源产业的发展，然而这对产业的长期竞争力以及运转效率将会产生巨大影响。所以，需要除政府行为之外的市场化行为来支撑新能源产业的发展，而市场化支持行为的第一步即需要通过市场手段将新能源企业正外部性的成本体现出来。由于以往的化石能源燃烧等对环境形成的气温上升等影响所造成的负外部性没有被纳入其价格机制中，导致现在人们的生活需要为全球升温这一现实买单，所以以后在电力系统更新的过程中，更需要体现出新能源产业代替目前规模庞大的化石能源为主导的电力结构所需要的巨大的成本。

2. 新能源企业的市场形象较差以及初期投资高与债券的短期性和风险规避性存在矛盾

第一，在新能源企业形象方面，由于中国新能源产业蓬勃发展的第一阶段是由于欧盟大量补贴风电、光伏产业致使中国新能源产业的上游急速发展，但这种发展在"双反"之后反而造成了负担，随后政府将光伏行业纳入去产能的行业，这虽然在一定程度上消减了光伏上游的落后产能和多余产能，但是也会使得不了解新能源产业发展的债券买方对新能源产生不好的印象，随后的补贴政策也难以给新能源企业树立长期可盈利性的形象，故新能源产业这一系列的发展过程一方面会使得大多数新能源企业未发展成长至成熟，另一方面也影响了新能源产业的形象，而由于债券融资的资产证券化主体评级未达到AAA的债券在市场上少有人愿意购买，故新能源企业难以获得大量的债券融资。第二，中国的新能源产业有着独特的高技术型产业的特点，其投资大多集中在项目初始投资和研发支出上，后续运营所需资金成本较小，且投资回收期长。而且，包括中国的新能源产业在内的全球新能源产业都起步较晚，是在迫于气候上升的急切压力之下才有的迅猛发展，所以其积累不深，企业技术积淀不够，所以更迫切地需要大量资金来同时进行研发和规模投资。这两方面原因都导致了新能源企业在初期投入时就需要有大量的资金，而中国的新能源企业大多是民营企业，且由于债券购买人存在较高的长期风险规避性，这导致了新能源企业在债券市场上融资成本偏高，融资难度加大。

3. 新能源产业的宏观政策风险与股权投资者所期望的低风险前景存在矛盾

中国的新能源产业投资额虽然总体而言在稳步提升，从整体来看政府也大致在以各种政策来推动新能源产业的发展，但也存在波浪式前进的势头，首先是将光伏产业纳入去产能的政策，虽然是去除落后多余的产能，但是这对金融市场而言是不利消息，而后的补贴政策虽然一直稳步发展，但总体呈现出不温不火的状态，补贴拖欠以及补贴退坡的消息时有传出，这也对新能源的股票市场形成了一定的冲击。这些消息本身对新能源产业会带来或好或坏的影响，但消息频繁变动的本身也会增强这一行业政策的不确定性，这就加剧了这一行业的风险因素。此外，虽然政府一直在以各种政策推动新能源产业的发展，但一直呈现出"中央热，地方冷"、政策款项难以落实到位等现象，中央政府和地方政府的落差会加大行业的风险因素，这也将导致新能源产业的宏观政策风险偏高，而高的宏观政策风险致使新能源企业在股票市场上的风险因子偏高，进而需要用更高的成本来进行融资。

4. 新能源企业的政策补贴尚未完全到位且到位时间不确定，加剧了新能源企业的银行借款难度

一方面，由于新能源企业很大一部分资产为政策补贴中尚未到位的应收账款，这使得新能源企业虽然账面资产中的流动性资产较高，但是短期内难以到位，且由于银行也难以测算政府补贴的到账时间原因，加剧了银行对新能源企业流动性的担忧，致使新能源企业难以在银行借贷到足量的资金。另一方面，由于新能源企业的电站等未来收益权虽然按照《物权法》的规定可以合法出资给银行以获取抵押贷款，但是由于新能源企业本身的资金流动性和补贴的不确定性，使得这种抵押资产难以获批银行的贷款。这两方面原因使得企业空有电站的未来收益和账面上应收账款的流动性，却没有充分的自由现金流。

▌2.9.3 解决新能源企业融资难的措施

由于新能源行业发展的成熟度以及新能源企业规模投资和研发支出背后的特殊性，新能源企业一直以来都面临着巨大的融资缺口以及急切的融资压力。当下一方面中国政府在雄心峰会上提出要在 2030 年达到 12 亿千瓦的风电、光伏装机量，政策鼓励中国新能源产业的发展；另一方面中国政府在 2020 年以及 2021 年逐步取消了对于光伏以及海上风电的补贴，这意味着在现实情况下新能源企业的资金来源更加紧缺。所以在当下这个时点，新能源企业是站在了时代的浪潮之下，它一方面承受着市场的考验以及融资的压力，另一方面又面临着光辉的行业前景。政府虽然取消了对行业实际性的补贴，但可以在推动新能源产业发展的同时，在原有的帮扶政策的基础上出台具体措施来解决新能源企业融资难、融资成本高的难点问题。

1. 政府应该在电力需求端进一步强化电价的市场机制

目前，针对新能源的上网电价在国家的补贴政策之下虽然有助于缩短其投资回收期，但是随着新能源电源侧投资的进一步增加，政府的补贴面对新能源发电占比如此庞大的电网系统最终将难以为继，故需要逐步将新能源发电的成本市场化，让电力的消费者为环保买单，这也有助于从消费侧减少电力的浪费。而现行的电价政策主要是区分了电力消费者的使用性质和电力消费时间，即工业用电与居民用电的价格不同，夜间用电和白天用电的价格不同，电力的使用上也无法从电力来源进行区分，所以由于供电方的新能源电源投资增加的成本以及由于风电、光伏等不稳定性对电网造成的成本并没有也暂时难以存在有效的途径来进行区分。在此基础上可以逐步在发电端的化石能源侧体现环境负外部性的碳价，以及调节可再生能源和化石能源之间的差价，而更需要做的是调整整个消费侧的电价，因为电价的成本是不断上升的，目前对于部分地方政府支持的高耗能行业以及对于居民电价等其用电价格并没有体现出绿色成本。所以，一方面需要强化居民用电的绿色成本，这一举措同时还可以增强居民的节电意识和环保意识；另一方面需要在高耗能产业中体现出电力的绿色成本，因为高耗能产业能耗高，用电需求上也高，所以，通过调节高耗能产业的用电价格机制，可以较好地给整个市场展现出电力的绿色成本。

2. 政府应该加强绿债机制的有效运行并规范新能源企业的市场运作

首先，已有的绿色债券虽然能帮助新能源企业在债券市场上进行部分较低成本融资，但这仅限于形象良好的大型新能源企业，对于大多数中小新能源企业而言，发行绿色债券不但难且发行的债券也没有消费者购买，故难以通过债券进行融资，政府应该推动完善这种特殊债券市场的体制机制。其次，绿色债券目前的交易量偏低，规则也在探索之中，中国应该加大对这种模式进行探索的投入。再次，政府也应该加强对新能源企业的监管，虽然严格的市场监管需要投入对应的监管成本，而且严格的市场监管也会抑制一部分小企业的发展，但是这同时也是在为新能源企业的市场形象背书，长此以往，将更容易树立新能源企业在大众心目中的形象，最终帮助新能源企业进行债券融资。

3. 政府应该保持对新能源企业政策实施的透明性和一致性，并督促各地区政府保持时间上一致的态势

适度且长期稳定的新能源政策既可以稳定新能源企业的股权投资者情绪，又可以避免新能源企业过于火热，这可以降低新能源行业的宏观政策风险；而各级地区政府对新能源产业的政策支持保持稳定且落实到位可以切实地降低新能源企业的政策风险，而从上到下的政策稳定与落实可以有效降低股权投资者情绪的波动性，有助于降低新能源企业的股权融资成本。

4. 各级政府应制定对应的政策，帮助降低新能源企业在银行融资的难度

新能源企业在银行难以进行大量融资的原因主要由两方面造成的：第一，由于政府对新能源企业的补贴金额巨大，且这一巨大的补贴金额在新能源企业的资产负债表

上是应收账款，属于流动资产，但是这一流动资产无法转让或用于其他实际开支，更无法用于偿还银行借款的利息等，故加剧了银行借款的风险；第二，对于企业在银行贷款最重要的是需要有抵押物，而对于新能源企业而言，其抵押物无非就是其规模投资下所拥有的实物资产以及实物资产未来的收益权，而新能源行业未来发展还面临着不确定性以及资产回收期长的问题，所以企业的未来收益权难以用抵押来换取流动资金。故基于此，政府一方面应该公开透明补贴的相关信息并公布补贴的发放进度以及拟安排发放进度，以降低银行对企业将来流动性的担忧；另一方面，地方政府也可以根据当地新能源企业的特性以及所处产业链的环节出台具体政策，以帮助新能源企业使用其未来收益来进行抵押以获得流动性资金。

2.10　中国 CCUS 项目融资的挑战及解决措施

碳捕集、利用与封存 (CCUS) 是将工业生产或者空气中的二氧化碳捕集完通过运输深埋于地下或者循环再利用二氧化碳形成新的产品的一种技术。自从全球"净零"目标和习总书记提出的"双碳"目标提出后，CCUS 凭借其能够去除最难脱碳产业的二氧化碳以及提供负排放技术被全球热议。2019 年为全球 CCUS 大规模部署的元年，中国也在近两年设立了不同体量的碳捕集示范项目。和其他国家的"净零"可选路径不同，以煤为主的能源消费结构以及能源需求仍居高不下的现实使得中国的碳减排路径须依靠 CCUS 技术。"双碳"目标的提出加剧了能源结构和社会经济发展之间的矛盾；而这种特殊的矛盾也决定了中国在规划未来减排路径的时候需要考虑多个层面。而 CCUS 技术有效缓解了能源使用和社会发展的矛盾。作为目前市场上仅有的针对煤炭脱碳的成熟技术，CCUS 能够帮助中国在未来的能源转型进程中保证煤炭使用的高质量发展。然而，目前中国进一步开展 CCUS 技术研究和示范项目的落地成为新的难题。这主要是因为 CCUS 技术目前还不成熟，同时 CCUS 项目具有前期投入大、回报周期久，以及整体产业链布局长的特点，这就使得中国的排放企业、商业银行和个人投资者缺乏对 CCUS 技术投资的信心以及足够的投资资本。如何解决中国在未来 CCUS 项目和技术发展的融资成为现阶段最现实的问题。

2.10.1　中国 CCUS 项目融资现状及潜在融资优势

中国目前针对 CCUS 的融资工具少、限制多。中国政府有针对性帮助清洁能源发展的金融手段，如通过国家开发银行的低利率借款以及高信用额度为清洁能源融资赋能。中国的国家开发银行主要负责为大型的基建项目募资。2010 年，中国国家开发银行就已经为本国的清洁能源发展项目提供了超过 2320 亿人民币的低利率借款，占开发银行借款总额的 28%。中国目前对于大型清洁能源建设提供援助的主要手段是绿色信贷，通过国家和地方各级的环保部门监督贷款企业生产和运营是否达到环保标准进行贷款金额、费率和期限上的限制。[21]

CCUS 碳利用技术中多元二氧化碳产品可以通过盈利性吸引资本。随着 CCUS 技术受到国际市场更多的关注和认可，其技术的突破让许多企业发现了潜在的商机。中国目前已建成的 CCUS 项目的应用场景主要是二氧化碳驱油。二氧化碳驱油的利润很大程度上是由油价决定的。当油价大幅波动的时候，二氧化碳驱油的盈利性也会受到很大的影响。但是随着二氧化碳利用技术的不断更新迭代，CCUS 所捕集的二氧化碳已经能够应用在食品、水泥、燃料、化工等多元的行业。在未来进一步将此类技术商业化的过程中，二氧化碳产品的价格波动将会减少。从投资决策来看，世界上已经有许多商业银行和私募基金在例如英国、美国、加拿大和欧盟进行 CCUS 项目的投资。但是目前，在没有明确的退出策略的情况下，中国的风险投资和商业银行还未涉足 CCUS 的投资。此外，目前中国的 CCUS 项目投资处于示范阶段，据估计建立一个 500 万吨捕集能力的碳捕集、运输及封存项目至少需要 5 亿人民币左右。这需要民营资本或者商业银行有足够的资金量完成投资。对于 CCUS 前期投入大、产业链长，以及回报周期长的投资劣势，资本可以借助针对性投资和金融工具来降低总投入量、平摊风险，或者减少资金成本。针对性投资可以区分成两大类。第一，针对于 CCUS 链条中的任意的环节进行投资。相对于固定成本最高的捕集阶段，个人资本可以对于技术成熟且成本较低的运输装备和封存场地开发进行分散性投资。第二，针对于 CCUS 中的利用技术研发进行投资。目前，二氧化碳利用的可能性和可操作性越来越强，例如 2021 年中国科学家研究的二氧化碳合成淀粉。个人资本也可以通过对于某种利用技术的投资以期待盈利。

CCUS 项目融资的中国优势在于国有企业。虽然 CCUS 项目的融资计划道阻且长，但是中国能源产业大多是国企，这使得国家和地方政府能够统筹规划潜在 CCUS 项目的实施。具体来说，中国能源产业在低碳技术投资中的一个主要优势是需要搭载 CCUS 的重点能源行业，属于支柱性行业，其中大部分企业为大型企业且由国家控股。一般而言，私营部门的投资回报要求相较于公共部门要来的高。能源产业在大部分发达国家是私营部门，企业优先考虑的是成本最小化和利润最大化。但是中国的能源企业，尤其是煤电企业，具备对高资金成本和高前期投入的 CCUS 技术进行开发和部署投资的能力。这对于 CCUS 技术目前在中国的开展是十分有利的。

■2.10.2　中国 CCUS 项目面临融资挑战

目前在缺乏激励的情况下，社会资本没有足够动力进行 CCUS 项目投资。美国能源部持续投入资金支持 CCUS 技术发展，美国国会也更新 45Q 税收抵扣法案加大 CCUS 技术激励政策力度，对于采用提高石油采收率等的利用项目，给予 35 美元 / 吨二氧化碳的补贴。[21] 在享受 45Q 政策优惠的基础上，符合条件的项目还可以享受其他州级或各地方的投资税收优惠、补助资金资助，以及优惠的贷款计划。然而，目前中国有关 CCUS 产业发展的政策激励体系与金融机制却不完善。中国仅公布了 CCUS 发展的技术指南文件，并未出台有关 CCUS 减排补偿和投资支持的政策。不明确的政策规定将增加投资风险，主要包括 CCUS 封存过程中的安全责任与投资预计回报期限不匹配，二氧化碳供应的不确定性，不完善的投融资落地机制，不匹配的投资期限以及不稳定的碳信贷市场状况等。社会资本和私人投资缺乏政策信心，CCUS 商业化应用面临融资难约束，难以实现技术成本的快速下降。

CCUS 技术发展的不确定性影响投资者信心。CCUS 的技术不确定性、经济不确定性以及能耗不确定性导致其投资额仅占全球清洁能源技术的 0.5%。虽然中国以煤为主的能源消费特征和产业转移的现实因素使得 CCUS 技术在中国的零碳路径中具有更明显的优势，但 CCUS 技术本身仍然存在较大的不确定性。而这种不确定性将会制约未来 CCUS 在中国的规模化发展以及减碳的潜力，同时技术不确定性也会影响中国碳中和路径和策略下 CCUS 技术地位的研判。从 CCUS 整体链条来看，二氧化碳的运输阶段和捕集阶段目前已经有成熟商业化的技术且成本呈现不断下降的趋势，CCUS 技术的不确定性主要存在于二氧化碳利用阶段。目前全球每年大约利用 2.3 亿吨二氧化碳，使用最多的是化学行业，其中最主要的是二氧化碳制造尿素，每年可使用多达约 1.25 亿吨二氧化碳进行生产。紧接着是二氧化碳强化驱油（CO_2-EOR）技术，每年使用二氧化碳量达到 7000 万～ 8000 万吨。目前其他的二氧化碳应用场景包括食品饮料生产、冷却、水处理、温室催化植物生长。随着新的二氧化碳可利用技术层出不穷，其技术的商业可行性、成熟期所需时间、成本控制等不确定性将使得针对 CCUS 利用技术的投资望而却步。以 2021 年所研发的二氧化碳合成淀粉技术为例，该技术商业化后不仅能够直接减少二氧化碳，还能够减缓国家的粮食安全问题以及耕地所带来的间接排放。但从工艺的角度来看，二氧化碳合成淀粉需要价格昂贵的关键酶进行催化和大量能源转化，在实验室生产阶段得到的淀粉使用的能源和所需的经济成本远超正常淀粉生产工艺。该技术所需成本和能源何时能够降低到可接受水平是十分不确定的。类似处于示范阶段或者实验室阶段的 CCUS 技术目前不占少数：二氧化碳制造燃料的过程需要转化氢来合成碳氢燃料。目前制造这种燃料是高耗能的，未来需要低成本的氢和二氧化碳才经济可行。在大多数应用中，合成碳氢燃料当下不太可能与直接使用低碳氢或电力竞争。但随着能源部门接近净零排放以及其他燃料替代品，在例如航空燃料等继续需要碳氢燃料的部门中将变得尤为重要。CCUS 的发展取决于技术进步的水平，目前搭载于火电厂的捕集技术和氢气制造已经成熟。需要技术突破的技术包括但不限于大气直接捕集、生物质能碳捕集、化工、水泥、钢铁生产以及燃气发电。在概念阶段和实验室阶段的技术需要孵化概念为可操作性的技术，而已经在示范阶段和投入使用的技术则需要降低经济成本和减少能源消耗以达到兼顾成本和减排的最终目的。总而言之，在未来二氧化碳利用场景的不确定性、成本下降的不确定性和能源消耗不确定下，中国的个人投资者一直会保持观望的态度。

■ 2.10.3 中国 CCUS 项目可利用的融资模式

中国在 CCUS 建设融资方面可以参考西方的融资模式，如监管资产基础框架（RAB）和差价合约（CfD）模式。RAB 政策的模式已经在英国的核电厂建设中起到了关键作用。RAB 模式的具体方案是让消费者预先支付能源账单来降低建设项目融资费用。RAB 是英国能源行业监管模型，即允许开发商在政府监管下从公用费率抽取营收，因此兴建过程就可通过先得到资金支持降低成本。以发电厂为例，经济监管机构授予发电公司收取电力用户的电费。这是一种把成本转嫁给消费者的经济监管模式。这种模型的可行性主要取决于能源价格的变动。电力行业在中国是民生行业，所以以电力为主的能源价格较低，如果中国采取 RAB 能源行业的监管模型，则需要能源价格有一个小幅的提升。此外，差价合约（CfD）模式则是政府跟承包商运营商签约，保证一定年限内，使用固定价格购买某 CCUS 电厂发出的电力。若批发电价低于合约价格，则政府就会补贴营运商；但在 CCUS 设施建设中所产生的所有成本由承包商承担。美国的政府资助主要是通过税收抵费和直接的专项资金拨款完成。2018 年 2 月，美国国会通过立法，修订和改革一项重要的税收抵免政策 45Q。扩大的 45Q 条款旨在鼓励创新和采用与碳捕获和转化相关的技术，包括与碳捕获和把二氧化碳转化成的产品的技术。税收抵免的有效期为 12 年。税收抵免从 2018 年的 17 美元 / 吨将逐步提升到 2026 年的 35 美元 / 吨。此外，美国对于 CCUS 专项补贴在 2021 年达到 60 亿美元。其中 26 亿美元用作 6 个商业 CCUS 示范项目的开发，10 亿美元用作试点项目的实验，9100 万美元用作 CCUS 技术的进一步研发，8000 万美元用作大型碳封存项目的验证。中国可以借鉴美国对 CCUS 技术财政拨款的使用方式，针对中国未建、已建、试点项目，以及技术研究进行财政支持上权重的分配。简而言之，中国应该大力发展 CCUS，由政府牵头，以房地产证券化（REITs）和其他碳金融工具为媒介，结合民间资金共同推进 CCUS 的进一步发展。[22]

业主有限合伙制（MLP）是一种改变了企业的合作模式的架构。业主有限合伙制包含两种合作伙伴，即普通合伙人和有限合伙人。在这种合作机制之下，普通合伙人负责企业的运营及管理；而有限合伙人只需负责提供资金并在固定获得项目的收益。有限合伙人的对象大多是个人投资者。目前，美国有相当一部分的中下游能源企业使用了业主有限合伙制。原因是能源产业的产业链过长，需求的前期投入资金大。例如能源企业在产量上升后，需要考虑能源的存储、运输以及其他维持生产链和销售链的基础设施建设。这时，大型能源企业就会转向业主有限合伙制进行融资。业主有限合伙制的优势在于投资者可以收获较为稳定的回报，而企业可以以低风险和低融资成本完成产业链上各阶段基础设施的建设。此外，以美国政府为主等大量在能源企业实行业主有限合伙制的国家中，政府会对于对有限合伙人分红进行免税的优惠。作为一种融资手段，业主有限合伙制的成功执行需要政策稳定的支持和标的物或者产品价格的稳定。

CCUS 项目建设十分匹配业主有限合伙制所带来的优势。一方面，CCUS 项目的产业链条长。CCUS 不仅包括了在碳排放源的捕集，也包括了下游的运输、封存以及利用的步骤。特点是前期投入高，回报期限长。业主有限合伙制将大幅降低运营企业所需要面临的资金成本，同时也平摊了风险。中国在未来考虑此种金融工具需要政府的政策支持和国内碳市场的稳定碳价。目前，中国已经具备发展为 CCUS 项目提供业主有限合伙制作为金融工具的基本条件。2021 年，中国的碳市场正式开始交易，目前已经包含超过 2225 个燃煤电厂以及超过 40 亿吨的潜在交易量。在未来更多的行业和投资机构被纳入碳市场的交易对象后，流动性增强将会激活碳价稳定增长。另一方面，CCUS 项目需要投资上的激励。中国政府需要对于业主有限合伙制进行政策上的优惠，如税费的减少。

加速折旧法（AD）则是通过将 CCUS 项目所需的固定资本投入以递减的方式计算其折旧的费用。同时，企业所需要缴纳的税款则是递增的，这使得需要进行 CCUS 改造或者兴建 CCUS 整体产业链的企业获得了几乎没有利息的贷款。这种政策可以使得 CCUS 项目能在使用年限内迅速得到补偿。房地产证券化（REITs）则是将房地产这种固定资产转为可交易、可投资的证券化产品，即物权转换为股权或债权。房地产证券化的融资本质跟传统的贷款抵押有所不同，其最明显的特征是通过资产本身未来的盈利能力进行对融资的支付，而非以抵押的贷款利息进行支付。这种金融工具能够帮助企业以低成本对于非主营业务的减排项目获得资金。CCUS 项目适配中国现实情况的原因有二。第一，CCUS 作为房地产证券化其产生的二氧化碳产品具有盈利性，在未来碳价走高的情况下，相信 CCUS 项目能够获得更多民众和机构的投资认同。第二，房地产证券化作为金融工具已经受到了中国官方的许可。2020 年 4 月，中国证监会和发改委已经共同发行了一只试行的基础设施建设 REITs。2021 年时，9 只面向公众募资的 REITs 正式上线，其中已然包括了例如污染处理厂或垃圾发电等绿色基础设施建设项目。未来，中国以国企背景为主的能源企业可以尝试通过房地产证券化的方式平摊一些成本。

■ 2.10.4　中国 CCUS 项目融资需要全方位支持

CCUS 项目落地需要社会投资和政府政策扶持双管齐下。虽然中国能源企业在开发 CCUS 技术上有着得天独厚的优势，但是另一方面 CCUS 技术的回报是社会性的，所以 CCUS 技术的投资风险也不应该完全由企业独自承担。个人投资者和政府在推动 CCUS 项目的建设也应该起到关键作用。政府在支持 CCUS 技术发展方面发挥着重要的投资和引导作用，政府可以对煤电、钢铁、水泥、化工行业进行直接的财务支持，例如 CCUS 专项补助。此外，政府可以要求下属专业的融资机构，例如开发银行、出口信贷机构和多边银行对于 CCUS 项目进行投资。这些专业融资机构可以提供低成本贷款和保险，为 CCUS 项目中风险最高的提供部分资金支持。所以，出台财税激励政策，鼓励企业间跨行业合作是必要的。如创新改革发展模式，借助金融工具建立灵活融资途径；或给予投资者明确的市场盈利预期，鼓励资本进入产业链培育阶段；还可综合利用碳金融工具，通过提供政策性贷款、建立公私合营示范项目，CCUS 信托基金等方式吸引私人资本进入，为 CCUS 技术发展创造良好的融资环境。政策性银行应考虑为 CCUS 项目建立风险调整资本回报计算体系，促使项目能够取得非主权银行贷款。

社会资本将助力 CCUS 项目进一步发展。社会及个人投资者则包括股权投资、风险投资、私募基金和商业银行提供的债权融资。如何持续激励个人投资者进行 CCUS 项目的投资是目前中国面临在项目融资上最大的困难。此外，金融工具将激励中国企业对 CCUS 项目投资进一步加大。从环境经济学的角度来说，"双碳"目标作为强环境规制将使政府实施对于高排放企业更严苛的排放标准或者税收，所以排放相关的企业需要通过采取提升生产环节的能源效率或者碳捕集来规避转型或者倒闭的风险。由于 CCUS 的成本过高且碳市场仍处于初级阶段，大部分企业将不会考虑 CCUS 作为首要的减排技术，这时就需要借助金融工具的支持。近期出现的新型绿色金融产品例如可持续发展贷款可以为企业提供更低费率绿色贷款。企业将可以使用可持续发展贷款用于 CCUS 等低碳技术开发和搭载，如果借款企业在规定的期限内达到环境、社会和公司治理 (ESG) 目标时，所借款项的贷款费率就会更低。这对于较为小型的钢铁、化工和建材企业来说是一条可行的路径。此外，CCUS 项目目前被认同为高风险的资本密集型项目投资，这使得资本的成本上升。小型公司和资产负债表受限的公司无法承受为 CCUS 设施提供资金。不同的金融工具将助力中国 CCUS 项目进一步发展。具体而言，业主有限合伙制、房地产证券化、投资税收抵免、加速折旧、差价合约、以及监管资产基础框架模式等金融工具能够帮助亟需减排的企业以低廉的价格和优惠的税费进行 CCUS 改造。以上所述模式均已在发达国家推广新能源或者传统能源产业中证明了对于投资激励的正面效果。

　　CCUS 项目融资离不开政策和法规的支持。从政策角度而言，促进个人投资者和机构进行 CCUS 技术和项目投资的最好方法是政府政策明确和稳定的支持。如果没有政府明确的表态，投资者将没有动力对高风险及不成熟的 CCUS 项目进行注资。目前，中国在 2021 年已经实现了巨大跨越。从发改委正式发通知询问以高耗能为主的企业 CCUS 目前的部署情况到与美国在共同应对气候危机联合声明中将 CCUS 纳入讨论范畴，中国政府官方的声音是坚定支持 CCUS 技术的发展与利用的。但是，目前中国还没有实质性的法律框架和正式的政策支持。短期内，中国有必要优先制定 CCUS 法律。首先，应确保现有制度的连续性和一致性。对已经表现出成熟性和实用性的政策，可以逐步上升到法律层面，增强其权威性和约束力。CCUS 归属于气候政策，并且是未来中国缓解气候变化的关键手段之一，加之 CCUS 应用可能涉及多种能源，如电力、石油、天然气甚至可再生能源，可以考虑将其加入能源部门作为一项基本法律，如能源法。

　　中国需要针对 CCUS 技术和项目融资有效实施制定详细法规。提高任何政策的准确性将增加立法者的工作量，但可以减少实施政策时可能出现的偏差和漏洞。如果政策具有较高的实用性，有关各方将更愿意履行其义务。明确的政策规范可以帮助潜在的 CCUS 捕集、运输和封存相关的运营商提前做好准备，同时为监管部门制定严格的评估程序以评估强制性目标是否完成。此外，法规还应鼓励第三方使用 CCUS 基础设施，应优先考虑开放技术或 CCUS 开放项目以最大程度地分享知识。此外，为确保 CCUS 政策框架在地区管辖区生效，各省、市、自治区应遵守国家的要求，根据实际情况颁布地方法规，建立 CCUS 注册数据库，完善地方监督管理体系。鼓励建立国家和省级 CCUS 相关的非营利机构或智囊团以支持中国的政策，法规和标准制定也至关重要。此外，CCUS 项目融资的金融工具也离不开法规的支持。例如投资税收抵免和加速折旧都需要国家改变税务政策，给予 CCUS 项目实在的优惠。同时，国家也需要出台相应的法律，明确规定优惠对象，同时对使用这些金融工具的企业进行严格的审查。

　　最后，CCUS 技术的发展也需要大众的接纳与投资。CCUS 技术未来的融资前景和公众接受有着密切联系。公众接受度代表着社会对其技术的认可程度。公众对于 CCUS

技术的熟知度越高，社会资金就越容易被吸引至 CCUS 技术进一步的融资。公众接受度分为两种，其中一种是对于 CCUS 作为技术的一种熟知和支持。政府可以通过法律框架加强 CCUS 的公众参与。有人认为，有限的公众参与可能会导致已经通过决策过程快速实施的大型能源项目推迟或取消，这对于 CCUS 等缓解气候变化的基础设施尤为明显。公众参与政策（PPP）通过合法化一条让非专业人士、行业和环境利益集团表达其立场的公开渠道，无论是正面还是负面的，都将提高环境意识，获得更广泛的接受度，并创造行为改变。公众的支持还可以表现在对 CCUS 项目的投资上。如果政策渗透范围足够广，中国的 CCUS 项目将不仅能够接受到来自社会资本和国家直接援助，还能够直接运用例如房地产证券化等金融工具使公众能够对于具体的 CCUS 项目进行直接投资。此外，公众接受度的另一层面是对能源价格接受度的改变。能源价格在中国一直处于低位，但是为了达到中国承诺的"双碳"目标，大规模部署的 CCUS 技术成本可能会超过政府和企业承受的范畴。到时，民众是否能够接受政府和企业将减排的成本转移到居民身上是公众接受度的第二层意思。为此，中国应该就 CCUS 技术和节能减排的重要性对民众进行宣传，使未来公众能够更加主动地接受能源转型和 CCUS 技术所带来的成本。

总结来说，CCUS 的技术进步和项目落地需要资金的投入、政策的稳定和公众的支持。经济激励是创造技术进步的重要因素之一。首先，中国目前发展 CCUS 遭遇的第一个问题是碳价格。但中国的碳市场交易常态化还需要扩大交易对象，将市场开放给其他行业和金融机构。第二，目前中国 CCUS 发展碰到的问题是如何进行技术融资。未来 CCUS 的融资主要有三种，即政府的直接援助或者政策性优惠、银行和基金等个人投资者的投资，以及公众参与项目建设的投资。这三种投资方式无一不需要依靠金融工具的帮助。业主有限合伙制、房地产证券化、投资税收抵免、加速折旧、差价合约，以及监管资产基础框架模式将帮助政府更好地推广税收方面的政策性优惠，激励个人投资者对 CCUS 项目进行投资，以及帮助公众了解和熟悉 CCUS 技术和项目。

■ 参考文献

[1] 吕红星 . 海上风电有望成为驱动经济社会发展"蓝色引擎"[N]. 中国经济时报 ,2022-01-17(001).DOI:10.28427/n.cnki.njjsb.2022.000093.

[2] 闫磊 . 多国加速布局海上风电项目 [N]. 经济参考报 ,2022-01-13(004).DOI:10.28419/n.cnki.njjck.2022.000229.

[3] 国家发改委 . 国家发展改革委关于完善风电上网电价政策的通知 [EB/OL].(2020-06-20)[2022-03-01]. http://www.gov.cn/zhengce/zhengceku/2019-09/29/content_5434626.htm.

[4] 马晋龙 , 孙勇 , 叶学顺 . 欧洲海上风电规划机制和激励策略及其启示 [J/OL]. 中国电力 :1-11[2022-01-26].http://kns.cnki.net/kcms/detail/11.3265.TM.20220107.0911.002.html.

[5] Energy Iceberg. China's Offshore Wind Market Provincial Breakdown[EB/OL].(2020-10-23)[2022-03-01]. https://energyiceberg.com/china-offshore-wind-province-breakdown-1/.

[6] Chen Y F, Lin B Q. Slow diffusion of renewable energy technologies in China: An empirical analysis from the perspective of innovation system[J]. Journal of Cleaner Production, 2020, 261: 121186.

[7] 陈帅 , 张假假 . 碳中和背后的中国能源大三角 [J]. 企业观察家 , 2021(2):114-121.

[8] 姬海臣 . 欧美对我国光伏"双反"的研究 [D]. 厦门大学 , 2014.

[9] 余木宝 . 光伏产业迎来蓬勃发展的新时代 [J]. 中国石化 , 2021(3):78.

[10] 李天娇 . 中欧 CAI 为我国光伏"出海"再上一道保险 [J]. 中国电力企业管理 , 2021(1):7.

[11] 陈婷 . 比较法视野下的可再生能源绿色证书交易制度构建 [J]. 华北电力大学学报 : 社会科学版 , 2021(4):10.

[12] 孟思琦 , 孙仁金 , 刘绪康 . 中国可再生能源市场化电价机制优化研究 [J]. 价格月刊 , 2021(10):7.

[13] 蒋轶澄 , 曹红霞 , 杨莉 , 等 . 可再生能源配额制的机制设计与影响分析 [J]. 电力系统自动化 , 2020, 44(7):13.

[14] Brouhle K , Griffiths C , Wolverton A . Evaluating the role of EPA policy levers: An examination of a voluntary program and regulatory threat in the metal-finishing industry[J]. Journal of Environmental Economics and Management, 2009, 57(2):166-181.

[15] 李凯 , 王秋菲 , 许波 . 美国 , 欧盟 , 中国绿色电力产业政策比较分析 [J]. 中国软科学 , 2006(2):7.

[16] Schmidt O, Melchior S, Hawkes A, et al. Projecting the future levelized cost of electricity storage technologies. Joule. 2019, 3(1):81-100.

[17] Tepe B, Figgener J, Englberger S, Sauer DU, Jossen A, Hesse H. Optimal pool composition of commercial electric vehicles in V2G fleet operation of various electricity markets. Applied Energy. 2022, 308:118351.

[18] Yin X. et al. China's transportation energy consumption and CO_2 emissions from a global perspective. Energy Policy 82, 233-248, doi:10.1016/j.enpol.2015.03.021 (2015).

[19] Wu W, Lin B Q. Benefits of electric vehicles integrating into power grid. Energy 224, doi:ARTN 12010810.1016/j.energy.2021.120108 (2021).

[20] 林伯强 . 中国清洁能源亟待长期融资助力 [J]. 中国电力企业管理 , 2012(3):1.

[21] 段玉燕 , 罗海中 , 林海周 , 等 . 国内外 CCUS 相关政策综述 [J]. 南方能源建设 , 2020, 6(Supp. 1):28-31.

[22] 张华静 , 李丁 . 促进中国 CCUS 发展的融资体系研究 [J]. 中国人口资源与环境 , 2014, v.24;No.171(S3):384-387.

第3章

推动绿色发展：
如何进行低碳转型？

低碳转型如火如荼。数字化、5G 等"新鲜血液"如何为绿色发展贡献力量？供给侧、消费侧有哪些转型良方？着眼城市群，智慧能源建设如何赋能城市群绿色转型，谁又是碳中和、碳达峰目标下的排头兵？

3.1 顺应数字化发展趋势，赋能中国经济低碳发展

中国经济低碳发展既是经济高质量增长的有效路径，又是实现国家生态文明建设与 2060 碳中和目标的内在要求。随着现代社会进入信息化、数字化与智能化的发展浪潮，大数据、云计算与人工智能等数字技术蓬勃发展，不仅给人类社会的生产与生活带来深刻影响，而且赋予中国经济低碳发展新动能。具体而言，依托大数据与云计算等数字化平台，能够加强对二氧化碳等温室气体排放的实时监测、评估实际排放现状，进而提升科学决策水平。第二，数字技术与传统产业深度融合，提升产业链自动化、智能化水平，助力产业结构绿色低碳化转型，实现产业链整体节能降碳。第三，数字化技术有助于培育公众绿色低碳的生活方式，提高社会公众民众对碳中和的认知力和执行力，从消费侧积极推进碳中和进程。第四，互联网等信息化平台能够加速信息传播与知识外溢，助推绿色技术创新提质增效，赋能经济低碳发展。第五，数字金融作为移动互联网、云计算和大数据等数字技术与传统金融服务相融合的新一代金融服务，具有普惠性、高效率、客户群覆盖广以及不受地理位置限制等优点，为解决碳减排项目的融资约束问题带来了新的机遇。在数字化时代，数字技术逐渐成为驱动中国经济低碳发展的重要因素，可分别从供给侧与需求侧推动形成绿色低碳的生产和生活方式，助力中国双碳目标的实现。

3.1.1 中国低碳经济与数字经济的发展现状

工业革命以来，人类活动导致温室气体排放逐渐增多，气候变化成为世界各国共同应对的严峻挑战。气候变化广泛地影响着地球生态系统和人类的生存环境，其影响包括极地冰川融化、森林火灾加剧和土地荒漠化等。[1] 随着经济的快速增长，中国已经成为世界上最大的化石能源消耗与二氧化碳排放国。[2] 2020 年，中国能源消费总量为 49.8 亿吨标准煤，能源相关的 CO_2 排放量约 99 亿吨，占全球总排放量的 30.9%，居世界第一。[3] 为减少二氧化碳排放，中国政府制定了一系列具有约束力的节能减排政

策。2020 年 9 月 22 日，在第 75 届联合国大会期间，习近平总书记提出"中国将力争于 2030 年前二氧化碳排放达到峰值，努力争取 2060 年前实现碳中和"的目标。在随后的 G20 峰会"守护地球"主题边会、气候雄心峰会以及 2021 中央经济工作会议上，习总书记多次强调这一目标，并提出了一系列新的要求。2060 碳中和目标的提出，不仅向国际社会表明了中国积极应对气候变化问题的决心，而且彰显了大国的责任与担当。但是，碳中和目标对中国经济社会来说是一场系统性的变革。中国作为二氧化碳排放量最大的发展中国家，经济规模还会进一步扩大，以资源消耗为主的粗放型经济发展模式已不再可取。在气候变化的背景下，2003 年"低碳经济"的概念首次出现在英国的《能源白皮书》中，一种以低能耗、低排放与低污染为主的经济可持续发展模式得到世界上许多国家的认可，成为一种新型的经济发展方式。[4]中国经济低碳发展既是经济高质量增长的有效路径，又是实现国家生态文明建设与 2060 碳中和目标的内在要求。

如何有效实现中国经济低碳发展是目前面临的巨大难题。随着互联网、云计算与大数据等数字技术的迅速发展、普及与应用，数字化正在不断融入社会经济的各个方面，在刺激消费、拉动投资与创造就业等方面起着重要作用。近年来，发展数字经济也逐渐成为世界各国经济重点发展的方向。与此同时，在新冠肺炎疫情的冲击下以及新基建、双循环等战略的驱动下，我国数字化进程不断加速，根据中国信息通信研究院发布的《中国数字经济发展白皮书》数据（见图 3.1），中国数字经济规模快速递增。由图 3.2 可知，中国经济由高速增长向中高速增长转变，进入结构转型期，数字经济的增长速度始终快于 GDP 增速，其对于中国经济增长的贡献越来越大，成为驱动中国经济增长的重要力量。2020 年我国数字经济总量规模和增长速度居世界前列，规模达到 39.2 万亿元，占 GDP 的比重为 38.6%，经济增速高达 9.7%，数字经济逐渐成为中国经济高质量发展的"新引擎"。党的十九大报告明确提出，要"推进互联网、大数据、人工智能和实体经济深度融合"。数字化技术驱动的产业革命与科技革命，正给人类社会的生产与生活带来深刻影响，新产业、新业态与新模式不断涌现，更好地服务企业生产活动与民众日常生活。在 2020 年应对新冠肺炎疫情过程中，以大数据、云计算为基础的数字化解决方案、工具和服务，有效阻止了疫情在中国的蔓延。考虑到数字经济产业自身不仅可以通过优化能源利用、推进节能减排等方式在产业内尽早实现碳中和，而且可以通过数字服务、数字赋能等形式为其他领域的二氧化碳减排提供重要技术支撑，数字技术或将成为我国实现 2060 年碳中和目标的关键推动因素。[5]根据世界经济论坛数据，到 2030 年，各行各业受益于 ICT 技术所减少的碳排放量将达到 121 亿吨，是 ICT 行业自身排放量的 10 倍。其中，交通物流业将减排 36 亿吨，制造业减排 27 亿吨，农业和建筑业均减排 20 亿吨，能源业减排 18 亿吨。数字技术与能源系统融合，有助于优化能源资源的配置效率，提升整体系统的能源使用效率，可直接或间接地减少整体能源系统的能源消耗量与二氧化碳排放量。数字经济与低碳发展分别是未来中国经济增长的内在动力与关键目标，数字技术以其独特的优势与特点，有望成为中国经济低碳发展的新动能。因此，在信息化、数字化发展的大浪潮下，深入探讨数字化如何赋能中国经济低碳发展以及"双碳"目标的实现，具有重要的理论与现实意义。

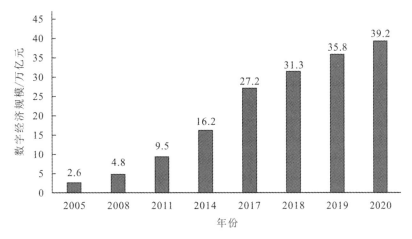

图 3.1　2005—2020 年中国数字经济规模

数据来源：中国信息通信研究院。

图 3.2　2015—2020 年中国数字经济增速与 GDP 增速

数据来源：中国信息通信研究院。

▇3.1.2　数字技术赋能中国经济发展的作用

1. 依托大数据与云计算等数字化平台，加强对二氧化碳等温室气体排放的实时监测、评估实际排放现状并且提升科学决策水平

能源消耗及温室气体排放数据的全面收集与准确监测，是中国经济低碳发展的重要基础与前提依据。随着气候变化问题愈发严重，生态环境管理愈趋复杂，依靠人工对温室气体排放信息进行收集、分析及管理难以满足实际需求。然而，依靠传感器与智能监测设备，搭载数据化平台，能够实时采集与掌握企业的能源消耗与温室气体排放实际情况。同时，借助区块链去中心化、防篡改、可追溯、全程留痕的技术特点，可实现企业产品生产过程的碳足迹全生命周期记录，提高产品碳足迹核算的准确性和可信度。例如，上海市产业绿色发展促进中心搭建了面向全市工业和通信业的"上海产业绿色发展综合服务平台"，用于上海市企业的能源消耗与碳排放方面的数据整合和信息化管理，有助于企业开展在线能源审计、设备能效对标、系统节能诊断等活动，促进企业持续节能降碳、绿色低碳发展。同时，在新冠肺炎疫情暴发之后，各级生态环境部门为了实现污染源监测，运用卫星遥感、无人机巡查、在线监控、视频监控、用能监控和大数据分析等手段开展非现场检查，环评过程审批线上处理。不同地区、行业及企业的实际用能情况与排放现状大不相同，数字化平台在实现排放信息与数据准确采集与动态管理的同时，又能够对实时排放数据进行深度分析，挖掘出有价值的信息，为决策者制定因地制宜和因时制宜的个性化配套政策提供帮助。整合不同区域及企业的能源消耗与温室气体排放数据，有助于形成科学的监测体系，打破信息壁垒，提升信息交流效率，为节能与减排提供科学决策，促进整体经济低碳发展。

2. 数字技术与传统产业深度融合，促进产业结构绿色低碳化转型，实现节能降碳

具体而言，数字技术对于产业结构升级的影响主要体现在生产端与消费端两个方面。在生产端，数字技术在农业、工业与服务业均具有较大的应用前景，可实现产业数字化与数字产业化。由图 3.3 可知，我国数字经济渗透到三大产业的比例逐年提高，整体数字化进程不断加快。就产业数字化来说，数字技术与传统制造业相结合，能实现传统机械制造向高端自动化、智能化制造转型升级。在数字技术的帮助下，能够评估产品生产全过程的碳足迹，改善生产过程的资源配置与能源利用效率，[6]减少二氧化碳排放。在数字产业化方面，工业互联网、5G 与大数据中心等新产业形成并蓬勃发展，与高耗能产业相比，这些新的数字化产业能耗更低，排放更少。在新冠肺炎疫情的冲击下，网络会议、在线办公与在线教育等数字产业的新业态蓬勃发展。总而言之，数字化发展不仅能够提高生产要素的配置与使用效率，而且能够推动产业链从低端向中高端转型，加速新业态的形成与发展。数字化平台还有助于将资源要素配置到资源利用效率更高的技术密集型产业，导致资源利用效率高的技术密集型产业的份额越来越大，促进整体经济的产业结构转型升级。在消费端，数字化技术能够帮助企业收集客户偏好、购买评价等信息，准确分析客户的潜在需求，引导客户购买低能耗、低碳排放的产品，从消费侧倒逼产业链低碳转型升级。[7]总的来说，数字化平台能够整合生产与消费各方面信息资源，优化资源配置，提效率，降成本，减少资源浪费，引导低碳消费，实现产业链整体的绿色转型与节能减碳。

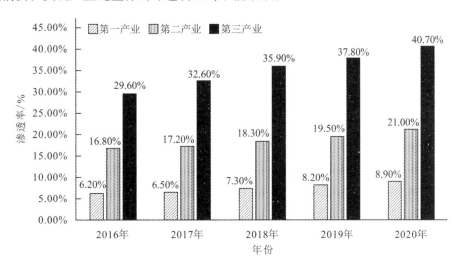

图 3.3 中国数字经济渗透率

数据来源：中国信息通信研究院。

3. 数字化技术助力消费侧减碳，培育公众绿色低碳的生活方式

当前，我国各地区的减碳政策多数是在清洁生产、行业减排、低碳能源使用等供给侧发力。事实上，统筹部署我国实现碳中和的路径方案，实现碳中和目标，不仅生产侧要向绿色低碳的产业结构变革，而且也要考虑消费侧向清洁、低碳转型，培育公众绿色低碳的生活方式，提高社会公众民众对碳中和的认知力和执行力，从消费端积极推进碳中和进程。消费侧的低碳化转型，有助于倒逼生产方式绿色低碳转型。数字技术在引导公众衣食住行等众多领域的消费行为变革具有较大潜力。近年来，共享单车、滴滴出行、智慧公交等 App 与数字平台的发布，在很大程度上改变了民众的交通出行方式，既便捷了人们的日常生活，又从消费侧助力经济低碳发展。在公众有长途出行需求时，数字乘车码方便公众采用公交、地铁等公共交通方式出行，减少了私家车的出行率，既能缓解城市的道路交通拥堵问题，又能协助减少碳排放。在短途出行方面，共享单车逐渐成为大部分公众的选择，不仅提高了人们的出行效率，而且能实现二氧化碳零排放。

4. 利用互联网等信息化技术，加速信息传播与知识外溢，助力绿色技术创新提质增效，赋能经济低碳发展

在数字化时代，互联网成为"大众创业、万众创新"的新工具，互联网的发展能够促进新产品、新技术与新业态的产生。互联网还可以促进信息传播和知识溢出，有效缓解日常生活中的"信息不对称"问题。信息技术能够突破地理位置的限制，大大拓宽知识的传播范围和普及程度，从而降低了信息的搜集与获取成本。[8, 9] 信息与知识

的产生、交流和共享等活动，能够显著地推动社会的技术进步，[10]包括环境友好型的绿色技术。绿色创新作为创新驱动与绿色发展的融合点，有望成为突破环境和资源约束、促进经济可持续发展的重要工具。一方面，企业通过互联网平台可以获取外界有关绿色创新成果的信息，购买国内外技术，引进、吸收外部成熟的技术，这将有助于降低企业自主创新的资金、人力等成本，缩短研发周期，提高创新效率，实现绿色技术的提质增效。另一方面，信息化发展推动信息传播与知识外溢，能够缓解社会经济生产和生活过程中存在的"信息不对称"问题。随着互联网等数字化平台的发展，信息的透明化程度不断提高，创新主体与技术需求者之间的信息交流愈发频繁，从而降低了绿色创新活动的不确定性。创新主体能够明确市场需求，掌握市场动态，有针对性地调整研发的方向，避免了绿色技术创新成果商业化后没有市场以及技术应用已经过时的情况。

5. 数字金融为碳减排项目提供资金支持

中国人民银行行长易纲在出席"绿色金融和气候政策"高级别研讨会时表示，预计到2030年前，中国为实现碳减排每年需投入2.2万亿元；2030—2060年，每年需投入3.9万亿元。许多绿色低碳的项目需要大量的资金投入，单靠政府财政支持远远不够，有必要引导和鼓励社会资本参与，形成政府资金与社会资本相互补充的多层次投融资体系。以银行为代表的传统金融服务机构，以经济效益最大化为目的，若没有政策推动，金融机构不愿意给高风险、低收益的二氧化碳减排项目提供贷款。[11]然而，在信息化时代，借助移动互联网、云计算和大数据等数字技术与金融服务相融合，数字金融成为新一代金融服务模式，传统金融服务的门槛与金融交易的成本得以降低。数字金融具备高效率、覆盖的客户群广、低准入门槛、运营成本低以及不受地理位置限制等优点，为缓解二氧化碳减排项目的融资约束问题带来了新的机遇。一方面，数字金融本身具备天然绿色普惠性质。以数字技术为基础的数字金融服务具备无纸化和低能耗的特点；数字金融在交易过程中具有成本低、效率高和安全等特点，具备天然普惠特性，可以帮助金融机构实现信息共享、降低机构风险，优化金融机构内部结构和服务效率，减少人力和资源消耗。与传统金融服务相比，数字金融不需要线下设立机构网点，能够提高金融服务的覆盖面和渗透率，将更多的长尾群体纳入金融服务市场，吸收小规模投资者的资金，[12]从而有助于为绿色低碳项目提供多元的融资渠道，缓解融资约束。另一方面，数字金融减少了金融服务过程中的信息不对称问题，能有效提高绿色金融和碳交易市场的融资效率。绿色低碳发展离不开绿色金融和碳交易市场的金融支持，而数字金融可以利用大数据、区块链等技术，通过数字化服务平台，建立信息共享机制，打破资金供求双方的信息壁垒，减少信息不对称问题，[13]实现资源、市场、技术、资金的互联互通，实现绿色低碳项目和企业的供应链可追溯，从而壮大供应链融资规模，帮助绿色转型企业更好融入资金链、价值链、产业链。

■3.1.3 政策建议

数字化是未来中国经济高质量发展的关键驱动力，低碳发展是未来中国经济的重要发展目标。数字经济产业自身不仅可以通过优化能源利用、推进节能减排等方式在产业内尽早实现碳中和，而且可以通过数字服务、数字赋能等形式为其他领域的二氧化碳减排提供重要的技术支撑与解决方案，数字技术或将成为我国实现 2060 年碳中和目标的关键推动因素。本部分尝试提出一些针对性的政策建议，为实现中国经济向数字化转型与绿色低碳发展的协调统一提供重要参考。

1. 持续推进数字基础设施的建设

数字化时代，数字技术赋予中国经济高质量增长的新动能，工业互联网、数据中心与 5G 基站等新型基础设施是数字经济的基础设施与硬件支撑，是推动数字经济高质量发展的基础与前提保障。因此，中国政府应持续推进"数字中国"与"网络强国"战略，继续加大宽带基础设施与数字中心等基础设施的建设力度，推动数字基础设施的投资力度和规模，持续改善互联网普及率，拓宽互联网服务的广度与深度，让更多的人群享受到信息时代与数字时代的红利。与此同时，企业应不断丰富和创新互联网应用服务内容，提升互联网的服务质量。加快推进 5G、物联网与人工智能等一系列新数字技术的研发投入，大范围商用与广泛普及，进一步强化数字技术对经济高质量发展的作用。

2. 改善大数据中心和 5G 基站的能源效率

大数据中心和 5G 基站是中国未来将要重点建设的新型基础设施，也是中国数字经济的重要基础与支撑。然而，与 4G 基站相比，5G 基站的覆盖面积更小，信息传输距离更短，能源消耗大约是 4G 基站的 3 倍左右。根据相关数据显示，美国数据中心的耗电量占全社会总用电量的比例超过 5%。中国信息通信研究院和公布的《数据中心白皮书》显示，数据中心整体耗电量较高，2018 年中国数据中心耗电量占全社会总用电量的比例也达到了 2.35%，且在"十四五"期间还可能会进一步增长。随着大数据中心和 5G 基站的建设力度加大，预计未来我国数字中心与 5G 基站的能源消耗量会持续增加，能耗问题亟待解决。因此，改善大数据中心和 5G 基站的能源效率迫在眉睫。有必要开展大数据中心和 5G 基站节能技术研究，加快相关节能技术研发和推广，降低大数据中心和 5G 基站的能源消耗与二氧化碳排放，建设绿色新型基础设施，使数字经济从源头上成为真正的绿色经济。

3. 尽早建立企业的碳排放信息系统，追踪企业的碳足迹

2021 年 7 月 16 日，我国启动全国性碳排放市场上线交易，生态环境部对全国 2000 余家电力企业分配了碳配额，这标志着全国性碳排放交易市场已启动。随着全国性碳交易市场的进程不断推进，企业自身的碳排放数据和准确核算成为碳交易市场的前提。我国应尽早建立以企业为单位，具有排放信息核算、数据采集、碳配额市场交易等功能于一体的碳排放信息系统。该系统有助于实现以下几大功能：首先，借助区块链去中心化、防篡改、可追溯、全程留痕的技术特点，利用信息系统实现产品生产过程的碳足迹全生命周期记录，提高产品碳足迹核算的准确性和可信度。该信息系统可实时监测各企业的排放实际情况，准确核算企业商品生产过程的全生命周期碳足迹，规范产品碳足迹评价流程。其次，区块链、大数据等数字技术可实现产品全生命周期的碳排放溯源，将生产过程与碳排放量一一对应，为企业提供准确的碳减排决策与预警。最后，在该系统中，可将企业的碳排放数据与碳排放配额挂钩，通过该信息系统买入和卖出碳排放配额。

4. 推进碳普惠机制与数字技术融合，引导公众低碳的生活方式

统筹部署我国实现碳中和的路径方案，实现碳中和目标，需要着重考虑消费侧向清洁、低碳转型，培育公众绿色低碳的生活方式，从消费端积极推进碳中和进程。数字技术在引导公众低碳生活方式具有较大的潜力。如在上海、广东等地实施的碳普惠制度模式，鼓励有条件的地区加快探索实施碳普惠政策，及时明确公众减排的奖励办法与激励机制。再如探索应用碳积分奖励或碳币激励机制，同时明确碳积分或碳币可兑换的商品或服务优惠，可着力提升市民自觉参与碳中和、积极践行绿色生活方式的主动性和积极性。积极探索区块链、大数据、人工智能等数字技术在民生领域，尤其是公众减排领域的运用，重点推进其在消费侧碳中和的集成创新与推广应用。目前，数字技术在智慧出行方面引领居民的生活方式还是比较成功的，即以碳足迹较低的共享单车与公交、地铁等公共交通取代碳足迹较高的出行方式。然而这还远远不够，还应该积极探索区块链、大数据、人工智能等数字技术在其他生活场景与民生领域的作用。首先，应发挥我国数字经济发展优势和数字技术在数据可信存储、数据隐私保护、激励治理方面的功能优势，强化数字技术在公众碳减排领域的支撑作用。以区块链技术为纽带，加快集成隐私计算、物联网、知识图谱等技术，规范碳标签核算、碳减排核证、碳积分核销的标准规则等，为我国尽早实现碳中和的目标构建可行解决方案。以城市用电治理为例，可以通过搭载区块链模组的物联网设备实时采集家庭用电数据，并通过云端储存实现与电力公司、电力局等相关机构或部门的数据共享。基于这一技术，电力局等相关部门可以实时分析家庭节约用电情况排名及电能贡献值，并通过建立配套激励措施实现对居民节能行为的奖励，从而进一步提高居民践行绿

色低碳行为的自觉性和积极性。其次，对于具备尽早达峰条件且具备良好的数字经济发展条件的地区或城市，鼓励借鉴世界主要城市应用数字技术推进碳中和的成功经验和路径方案，如哥本哈根建设公众减碳数据平台等，通过数据管理优化城市运行，使得居民节能减排更加便捷与高效。如此，借助数字化技术，催生更多的新产品、新业态，培育居民新的低碳生活方式。

3.2　推动能源领域 5G 应用，助力能源产业高质量发展

面对"双碳"目标和节能减排任务的压力，能源领域的能源革命和能源结构转型关系着国民经济的可持续发展。但由于受到资源禀赋的限制，加上能源结构转型动力不足，能源转型之路面临困难。电力结构中火电占比高，新能源装机容量增量大但出力比例少，新能源并网影响供电稳定性等问题是制约当前能源结构转型的主要原因。5G 技术具备低时延、大带宽、高速率的优点，是大规模新能源并网下供电稳定性的重要技术保障，是解决新能源发展瓶颈的重要工具之一，是推动能源革命的有力支撑，为能源结构转型注入了新动能。因此，要坚持推动能源领域 5G 应用，加快 5G 技术与能源产业的深度融合，从而实现能源产业的高质量发展。

3.2.1　能源转型动力不足

在气候变暖形势日渐严峻的背景下，全球气候问题已经成为与人类存亡休戚与共的话题。实现低碳经济和可持续发展成为世界各国的共识，中国提出了 2030 年实现碳达峰和 2060 年实现碳中和的"双碳"目标。碳排放主要来自于化石能源的燃烧，因此能源领域是实现"双碳"目标需要把控的核心。中国是世界上最大的能源消费国，同时也是处于发展阶段的人口大国，对于中国而言，"3060"的"双碳"目标是个极具野心和挑战的目标。因此，推动能源革命，加速能源结构转型，构建清洁低碳的能源消费体系是中国推动清洁能源发展、实现"双碳"目标的必要手段和重要推手。然而，当前中国的能源结构转型仍缺乏动力。

1.能源消费高碳特征依然显著

尽管付出了努力，但中国的能源转型之路依然面临巨大的挑战。处于工业化和城市化进程中的中国仍然对能源有非常大的需求。[14] 如图 3.4 所示，2020 年中国的一次能源消费量和碳排放量仍然高居不下。除了能源需求大，中国的能源结构转型还受到能源供给的限制。受中国资源禀赋的制约，大比例提高清洁天然气和水电在能源供给

侧的占比显然是不可能的，发展新能源的同时还需兼顾能源安全与供电稳定性，因此具有高碳特征的煤炭在短期内仍将在中国的能源消费结构中占据主导地位。推动新能源的规模化应用和化石能源的清洁化供应是实现"双碳"目标的必要手段。

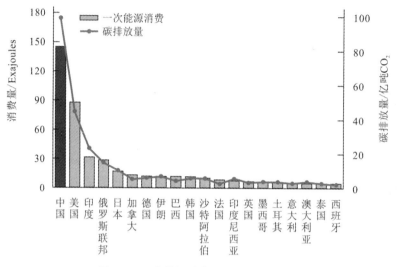

图 3.4　一次能源消费量排名（2020）

数据来源：《BP 世界能源统计年鉴 2021》。

2. 清洁电力不足

不同于发达国家，中国作为世界上最大的发展中经济体，短期内对能源的需求量仍将继续增加。在这样的背景下，大力发展新能源是中国实现能源结构转型的关键手段。中国的新能源正处于快速发展阶段且已经取得了一定的成效。截至 2020 年底，中国可再生能源发电装机总规模占全球的 1/3。如图 3.5 所示，2020 年中国的太阳能装机容量和风电装机容量均以显著优势排名世界第一。尽管如此，中国的电能供应却算不上"清洁"。根据公开的数据，2020 年天然气、水电、风电等清洁能源发电量占总量的37.15%，其中新能源发电量仅占总发电量的9.5%。造成这种现象的背后原因较为复杂。我国天然气对外依存度高，三大天然气运输管道的输送能力有限，大幅度增加天然气供给并不实际。我国可利用水能资源已经基本覆盖水电站，水电的装机容量趋于饱和。风能和太阳能的出力并不稳定，尚不能解决风、光大规模并网对电网造成的影响，导致风、光出力并不理想。此外，我国还存在明显的资源与需求逆向分布特征，远距离、大规模输送电力对电网提出了更高的要求。总之，新能源发展和非化石能源替代还存在很大的空间，电力清洁化仍需得到进一步关注。

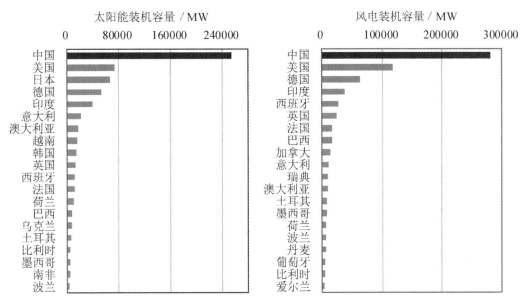

图 3.5 太阳能装机和风电装机排名（2020）

数据来源：《BP 世界能源统计年鉴 2021》。

3. 新能源发展受阻

新型能源结构中新能源将占据大比例，因此新能源发展决定着能源结构转型的成败。然而在当前阶段，我国的新能源发展并未达到预期效果。一面是快速增长的新能源装机规模，另一面却是低比例的新能源出力，中国的新能源发展似乎并不顺利。新能源发展目前存在以下几个主要问题。

首先，阻碍新能源发展的主要瓶颈之一是新能源大规模并网与供电稳定性之间的矛盾。由于新能源发电多数取决于自然条件，其具有显著的不确定性、不稳定性、不连续性的特点，因此，新能源的大量并网将会影响电网的安全性和稳定性，这就可能对电网的电力、电能量平衡与系统安全稳定运行问题造成威胁。未来高比例的新能源发电的不确定性还会对电网造成冲击，影响无功电压和暂态稳定性。电力电子设备的强非线性、脆弱性使得发生故障时易引起连锁反应。因此，新能源波动性对电网安全稳定运行的威胁成为其尚不能大规模并网的主要原因。

其次，中国新能源分布存在地域上不均衡、分布不集中的特点，具有能源资源和当地需求逆向分布的明显特征。[15]中东部地区是用电量需求最多的地区，但是中东部地区的新能源资源相对匮乏。太阳能和风能主要集中在偏远的华北、西北地区。资源分布与需求分布的不匹配决定了以新能源为主的新型电力系统若想满足全社会的电力需求就必须面对大规模跨省区输电的压力，这对电网的输送能力提出了极高的要求。因此，电能跨区域、长距离输送难题就成为制约新能源大规模消纳的又一阻碍。

再次，新能源的灵活调节能力较弱。新能源受自然条件影响大，例如风电的产生需要有风，而太阳能则需要阳光。新能源与火电的明显差别在于，火电可以通过增减煤炭及时对电能生产进行调整从而实现灵活调节，而我们并不能控制风和光的产生，并且一天中太阳能和风能最丰富的时候往往处于用电需求的谷时。因此，新能源的并网导致电网调频调峰的难度加大，对系统调节资源的灵活性和储能的需求都提出了更高的要求，这将给电网的调度带来极大的考验。随着新能源机组的规模扩大，发电侧和消费侧的可控性、可测性都将大幅下降，原本"源随荷动"的运行模式方式已经不能满足电网安全稳定运行的需求。

在能源革命和能源结构转型的过程中，新能源的重要性显而易见，但是新能源比例的提高无疑对电力系统提出了更严苛的条件，不论是稳定性、坚强电网还是灵活调度，现行的电力系统显然不能满足要求。如何解决新能源消纳并网问题，平衡好大比例新能源并网与电力安全供应的关系，将是解决能源结构转型受阻的关键。在当前的发展环境里，5G 技术无疑给这个难题带来了曙光。

■ 3.2.2 5G 为能源革命注入强大动力

5G 的全称是第五代移动通信技术（5th Generation Mobile Communication Technology），具有高速率、低时延和大连接的优点。5G 是当前国际社会的研究热点，是实现人机物互联，满足移动医疗、车联网、智能家居、工业控制、环境监测等物联网应用需求的网络基础设施。目前，中国的 5G 建设处于飞速发展阶段，且建设成果处于全球领先地位。在 2021 年 9 月国新办发布会上，工信部宣布我国的 5G 基站在全球的占比超过 70%，5G 终端连接数的全球占比超过 80%。

5G 具有的大带宽、低时延、安全可靠的特性使其成为支撑能源转型的重要战略资源和新型基础设施，能够为构建清洁低碳、安全高效的能源体系提供有力支撑。[16] 推动 5G 在能源领域的应用，促进 5G 技术与能源各行业深度融合，能够有效带动能源生产和消费模式创新，助力能源产业高质量发展。5G 技术能够为能源革命注入强大动力，主要原因如下：

1. 5G 助力电网智能化

为实现碳排放控制目标和可持续发展，能源领域是主战场，首要的是推动能源革命电力行业。未来新能源大量并网将大大增加电力系统的不可控性，电网的高度智能化是大势所趋，而 5G 技术则是打赢这场战的关键手段。泛在电力物联网和能源互联网的构建都需要 5G 技术的支撑。泛在电力物联网融合移动互联、人工智能等先进信息技术和通信技术使电力系统具有状态全面感知的能力，能够高效处理信息，且应用便捷灵活，从而提升电网运行安全性，改善管理精益性和服务优质性。能源互联网则通过电力电子技术、信息技术和智能管理技术将大量的分布式发电装置、储能装置和各类型的电力网络节点进行连接，有助于提高可再生能源的有效利用率。5G 具有的超高带宽、超低时延和超大连接的优点为能源互联网的安全性和稳定性提供了技术保障，5G 的融合将大幅度提高并入大规模可再生能源的电力网络的运行效率和可靠性。

2. 5G 助力克服新能源并网问题

基于 5G 技术的数字化和智能电网将成为未来供电稳定性的重要保障。借助数字化和智能电网的发展，电网对新能源的消纳能力将得到提高。智能电网配备了先进的控制方法，结合先进的储能技术，能够改善新能源消纳问题。智能化的电网和数字化赋能将通过信息搭建控制中心和电网设备之间的信息交互桥梁，电力生产各环节的数据可以实现共享、互动、融合、贯通，通过高级的分析工具提供最优决策进一步保障电网的安全性和可靠性。[17] 在 5G 技术的融合下，高质量通信得以实现，电力系统的信息处理和反应能力得以大幅度提升。除此之外，智能电网的建构将解决大规模电力远距离输送的难题。在数字化和智能电网的加持下，大规模新能源机组入网成为可能，从而加快新能源的发展。

3. 5G 技术提升电能调度灵活性

由于新能源发电具有不连续性和随机性，数字化和智能电网可以实现大规模新能源机组的合理调度并保证经济性。一方面，智能电网将具备新能源发电预测、资源评估、动态建模、场站运行分析等机制，提升新能源并网的运行控制能力。另一方面，智能电网可以通过数字化赋能完成智能化的调度工作，包括对新能源发电技术设备的高效调控。在数字化赋能的新型电力系统中，电力生产将和数字化全面、深度融合，构建全景监测、全息感知的系统。[18] 大数据、5G、云计算等技术将完成信息采集、监控、传递、分析、处理、决策等工作，数字化评估系统和决策系统保障电网的自动化和智慧化，使电网具有更大的柔性。在数字化技术的帮助下实现源网储荷一体化，可以对源网储荷进行灵活调控实现系统性协调和优化，满足电网调峰需求。[19] 同时有效平抑新能源发电的波动性，改善新能源的接入给电网调节造成的困难，保障高比例新能源电网的安全性和可靠性。

■ 3.2.3 能源领域 5G 应用的现状及展望

1. 政策支持与应用蓝图

5G 是当前国家重点推动项目，仅 2021 年各部委和地市就发布了多条促进 5G 应用的文件，如表 3.1 所示。相关政策的相继出台传递着各省市加快 5G 发展的信号，5G 技术的商用步伐正在逐步加快，在国家政策和各地方政府的积极推动下，5G 行业必将迅速发展。

表 3.1 国家层面及省级层面相关文件

时间	发布方	发布内容
2021 年 1 月 21 日	新疆维吾尔自治区	《促进 5G 网络建设发展规定》
2021 年 2 月 3 日	工业和信息化部	《关于提升 5G 服务质量的通知》
2021 年 3 月 3 日	四川省经济和信息化厅	《关于加快推动 5G 发展的实施意见》
2021 年 3 月 22 日	湖北省通信管理局	《湖北"5G 服务春风行"工作方案》
2021 年 3 月 29 日	江西省 5G 发展工作领导小组办公室	《2021 年江西省 5G 发展工作要点》
2021 年 5 月 31 日	工业和信息化部	《"5G+ 工业互联网"十个典型应用场景和五个重点行业实践》
2021 年 6 月 7 日	国家发改委、国家能源局、中央网信办、工业和信息化部	《能源领域 5G 应用实施方案》
2021 年 7 月 5 日	工业和信息化部等十部门	《5G 应用"扬帆"行动计划（2021—2023 年）》
2021 年 12 月 8 日	国家发展改革委等四部门	《贯彻落实碳达峰碳中和目标要求 推动数据中心和 5G 等新型基础设施绿色高质量发展实施方案》

值得注意的是，2021 年 6 月 7 日，国家发展改革委等四部门印发《能源领域 5G 应用实施方案》。文件要求，拓展能源领域 5G 应用场景，探索可复制、易推广的 5G 应用新模式、新业态。该方案绘制了能源领域 5G 应用的蓝图，提出了六类能源领域 5G 应用场景的设想，如图 3.6 所示。在智能电厂 +5G 方面，探索 5G 在电厂的接入方案，建设全厂覆盖网络，推动 5G 在生产控制、智能巡检、智能运维、安全应急方面的应用。在智能电网 +5G 方面，建设 5G 物联网，搭建融合 5G 的控制平台和支撑系统，探索 5G 在输变配电运行监视、配电保护与控制、新能源及储能并网、协同调度及稳定控制、应急现场自组网综合应用方面的应用。在智能煤矿 +5G 方面，关注 5G 网络基础系统和智能控制中心的搭建，建设覆盖井上井下的通信网络，探索 5G 在智能采掘及生产控制、环境监测与安全防护、井下巡检、露天 / 地下矿山无人驾驶、虚拟交互方面的应用。在智能油气 +5G 方面，打造促进智能化生产的物联网，探索 5G 在智能勘探、智能油气田、智能炼厂、智能管输方面的应用。在综合能源 +5G 方面，应用 5G 搭建融合各类能源的调控系统和服务平台，探索 5G 在能流仿真与生产控制、分布式能源管理、虚拟电厂、智能巡检与运维方面的应用。在智能制造与建造 +5G 方面，推动 5G 技术在能源装备制造和能源工程建造的应用，探索 5G 在智能制造、现场采集、工地作业、远程监造、工地安全方面的应用。

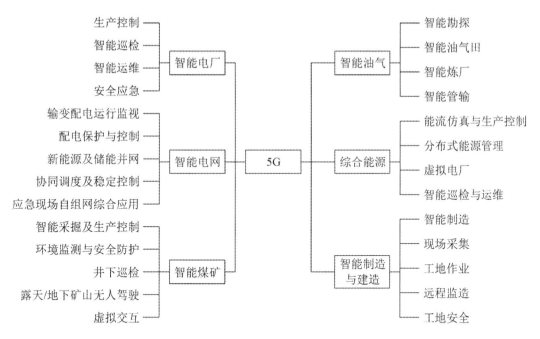

图 3.6　能源领域 5G 应用蓝图

电力行业是促进能源结构转型的关键行业。对于电力行业来说，5G 的应用对于建设新型电力系统十分重要。在输变电运行监控方面，5G 技术可以克服 4G 因为带宽小导致的视频监测质量低、传输速度慢的问题，提供高清视频，实现实时监控，能够显著提高远程监控的质量，提升运维检修效率；且 5G 技术是搭建气象监测与辅助决策系统、输电线路故障预警与智能决策系统的基础设施。在配电保护与控制方面，5G 技术的融入为配电网保护装置的运行监控提供了技术支持，5G 的低时延可以帮助构建配电网故障精准定位系统和诊断，提升电网的运行可靠性。在新能源及储能并网方面，利用 5G 技术的低时延、大带宽和安全性的优点可以建构融合新能源和储能实时信息，具备发电预测、调控、数据交互和运行分析功能的数据平台，改变新能源场站盲调的现状。在协同调度及稳定控制方面，电力系统中加入的分布式电源、储能、新能源汽车导致 4G 网络不能满足调控需求，5G 技术的融入可以提高网络的通信能力和数据处理能力，帮助实现实时监控和协同调度。在应急现场自组网综合应用方面，可以探索 5G技术实现应急现场实时视频回传与指挥决策。在用户负荷感知与调控方面，可以借助5G 实现用户端数据的实时感知与分析、负荷精准调控，提升系统的大数据分析能力和精准预测，提升调峰效率。

2. 能源领域 5G 应用现状

新型能源系统将面临更大的挑战，面对逐渐增长的能源业务，趋于复杂的电源端、电力客户和电力终端，以及未来新能源大规模并网，5G 技术将为新型能源系统赋能。

基于 5G 具有的独特优势、相关政策支持和政府的积极推动，能源领域逐步开展 5G 与能源产业的融合，开始探索 5G 技术在生产各环节的应用。目前虽尚处于探索阶段，已经有少数企业开展了 5G 相关的项目，表 3.2 列举了能源领域 5G 应用的部分例子。根据资料可知，5G 技术与能源的融合在智能电网、智能电厂、能源互联网、智慧煤矿、智慧能源等领域均有涉足。

表 3.2 能源领域国内 5G 应用大事记

领域	时间	事件
智能电厂 +5G	2019 年 1 月	中国移动携手华为联合国家电投成功打造首个 5G 智慧电厂
智能电网 +5G	2020 年 7 月	青岛 5G 智能电网项目一期投产，国内规模最大的 5G 智能电网建成
智能煤矿 +5G	2020 年 5 月	我国首个煤矿井下 5G 网络在山西建成
	2021 年 6 月	全国首个 "煤炭 5G+ 工业互联网标准化工作组" 在山东能源启动工作
	2021 年 9 月	国家能源集团神东煤炭上湾煤矿建成首个基于 5G 网络与 UWB 精确定位的智能矿山
	2021 年 9 月	淮河能源集团建成首个 5G 智能化采掘工作面
	2021 年 9 月	世界首个极寒露天煤矿 5G+ 无人驾驶项目收尾
	2021 年 11 月	煤炭行业首个 5G 漏缆技术在国家能源集团测试成功
智能油气 +5G	2020 年 5 月	孤东采油厂 "5G+ 智慧油井" 投入运营，意味着国内油气行业首次将 5G 应用于关键领域
智能制造 +5G	2020 年 12 月	全国首个 5G 场景无人驾驶新能源商用车制造基地投产
	2021 年 11 月	宁波移动携手东方日升打造全国首个新能源 "5G+ 未来工厂"
	2021 年 11 月	国内首个基于 5G 的汽车制造企业润滑磨损监测预警与远程的项目通过验收

3. 能源领域 5G 应用存在的不足

5G 技术作为新兴技术尚处于快速发展期，5G 布局尚未完成，其在能源领域中的应用也尚处于初步试探期。由于技术不成熟、探索时间较短，加之相应的政策发布不久，当前已经获得的应用成果和应用现状存在几个主要的不足。

第一，缺乏顶层设计。能源各行业对 5G 技术的应用均属于初探期，这意味着技术应用未得到充分的检验；且能源各行业生产的全过程复杂，面临着多方面因素的挑战。目前已经验收的项目表明 5G 技术的应用呈现出场景碎片化和需求个性化的特征；而能源领域 5G 应用的相关推动政策近期才逐步发布，政策落地仍需要一定的时间。因此，多方面因素造成各行业 5G 应用的顶层设计缺乏，引发的结果是 5G 技术在能源领域实际应用中的子系统建设可能存在重复的问题，底层设备之间不能实现有效融合。

第二，标准体系未完善。5G 技术的应用将促进能源领域的数字化和智能化。但是，新技术的融合必须有配套的标准体系才能保证生产全环节的安全稳定运行。能源领域 5G 应用的提出还较新，目前的实践也处于探索阶段。尽管有些能源领域 5G 应用项目已经通过了验收，但是技术还需要通过时间的检验，技术距离真正的普及应用还有很长的路要走，而且还没有充足的时间建立起完善的标准体系。此外我国的 5G 技术处于国际领先地位，这意味着国外没有成熟的标准体系可参考，所有标准体系的制定将完全由我们自己探索。以智慧煤矿为例，该领域的 5G 应用似乎是目前探索较为活跃的，但是不论是从国家层面还是行业层面，目前智慧煤矿的建设标准很少，仅有 GB/T 51272-2018《煤炭工业智能化矿井设计标准》和 GB/T 34679-2017《智慧矿山信息系统通用技术规范》。

第三，实际应用面临技术难题。目前能源领域对 5G 技术应用场景的设想丰富，但是理论与实践必然存在一定的差距。首先，当前 5G 技术的初探虽然有经济价值，却尚未涉及领域中的核心环节，部分已经投入使用的技术似乎也并非刚需，并不能给行业的进步带来显著改变；且某些技术尚未形成可复制模式。其次，智能化和数字化的融入无疑会提高生产效率，降低运营成本，实现远程控制，提高系统管控能力。但是，不能忽视智能化的另一面意味着系统可能面临着恶意攻击、恶意控制等安全隐患，还需要考虑到一旦网络或系统出现问题，接入网络的所有设备可能会出现秩序紊乱，生产全过程或将面临瘫痪，给整个综合系统的运行带来挑战。如何保障全系统的稳定运行，提高智能系统的安全性，是接下来研发的重点之一。接着，技术的深度融合和应用还需要更多的时间的努力。以煤矿智能巡检车为例，无论是无人驾驶还是远程控制技术均还不十分成熟，而对井下路线和环境数据的收集需要大量的时间，并且在不同的煤矿中巡检车面临的环境完全不同，若想实现此项技术的稳健运行必然需要大量的实验数据。同样的技术难题在其他项目中也可能发生。毋庸置疑，在实现 5G 技术与能源领域的深度融合中，我们还有众多技术难题需要攻克。

■ 3.2.4　推动能源领域的 5G 应用的政策建议

5G 技术的融入将为能源转型注入新活力，为新能源并网难题的解决带来技术支撑。能源领域的变革正在进行，在碳中和目标的指引下，必须积极推动能源领域的 5G 应用，这将有力促进能源产业清洁化、低碳化发展。针对当前 5G 技术应用现状和存在的不足提出三点政策建议：

第一，加强行业应用顶层设计。顶层设计决定了底层应用，好的顶层设计将助推产业发展。5G 产业正处于快速发展期，推动 5G 技术与各行业的深度融合无疑是个复杂的大工程，需要做好统筹规划。现阶段 5G 技术在能源领域中的应用才刚刚起步，顶层设计至关重要，因为其关乎能源领域 5G 应用的未来发展。有关部门应加强能源领域 5G 应用的顶层设计，尽快对顶层设计进行规划，强化整体部署，运用系统论思维，结合能源领域各行业生产运行特点，明确 5G 技术在各行业、各方向的发展规划，明确发展路线图，明确 5G 技术与能源领域融合的战略定位、阶段性目标和分步实施重点，对于每一类项目从全局的角度对技术应用的各方面、各层次进行统筹规划，加强 5G 技术与能源领域多场景融合的顶层设计，保障各子系统的协调运行，从而高效快捷地实现能源领域 5G 技术的多场景应用。

第二，建立健全相关标准体系。标准化是保障生产安全的基石。对于能源领域而言，5G 技术带来了智能化和数字化，生产各环节将迎来技术上的改变，过去的标准体系已经不再适用。在推动 5G 技术在能源领域的进一步推广和应用之前，需尽快着手开展相关标准的制定，紧随行业的发展针对 5G 技术在能源领域多场景的应用建立健全相关的安全、管理和标准体系，规范 5G 技术在能源领域的融合应用，对设备采购、安装、施工、安全规范等重点内容制定标准，明确能源领域 5G 应用的安全技术标准，加快出台和颁布相关文件，保障 5G 技术在能源生产全过程的安全应用。通过制定国家和行业标准，在保障生产安全和产品质量的前提下，正确引导智能化在能源领域的深度融合。

第三，持续加大研发投入。5G 技术与各领域的科技创新协同还不充足，5G 技术在能源领域的应用尚处于起步阶段，当前的技术应用尚不能满足各行业的需求，还需要探索更深层次的应用，未来应用将面临着诸多未知和已知的技术壁垒。在此阶段若想实现 5G 技术的深度融合，发展出具有可复制性和创造性的核心技术，需要大量资金的投入，因此必须加大研发投入强度，鼓励技术创新，从而促进创新升级。研发是推广 5G 应用的内在源泉，是解决能源领域 5G 应用技术壁垒的保障。建议相关部门给予一定的财税、优惠或补贴政策，以技术发展为导向，不断加大研发经费投入。通过保障研发投入的资金支持，解决研发人员的后顾之忧，助推行业内创新能力的提升，加快创新步伐，鼓励核心技术的攻坚克难，从而推动 5G 技术在能源领域的多场景应用尽快推广和拓展，助力能源产业的高质量发展。

3.3　产业结构升级推动中国工业部门低碳转型

"十四五"时期是我国进行强国建设的关键时期，作为中国经济高质量发展的基础，工业的高质量发展势在必行。不可忽略的是，我国工业产业基础不强、产业链及供应链不稳定、产业结构及能源结构不优等问题依旧存在，这些问题不断阻碍着我国工业的高质量发展。同时，随着中国碳达峰、碳中和目标的提出，我国已全面启动对

"双碳"目标的战略研究和路径选择，将碳达峰、碳中和纳入经济发展规划中考虑，坚持"全国统筹、节约优先、双轮驱动、内外畅通、防范风险"的总方针，通过控制煤炭消费，提升行业能源利用效率，构建新型电力系统，加大绿色低碳技术研发，倡导绿色生产生活方式，实现产业结构和能源结构调整。到 2025 年，将非化石能源消费占比降为 20% 左右，能耗强度和排放强度相比 2020 年分别下降 13.5% 和 18%。[①] 当前中国正处于工业化发展阶段，经济发展任务艰巨，国民最终需求还将继续增长，因此，工业是碳排放的重要源头，对实现碳达峰具有重要影响。在工业产业结构偏重、能源结构偏煤的现状影响下，工业能耗及碳排放占比极高，要想实现碳达峰和碳中和目标，工业领域的绿色低碳转型和高质量发展至关重要。结合能源结构调整，通过引导产业高端转型、推动清洁能源发展和加强绿色技术创新，加快实现工业的产业结构升级，主动控制工业产业链条碳排放，尤其对高能耗、高排放工业部门进行管理，采取强力措施，对现存项目加强监督管理和处置力度；对在建项目仔细排查，提高准入限额，提升能效水平，力争全面达到国内乃至国际先进水平；对产能已饱和行业的拟建项目压减产能；对产能未饱和行业的拟建项目，按国际标准提高准入门槛；对能耗量较大的新兴产业，倡导企业发展绿色低碳技术。同时挖掘工业节能减排潜力，淘汰落后产能，取消能耗和排放超标的项目，以保障工业经济增长和低碳转型的均衡发展。随着中国进入高质量发展阶段，产业结构转型升级被认为是未来推动中国工业部门低碳转型和实现经济高质量发展的重要引擎。[20]

▇ 3.3.1　工业发展及碳排放现状

1. 工业经济发展

2021 年是"十四五"的开局之年，新冠肺炎疫情仍然阻碍全球经济发展，工业经济的稳定运行遭到冲击，中国工业发展也呈现了急下滑—快恢复—趋稳定的趋势。[20] 工业是稳定中国经济的重要支撑力量，如图 3.7 所示，"十二五"期间，中国工业增加值稳步增长，占国内生产总值比重从 40.0% 下降到 34.1%，中国工业步入中高速增长和高质量发展阶段。2016—2020 年是中国第十三个五年规划，工业增加值进一步稳定增长，虽然增加值比重有所波动，但整体稳定在 32% 左右。工业三大行业方面，2011—2018 年期间，制造业贡献率整体稳步上升，对工业增加值贡献率稳居 80% 以上，2016 年达到最高的 85.4%。电力、热力、燃气及水贡献率从 6.3% 上升到 7.5%，虽然呈现上升趋势，但其在国内生产总值中占比较低。采矿业贡献率呈现下降趋势，其比重从

---

① 国务院关于印发 2030 年前碳达峰行动方案的通知，http://www.gov.cn/zhengce/content/2021–10/26/content_5644984.htm.

13.5% 下降为 7.5%。[21] 由此可以发现，制造业依旧是中国工业经济发展的引领者。

图 3.7　2011—2020 年工业增加值占比及变化趋势

数据来源：中国统计年鉴。

2. 工业产业及能源结构

中国工业产业结构偏重，能源结构偏煤。产业结构方面，改革开放以来，中国经济快速发展，年均增速接近 10%，推动中国实现了由落后的农业国向工业国的成功转型，创造了举世瞩目的"中国奇迹"。同时，中国的产业结构也发生了明显变化。其中，第一产业比重明显下降，第二产业比重呈现波动下降的趋势，而第三产业中的服务业比重显著上升。众所周知，中国的第二产业结构以工业为主，这极大地拉动了中国经济的较快增长，但同时也造成了严重的气候环境问题和供需不平衡问题。例如，在快速工业化的进程下，高污染高能耗企业数目迅速增长，而中国的产业价值链在全球经济中处于中低端，主要以生产活动为主，进而排放了大量污染物，导致了一系列环境问题。能源结构方面，如图 3.8 至 3.10 所示，2019 年工业电力消耗为 5.07 万亿千瓦·时，占电力消费总量的 67.7%；工业能源消耗总量为 27.8 亿吨标准煤，占能耗总量的 66.2%，其中，重工业部门能耗占比为 57.9%，几乎占据工业能耗总量的 87.5%，而轻工业仅为 8.3%。在重工业具体部门中，按能耗总量从高到底依次为金属冶炼及压延加工业，化学工业，非金属矿物制品业，石油、炼焦和核燃料加工业和电力，热力生产及供应业，它们的能耗占比分别为 18.4%、11.4%、6.8%、6.7% 和 6.5%，累计占比 49.8%，接近中国能耗总量的一半。我们可以发现，工业能耗主要集中在重工业部门，尤其是一些高能耗部门。2019 年煤炭、石油、天然气和一次电力的工业能耗占比分别为 59.8%、20.8%、5.9% 和 13.5%，这也是煤炭在中国工业能耗占比中首次低于 60%，但中国能源结构中煤炭占据的比例依旧非常庞大，中国短期内的发展还是离不开煤炭。其他三种能源的消耗量都有一定程度的增加，其中，石油占比从 16.5% 上升到 20.8%，天然气占比从 3.1% 上升到 6.0%，一次电力占比从 11.2% 上升到 13.5%，虽然占比不高，但充分体现了中国能源消费结构在向一个合理化的趋势发展。

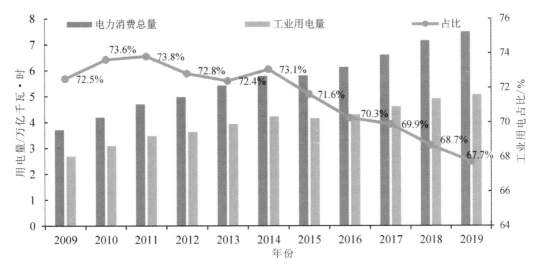

图 3.8　2009—2019 年中国工业用电变化情况

数据来源：中国能源统计年鉴。

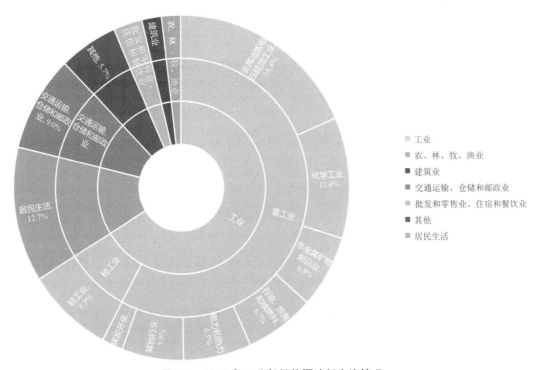

图 3.9　2019 年工业部门能源消耗占比情况

数据来源：中国能源统计年鉴 2020。

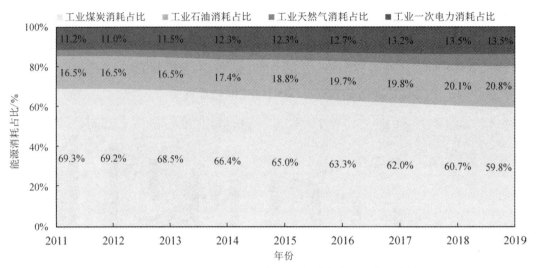

图 3.10　2011—2019 年工业能源消耗种类占比及变化趋势

数据来源：中国能源统计年鉴。

3. 工业碳排放

中国提出"2030 年前实现碳达峰，努力争取 2060 年前实现碳中和"的目标，工业是我国乃至世界碳排放的重点领域。如图 3.11、图 3.12 所示，2011—2019 年我国工业碳排放占比虽有所下降，但仍然超过全国碳排放总量的 80% 以上，且 2017—2019 碳排放有所反弹，呈现上升趋势，截至 2019 年工业碳排放占比依旧高达 84.5%。与工业能耗种类和数量相对应，2011—2019 年煤炭消耗导致的工业碳排放逐步下降，石油和天然气导致的碳排放有所上升，主要原因在于三种能源消耗总量的变化，截至 2019 年，三种工业能源消耗导致的碳排放占比分别为 73.9%、21.4% 和 4.7%。从部门角度来看，2019 年重工业碳排放占比为 83.3%，轻工业仅为 1.2%。包括第一产业及第三产业在内的其他行业仅贡献 15.5% 的碳排放。重工业部门中，电力、热力的生产及供应业贡献了工业碳排放总量的 56.1%，几乎占中国碳排放总量的一半，其次为金属冶炼及压延加工业，贡献率为 19.6%，非金属矿物制品业、石油、炼焦和核燃料加工业和化学工业的贡献率分别为 11.4%、1.7% 和 1.8%，其余所有重工业部门对工业碳排放的总贡献率仅为 1.5%。现阶段中国不仅处于打好污染防治战的攻坚期，还处于经济社会发展的关键转型期。工业作为碳排放量最大的国民经济部门，为如期实现"双碳"目标，对工业实行碳减排、发展低碳工业已然势在必行。

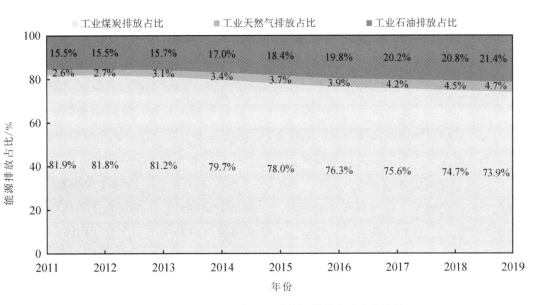

图 3.11　2011—2019 年工业分能源排放占比变化趋势

数据来源：根据中国能源统计年鉴整理。

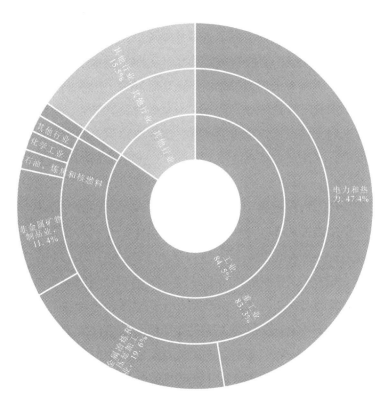

图 3.12　2019 年工业部门二氧化碳排放占比

数据来源：根据根据中国能源统计年鉴整理。

■ 3.3.2 工业产业结构升级的主要影响因素

工业发展水平的不足拉低了产业结构升级的效率。尽管中国一直强调经济与环境的可持续发展，追求资源节约与环境友好的工业化道路，但为了满足 GDP 的快速增长和人们日益增长的物质文化需求，工业化尤其是重工业开始加速，碳排放也加速增长，从而不可避免地出现了资源过度消耗、环境日益恶化的现象。但中国又不能放弃重工业的发展，要辩证地看待这个问题，碳排放不仅仅是工业发展的速度和规模带来的，最重要的还是源于工业发展水平的不足。中国工业结构已经历多轮变迁和调整，2012年至今是重工业优化回调阶段，现阶段主要从事原材料的加工，产业结构以一般加工业为主，高加工工业数量较少，掌握世界范围内先进科技的部门企业更是不多，并且传统工业部门还没有完全利用新技术进行彻底的改造和升级，装备制造业发展没有达到世界先进水平，制约了装备制造业下游产业的技术水平提升，从而导致中国工业生产呈现粗放化发展现象。大量企业为了获得高产出，不得不加大原材料和能源的投入，投入多而产出少。这些情况的出现都与工业发展水平息息相关，首先，在追求经济发展时，较低的能源利用效率导致消耗了过多的资源，同时，发展水平的落后让人们无法在第一时间限制二氧化碳的直接排放。其次，工业发展水平的不足，让中国劳动密集型产业单位出口高于技术密集型单位出口，这就导致中国主要从事制造、加工、组装的工业生产环节消耗了大量资源，产生了大量碳排放。最后，资源环境问题的解决需要工业生产技术的支持。工业结构的调整升级受诸多因素的影响，但其根本动力是工业技术的进步[23]，因此，应提升工业发展水平，让资源节约技术超过资源耗费技术，从而实现中国工业产业结构升级及工业的高质量发展。

能源消费结构的不合理拖累了产业结构升级的速度。中国工业的主要燃料和原料是煤炭，2020 年中国石油和天然气对外依存度分别攀升到 73% 和 43%，其中，煤炭进口量为 3.04 亿吨，同比增长 1.5%；原油进口量为 5.4 亿吨，同比增长 7.3%；天然气进口量为 1.02 亿吨，同比增长 5.3%。① 中国富煤、贫油、少气的资源现状让工业生产不得不依赖于高碳排放的煤炭。一方面，中国的电能需求量较大，而这里面超过 70% 都是火力发电，并且火力发电稳定性高，为了保证电力的稳定供应，煤炭就成为了最主要的调控角色。另一方面，相比于石油和天然气，煤炭不仅开采成本低，其海运进口也便宜，这就促使中国形成了以煤炭为主的能源消费结构。数据显示，2019 年工业能源消费总量中煤炭占比超过 80%，这就导致中国的工业生产碳排放水平较高，虽然近

---

① 中国能源大数据报告（2021）——能源综合篇 http://m.bjx.com.cn/mnews/20210608/1156960.shtml.

年来工业煤炭占比有所下降，但以煤为主的能源消费结构决定了中国降低碳排放的难度很大。同时，近 30 年来，中国为实现年均 10.16% 的经济增长，付出了年均 5.48% 的能源增长，这也让中国由农业大国快速发展成为工业大国，与此同时，巨大的能源消耗和较低的能源利用效率严重阻碍了中国工业产业结构的转型升级，考虑到中国正处于工业化发展的关键阶段，在国际上的产业竞争优势主要集中在资源密集型的第二产业，而第二产业的能源消费强度远高于第一产业和第三产业，这导致在一段时间内中国的能源消费仍将处于较快的增长阶段。[24]

产业发展布局的不平衡限制了产业结构升级的力度。从中国工业发展区域来看，东南地区工业发展水平整体优于其他地区，尤其是西部地区经济发展较为落后，部分区域存在大量的老式工业，其经济发展主要依靠工业经济的带动，西部地区鼓励产业范围不断扩大，其中包括很多的重化工产业，大批新项目预计未来将会入驻西部地区，因此，西部各省份的节能减排压力将会持续增大。数据显示，有 16 个省份的用电量增速超过全国平均值，西部地区、中部地区、东部地区和东北部地区分别占了 10 个、3 个、2 个和 1 个，其中以云南、内蒙古、广西等西部省份最为突出，其能源消费增速远远高于工业增加值增速。[25] 东南部区域工业经济发展良好，其产业结构已处于较为成熟阶段，很多地区正在向第三产业转型，因此其碳排放没有快速上升的趋势。然而，由于东南方工业产业基础规模大，因此其碳排放总量占比较大。从中国工业产业发展来看，相比于高端先进制造业，低端的传统制造业和重化工产业比重大，这些产业高能耗、高排放的特征突出，其中化学原料及化学制品制造业、金属冶炼及压延加工业、电力热力生产及供应业等行业对工业碳排放贡献率较高，2019 年这三大重工业对工业碳排放的贡献率为 80% 左右。

■ 3.3.3 工业产业结构升级的方向及措施

加强绿色技术创新，提升工业发展水平。工业产业结构升级的关键在于创新，政府企业应将创新驱动发展作为引领，释放绿色全要素生产率的增长空间，鼓励具有高技术含量、高能效、低排放、环保型、强竞争力技术的大力发展，使中国能源技术达到世界先进水平；同时出台相关政策，带动移动物联网、大数据、云计算等新技术的发展和创新，产生出大量具有创新升级功能的新要素，加快完成新旧动能转换进程，促进工业产业结构的调整升级及其高质量的发展，从而实现工业能源产业与经济、环境的平衡发展；同时设立对绿色低碳技术创新更有效的奖励机制，推广完善减污降碳技术、绿色创新技术、交易体系的服务平台，支持和保护相关创新技术的个人权益和成果转化。设立相关的技术创新研究机构，培育和扩大绿色创新主体，加强对企业技术创新发展的支持力度，健全高校绿色技术创新人才培养，设置相关的学科专业建设。加大和规范绿色创新人才在高校、企业、科研院所之间的流动。进一步加强市场化改革力度，打破行业之间的隔阂，在不影响市场均衡的前提下，提高资源的配给效率，改善市场分割局面。增加市场准入额度，为国内外相关企业创造公平竞争的平台和便捷的进入渠道，确保它们有一个良好的经营环境。同时，实行"负面清单"的管理机制，加快推动绿色低碳技术取得重大突破，提升工业发展水平和能源利用效率，提高技术密集型产业占比，助力工业产业结构调整升级，从源头限制和降低工业碳排放。

推动清洁能源发展，改善工业能源结构。清洁能源是改善中国能源消费结构、推动工业产业结构升级和降低工业碳排放的重要支点。构建清洁低碳的能源体系，控制化石能源消费，尤其是控制煤电建设规模和煤炭消费增长趋势，稳步淘汰落后的煤电产能，对现役满足规格的煤电机组，利用最新的相关技术进行改造和升级，实现热电联产，并逐步将煤电从主力电源转变为基础保障性和系统调节性电源，通过降低化石能源在工业能源消费结构中的比重，提升清洁能源和可再生能源占比。继续加强电力体制改革，进一步推动和鼓励风电、太阳能发电的大规模开发和上网，通过集中式与分布式并举的方式，积极高效地建设风电和光伏发电基地，同时大力开发海上风电资源，加强海上风电基地建设，完善和扩宽以海上风电为基础的产业链。大力研发太阳能光热发电技术，将光热发电与光伏发电结合起来，建成互补调节的清洁能源系统；进一步开发水电资源，综合考虑水电开发和生态保护，给与水电基地附近的生态环境一定的补偿，实现资源利用与环境保护的有效平衡；对于核电资源，在确保安全的前提下进行开发，综合考虑核电站分布、开发时间、开发次序、社会反应和群众意愿等诸多因素，同时加大科研投入，提升关键技术研发和相关设备制造水平。对于核电开发，要将安全意识放在首位，通过严格的安全标准和监管，持续不断的提升核安全监管能力。[1] 从而提升风电、太阳能、水电、核能、生物质能在电力结构中的占比，实现电力部门的低碳转型，形成以清洁能源为主体的电力结构。在电力清洁的基础上，加快电动汽车对传统燃油汽车的替代；同时优化能源结构，控制能源消费总量，推动能源供应多元化，形成煤炭、石油、天然气、核能、新能源和可再生能源的供给体系，彻底改变粗放型的能源消费方式，从而减少工业碳排放。

引导产业高端转型，加速工业结构升级。严格遏制高污染、高能耗、高排放、高含碳产业的盲目发展，淘汰工业落后产能，控制产业链中偏上游高碳排放产业的产能和产量，逐步降低这些产业在工业经济中的比重，同时实施重点行业的降碳行动，大力进口国际工业领域中低能耗、低碳排放的先进设备和技术，提升工业部门生产端及

---

① 国务院关于印发 2030 年前碳达峰行动方案的通知 . http://www.gov.cn/zhengce/content/2021-10/26/content_5644984.htm.

各个生产环节的电气化率，推动工业部门的绿色节能改造。除了对现有高能耗、高排放及重点工业部门进行改造升级外，还要加快高技术产业发展，通过数字化转型，积极推进工业的智能化制造，扩宽中国制造业的发展规模和空间，以高质量制造业引领中国经济发展，分行业逐步推进碳达峰、碳中和目标的实现。首先，要充分理解产业升级并不等于去工业化，而是要在现代性服务业大力发展的同时，促进制造业的产业结构升级，推动制造业向智能化、高端化和绿色化发展。同样，产业转型升级会带来产业转移，在进行产业结构调整时，应充分考虑因发展阶段不同而导致的区域性差异，鼓励和允许部分区域、产业可以优先实现工业的低碳转型，然后利用积累的经验和先进技术带动其他区域逐步转型升级，同时根据中西部地区自身优势，制定合理的差异化产业政策，帮助它们选择和培育主导产业，利用产业转移过程中所带来的先进技术和经验，不断追赶发达地区的结构升级脚步。[26]最后通过引导传统产业的高端转型，大力发展新兴高技术产业，降低工业部门的能耗和碳排放，逐步实现工业经济发展与碳排放的脱钩。

挖掘工业产业链条，推进工业低碳转型。产业经济活动是碳排放的重要排放源，据测算，中国产业系统中的碳排放占总排放的 90% 以上，是碳排放的主要来源。[27]因此，工业产业部门的低碳转型对工业碳减排至关重要，若忽略工业产业系统中产业关联带来的碳排放传递，将导致碳减排效率低下。产业部门不是单个的个体，而是以包含大量生产和消费环节的链条形式存在，上游工业部门生产过程产生的碳排放并没有完全用于本部门，而是以隐含碳排放的形式转移给其他工业部门，这就意味着有很多的直接碳排放通过中间环节传递到了下游部门。于是有些表面碳排放量低的部门，其需要的中间产品来源于高能耗、高排放部门，因此它是隐含碳排放量高的部门，反之也一样，部分表观碳排放量高的部门，其生产的产品主要服务于其他部门，所以它们是隐含碳排放量低的部门。因此，如果仅仅从部门表面碳排放量的角度进行政策措施的制定，很难达到理想效果，这就要求中国政府在进行碳排放量和减排责任分配时，不能仅仅以产业部门直接碳排放量的多少或者碳排放强度的大小为考核指标，应该足够重视工业产业部门之间的产业链分布，充分认识到碳排放传递的重要性，挖掘工业碳排放在各产业部门之间流动，建立准确公平的流动碳排放核算机制，构建合理的工业产业部门碳排放分摊体系。对于产业链中不同最终需求对碳排放的拉动作用，通过控制固定资本形成总额的增长速度，优化消费结构，从而促进产业链上游工业部门的低碳转型进程。[28]其次，正确认识不同工业产业部门在产业链条中的层级，根据其碳排放的差异化特征，实施针对性的不同减排措施。同时，把握关键性产业链条，促进工业部门之间的协同合作，进而加速工业产业结构的调整和低碳转型。

健全市场交易体系，倒逼工业低碳转型。碳市场交易政策是实现我国碳达峰与碳中和目标的重要市场化减排工具。[29] 首先,加快推进全国碳市场建设,逐步完成各交易试点地区与全国碳市场的对接与融合,在目前已实施的电力部门碳交易市场的基础上,稳步有序地吸纳石化、化工等工业行业进入全国碳市场体系,通过碳价引导各行业、企业选择碳减排策略,在减排成本的倒逼下,推进工业行业和相关企业加大对低碳技术的研发投入和应用热情,从而促进工业产业结构升级优化,减少对化石能源的消耗。同时注意,各地区碳市场交易政策的实施应该具有异质性,从建立电力部门的全国碳市场到覆盖所有工业行业的碳市场还需要一段时间,在此期间,应该充分发挥碳市场试点的作用,将碳市场交易政策与当地产业发展相结合,采取更加积极有效的碳市场建设方案,加大中西部等欠发达地区的措施力度,提高这些地区当地政府和行业对低碳转型的重视程度,增加其参与碳市场交易的意愿。其次,加强碳排放统计核算能力建设,优化碳排放核算方法,加快建立全国统一的碳排放统计核算规范体系;同步发展碳排放实地测量技术,大力研发与碳排放实测相关的遥感测量、大数据、云计算等新兴技术,促进统计核算水平的提高。最后,健全工业绿色低碳转型标准,加快重点工业行业碳排放核算、报告、核查等体系建设,探索重点产品全生命周期碳足迹核算方法。同时积极参与国际能源效率、低碳排放等标准的制定与修订,加强国际交流合作。

3.4 碳中和背景下交通行业的低碳发展路径

2020 年 9 月 22 日,国家主席习近平在第七十五届联合国大会上宣布,中国将提高国家自主贡献力度,采取更加有力的政策和措施,二氧化碳排放力争于 2030 年前达到峰值,努力争取 2060 年前实现碳中和。交通运输业作为能源消耗和二氧化碳的重要部门,在"双碳"背景下如何实现低碳发展至关重要。

3.4.1 交通行业是重要的二氧化碳排放源

交通行业是重要的二氧化碳排放源。无论是交通基础设施建设过程中还是后续各类运输工具使用中都会排放大量的二氧化碳,从国际能源署 IEA 出具的调查报告中可以看出,交通行业在排放领域内处于前三名的重点地位。交通行业常年占据全球终端二氧化碳排放的 1/4 左右并有进一步增加的趋势,是三大重点排放行业之一。图 3.13 所显示的是 1990 年至今二氧化碳在全世界的排放数据,通过对比二氧化碳排放总量可知,电力和热力生产方面排放占比高于平均值。交通行业的碳排放量在逐年增长的趋势上,占据的比例也有扩大的趋势,目前经济飞速增长,随之而来的就是交通行业排放量的不断增加。

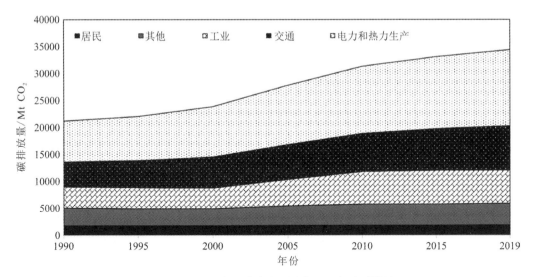

图 3.13　1990 年以来全世界分部门二氧化碳排放

来源：www.iea.org.

中国作为重要的基础设施建设大国和人口大国，伴随着城市化的进程、社会经济的发展、人民收入的增加，出行需求也会进一步增加，进而导致中国交通部门二氧化碳的排放在未来一段时间内持续增加。《交通运输碳达峰、碳中和知识解读》是由交通运输部科学研究院所主编的关于碳排放的文章，其中指出，工业、建筑业和交通运输行业分别是我国前三名的碳排放源。在"十四五"期间，城市交通需求量将呈现高速发展状态，我国 2030 年在二氧化碳排放量上的目标是期望在此之前达到峰值，现今工业以及建筑等行业面临排放量与日俱减的客观情况，这也使得交通运输行业二氧化碳减少排放的标准更高。

▌3.4.2　交通行业的发展现状

中国交通行业在 21 世纪以来取得了稳中有进、持续向好的发展，主要集中在五个方面：

第一是交通基础设施网络的持续完善。公路铁路路网持续加密，港口机场建设增加，农村等基础服务网也有所扩展。具体分行业来说：从公路来说，如图 3.14 所示，截止到 2019 年年末，公路运输行业发展逐渐成熟，应用里程逐渐提升，公路通车总里程实现 501.25 公里的具体数据，其中高速公路通车里程占据 14.96 万公里，伴随里程的增长，高速公路基础建设也在逐渐强化与完善，其中地级市节点呈现持续性增长，从地级市向重点县城的连接也不断增加，公共交通基础建设不断完善，各种高速客运建设蓬勃发展。2019 年我国货运量高达 343.5 吨，2020 年因受到疫情影响，货运总量有所降低，下降至 342.6 吨，与 2019 年相比下降了 0.3 个百分点。公路货运物主要以大宗商品为主，其中建筑材料占比 22.4%，煤炭及其制品占比 10.3%，水泥占比 8.7%，由此可见，建筑材料、农产品、煤炭、钢铁等相关的下游制造业和建筑行业的景气程度直接影响着公路货运市场的繁荣情况。如图 3.15 所示，2020 年铁路营业范围类的里程数约为 15 万公里，与 2019 年相比有所增长，涨幅为 5.3 个百分点，在铁路运输市场中，高铁运输占据 4 万公里的里程数量。我国铁路路网逐渐成熟，与科技融合明显，电化率高达 72.8%，空间利用率较高，并拥有 59.5% 的复线率，密度高达 152.3 公里 / 万平方公里，同上年相比有所上浮，涨幅为 6.8 公里 / 万平方公里。"十三五"规划期间，我国高铁也不断发展，在建构布局上形成了"八横八纵"的高铁运输线路网络。就 2019 年货运量来看，铁路范围内营业总量约为 43.89 亿吨，而 2020 年达到了 45.52 亿吨，同比去年提高了 1.63 亿吨，涨幅约 3.2 个百分点。铁路运输也以大宗商品为主，包括煤炭、矿建产品、石油等，由于不同运输方式之间的竞争以及产业结构的升级，一些大宗商品货源对铁路运输的需求逐渐降低；2020 年，交通运输行业发展报告对水路交通发展状况进行了数据统计，从报告中可知，一年期间，国内内河航道的通航总里程达到了 12.77 万公里，同比去年有所增加。等级航道占比为 52.7%，总量为 6.73 公里，同比去年提高了 0.2%；三级以上航道占比 11.3%，同比去年增长 0.4%。由 2020 年港口码头统计数据可知，在我国港口市场中，共有按 22142 个码头泊位应用在生产作用方向，与 2019 年相比呈现下降趋势。在这些用于生产作用的码头泊位之中，沿海港口占据 5461 个码头泊位，数目与 2019 年相较有所降低，码头泊位下降数目达到 101 个；内河港口码头泊位下降更为剧烈，共占据 16681 个泊位，相较去年下降数目达到 650 个。在 2019 年，水路运输实现 74.72 亿吨的总运货量，增长较为明显，同比增长达到 6.3%，全年货物周转量高达 103963 亿吨公里，有一定幅度上涨，同比增长幅度达 5%。相关数据资料表明，在水路运输市场中，内河运输行业占据 39.13 亿货运量，货物周转量达到 16302.01 亿吨；沿海运输市场占据 27.27 亿吨运货量，并完成 33603.56 亿吨货物周转量；远洋运输行业占据 8.32 亿吨货运量，并完成 54057.47 亿吨货物周转量。在世界范围内，我国在港口运输方面有着超强的实力。目前国内在运输系统构建上拥有八个极具专业化的运输港口，分别承担了煤炭资源、石油资源、铁矿石资源、工业集装箱、粮食、商品、陆岛滚装以及旅客出行八个模块。宁波舟山、上海、唐山、广州、青岛、苏州、天津在全球港口货运量排名前十；从航空交通发展现状来看，受疫情影响，国内市场复苏没达到预期而且竞争不断加大，海外疫情也造成大量国际航线停运，我国 2020 年民航客运量为 3.77 亿人次，仅为 2019 年的 57.1%。总体来看，交通基础设施不断完善，公路铁路路网持续加密，港口机场建设增加。在交通基础设施建设与干线网结构的建设中, 高效与完善成为主要发展方向。

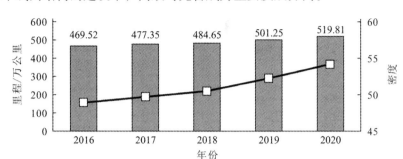

图 3.14 全国 2016—2020 年全国公路总里程及公路密度

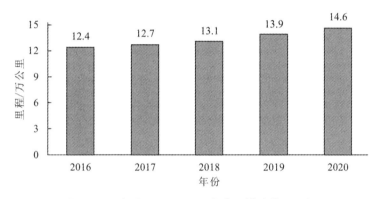

图 3.15 全国 2016—2020 年全国铁路营业里程

第二是运输设备持续改良, 即向着更加大型化、专业化和绿色化的水平发展。载货汽车平均吨位在 2019 年年末达到 12.5 吨, 截止到 2020 年年末, 其平均吨位数额有所增加, 达到 14.2 吨, 其中大型货车吨位占比有所提升, 较去年增长 3.0 个百分点, 占普通货车吨位的 97.5%。运输船舶市场中, 每艘船舶平均净载重量较去年有所增长, 且涨幅较为明显, 达到近乎 9.3 个百分点, 每艘船舶平均净载重量达 2134 吨。运输装备不断向大型化方向发展: 铁路建设较去年有所强化提高, 全国铁路标准组车辆达到 31340 辆, 动车组车辆达到 3918 辆, 与 2019 年年末对比均有所上涨, 标准组上涨 2021 量, 动车组增加 253 组, 另外动车组占比有所提升, 同比增长 2.6 个百分点, 占铁路客车数量的比重达到 41.2%。载货汽车无论是在数量还是在吨位上, 同去年相比均有所上浮, 分别上涨了 0.3 个百分点以及 0.6 个百分点。其中, 挂车数量以及牵引车均有所提升, 且增幅较为明显, 分别增长 16.0% 和 19.7%。船舶集装箱箱位为 293.03 万标箱, 增长了 30.9%。运输装备不断向专业化方向发展: 全国拥有铁路电力机车 1.38 万台, 占全部铁路机车比重的 62.7%, 比上年末提高了 0.4 个百分点。城市交通系统中, 公共汽车、公共电车, 天然气车、纯电动车和混合动力车占据了约 84.3% 的运行系统, 同比增长 3.7%, 绿色健康可持续已经逐渐成为运输车辆的发展趋势。[30]

第三是运输结构转变调整取得一定进展。货运结构有所优化并积极推进货物多式联运；便捷高效出行比重持续提高。全年铁路旅客发送量总人次达到 22.03 亿人，占全社会营业性客运量的 22.8%，同比增长 2.0%，在社会营业性客运市场中，民航市场占总客运量的 4.3%，实现 4.18 亿人的客运数据，同比增长了 0.6 个百分点；轨道交通行业占 20.2% 的比例，实现了 175.90 亿人的客运数据，并有较大幅度提升，同比增长达 1.5 个百分点。随着社会进步以及人口增长，货运结构持续性完善跟进。大型货物逐渐由公路运输转为水路或者铁路运输，数据显示，2019 年，铁路运输行业货运占比达到 9.8%，实现了 45.52 亿吨的货物总发送量，较去年增长了 0.3 个百分点。水路货运总量达 76.16 亿吨，占全社会货运量的 16.4%，比去年增加了约 0.2%。公路货运总量达 342.64 亿吨，占全年社会货运总量的 73.8%，同比降低了约 0.5%。推动多种运送模式有机结合进程，全年全国港口完成集装箱铁水联运量 687 万标箱，同比去年提高了 29.6 个百分点，占港口集装箱输入输出总量的 2.6%，同比去年增长了 0.6%。

第四是出行方式的绿色转变。居民出行时选择铁路和民航的比例增加，日常出行中，选择轨道交通和公共交通的方式也日渐增加；绿色出行是对环境影响最小的出行方式。相较于其他的交通方式，绿色出行对能源节约更为有利，能源利用率高，同时降低了碳排放量，环保又健康。倡导绿色出行，不断提升市民的出行品质，也对城市交通规划提出新的要求。如重视地区之间的差异，因地制宜，根据每个城市不同的发展状况、布局形态、交通构成与市民需求，搭建起以慢行交通系统为主导的绿色交通体系。深圳市于 2020 年下半年就自行车交通道路做出了相关工作，并通过《深圳市慢行系统骨干网络布局及试点实施方案》向民众征求相关看法，并为之提供意见或建议。深圳市计划构建由"自行车快速路、干线主廊道"两个等级组成的慢行交通骨干网络，自行车快速道同比去年增加 6 条，共有 12 条干线被投入再改造工程，施工总量达 469 公里。配套路名标志标线、路缘石等路面设施，设置风雨连廊与简易自动扶梯等助力设施，采用 5G 技术推广智能系统，规范停车秩序，提高出行体验。我国已连续多年举办绿色出行活动，该活动号召公众以步行、骑自行车或乘用公共交通工具出行，倡导在全社会建立发展绿色交通体系的共识，鼓励政府采取措施改善非机动车和步行出行环境，完善公交服务；加大对绿色出行的倡导力度，提高绿色出行知识普及率，尽可能减少其他方式出行次数。促进城市交通健康发展，从而增强城市的可持续发展能力，得到了市民的广泛关注和参与。2020 年 7 月，中国交通运输部公布《绿色出行创建行动方案》，公告中显示，我国将大力推行绿色出行方式，并从省会城市、直辖市、公共都市创建城市等主要城市出发进行方案落实，并提倡城市附近城镇人口也参与其中，共同推进绿色出行建设。将绿色出行贯彻进入中国每个公民思想中，倡导环保共享的生活模式，将低碳出行落实到每一个细节，大力宣传绿色出行的好处，提升公共交通以及共享出行的基础设施建设，为公众选择更低碳的出行方式提供硬件条件，通过采取公共交通等绿色出行方式达到汽车二氧化碳排放量大大降低的目的，进而使得我国生活环境有所改善。为达到持续性发展的目的，我国公众都需做出努力，并提出目标要求，力求在 2022 年将 60% 及以上参与绿色创建城市选择绿色出行方式的占比达到 70%，在保证数量的同时还应保证质量，保障大众对于绿色出行服务的满意度与回用率，力求将满意度超过 80%。为充分落实《绿色出行创建行动方案》，公交都市创建城市需要引起重视，将绿色出行创建作为城市建设的重点并投入大量精力。为顺应绿色出行的大方向，我国交通运输部印发《综合运输服务"十四五"发展规划》的通知，《规划》中指明，在"十四五"规划期间，将选择 100 个左右的城市作为先锋官落实绿色出行行动，并设置具体目标，争取在 2025 年实现 60% 以上的参与建设的城市公众出行选取绿色出行方式的比重不低于 70%，并保障方案落实情况，确定绿色出行方式质量，将服务满意程度提升超过 80%。同时，加快创新货运组织模式。到 2025 年，重点建设 100 个左右城市绿色货运配送示范工程。此外，大力发展清洁化运输装备。到 2025 年，城市公交、出租汽车、城市物流配送领域新能源汽车占比分别达到 72%、35% 和 20%。

第五是交通运输行业获取的固定资产投资稳步提升。查阅中国交通市场相关资料并对比数据可知，2019 年前 10 个月我国交通运输行业获取的固定资产投资呈现上升趋势，在此期间我国水路运输以及公路运输两个方式获取的固定资产投资高达 192313970 万元，增长率高达 103.4%。其中东部地区完成 66,192,763 万元，同比增长 102.9%；中部完成 41529549 万元，同比增长 110.4%；西部地区完成 84591658 万元，同比增长 100.6%。水路运输以及公路运输两种运输方式在固定资产投资方面呈现持续性增长，随着近期社会的发展进步，中国各个行业市场包括铁路运输市场在内均日渐成熟，因此铁路运输市场获取的固定资产投资也随之增加。如图 3.16 所示，2014 年全国铁路固定资产投资具体数额为 6623 亿元；五年后，这一数额有所提升，达到 8029 亿元。查阅中国国家统计局统计资料得知，2014—2019 年这 4 年间的年复合增长率为正值，为 1.7%。随着科技水平不断提高，互联网技术逐渐完善，铁路路网必然会融合互联网技术，提升现代化建设，不断完善管理制度，打造新时代铁路网络。所以，铁路网络会伴随着社会的发展逐渐增大经营范围，铁路的基础设施必须逐渐完善，因此铁路运输在固定资产方面的投资必然需要跟随铁路网络的扩大而不断提高。交通运输市场很大一部分运输任务由铁路完成，铁路是运输市场的主力军，在"十三五"规划期间，中国铁路运输行业在固定资产投资方面十分稳定，每年获取的固定资产投资具体总额均不低于 8000 亿元。我国铁路网络必然会结合互联网的发展，用互联网技术装备自身，实现铁路现代化建设，对于因自然环境不佳而造成的铁路建设网络缺陷，例如我国西部区域，在未来实施构建计划时，不仅需要将其纳入考虑范围，更应当将主要精力放在难度高的地区铁路建设上。

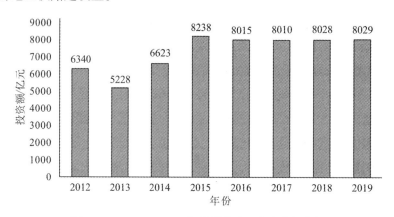

图 3.16　2012—2019 年全国铁路固定资产投资额

■3.4.3　交通行业实现碳中和面临的考验

交通行业在稳步发展的同时，面对碳中和的大背景，结合中国交通行业发展的现状和趋势，实现碳中和面临严峻考验，主要集中在以下几个方面：

第一，目前中国交通行业市场广阔，需求不断增加。交通行业内容丰富，包含板块多种多样，例如水路运输、铁路运输、公路运输以及航空运输，这四个方面最为常见，而占比最多的当属公路运输。IEA 的报告《Tracking Transport 2020》指出，公路运输占据了交通运输部门二氧化碳排放的 3/4，航空和水运的二氧化碳排放量也持续上升，而公路运输中，汽车是主要的排放源。而随着中国经济的发展，无论是货运还是客运，未来都将呈现中高速发展的趋势。根据统计显示，1984 年以来，中国的私人汽车拥有量翻了近 1300 倍，增长速度惊人，但是相较于其他发达国家，由于中国巨大的人口基数，人均交通服务使用量相对较低，无论是人均公路里程还是人均汽车保有量乃至于人均的飞行里程都远低于美国和欧洲等发达国家水平。随着中国经济的进一步发展，交通基础设施建设和私人汽车拥有量仍有进一步增长的巨大空间。这部分的增长将会给交通行业能源消耗和碳减排都带来巨大的压力。[31]

第二，目前中国的运输结构不合理。运输行业在中国内地经营现状并非十分成熟，铁路运输以及水路运输存在严重的地域限制，导致运输能力有限，大型企业专用铁路方面仍需强化。因此，通常情况下，大多数公司在进行物流运输的时候会选择公路运输。类似于煤炭、矿石等大宗物资运输，铁路和水运是相对来说更加经济且低能耗低排放的选择，但是现实中的却依旧以公路运输为主。值得注意的是，公路运输现阶段仍然存在一些缺陷亟待完善与解决，例如为谋求更大利润某些车辆会存在超载现象，一些非法改造车辆也时常会出现在大众视野，这些现存问题致使公路运输的价格甚至低于铁路运输，造成倒挂，从而导致铁路运输的竞争优势再次降低，运输市场价格体系不平衡度增加，结构不合理现象日益突出。想要解决该问题，需要投入大量的基础设施建设，新建港口和铁路等，这又将耗费巨大的成本。

第三，传统能源运输装备能效水平有限。虽然中国新能源汽车的研发和市场都处于世界领先水平，但由于现有研究水平的电池不足以支撑长距离运输的卡车，加上充电桩等配套设施不够完善，甚至不同车型的电池规格有所不同等原因，货运和客运都没有大批量推广新能源汽车，即便整个车船能耗的水平已经和欧美等发达国家接近，但是在运输装备能效提升方面的技术还有待进一步研发和提升。[32]

第四，低碳技术装备发展的技术路线图不够明确。虽然国家已经提出了"双碳"目标，也就交通行业低碳发展制定了一些政策法规，但尚未形成明确的低碳技术装备发展的技术路线图，国内的统筹发展和国际的共同接轨都有待进一步明确。

■3.4.4 交通行业低碳发展的路径

交通行业低碳发展需要从供给侧和消费侧两者进行同步调节，经过达峰期、去峰期，进而达到最终的目标中和期。在 2021 年 10 月 15 日由能源基金会和南方周末联合举办的"高效、创新、零排放："双碳"目标之下的交通运输行业"的媒体工作坊上，作为综合运输研究中心主任，为实现可持续发展，并结合现阶段推行的碳中和政策，李忠奎主张现阶段交通行业应当采取"1+5 变革"的发展战略（其中 1 代表节能，5 代表装备、结构、设施、创新和能力建设），在此基础上，结合当下交通运输行业的发展现状以及面临的诸多考研，总结出现阶段交通行业低碳发展的路径如下：

第一是积极配合国家的"双碳"目标，制定完善的节能减排目标。着重聚焦于现阶段中国整体的能源效率偏低的问题，结合中国交通运输行业发展现状和未来预期，做到制度先行、政策先行。从宏观的角度制订各类交通方式绿色低碳发展的计划，明确低碳转型的时间表和路线图，制定相应配套的管理措施。在相关能效标准制定上，也应当持续升级。

第二是需要调整运输结构。应该将首要发力点放在铁路运输及服务水平的提高上，面对线路紧张等问题，应当优化组织调配，大力推动铁路货运向市场化迈进，在收费标准上尽可能趋于透明化公开化。其次，需要推动水运系统的升级，快速推动基础建设的优化与完善工作，将数字化智能化的技术运用到水域和码头港口管理工作之中，降低成本和加强管理的同时推进公路运输向水路运输转化。在多式联运方面，要尽可能重视行业的服务水准，在开拓空铁联运，江海中转、江海直达等新型运输模式时，提倡通过集装箱为新单元来进行运载输送。最后，在公路运输的管理上也应当更进一步严格和明确标准，严厉惩戒货运超限超载、非法改装等情况，加快不合规定的车辆淘汰，避免公路运输和铁路运输水运价格倒挂等现象。交通运输低碳发展离不开广大民众的参与。首先要大力宣传并呼吁广大民众接受并使用更为简单且绿色可持续环保的出行方式，强化公民环保意识，大力提倡通过公共交通完成出行，倡导骑行或者步行等方式，提高大众绿色环保、文明出行的健康生活理念，加强绿色消费模式的养成。其次是加强私人购买汽车小型化、轻型化、电动化引导，以税收优惠等活动吸引民众将目光放在小型车辆的购买上，针对排放量较大以及具有奢侈新的车辆增加税收，通过此种方式营造良好的社会出行氛围。而在个人日常出行中，则应当鼓励以绿色出行方式代替个人自驾出行，更多地转向公共交通、轨道交通等形式，快速推进城市公共交通优化与完善进程，完善绿色出行配套措施，有效解决相关问题。[33]

第三是需要鼓励新能源装备的使用和研发。积极推动各类运输方式的电气化，鼓励在运输中使用电动、生物柴油、氢能等新能源材料。通过购置新能源车辆的政府补贴、税收优惠、牌照优惠等方式，积极促进市场接纳和使用新能源运输装备。铁路和水运也要积极推动电气化改造和推进，实现全面的能源替代。

第四是需要强化低碳相关基础设备建设。全面透彻题解绿色建设理念并具体落实到各个交通基础设施建设当中，在进行筹办设计交通枢纽以及今后的经营保护一系列操作中，都必须将绿色建设理念作为工作前提。建立交通基础设施建设全生命周期的碳排放数据库，实时跟进交通基础设施全生命周期的碳排放和资源消耗。加大对充电桩、加氢站、加气站等基础设施的建设投入，给新能源汽车的使用提供完备的资源配置，进而促进各个运输方式的新能源替代。伴随互联网技术不断成长并日益成熟，交通运输行业应当与时俱进，把握时代浪潮与机遇，将新时代新兴技术深入研究并贯彻落实到自身发展，利用互联网技术实现交通运输市场数据化管理。一是利用车路协同技术提升生态驾驶，降低机动车能耗排放的潜力。集中攻克关键技术、效能评估、应用模式等关键核心问题，完成机动车运行过程中能耗排放单车最优向群体协同最优转型升级，从而进一步降低机动车总体二氧化碳排放。二是大力发展智慧车列交通运输系统。通过移动互联网实现预约出行，利用云计算把同一站点上车和同一站点下车的乘客安排在同一个交通工具里，实现"点对点"运送模式，有效解决地铁和轻轨"站站停"所带来的平均车速低的问题以及城市交通拥堵所带来的能源消耗和二氧化碳排放问题。三是开拓思维，拓展其他物流渠道。随着科技时代到来，物流行业应当进行改革创新，利用科技手段实现智慧物流，现阶段科技足够发达，通过合理利用科技手段进而使得物流程序精细化，相关管理制度不断进化完善，管理机制更加透明灵活，缩短物流时间。其他物流渠道可以考虑地下物流，利用地下空间进行物流运输活动，如隧道及管道等，充分利用空间资源形成新时代创新型物流渠道。智慧物流和地下物流系统可有效解决城市交通拥堵，降低二氧化碳排放，是城市交通可持续发展的必要选择。[34]

第五是需要鼓励相关创新。在各项新能源相关技术中，应鼓励创新，尤其是对于大型货运车的电池研发和氢能储存等技术有待进一步的研发，紧跟并引领前沿性科技创新。而随着互联网+、大数据和5G等的发展，交通的智能化和信息化也将助力整个行业的碳减排，积极鼓励相关技术创新和应用。

最后，在行业自身能力建设方面，需要加强监测体系和低碳核算体系的构建，同时可以考虑编制相关清单和指南，合理分工细化各个地区的减碳工作，并在行业自身建立系列奖惩机制。

交通行业的低碳发展对"双碳"目标和经济发展都是至关重要的，碳中和背景下，交通行业的转型升级也是高质量发展的重要一环，有必要多举并措，协力共进推动交通行业低碳化发展，共同助力"双碳"目标。

3.5　"双碳"背景下，中国气电产业发展路径探究

3.5.1　低碳清洁转型要求下气电的角色

在碳达峰、碳中和的宏伟目标下，我国的能源结构正发生着深刻的变革。尽管我国的能源消费受制于资源禀赋仍以煤炭为主体，但光伏风电等清洁能源迅猛发展[①]，积极引导着能源绿色清洁转型。在全面改革不断深化经济增长稳中有进的大背景下，能源禀赋的制约和地缘政治的风险对我国的能源结构提出了挑战。一种观点认为是否能在能源转型上实现弯道超车，即从以煤炭为主越过油气直接过渡到以新能源为主的零碳系统呢？考虑到风电、光伏等清洁能源的不稳定性以及储能技术尚无法实现大规模商业部署，这一激进的观点显然不切实际。如何实现由煤炭为主的能源结构向清洁高效的能源体系平稳过渡，是当下面临的重要课题和挑战。

清洁能源高增速发展的同时，提高电力系统灵活性已经成为优先事项。当前，抽水蓄能、气电与完成灵活性改造的煤电是电网应对电力需求波动的重要调峰措施，是电力生产结构中的灵活电源。抽水蓄能技术成熟，反应快速，但由于站址往往坐落于

---

① 国家统计局的数据显示，近十年风电、光伏装机容量年均增速分别为22.2%、70.2%。截至2020年，风电及光伏装机容量占总体装机容量高达24.3%。

中西部地区，难以在峰谷差较大的电网中发挥作用。煤电通过灵活性改造可以一定程度提升调节能力，但从低碳减排的角度来看，经过灵活性改造的燃煤机组也不是最优选择。综上所述，天然气发电以其效率高、排放小、灵活性强的电源角色，可以实现与风电、光伏等新能源的协同发展。

在碳达峰、碳中和的要求下，气电扮演着以下两重角色：

1. 在直接减排中，气电替代小煤电与燃煤锅炉，实现直接碳减排的效益

在环境气候政策的要求下，煤电产业通过清洁低碳技术不断突破创新，实现了二氧化碳排放强度的持续下降。中国电力企业联合会的数据显示，2020年我国煤电行业度电二氧化碳排放量为832克，较2005年下降了20.8%。但是根据刘志坦等[36]对主流型号燃气机组碳排放的测算，天然气发电具有显著的减排优势。无论是纯凝发电机组还是热电联产机组，燃气机组的碳排强度均比煤电机组低60%。截至2020年，煤电装机占比总装机容量首次跌破50%，但煤电发电量在总发电量中的占比仍高达60.7%，煤电在发电结构中依旧占据主体地位。在碳达峰、碳中和的约束下，煤电在中国电力结构中的占比将逐步下降。考虑到光伏、风电等新能源的不稳定性以及储能氢能技术在短时间内难以突破的现实，气电将是电力系统的现实选择。

2. 在间接减排中，气电作为灵活性电源为可再生能源发展提供支撑

根据国际经验，灵活性电源在电网中应配置15%左右，用以平衡能源安全稳定与发展可再生能源，而目前我国灵活性电源比重仅为6%。我国电力系统的灵活性电源长期不足，加上新能源增速全球第一，二者之间的矛盾将严重掣肘"双碳"愿景的实现。就调峰而言，燃气机组是更为理想的调峰能源：煤电机组参与调峰启动时间一般在150分钟以上且不宜频繁启停，参与调峰的幅度也只能达到装机容量的40%。但燃气机组启动时间仅为10分钟或100分钟左右，可以频繁启停，且参与调峰的幅度可以达到100%。所以在基荷发电之外，考虑到燃气电厂运行灵活、机组启动快，气电作为调峰手段，便于接近负荷中心，提高供电可靠性。所以，在加速推进风电、光伏等清洁能源的同时，国家也应该大力发展气电产业，通过构建风、光、气多能源体系，从而实现协同减排。

3.5.2 我国气电产业现状

随着发展对清洁能源的需求的增加，以及西气东输项目的落成，中国天然气消费在需求侧和供给侧同时受到了推动，呈现出快速增长的势头。与此同时，气电产业也得到了长足的发展。如表3.3所示，2000—2020年，天然气消费、发电用气规模分别扩大了12倍和14倍。

尽管 2020 年全年受新冠肺炎疫情影响，全球主要天然气消费国家需求量急剧萎缩，但中国凭借着有效的防疫措施和积极的经济刺激政策，国内生产和需求迅速恢复，从而带动了能源消费的增长。2020 年全年天然气消费达到 3280 亿立方米，增速高达6.9%，占一次能源总体消费的 8.4%。从消费结构上看，工业燃料、城镇燃气以及发电是拉动天然气消费增长的主要驱动力。

发电用气在天然气消费结构的占比相对较低，是未来天然气需求的主要增长点。燃气电站作为天然气消费大户，是发达国家天然气需求的主体。然而中国发电用气占天然气消费总量的为 16%，低于同期全球的平均水平（25%），而这一比例在 OECD 国家平均为 29%，在美国甚至超过了 34%[①]。从表 3.3 也可以看出，尽管发电用气增速显著，但近年来在天然气消费结构中稳定在 15% ～ 20%，相较于消费主体的工业燃料和城镇燃气仍有不小的差距。考虑到"双碳"大背景下电网系统效率提升和可再生能源的消纳的要求，气电在直接、间接减排中双重角色定位的明确将大大释放气电行业的发展潜力。作为天然气消费中的关键环节和主要动力，发电用气的需求在中长期增长空间是可观的。

表 3.3 中国天然气消费及发电用气情况

年份	2000	2010	2015	2016	2017	2018	2019	2020
天然气表观消费量 / 亿立方米	245	1075	1931	2058	2386	2803	3064	3280
发电用气 / 亿立方米	34	215	284	366	427	485	570	525
发电用气占比 / %	14.0	20.0	14.7	17.8	17.9	17.3	18.6	16.0

数据来源：天然气发展"十二五"规划、中国天然气发展报告。

气电装机容量发展迅猛，在总体装机中的比例稳步提升。气电发展的驱动因素由气源驱动转变为宏观电力供需、环保政策、价格政策、其他电源发展等多因素共同影响。从图 3.17 可以看出，我国气电装机总量保持较高增速，从 2011 年的 3283 万千瓦·时增长至 2020 年的 9802 万千瓦·时，近十年年均复合增速达 12.9%，远高于同期总电力装机增速（8.4%）。同时，气电装机占总体装机的比重也逐年稳步提升，从 2011 年的 3.1% 提升至 2020 年的 4.5%。新增天然气装机容量则受到投资周期等多重因素的影响，变化较大。

---

① 数据来源：《BP 世界能源统计年鉴 2021》。

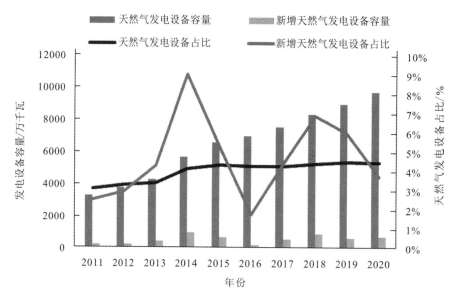

图 3.17 2011—2020 年中国天然气发电装机情况

数据来源：中国电力企业联合会。

气电发电量稳步增长，发电利用小时相对较低。随气电装机增加，燃气电厂发电量逐年提升，2010—2020 年由 777 亿千瓦·时增至 2566 亿千瓦·时，年均增速 13%。同时，燃气发电量在整体发电量的比重逐步提升，2010 年气电在电力供应结构中占比为 1.8%，10 年后这一比重接近翻倍，2020 年气电在电力供应结构中占比为 3.4%。目前国内电力消费结构以工业为主（工业电力消费在全部电力消费的比重长期为 70% 左右[①]），电力消费需求相对稳定，气电作为调峰电源成本较高的特征抑制了燃气电厂的利用率。加之近两年国家多次下调工商业电价，近几年气电装机利用小时均在 2700 小时以下。

气电装机分布不均，集中在环渤海及东南沿海等经济发达区域。受制于天然气发电的成本原因，我国经济发展的不均衡导致了气电机组在地理分布上的不均衡，气电装机主要集中在我国经济发达、电力需求旺盛的地区，即长三角、珠三角和京津地区。数据显示，广东、江苏、浙江、北京、上海五地的燃气电厂装机容量占全国装机总量的比重接近 80%。

■3.5.3 气电发展面临的挑战

1. 气电行业呈现规模"双低"、利用率不足的特征

尽管我国气电行业在近 20 年来快速发展，2020 年我国气电装机容量和发电量占整体的比重分别仅为 4.5% 和 3.4%，气电行业呈现"双低"特征。作为对比，OECD 国

---

① 数据来源：中国电力企业联合会。

家燃气发电占整体发电量的比重为 30.9%，美国气电在电力供应结构中占比甚至达到了 40.6%[①]。诚然，天然气资源禀赋以及经济发展阶段是造成中国与主要发达国家在气电规模上存在较大差异的原因。但是，当前的气电规模将难以适应未来发展的需求。目前，中国已迈入中等收入国家行列，工业化城镇化仍将继续推进，与之相应的能源消费结构尤其是电力消费结构也将发生调整。中国电力消费以工业消费为主，居民消费和商业消费占比较低。借鉴主要发达国家的经验，随着经济发展和产业结构优化，居民部门和商业部门的用电需求将大幅提升。考虑到居民部门和商业部门的用电特征，当前电力供需宽松的状态将被打破，气电作为电源结构中的灵活电源亟待大力发展。

此外，年利用小时数过低也是制约天然气发电规模重要因素。电网对调峰电站要求的年利用小时数是 3500 ～ 4000 小时，而 2020 年中国燃气机组平均利用时间远低于这一要求，仅为 2535 小时。造成年利用小时数存在以下两个原因：首先，气电成本较高，无法形成竞争优势。当前各地发电用气价格为 2.2 ～ 2.7 元/立方米，而在燃气发电中燃料成本占比高达 70% ～ 75%，可以推算我国燃气电厂发电成本约为 0.56 ～ 0.58 元/千瓦·时。这一发电成本介于光伏发电和生物质发电、海上风电之间，远高于煤电。在市场经济中，燃气机组的运行取决于发电成本和收益，当前峰谷电价过小，气电机组在调峰时的收益不足以覆盖平时运行成本，故电价机制仍不足以支撑气电机组高效运行。其次，由于我国天然气对外依存度高[②]，加上优先保障居民用气的政策倾向，造成天然气发电不稳定，进而抑制了燃气机组的使用率。2017 年北方的气荒造成了大面积燃气厂停产，甚至日常维护用气都难以供给。尽管中国政府近年来通过加大管网建设、增加天然气调峰储备以应对需求的季节性波动，但天然气消费增速过旺仍造成着供不应求的局面。2021 年北方地区较往年更早进入供暖季，天然气需求大幅增长，燃气电厂仍面临着供气不足的困扰。

2. 上下游价格机制限制了燃气电厂的利润空间，压缩了气电行业的发展空间

在整个气电产业链中，燃气电厂处于中游。其上游是天然气市场，主要构成为：负责天然气生产和进口的油气公司（主要为全部市场份额几乎由中石油、中石化、中海油以及陕西延长石油集团四家国有企业占据）；负责管道气运输的国家油气管网公司，以及负责配售的地方燃气公司。其下游是电力市场，主要构成为：负责电力调度的电网公司（国家电网和南方电网），以及终端电力消费者。

天然气作为燃气电厂的主要投入项目，其价格的变动严重影响了燃气电厂的成本。为了保障清洁能源的普遍使用，中国天然气价格长期受政府控制，高度管制以及不透明的价格机制一定程度造成了价格扭曲。[35] 从微观经济学的角度分析，工商业用户相

---

① 数据来源：BP, Statistical Review of World Energy 2021.

② 根据国家统计局数据，2020 年我国天然气对外依存度高达 41.5%。

对居民用户的天然气需求量更大且集中，天然气厂商对工商业用户的供应边际成本更低，所以工商业气价应低于居民气价。而中国的情况刚好相反，居民终端价格低于非居民部门终端价格，且存在交叉补贴的现象，即通过对工商业用户多收费保障居民用户的使用。根据 Lin 和 Li [38]的测算，2017 年我国居民部门天然气补贴率达到了 32%，补贴规模为 450 亿人民币。随着居民部门天然气消费的快速增长，工商业部门对居民部门补贴规模将进一步扩大。即使燃气电厂作为天然气直供大户，但缺乏市场化的天然气价格仍制约了电厂的成本控制。

此外，由于开采和生产的不确定性，供气方和采购方通常必须签订"照付不议"合同来分担风险，以保证长期稳定的供需关系。"照付不议"合同是买方必须向卖方购买所有产品或服务或因违反合同而支付违约金的协议。这意味着如果他们签署了"照付不议"合同，买家必须为他们承诺购买的所有天然气支付费用。因此，准确预测气体消耗量至关重要。由于最大的天然气买家是燃气发电厂，如果燃气电厂不能用完所购的天然气，只能遭受损失，因此天然气消费量在很大程度上取决于燃气发电总量。

而中国电力市场改革仍未实现市场化，燃气电厂的发电量由电网公司下属的调度中心进行调度，且上网电价也不由市场决定。在现行的发电调度政策中，天然气发电具有节能环保优势，优先于燃煤和燃油发电机组调度。根据《节能发电调度办法》的规定，水电、燃气、燃油、抽水蓄能和燃煤发电机组应先调度实施调峰，然后根据电力系统需求订购其他类型的机组。然而目前燃气发电仅用于调峰或补电。在实际的发电调度情况下，既定的政策没有严格执行。由于发电成本不同，燃气发电的上网电价远高于燃煤和水电。电网企业不愿购买燃气发电机组生产的电力，因购买成本较高。我国电力市场化改革进程中存在政策体系与实际执行不一致的问题。如何解决这个矛盾，建立电价机制，探索更加科学的调度模式，是亟待解决的问题。电力市场作为气电行业的下游，售电收入占据了燃气电厂的全部收益的绝大部分，电力的调度问题将成为天然气发电不确定性和收益约束的来源。

3. 未完全掌握燃气轮机核心技术，也是制约产业发展重要因素

燃气轮机作为燃气机组的"心脏"，是气电生产的重要部分。此外，燃气轮机技术也是一个国家综合科技和制造实力的体现，被誉为动力机械装备领域"皇冠上的明珠"。我国气电起步较晚，行业沉淀不足，燃气轮机产业一直没有形成完整的产业链。目前我国缺乏完整的设计、制造和试验体系，在高温透平叶片、燃气轮机燃烧室等关键热部件设计和制造领域仍存在技术缺失，备品备件和维修服务等严重依赖进口，燃气轮机产业发展与国外存在较大的代际差距。一方面，核心技术制约使得机组投产后核心部件的运行维护被外国供应商垄断，检修维护费用居高不下，加重了气电厂商的生产成本，进而制约了国内气电行业的发展。另一方面，作为清洁低碳、安全高效能源体系建设中的重要装备，燃气轮机受制于技术难以实现自主发展，将拖累我国能源结构转型和低碳清洁发展的步伐。

3.5.4　气电产业发展策略

1. 统筹"双碳"目标下发展与安全，明晰产业定位

碳中和的宏伟目标并非一蹴而就，结合我国发展实际，需经历碳达峰到快速减碳最后到深度脱碳三个阶段。相应的，气电产业发展将随着碳达峰碳中和进程逐步调整。在实现碳达峰以及碳中和前期，气电的发展需要重点满足电力消费增长和新能源波动调峰需求，为了应对煤电在电力系统的逐步退出和新能源的高速发展，气电产业需要加速布局。在实现碳中和的中长期，气电产业需要真正与新能源融合发展。根据《中国天然气发展报告（2021）》的规划，围绕天然气与新能源融合发展，因地制宜、重点推动以下三种发展模式：（1）在可再生资源较好的"三北"地区建立风光气水综合能源外送模式；（2）在可再生资源较好的沿海地区建立风光气水综合能源消费模式；（3）鼓励发展天然气分布式能源，推广集供电、供气、供热、供冷于一体的综合能源服务模式。此外，根据并结合碳补集、利用与封存（CCUS）等碳中和技术进步，积极探索和推动气电产业"集中利用 +CCUS"的近零排放商业模式。在这一阶段，气电产业将进入发展的平台期。

2. 积极参与碳市场将有效弥补气电的成本劣势

从气电的成本收益来看，不确定性和上下游对利润的压制使得燃气电厂短期内很难保障经济利润，需要政府辅以政策助力发展。尽管上游天然气价格逐步推进市场化，下游电力调度也在明确气电的调峰定位，但是单纯从其盈利模式来看，很难保证产业的规模化发展。政府可以通过减税、补贴等财政手段，在现有技术水平下，降低企业成本，推动气电产业的规模化发展。然而，减税、补贴等财政手段政策激励性的针对性不强，且加重了政府的财政负担。除了财政手段，还应通过积极融合气电产业与碳交易，突出燃气电厂在传统火电厂中的环境效益。与煤电相比，气电在能源结构转型进程中具有实现直接减排和间接减排双重效益。随着碳配额市场交易以及电力辅助服务市场的建立和完善，其经济性不佳、运行不稳定的劣势将在很大程度上得以改善。在碳达峰、碳中和的大背景下，清洁低碳发展成为我国未来四十年发展的重要任务。可以预见，随着碳减排工作的推进以及全国性碳市场的建立，气电作为对风电、光伏等清洁能源的补充，将得到支持和发展。

3. 充分保障天然气供应以提升气电稳定性和经济性

在国内天然气生产方面，我国应持续推进天然气增储上产，尤其需要加大对非常

规天然气开发利用的力度。"十三五"期间，我国天然气勘探开发投资高达 1.4 万亿元，充足的投入换来了天然气产量年均 7.4% 的增长。2020 年，天然气产量 1925 亿立方米，其中煤层气和页岩气等非常规天然气产量为 267 亿立方米。[①] 尽管近年来我国天然气产能显著提升，但仍难以满足高速增长的国内需求，非常规天然气的发展地位应予以足够的重视。"十四五"规划就天然气供给进一步提出，"有序放开油气勘探开发市场准入，加快深海、深层和非常规油气资源利用，推动油气增储上产。"政府需要积极调动社会资金，聚焦于天然气尤其是非常规天然气的开发利用。美国页岩气革命是非常规天然气发展的成功案例，对中国具有借鉴和启示意义。在勘探开采方面，需要积极学习和消化国际开采技术，并通过规模开发来摊薄成本，提升竞争力；在机制设计方面，政府可以通过补贴或减税来支持非常规天然气企业初期的发展。在商业模式方面，需要积极引入社会资金进入非常规天然气行业内，同时借鉴中国当前煤层气发展的经验，仅依靠民营企业灵活的机制和体制，还无法实现非常规油气的快速发展，政府还需鼓励成熟的大型油气企业积极参与。

在天然气进口方面，我国应充分利用当前全球天然气供应宽松的局面积极部署。国内油气公司应抓住这一机遇，积极参与全球天然气贸易和市场体系建设，深度融入全球天然气产业链；同时，加快储气设施建设，完善以地下储气库和沿海液化天然气（LNG）接收站储罐为主的综合储气体系。但地缘政治风险为我国的天然气进口带来了不小的隐患，能源的安全供应对中国的天然气供应能力提出了要求。在"一带一路"政策的支持下，中国政府应与有关国家共同推进天然气管道建设，开拓海外天然气市场，实现天然气进口供应多元化，保障能源供应安全。

4. 通过体制改革实现气电产业可持续发展

气电产业的发展与上游的天然气市场和下游的电力市场密切相关，天然气价格和电力价格分别通过决定成本和收益来影响气电行业。在市场化进程中需要持续推动产业链改革，完善气电联动和电力辅助服务市场化机制，有效梳理价格机制，从而切实保障气电行业的利润空间，以实现产业的可持续发展。

为了推进天然气价格市场化改革，2013 年 6 月，全国性的价格改革在非居民部门推进；2018 年 6 月，中国政府开始将价格改革扩展到居民部门。根据 Lin 和 Li 的研究，天然气价格改革在工商业部门中取得了不错的效果，一定程度上缓解了价格扭曲。[38] 但是，现行的价格机制与替代能源相挂钩，并不能准确反映天然气的供需情况。Liu 等同时指出，虽然改革后的天然气价格有浮动的空间，但仍受到政策性的支配，在季节性等波动上存在一定的问题。[39] 价格改革应该更加深入，建立市场化程度更高的价格机制。

---

① 数据来源：《中国天然气发展报告（2021）》。

国家发改委、能源局在《关于做好 2020 年能源安全保障工作的指导意见》文件中提出："加快放开发用电计划，进一步完善电力市场交易政策，拉大电力峰谷价差，逐步形成中长期交易为主、现货交易为补充的电力市场格局。"拉大电力峰谷价差，正是为调峰定位的气电产业提供了发展的空间。为了应对 2021 年下半年煤价高企以及电力短缺的情况，政府调整了对工商业部门尤其是高耗能工业的电价浮动标准，电力市场化改革更进一步。

5. 通过核心技术突破引领气电行业自主化发展

燃气轮机作为燃气机组的核心长期以来依赖进口，已严重制约了我国气电行业的发展。亟待突破的关键核心技术将包括：重型燃气轮机（尤其是 F 级燃气轮机、H 级燃气轮机）、以及中小型燃气轮机等动力技术，此外还包括重型燃气轮机透平、燃烧室等高温部件等制造技术。[37] 突破燃气轮机关键产业技术，需要动员、整合各方面的力量：对于政府而言，需要通过政策引领和财政支持，搭建燃气轮机产业技术发展协同创新平台，着力构建以企业为主体、市场为导向、产学研用投相结合的技术创新体系；对于气电行业而言，整合产业发展科研和制造资源，集聚行业力量攻关燃气轮机关键技术，以示范带动行业整体的创新；对于气电企业而言，应率先以关键领域作为突破口，落实创新要素的集聚和科研资金的保障，在科研设施和研发平台建设、国际国内研发优势力量引进、人才培养与管理机制等方面做好协调和支持。站在"十四五"的开局之年，燃气轮机核心技术有望实现突破，从而摆脱高昂的进口费用和维护费用，在保障气电企业经济利润的同时，实现我国气电行业自主创新的发展之路。

3.6 多元共治助力运输行业绿色发展

近年来，互联网行业的快速发展给人们生活带来了巨大的便利，伴随网络购物便捷化和大众化的是快递运输业的蓬勃发展。快递运输除了在运输过程中需要消耗能源外，其包装的使用也会对资源的消耗造成巨大压力，过度包装以及包装废弃物对环境的影响逐步成为社会关注的焦点。国家和地区各部门就快递包装绿色发展颁布了诸多政策和治理方案。在实施过程中，需要多元协同助力，共同推进快递包装绿色化，助力运输行业绿色发展。

3.6.1 快递行业发展及包装污染现状

21 世纪以来，伴随着经济的迅速发展和技术的快速进步，中国互联网行业也取得了举世瞩目的发展。2021 年 8 月 27 日中国互联网信息中心发布的《中国互联网络发展状况统计报告》数据显示，截至 2021 年 6 月，中国网民规模较 2020 年末增加 2.22%，达到 10.11 亿，普及率达 71.6%，形成了高达十亿用户的全球最庞大的互联网发展规模。伴随着互联网基础设施建设的加速和数字服务水平的不断提升以及 5G 信息通信网络的普及，中国互联网将在未来取得更进一步的发展，而其在各行各业的渗透给人们的生活带来了巨大的便利，其中最明显的就是电子商务的发展，根据"十四五"数字经济发展规划中指标，2020 年全国网上零售额已达到 11.76 万亿元，预期在 2025 年将达到 17 万亿元，而电子商务交易规模也将由 2020 年的 37.21 万亿元在 2025 年达到 46 万亿元。与电子商务和网上零售业务量和交易额增加相伴随的，是快递运输业的蓬勃发展。

中国快递运输业发展只有 40 年的历史，却涨幅惊人。1980 年中国邮政 EMS 首次推出全球邮政特快专递业务并在 1984 年推出国内邮政特快专递服务，开创大陆快递业先河，后随着市场经济的全面发展和对外开放的逐步扩大，国际国内贸易经历了高速发展的阶段，顺丰、申通、圆通、中通和韵达等一大批民营企业如雨后春笋般涌现。进入 21 世纪后，伴随着电子商务的发展，快递业也进入飞速发展的黄金时期，其间一度连续几年保持每年 50% 的高速增长，2014 年中国快递业务量更是以 140 亿件首次超越美国成为世界第一并一直保持。而随着中国邮政物流基础设施的不断完善和技术水平的不断提高，中国的快递业更是实现了从大国向强国的跃升，2020 年和 2021 年受疫情影响，因出行不方便，人们网购比例增加，中国快递业更是实现了超预期的增长，2020 年全年快递业务量完成 833.36 亿件，同比增长 31.2%，增速和增量都达到近几年新高，而快递业务收入的增速甚至是当年国内生产总值增速的 7.5 倍；2021 年全年快递业务量完成 1082 亿件，同比增长 29.9%。快递业务中电子商务快件占据极大比例。根据国家邮政局监测数据，2021 年 11 月 1 日到 11 日，全国邮政、快递企业共处理快件 46.76 亿件，同比增长超过两成，其中仅 11 月 11 日当天就处理快件 6.96 亿件。

图 3.18 展示了 2008 年以来全国快递业务量和快递业务收入的变化情况，从图中可以看出我国快递业务量和快递业务收入在这十年都历经了惊人的涨幅变动，业务量从 2008 年的 15 亿件增长到 2020 年的 834 亿件，整体翻了 50 多倍，每年的涨幅都保持在 25% 以上，并从 2014 年至今连续六年稳居世界第一。快递业务收入则从 2008 年 410 亿元的增长到 2020 年的 8800 亿元，整体翻了 22 倍，每年的增长比例也保持在约 20% 的水平。

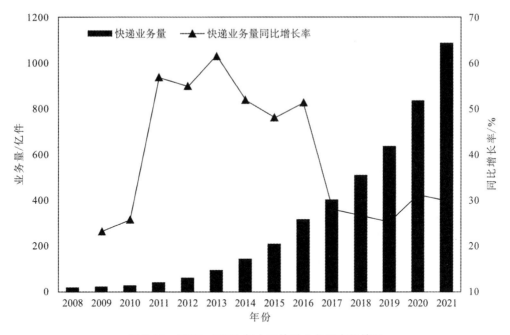

图 3.18　2008—2020 年中国快递业务量变化情况

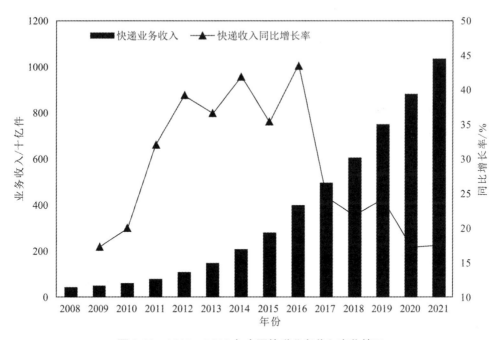

图 3.19　2008—2020 年中国快递业务收入变化情况

数据来源：CEIC 数据库。

　　快递业务飞速增长给人们生产生活带来便利的同时，也带来了资源浪费和环境污染等诸多问题。为防止运输过程中物品遭受损坏，快递公司和寄件个人都会选择使用塑料袋、纸箱等对快递进行包装，而对于贵重易碎物品，还会选择废旧报纸、泡沫、气泡枕、葫芦膜等在内部进行填充。无论是包装物还是填充物，都会在快递运输结束后成为垃圾，这不仅会造成资源浪费，如果未能进行有效的回收分类再利用，还会造成严重的环境污染问题。

现阶段快递包装按照材料划分主要分为纸质类和塑料类，以及部分木质类。其中纸质类主要包括纸质箱子外包装、纸质袋子外包装、报纸填充物、货运物流运单和胶带芯等；塑料类主要包括外包装袋，里层包装膜、包装胶带以及各类塑料填充物等；木质类则主要用于定制的集装包装。相关调查研究表明，按照运单数量来核算，主要包装材料中，瓦楞纸箱占44.03%，塑料袋占33.52%，套装纸箱占9.47%，其余的则为编织袋、珠光袋、泡沫塑料、文件袋等。预计到2025年，中国快递包装材料消耗量将达到4127.05万吨。[①] 各类包装材料和填充物在生产过程中会耗费大量的资源，塑料和胶带等生产过程中会造成一定的环境污染，随着快递数量的迅猛增长，大量快递包装废弃物也随之产生。国家邮政局的数据显示，中国快递业每年消耗的纸类废弃物超过900万吨，塑料废弃物约180万吨，并呈现快速增长趋势。

关于快递包装，现阶段主要存在的问题有：

一是快递包装生产不环保。目前，受制于成本的影响，快递包装生产多采用传统的生产方式，生产过程中会产生污水和废气等污染物，材料本身也尚未采用可降解的材料；且传统包装材料会耗费大量的木材和化工原料，如果没有得到合理的回收利用，则会因为本身无法降解而对环境造成巨大污染。实际上，现阶段关于绿色可降解可回收的快递包装生产技术手段和制作工艺都已经相对成熟，制衡生产企业无法在生产环节落实环保要求和全面使用可降解原料的因素还是聚焦在成本方面。河南省邮政局负责人曾做过估算，一般快递企业使用的一次性塑料编织袋的成本在0.8～1.2元之间，如果按照环保要求升级成可循环可回收可降解的中转袋之后，一个袋子的成本会上升到30元，这对消费者来说这无疑是难以接受的。当然，该包装袋按照理论可以循环使用60次，每次的使用成本平均和一次性塑料编织袋成本相当，但是如何确保一个环保袋实际使用次数达到标准，如何将每一次的使用成本合理分担到每一次实际使用的消费者分摊支付上，都需要进一步的考量和研究。可降解的环保塑料袋成本相较于一般塑料袋也会上升15%左右，如果这部分成本找不到愿意消纳的对象，环保生产和环保原材料就都无法推进。

二是现阶段快递运输过程中存在严重的过度包装问题。快递运输中电商快件占大部分，为了避免快递运输过程中可能会存在的损坏和由于损坏而导致的售后纠纷，商家和寄件个人都会选择对物品进行多层包装、内部填充和外部胶带缠绕等处理，尤其

---

① 数据来源：绿色和平、摆脱塑缚、中华环保联合会等三家环保组织联合发布《中国快递包装废弃物生产特征与管理现状研究报告》，https://www.greenpeace.org.cn/chinas-express-delivery-sector-leaves-giant-waste-trail/.

是易碎品、贵重物品和各类大小家电等。即便其本身已有完整包装且包装已经可以对内部物品形成足够的支撑和保护，寄件方和快递运输公司也都会在原有包装的基础上添加众多类似于气泡袋、气泡柱、充气袋、旧报纸、珍珠棉等填充物来避免因运输过程中摇晃、颠簸产生的碰撞而造成的损坏。而对于本身有包装的衣服、鞋子、生活日用品等，寄件方和快递运输公司也会为了避免外包装污染和损坏导致的观感不好而在外面再一次进行包装，甚至会在外包装上缠绕多层的胶带来进行固定进而对物品进一步保护。实际上，这些包装对物品本身其实作用并不大，过度填充和包装的过程反而会造成运输的负担，而无论是外包装还是缠绕的胶带，其回收的可能性都极低，甚至会因为胶带的过度缠绕导致纸箱等外包装也无法回收利用。有调查结果表明，日常快递运输中纸箱类包裹胶带缠绕量约为 1.5～2 米，其大部分都是重复缠绕，2018 年，中国消耗的胶带用量总长度超过 398 亿米，重量达到 8.1 万吨，间接消耗胶带芯 4.4 亿个，重量达 2.1 亿吨。[①] 过度包装材料在造成资源浪费的同时也对回收造成了极大的负担。

三是现阶段各类快递包装的回收复用率低。由于关于快递包装物回收的标准尚未形成明确的标准和强制的措施，即便是在强制垃圾分类的基础上，现有各类快递包装的重复利用率也非常低。在大众视野中，无论是纸箱还是塑料类快递包装都基本上等同于垃圾和废品，即便是本身可以重复利用多次的纸箱，也会因为在包装中胶带缠绕和收货过程中的随意拆件而有所损坏，使得再次使用的可能性进一步降低。而塑料类包装物更是除了作为垃圾袋或者直接扔掉之外，别无他用，缠绕过的胶带也是无法回收。即便是对快递包装物进行强制回收重复利用，由于包装过程中使用的包装物种类繁多，规格纷繁复杂，回收、分类、整理、再利用等各个过程都需要耗费巨大的人力物力。有部分地区和快递运营商会在快递的"最后 100 米"建立快递包装的回收点，但是该行动执行的有效性和效率都有待进一步的观察和考证。现阶段如何将所有的快递包装物及时有效的回收并正确分类重复利用或者进行垃圾处理是亟待解决的重要问题。

四是个人参与回收意愿较低。消费者作为快递消费的主体，其快递包装绿色的回收利用意识亟待提升。厦门大学中国能源政策研究院曾就消费者绿色快递包装的使用和回收意愿做过微观调查，调查主要针对北京、上海、广州和深圳四个一线城市的城市居民，就个人的基本情况和对绿色快递包装的使用意愿、支付意愿以及回收意愿都进行了问卷形式的提问，问卷合计发放 3500 份，回收 3317 份，回收率为 94.77%。剔除掉填答不完整和明显不认真的问卷，最终共得到 3140 份有效问卷，有效回收率为 96.6%。结果表明，有 87% 的城市居民愿意参与到快递包装回收当中，13% 的人不愿意参与到快递包装回收中；且一线城市的回收意愿相对较高，但是在这 87% 愿意参与

①　数据来源：绿色和平、摆脱塑缚、中华环保联合会等三家环保组织联合发布《中国快递包装废弃物生产特征与管理现状研究报告》，https://www.greenpeace.org.cn/chinas-express-delivery-sector-leaves-giant-waste-trail/.

到快递包装回收的人群中，依旧有 91% 的表示需要一定的经济激励才可以鼓励他们参与到快递包装回收中，因为回收过程中需要耗费大量的时间和精力，且将快递包装在快递点直接有效回收后，由于包装内的物品不好带回家中所带来的不便也会导致其不愿意在快递点进行即时回收。如果回到家中拆开快递，再将包装送到专有回收点进行有效回收则又需要耗费时间精力，故只有存在一定的经济激励才可以鼓励城市居民对快递包装进行有效的回收。

五是个人对绿色快递包装的支付意愿较低。在上述微观调查中，关于"绿色包装的使用和支付意愿"，有 70% 的人表示愿意使用绿色快递包装，有 30% 的人表示不愿意使用绿色快递包装。而在使用绿色快递包装时，消费者主要考虑的方面在于包装的价格是否合理、包装的外观是否美观、包装是否可以重复使用、包装的防护力是否可以达到要求、包装内商品的大小、包装内商品的价格、包装内商品的种类、政府补贴或者是销售折扣、环境污染的现状以及社会宣传和推广等因素。在诸多因素中，尤其重要的是包装的价格和包装内商品的价格和种类。一旦涉及绿色快递包装的成本承担问题时，只有 70% 的人愿意为绿色快递包装额外付费，且最终平均愿意为绿色快递包装额外支付 2 元人民币。这一数值虽然在不同群体之间会有一定差异，但总的来说支付意愿相对于绿色快递的生产成本来说还是相对较低的；而且这还是一线城市具有一定文化水平和收入来源的人群愿意支付的情况。如果就全国平均水平来看，结果只会更低。对于"谁应该为绿色快递包装的额外费用进行支付"这一问题，只有 9% 的受访者觉得应该由消费者来承担。消费者之所以不愿意进行额外支付的原因主要有以下几个：少部分认为当下环境质量不存在改善的需求，这显而是不符合现实的，中国现阶段正处于"双碳"目标进程中，快递污染治理亟待解决；也有一部分消费者认为个人的收入较低，且已经缴纳了足够的税收，不应当再为此付费，这其实是可以理解的；还有大部分的消费者认为这部分的成本应当由政府和企业或者卖家来进行承担，而非个人。事实上，无论是政府还是快递公司，都无法承担如此巨大体量的快递成本，如果让商家承担这部分成本，最终他们也将以提高商品价格的方式将成本转嫁到消费者身上。

3.6.2 政策推进快递包装绿色发展

在快递污染问题日益严峻的情况下，各部门就加快快递包装绿色治理等问题颁布了一系列政策和规范，多角度、深层次剖析现阶段快递包装绿色治理存在的诸多问题以寻求解决方案，并就相关的突出问题提出了针对性且具有指导意义的标准体系和实施方案。具体颁布的政策如表 3.4 所示。

表 3.4　2017 年以来快递包装物治理相关政策整理

文件名称	颁布时间	颁布部门	主要内容
《关于协同推进快递业绿色包装工作的指导意见》	2017 年 11 月 2 日	国家邮政局等十部门联合发布	明确了"十三五"期间快递包装工作要实现的三大目标：绿色化、减量化和可循环。 对 2020 年绿色快递发展提出了具体的指标，包括： 1. 可降解的绿色包装材料应用比例达到 50%； 2. 电子运单使用率达到 90% 以上； 3. 平均每件快递包装耗材减少 10% 以上。 对绿色包装的法规标准制定、产品供给使用、产品绿色认证、简历试点示范以及推进产业联盟等方面做出了明确的规定和要求； 将每年 11 月的第一周作为"绿色快递宣传周"
《关于开展快递包装绿色产品认证工作的实施意见》	2020 年 3 月 24 日	市场监管总局和国家邮政局	快递包装绿色产品认证工作需要坚持"统一管理、共同规范、政府引导、市场运作"的原则； 明确快递包装绿色产品认证工作的原则、机制、实施过程和监督管理的内容
《邮件快件绿色包装规范》	2020 年 6 月 22 日	国家邮政局	提出邮件快件绿色包装坚持标准化、减量化和可循环的工作目标； 对邮政企业、快递企业、经营邮政通信业务的企业提出具体的包装要求
《关于加强快递绿色包装标准化工作指导意见》	2020 年 7 月 28 日	市场监管总局等八部门	对快递包装的标准化工作给出具体的时间阶段，进行主要任务等层面的详细部署
《快递包装绿色产品认证技术要求》	2020 年 10 月	市场监管总局、国家邮政局	对快递包装绿色认证依据进行了细化
《快递包装绿色产品认证目录》	2020 年 10 月 30 日		明确快递包装绿色产品认证的范围和具体规则； 优先选择在邮政快递业使用量大、影响面广的包装箱、胶带等 10 种产品进行试点管理； 从顶层设计的角度建立了快递包装绿色产品认证体系的基本框架
《快递包装绿色产品认证规则》			
《关于加快推荐快递包装绿色转型的意见》	2020 年 11 月 30 日	国家发改委等	明确快递包装绿色转型发展主要任务和阶段性目标； 要求强化快递包装绿色治理； 加强电商和快递规范管理，增加绿色产品供给； 培育循环包装新型模式； 加快建立与绿色理念相适应的法律、标准和政策体系，推进快递包装"绿色革命"； 要求 2022 年基本形成快递包装治理的激励约束机制，全面建立统一规范、约束有力的快递绿色包装标准体系，并要求电商快件不再二次包装比例达到 85%，可循环快递包装应用规模达到 700 万个，快递包装标准化、绿色化和循环化水平明显提升； 要求 2025 年全面建立与绿色理念相适应的法律、标准和政策体系，形成贯穿快递包装生产、使用、回收和处置全链条的治理长效机制，电商快件基本实现不再二次包装，可循环快递包装应用规模达到 1000 万个，包装减量和绿色循环的新模式、新业态取得重大进展，快递包装基本实现绿色转型

续表

文件名称	颁布时间	颁布部门	主要内容
《邮件快件包装管理办法》	2021年2月8日	交通运输部	明确邮件快件包装管理的总体要求，包括寄递企业总部统一管理责任、包装使用总体要求、关联产业协同、产学研合作、行业自律等； 明确包装选用要求，包括建立实施包装物管理制度、按规定使用环保材料、包装减量化措施等事项； 细化包装操作要求，包括操作规范制定、从业人员培训、包装操作方法、包装回收再利用等内容；细化监督管理规定

在诸多政策的推行下，快递包装绿色化取得了显著的成果，主要表现在以下几个方面：

首先是电子面单使用率逐步提升。多个政策和管理办法都对电子面单的使用率进行了要求，现阶段虽尚未有全国关于电子面单使用率的数据，但从各个快递公司公布的相关数据可以看出，圆通速递在2020年的全网电子面单使用率已超过99.7%，且圆通速递和菜鸟裹裹等都对电子面单进行了升级，推广使用小号包签，取消缝包环节，整体减少消耗约50%。而百世快递、京东物流、申通快递以及邮政EMS都积极推行电子面单的使用和优化升级，估计全国所有快递包装的电子面单使用率应当已经达到95%，电子面单使用量整体减少了70%以上。

其次是全行业胶带使用量逐步减少。自2017年《关于协同推进快递业绿色包装工作的指导意见》颁布以来，邮政局领头各个快递企业积极参与到封装胶带瘦身活动中，从国家邮政局市场监管司司长冯立虎的发言中可以得知，封装胶带变薄、变窄，且用量减少，单个快件使用封装胶带量同比减少1/3；而邮政局公布的数据显示，2020年全行业胶带使用量已降低25%以上。

再次是包装重复利用率稳步提升。中通韵达等企业都推出了绿色可循环使用帆布袋，一条帆布袋可重复使用4～6个月，平均下来一条帆布袋的使用率是以往单挑编织袋的100倍，而2020年更是重复使用纸箱1亿多个。为了提高快递包装的回收利用效率，菜鸟网络联合物流伙伴和商家从2017年以来不断推出"绿仓"活动，即从"绿仓"发出的包裹都使用免胶带的快递箱和百分百可生物降解的快递袋包装，这部分的包装都可以全部回收再利用直至最终无法使用进行降解，不会对环境产生负担。而在回收方面，天猫和菜鸟则是以投放回收箱、实施回收鼓励等形式来促进广大居民参与到快递包装回收中。京东也推出可循环抽绳包装袋以增加快递包装的回收利用率，各类冷链生鲜的快递配送则是使用可以重复使用的保温箱，不再对物品进行二次包装。苏宁也在多个城市试点投放共享快递盒。

最后是全产业链积极研发并推广绿色快递包装。政府和相关企业正积极促进绿色快递包装的研发，虽然目前绿色包装的科技创新主体的集聚程度不高，单个企业不具备承担行业研发的能力，但目前全产业已经形成产业联盟和创新联合体，以此形式助力推进快递包装的研发。

■3.6.3 快递包装绿色化过程中面临的挑战

相关政策文件和标准体系已明确了快递包装绿色转型的方向和路径，并取得了一定的成效，但现阶段还面临诸多挑战，主要集中在以下几个方面：

首先是服务质量与精简包装之间的平衡。快递包装和快递运输企业众多，但快递服务的质量和包装材料的成本之间存在判定逻辑的不同。精简包装虽然可以降低关于包装的能源消耗和环境污染问题，但也极有可能会因为没有完善的填充和包裹而造成邮寄物品的损坏，而这部分损坏通常需要快递公司甚至快递员个人对消费者进行赔偿，这在造成经济损失的同时，也降低了整个快递品牌服务的质量和口碑，国家邮政局官网每月公布的关于邮政业用户申诉情况中都有大部分关于快递运输过程中损毁的情况，一旦消费者向相关企业反映或者向国家邮政局投诉后，相关由于包装精简导致的物品损毁的损失都将由相关企业和个人来承担。这就让相关企业很难在精简包装和服务质量之间进行合理的平衡，无论是收件的消费者、寄件的电商平台还是承担运输的快递公司，都难以承担这部分潜在的损失，进而面临服务质量和精简包装二者如何平衡的两难困境。

其次是生产企业降低成本和提高质量的挑战。快递包装生产企业如果按照标准使用完全可回收可降解的材料进行生产，无疑将面临巨大的成本压力。近年来纸价格和相关可降解包装材料的增加，如果市场不愿意为快递包装支付更高的价格，则商家很难从生产中进行获利，只有通过压缩成本来进行生产。再加上近年来一些低价电商平台的崛起，很多低于 10 元的物品都可以享受全国包邮，电商和快递行业微薄的利润让他们不得不选用更加廉价但并不环保的普通包装，这部分快递包装如果按照标准进行生产的话，则无论哪一方都不愿承担这个成本。

再次是降低包装废弃物污染面临的挑战。快递包装回收成本高、难度大且并没有形成完整的回收产业链，这亟待上下游供应商、相关回收机构、政府以及消费者的大力配合和支持。即便是全力配合回收，也会因为生产材料的问题而增加回收的难度，据统计，现阶段中国快递纸箱的回收率只有 60%，而塑料包装回收价值更低，胶带、运单本身由于加了附着性材料，不具备回收再利用的价值，多作为其他垃圾被焚烧和填埋。

最后是唤醒消费者对快递包装绿色使用和回收利用意愿的挑战。纵使颁布了诸多政策法规，但是全社会对于绿色快递包装的使用和回收利用意愿严重不足，在之前的调研中我们发现，即便是来自一线城市的居民，受过良好的教育，也都难以积极的参加到绿色快递包装的使用和回收中来，这方面意识有待进一步的提高。

3.6.4 快递包装绿色化的建议

为加快快递包装绿色化进程，可以从以下几个方面来进行共同推进：

第一是加强政策引导，标准先行。政府层面应就推进快递行业绿色发展发布更加明确的指导性文件，健全法规标准体系，给市场明确信号和方向的同时，建立起完善且标准的包装体系。另一方面，多部门须配合打通全行业全产业链的融通发展，积极鼓励相关研发成果的认证和授权，并配合推动其进行产业层面的转化。在市场和企业层面，应积极配合相关政策，建立健全管理和监督体系，主动真实披露绿色供应链和绿色发展的综合报告，并结合一线工作中遇到的问题及时反馈，协助政府相关部门建立健全各类标准和技术规范等。

第二是建立健全激励机制。绿色快递包装研发初期成本高且不易被市场接受，故需要通过一系列减税降费、政府补贴以及设立专属实验室等手段来对研发过程进行激励。尤其是对新研发出的产品进行奖励和激励，进而鼓励快递企业和科研机构参与到绿色快递包装研发中来。

第三是引入完善的行业评估体系。在快递包装材料、包装过程、包装回收复用等过程中建立完善的评估体系和标准，并在全行业引入系统的行业体系以及绿色发展的评估体系。

第四是加强宣传和舆论引导。将绿色发展理念深入渗透到企业发展、社会发展的各个方面，以宣传、培训和教育的形式共同推进全社会共治，引导全社会营造使用绿色快递包装、参与快递包装回收、鼓励绿色快递包装研发的良好氛围，从大学生、年轻人开始，倡议其积极践行绿色环保理念，多元共治推进绿色快递包装发展。

3.7 以城市为主体来规划实现碳中和更具有实践和政策意义

习近平总书记在第七十五届联合国大会一般性辩论会上提出："中国将提高国家自主贡献力度，采取更加有力的政策和措施，二氧化碳排放力争于 2030 年前达到峰值，努力争取 2060 年前实现碳中和的目标。"对于一个拥有众多高耗能产业、年排放量超百亿吨的发展中国家，这无疑是个极具雄心的目标，更体现了大国的担当。国家碳中和目标的提出属于自上而下的政策设计，践行碳中和目标，需要一个自下而上的政策体系与之相对应。城市在减碳方面有其自身的发展基础。中国自 2010 年开始就开始在全国各地分 3 批，共计 87 个城市进行了低碳发展试点，其目的就是转换传统发展思维，探索绿色低碳发展新模式，助推经济高质量增长。这些城市几乎包含了全国的各个省份，同时也覆盖了不同经济水平地区，可以说这些试点综合性比较强，具有相当的代表性。在结果上，这些不同地区和发展水平的城市在经济建设和绿色水平上成果显著，能源利用水平和产业结构转型等方面走在全国前列，为未来碳达峰和碳中和发展积累了丰富的经验，奠定了坚实的基础。

换句话说，城市作为中国碳中和路线图的重要执行者，以城市为主体来规划实现国家的碳中和将更具有实践和政策意义。城市在减碳方面大有可为。中国城市发展和建设有其共性，例如生产、人口、消费和排放的集聚性给城市减碳提供了坚实的基础。但是，中国城市亦有其区域异质性，在 2022 年初由中国环境科学研究院科研团队联合公众环境研究中心组成的城市碳达峰碳中和指数课题组发布的中国城市碳达峰碳中和指数中，110 个首期评价的重点城市中北上广深等一线城市名列前茅，但多数城市在"双碳"目标和方案方面规划仍不清晰，且减碳水平不高。因此，秉持全国上下一盘棋的原则，在未来城市减碳方面，中国城市仍有大量的工作需要去做。本书主要试图回答三个问题，即为什么城市碳中和更具有实践和政策意义，目前城市发展和城市碳中和之间的矛盾是什么，如何设计规划城市发展来实现城市碳中和。

▇3.7.1　城市碳中和的实践和政策意义

第一，为什么说城市碳中和更具有实践和政策意义？第一，城市是人类活动的密集区，中国城市化率虽然有所减缓，但仍有发展空间。如图 3.19 所示，自 2010 年以来中国的城镇人口数就已经逐步超过乡村人口数，且这一趋势仍在持续。根据第七次人口普查数据，截至 2020 年，中国人口城镇化率为 63.89%，其中县级以上人口城市化率约在 40% 左右。正是城市属于人口活动的密集区，在贡献了更多的 GDP 同时，也导致其排放了更多的二氧化碳。但是也正是人口往城市的集聚，将更有利于城市发展一流的大学和智库，聚集更大规模的投资基金，壮大高收入者人群，从而有利于实施相应政策来激励开发出更有效的气候解决方案，引导资金流向，刺激技术更新，从而推动城市脱碳化进程。

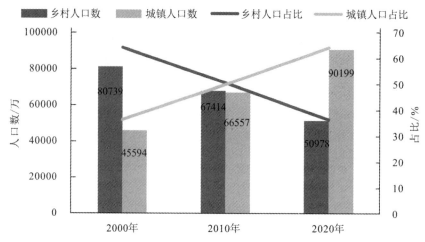

图 3.19 中国城乡人口构成情况

数据来源：国家统计局。

第二，中国城市碳排放集聚性明显，且能源消费尤其是电力消费仍将不断增长。解铃还须系铃人。自然资源保护协会（NRDC）数据显示，中国城市排放了全国 70% 以上的二氧化碳。之所以排放如此多的二氧化碳，主要源于电力、钢铁、水泥、交通、建筑等高耗能行业产品的消费。随着城市化进程的不断推进，城市排放的二氧化碳比重或将继续增加。以电力为例，如图 3.20 所示，2020 年第一产业用电量保持平稳增长，用电量为 780 亿千瓦·时，占全社会用电量的 1.08%。第二产业用电量保持中低速增长，用电量为 49362 亿千瓦·时，占全社会用电量的 68.32%，其中，工业用电量 48473 亿千瓦·时，占第二产业用电量的 98.19%。第三产业用电量保持高速增长，用电量为 11863 亿千万·时，占全社会用电量的 16.42%。居民用电呈现出中速增长态势，用电量为 10250 亿千瓦·时，占全社会用电量的 14.19%。第二、三产业往往将城市作为主要载体，可以说能源电力消费的中心均在城市。因此，通过各种实践和政策来抑制和抵消城市中社会经济活动产生的二氧化碳排放，从而实现零碳排放，或将起到事半功倍的效果。

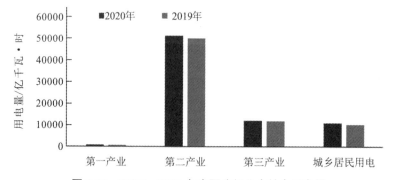

图 3.20 2019—2020 年中国分行业全社会用电量

数据来源：中国电力企业联合会。

第三，城市居民有比较好的低碳认知、支付能力和支付意愿。由于经济发展、文化活动、教育水平等因素的影响，低碳消费理念在城市居民中的接受度更高，城市居民对低碳理念的认知也更强。从支付能力来看，2020 年城镇居民人均可支配收入43834 元，农村这一数据是 17131 元，可见倘若需要为低碳买单，城市居民无疑具备更强的支付能力。从支付意愿来看，我们专门针对"北上广深"四个一线城市进行了问卷调查。我们询问假设市面上推出了附有碳标签的产品，该产品可以通过引导低碳生活改善环境质量，减少温室气体排放，居民是否愿意为此多支付额外的金钱。碳标签是为了缓解气候变化，减少温室气体排放，推广低碳排放技术，把商品在生产过程中所排放的温室气体排放量在产品标签上用量化的指数标示出来，以标签的形式告知消费者产品的碳信息。由于碳标签的实施需要核定生产过程中导致的温室气体排放量，会给厂商带来额外成本。结果显示，在 2317 个受访者中有 2048 个受访者愿意为碳标签产品多支付费用，仅有 269 个受访者不愿意多支付。由此可见大多数城市消费者还是愿意为低碳生活买单的，碳标签未来在中国城市的实施具有一定的前景。同样，我们还对不同消费者食品、纺织品、电子产品以及其他日用品碳标签溢价的支付意愿进行了调查，结果如表 3.5 所示。从表中可以看出，居民愿意为低碳生活多支出大约 8%左右的溢价。

表 3.5　不同年龄消费者对不同碳标签产品的溢价支付意愿

年龄	溢价支付意愿			
	食品	电子产品	纺织品	其他
11～20	7.34%	7.75%	6.95%	7.56%
21～30	8.05%	8.27%	7.61%	8.08%
31～40	8.74%	8.73%	8.24%	8.55%
41～50	8.93%	8.81%	8.39%	8.69%
51～60	8.76%	8.58%	8.27%	8.47%
61～70	7.61%	7.49%	7.37%	7.46%
71～80	8.35%	8.04%	7.85%	7.99%
均值	8.43%	8.50%	7.95%	8.33%

数据来源：问卷数据。

综上所述，城市是由中央层面力推碳中和目标的执行者，也是实际在减排和发展方面进行协调的主体力量。在城市层面研究和落实中国碳中和愿景，不仅呼应了中央自上而下的碳中和政策体系，同时也是自下而上对碳中和体系的支撑。城市是一个大小相对合理的体量，在碳中和目标的核查和监督成本相对不高，通过对碳中和目标在城市层面的分解，可以很好地激励城市之间进行低碳竞争，也可以帮助中央更好地把握和控制碳中和目标进程。此外，改革开放四十几年来，各个城市都得到了不同程度的快速发展。在当前的碳中和进程中，各个城市同样会在经济转型过程中获得新的经济增长引擎，各个城市可以根据自己的资源和发展条件发展新能源、绿色建筑、智慧交通等新兴产业，为自己未来发展赋予新动力。因此，城市有动力也有能力积极参与和探索碳中和实现路径，以实际行动在技术和理念上挖掘城市低碳发展潜力，带动城市新一轮的经济增长。

■ 3.7.2 城市碳中和存在的矛盾

目前，我国的城市发展和城市碳中和之间还存在着一些矛盾。对它们之间矛盾的发现和梳理，将更有利于我们依托城市为主体，出台相关低碳政策来实现碳中和目标。

第一，城市化率不断提高带来的用能增加所引起的城市发展和城市碳中和之间的矛盾。城镇化过程将会持续拉动交通、建筑和基础设施建设领域投资，尤其是在大型城市和特大城市，推动工业原材料生产。从全生命周期角度来看，基础设施建设带来的碳排放包括基础设施建设本身产生的碳排放，基础设施运行产生的碳排放，以及使用基础设施而产生的碳排放。考虑到我们现在正在大力提倡新型基础设施建设，尤其是以5G、人工智能、大数据中心、工业互联网为代表新型信息基础设施建设和以特高压、新能源汽车充电桩等为代表的升级型基础设施建设。需要注意的是新型基础设施建设中建设本身带来的碳排放，以及基础设施运行产生的碳排放。除此之外，我们或许认为，新型基础设施几乎都是以电力为能源，其运行过程中并不产生碳排放。但是，我们也需要考虑到，新型基础设施一旦建成，势必会极大增加电力消费，如果所用电力由化石能源燃烧产生，其所产生的碳泄漏很可能与我们最初发展新基建的初衷相违背。

第二，城市区域层面的"南北矛盾，东西矛盾"，决定了城市碳中和目标不能一刀切。受社会经济、技术水平、自然地理和政策文化等多维度的影响，我国不同城市的碳排放在总量、结构、达峰和碳中和行动的进展上存在较大差距。据能源基金会的研究，中国已经有部分城市已实现或接近碳达峰目标，如上海、北京、天津等东部地区。这些城市产业结构好，创新性强，电气化程度高，又没有相应的重工业产业，在"双碳"目标实现道路上走在前列。但是，中国也有很多城市仍处于动态和扩张型的发展阶段，即面积仍在扩大、人口仍在增长，且仍有较大规模的基础设施在建。这些城市有的在功能定位上与那些产业结构好的城市有所不同，例如在当地生产的电力输送到中心城市，保障中心城市的能源供应。再比如我国南方的城市，主要以服务业和轻工业为主，又赶上了数字经济的发展，在科技创新的推动下，产业结构进一步优化，经济发展进入良性循环。而一些北方城市，如河北，具有非常多的重工业——钢铁，本来的资源优势变成了现在的发展约束。针对这些城市，有效控制碳排放确实存在较大困难，需要找到切实可行的转型路径。如果制定和其他城市相同的低碳目标，那么那些发展程度低、产业结构差的城市将会面临着发展空间小、转型之路更加艰难的局面，进而打击这些城市低碳转型积极性。因此，针对城市区域层面的"南北矛盾，东西矛盾"，还需要考虑到减排目标的公平性问题。

第三，城市碳目标层面缺乏系统性和协同性，同时配套的统计、监测和核查体系不足，导致碳目标存在一定的弹性，影响了城市减排的内在动力。中央所提出的碳达峰和碳中和目标表面上是一个量和时间的概念，明确了解决气候变化问题的截止时间和解决程度。但实际上这是关于经济和社会系统性变革的问题，涉及能源结构升级、产业结构转型、技术进步和科技创新，以及人们生活方式变化等方方面面。然而，当前大多城市都只关注能不能在该时间段碳达峰以及碳中和，即将注意力过多地放在目标本身上，存在目标单一、同时目标也不明确的问题。"双碳"目标是顶层设计下的低碳发展目标，中央的决定必须依靠地方政府来达成，那么城市就应该针对"双碳"目标制定一系列如何实现"双碳"目标的子目标，例如可再生能源消纳水平、能源结构比例、森林碳汇面积、城市绿地水平、城市居民出行低碳程度等指标。目前也有一些城市出台的目标相对具体，也更具有量化性，但是要注意，是否能够通过实现这些目标就能达到碳达峰和碳中和，即所制定的目标与顶层设计的"双碳"目标之间的协同程度。另外，我国城市还缺乏完善的碳排放统计、监测和核查配套体系（MRV）。碳排放统计、监测和核查体系对于统一量化低碳目标起着重要的支撑作用，是低碳目标实现的重要条件。如果没有一个完善统一的统计、监测和核查配套体系，那么城市之间的低碳目标就不具备一个可比较的程度，进而导致碳目标具备一定的弹性，从而影响城市减排的内在动力，严重甚至导致低碳发展沦为一句口号。

第四，城市在实现碳中和目标进程中面临的资金需求和供给不足之间的矛盾。中国的碳排放问题大多来源于能源领域，能源结构直接制约了中国的脱碳进程。从目前来看，要想在发展和排放之间寻找一个合理的均衡点，关键还在于技术上的创新。城市需要成熟的技术来帮助其平衡好减排和发展的矛盾，而成熟的技术需要考虑技术可靠性和经济的可行性。一个新型的技术无论是在技术可靠性还是经济性方面都需要大量资金的支持。据国家发改委价格检测中心研究，中国每年至少需要 3.1 万亿元的资金来实现碳达峰，然而当前的资金供给仅有 5265 亿元，缺口高达 80%。可以看出，中国的碳达峰和碳中和目标下，绿色资金的需求和供给之间存在严重不匹配，从而制约了"双碳"目标的实现。这么大的资金缺口单靠财政肯定不能满足，还需要依靠金融市场的力量。在绿色金融方面，中国起步较晚但发展很快，是世界首个具备较为完善的绿色金融政策体系的国家。资金仍存在较大缺口，一方面因为是金融工具集中度过高，发展不均衡，90% 的资金集中在绿色信贷工具上，绿色债券，保险和基金等仅占 10%。另一方面是因为绿色金融工具的标准不够完善，与国际标准兼容性仍需提高，这就影响了国内外资金参与绿色金融项目的积极性。

3.7.3 关于城市碳中和的几点建议

在未来城市低碳转型过程中要坚持两大原则，广义节能原则和成本递减原则。根据这两大原则，城市低碳转型主要有两个思路：一是节能减排，通过统筹规划，能源结构转型，提质增效等方式来提高效率、实现循环经济、调整产业结构；二是利用碳汇，包括利用森林碳汇和碳捕获、利用与碳封存技术等手段来抵消已排放的二氧化碳。据可靠研究，整体而言，森林碳汇只能抵消目前 1% ～ 2% 的碳排放，其重要意义主要在于提高生态的多样性。但是考虑到各城市自然资源禀赋差异较大，森林碳汇对气候条件好和土地资源丰富的省份减排作用不可忽视。技术固碳需要充分考虑技术的成熟性和安全性，以及技术的成本是否逐年递减。具体而言，我们给出以下几点建议。

第一，碳中和的关键在于能源系统的转型，因此必须加大可再生能源在能源消费中的比重。根据前文提到的两个思路可以知道，单纯靠碳汇来抵消中国每年 100 亿吨的碳排放是很难的，关键还是要依靠节能减排路径。要想实现节能减排，就必须对当前的能源系统进行转型，主要有两个思路可以实现：一个是大力发展技术，进行科技创新，比如现在的数字化技术，来大大提高能源生产和消费的效率。另一个就是减少化石能源的使用，尤其是煤炭的开采和利用，加大可能再生能源在一次能源中的消费比重。考虑到我国的资源禀赋以及煤炭在我国能源安全方面的保障作用，完全减煤并不可行。具体而言，可针对一些可以进行电气化替代的生产工艺进行电气化替代，对于一些需要依靠燃烧产生热值的生产工艺进行氢能等绿色能源来替代，对于另一些煤基产业，比如现代煤化工战略性产业，进行 CCUS 等技术手段进行捕获。需要注意的是，进行电气化替代中所使用的电力要是绿色电力，进行绿色能源替代的能源一定要是绿色的，比如氢能不能是灰氢，而是绿氢。除此之外，通过基础设施建设来引导投资从而推动经济发展是一项成功的经验做法，作为疫情后刺激经济复苏的新型基础设施建设将会对未来中国能源系统转型起到广泛的影响。因此，在新基建中一定要注意基础设施建设的碳锁定效应，要充分考虑碳达峰和碳中和目标，投资那些具有促进低碳技术发展和新型商业模式发展的正外部性项目，例如布局分布式可再生能源发电项目和储能设施等提高可再生能源的消纳比率。还可以在新一轮的城市建设中充分考虑循环经济，利用循环经济在使用过程摊销建设过程中锁定的碳排放。同时，循环经济提高了资源使用效率，也可以间接减少资源生产产生的碳排放，加速碳中和目标的实现。

第二，因地施策，允许城市在"3060"基础上先后达标，充分发挥我国低碳试点城市作用，以点带面，从而实现区域性碳达峰和碳中和目标。在允许城市先后达标基础上，首先要明确各个城市的减排空间到底有多大。各个城市的规划建设、地理气候、建筑、交通、能源与产业多有差异，以此作为城市碳中和达标评价的基础。自改革开放以来，我国经济取得了巨大的发展，其中很重要的一点原因就是城市化率的不断提高。城市的发展促进了全国经济的发展，其中有两点重要的宝贵经验，一是区域协同化发展，例如京津冀协同发展、长三角区域协同化发展和珠三角区域协调发展，这三个区域贡献了全国 40% 的国内生产总值。未来在城市层面，考虑到各大城市的功能性定位不同，单一的城市碳达峰和碳中和可能较难也不经济，所以城市低碳发展更是离不开区域协同化低碳发展。另一个就是试点政策，作为中国治理实践中所特有的一种政策测试与创新机制，可以达到以最小的成本代价来实现局部发展到整体发展的目标。总的来说，全国要想按时甚至提前实现碳达峰、碳中和目标，一方面离不开长三角、珠三角等碳排放重点区域率先实践探索，另一方面可按照空间、区位、能源和资源禀赋及产业布局比较优势，统筹优化全国不同地区在发展、资源能源和产业方面的功能，分类施策，推动各地方逐步碳达峰、碳中和。比如，可以考虑要求中东部地区率先达标，为西部及落后地区发展留出空间；鼓励有条件或创造条件提前达标，允许落后地区 2030 年以后达标。再者，抓住主要矛盾，推动行业依次达标。比如让工业行业率先达标，特别是钢铁、水泥、电解铝等高排放领域率先达标。

第三，加快完善配套的碳排放统计、监测和核查体系，可考虑将碳排放统计、监测和核查机构市场化。MRV 体系的参与者主要有政府主管部门、企业和第三方机构。一个成功的 MRV 体系需要建立在完善的法律规章、技术标准、人才与能力建设机制以及数据报告系统的基础之上。建立完善的碳排放数据的 MRV 体系，是确保碳排放数据准确、可比、可信的重要基础和保障，是实现碳达峰与碳中和所有工作的基础，从而从源头上对减排路径进行研究开发，对减排目标效果进行量化评估。具体而言，首先需要进一步健全 MRV 体系政策法规，强化法律效力。2021 年 12 月 31 日，由 21 世纪经济研究院碳中和课题组发布的《中国净零碳城市发展报告（2021）》指出，在所有的评价指标方面，深圳几乎全部都处于前三水平，而之所以其能够在低碳发展方面走在全国前列是因为其特区的独立立法权有关，深圳在政策上特别注意自身经济和低碳之间的协调性。目前国内的 MRV 在法律层面还存在效力不足的情况，这导致在碳中和进程中一些排放主体违规成本较低。针对这种情况，首先就要根据试点碳市场的建设情况，总结碳市场发展的经验教训，完善 MRV 的管理、执行、评估和监督，进一步明确各个排放主体的权利和义务，落实相关排放主体的责任，并在运行过程中不断提取和完善具体的技术细节和执行标准，最终形成和完善国家层面的法律法规。其次，要完善 MRV 体系的监督平台，单靠国家政府部门核查可能会导致较高的监督成本，同时存在一定的垄断，可考虑纳入第三方核查机构，推进核查机构的市场化，提高对排放主体的核查能力。最后，坚持政策引导和市场相结合推动第三方机构市场化，有利于碳交易的规范化和碳市场的平稳运行，进一步促进碳减排工作的实施。

第四，建立碳达峰和碳中和目标与其他目标之间的关联与协调机制，以及"城市—社区—人"多尺度目标管理系统。首先，就单纯"双碳"目标来说，其包含的要素有：到达峰值的时间、峰值时的排放量、峰值时点以前各时间点的排放量和到达峰值时点之后和碳中和之前的各时间点的排放量、碳中和的时间点。以上时间点的"双碳"目标是需要首先明确的，要具备一个时间路线图。其次，将"双碳"目标在实施路径层面进行细分。例如，根据各地社会经济、技术水平、自然地理和政策文化的不同，将碳达峰和碳中和目标与能源强度目标，碳强度目标和非化石能源目标相互关联和协同起来，将更有利于城市低碳目标的管理。这样的一个好处就是，只要确定了"双碳"目标跟其他与之相关协调目标之间的关系，城市不必过度关注"双碳"目标本身，只需要关注哪些相关联协调的目标未能实现从而影响了"双碳"目标的实现，城市也不用过于焦虑"双碳"目标在达成后会出现反复。最后，可在城市层面再进行细分，以"城市—社区—人"三个层面进行目标管理，制造全员参与的减碳氛围。同样，在更低的层级也要考虑不同城市、不同社区、不同人群的减排责任，低碳目标要兼具公平性和激励性。这样地方城市政府只需要收集各层"双碳"目标的完成情况，并且反馈哪个区域哪个指标出现"拖后腿"情况即可，从而更有针对性地制定相关政策。总而言之，制定一个系统的、协调的、明确的指标体系对于未来城市了解和控制"双碳"目标的实现情况可以起到事半功倍的作用。

综上所述，正如习近平总书记所说，实现"双碳"目标是一场广泛而深刻的变革。城市在这场变革中大有可为，既面临着机遇也存在着挑战，以城市为主体来规划和实现碳中和目标具有重要的实践和政策意义，可以起到事半功倍的作用。城市有动力也有能力在这场社会变革中寻找到自己新的经济增长引擎，从而带动城市新一轮的经济增长。在城市碳中和进程中要重点处理好城市发展和排放之间的矛盾，这离不开技术层面的创新，也离不开绿色金融的支持。这就需要国家尽快疏解绿色项目资金供给和需求之间的矛盾，进一步完善绿色金融政策体制机制，统一绿色金融规范标准，协调绿色金融工具发展水平，激发绿色金融市场活力。碳中和的关键在于能源系统的转型，故必须加大可再生能源在能源消费中的比重，还要兼顾能源供应的稳定性。完善碳中和目标的激励机制，量化责任主体的达标进度，降低目标监督成本，就要建立碳达峰和碳中和目标与其他低碳目标之间的关联与协调机制，同时加快完善配套的碳排放统计、监测和核查体系，引入市场核查机构。兼顾城市碳中和目标的公平性，在明确各个城市的减排空间基础上，因地施策，实施差异化的目标战略。

3.8　智慧能源视角下的城市群低碳转型

　　《联合国气候变化框架公约》第 26 次缔约方大会（COP26）于 2021 年 11 月 14 日落下帷幕。会议最后时刻，近 200 个缔约方最终达成了《格拉斯哥气候协议》，明确将进一步减少温室气体排放，以将平均气温上升控制在 1.5 摄氏度以内，从而避免气候变化带来的灾难性后果。2021 年 4 月 13 日，国家发展改革委发布的《2021 年新型城镇化和城乡融合发展重点任务》提出了建设低碳绿色城市与新型智慧城市，控制温室气体排放，深入推进建筑、工业、交通等领域绿色低碳转型，推动能源利用的清洁低碳、安全高效，加快建设现代化城市的目标。随着经济从新冠肺炎疫情中恢复，碳排放率正在迅速反弹。2021 年全球能源相关的二氧化碳增长预计将达到有史以来第二高的水平。推动城市群脱碳也因此成为全球范围内的优先事项，对兑现国家承诺和实现碳中和目标具有重要意义。一方面，作为应对气候变化、节能减排的"主战场"，中国城市正面临新的机遇与挑战。城市与城市群规模的持续扩大与形态的不断变化、城市化率的上升、对清洁能源的需求、能源生产的可变性和经济产出的增加，都导致了城市能源转型的复杂性。另一方面，城市群作为经济引擎和人口中心，拥有关键决策者、大规模的投资基金以及积极的投资人，同时也是高等学校和新技术的集中应用地，因此具备采取积极行动的条件。

3.8.1　未来以城市群为空间单元的"双碳"治理可能会有重要突破

1. 城市群是新型城镇化的主体形态，是中国未来经济发展的必然选择

　　2019 年 2 月 19 日国家发展改革委发布的《国家发展改革委关于培育发展现代化都市圈的指导意见》中提到"城市群是新型城镇化主体形态，是支撑全国经济增长、促进区域协调发展、参与国际竞争合作的重要平台"。2020 年 4 月国家发改委发布的《2020 年新型城镇化和城乡融合发展重点任务》中进一步提出要"增强中心城市和城市群综合承载、资源优化配置能力，加快发展重点城市群"。作为城市发展到成熟阶段的一种最高的空间组织形式，城市群依托发达的交通、通信等基础设施网络，形成了经济联系紧密、空间组织紧凑、高度同城化和高度一体化的城市群体。20 世纪 80 年代以来，中国的城市群呈多中心化趋势发展，与此同时，城市群的发展也伴随着较为严重的环境污染情况，绿色发展效率普遍较低，且发展不平衡问题也较为突出。根据"绿色发展理念"的要求,碳达峰和碳中和是未来必须实现的目标,城市群肩负着经济增长与绿色发展的双重要求,亟须提升绿色发展效率。

当前,我国二氧化碳排放量过快增长的局面已基本扭转。然而,在向可持续发展转型,以及从"绿色经济"到"蓝色经济"的过程中,不平衡不充分的发展使得中国城市之间的排放不均问题日益突出。一般来说,在城市群的范围内,核心城市、区域中心城市以及一般性城市的碳排放强度并不相同。在城市内部内有生态资源良好、碳汇功能较好的区域,也有环境质量相对较差的区域,因此不同城市的减排压力是不一致的。不同城市之间的碳排放不平等也在一定程度上反映出社会经济的差距。用于碳减排的公共产品具有很强的正外部性,过度的排放不平等不仅会影响城市的发展权利和道德责任,还会制约社会经济和生态环境的协调发展。在未来城市群引领的区域发展态势中,经济和人口将更加向城市群集中,城市群内部与城市群之间的协调发展、区域分工将有助于充分发挥比较优势,有效提高资源利用效率,推动能源结构节能增效,将碳达峰碳中和与城市群空间形态演变有效结合起来。

2. 城市群作为实现碳达峰碳中和的重要单元,目前总体上仍处于发育期

城市群的建设需要充分考虑规模巨大的地理分布、产业结构以及人口规模。在不同的需求及多元利益主体和利益诉求下,城市群内部各城市之间的关系呈现出一种竞争与合作并存的复杂关系。推动碳达峰、碳中和与新型城镇化深度结合、统筹有序,需要在体制上进行创新。随着以人为核心的新型城镇化战略被列入"十四五"规划中,地方政府可以抓住机遇,通过更有力、更实用、更全面的指标衡量现有的空间发展政策和减排计划的成果,整合早期改革措施如"海绵城市"和低碳生态城市试点,以及"城镇开发边界"和"生态保护红线"等空间政策,并将其纳入政府考核绩效体系指标中,为新型城镇化战略建立起问责制,推动"双碳"目标下的新型城镇化。作为新型城镇化的主体形态,城市群将有望成为支撑全国经济增长、推动区域协调发展与碳中和目标实现的重要平台。

我国当前仍处于工业化和城镇化发展阶段的中后期,城镇化的空间格局仍在不断演变,城市群当前发展水平参差不齐,在城市群之间、城市群内部仍存在较大的差距。在一些城市群内不仅存在中小城市综合实力弱、能级量级不足的问题,其极核城市与中心城市的集聚力、辐射力和影响力也相对较弱。在城市群内部不同区域、不同城市之间存在交易、互济、支援、合作、协作等不同机制,而衡量这些机制是否能够充分发挥作用、是否具有生命力,关键在于能否达到帕累托最优,即城市群中至少一个空间个体可从中获益,而没有一个空间因此受损。

3. 城市群的建设不仅要突出整体竞争力的提升,还要注重城市群内部功能的错位互补

现阶段,城市群内部各城市的竞争较大一部分仍为"硬竞争",若管控不当,极易引发无底线的"逐底竞争"的局面。因此，随着经济发展由要素驱动向创新驱动转变，城市群内部的各城市也应该逐步转变竞争的形式，更多地通过"软竞争"来提升治理能力和治理水平。把更高的公共服务水平、良好的营商环境、公平的制度规则作为推动高质量发展的重要抓手，强化发展性政策的激励功能，有效发挥奖励性政策、保障性政策的积极作用。引导城市群内部各城市向"竞相向上"模式发展。在注重城市群整体竞争力的提升的同时，也要推动形态的"组团发展"、功能的"错位互补"。在良性竞争、合作互利中提升城市群整体发展水平，促进实现空间、产业融合，并进一步实现要素结构与产业结构升级。针对城市群中不同的城市或区域因地制宜，鼓励错位竞争，形成错位发展、优势互补的局面，构建碳源与碳汇的有机组合，有力推动整个城市群区域实现碳达峰目标，为后续碳中和进程的推进提供有利条件。

▉ 3.8.2 城市与城市群的智慧建设是未来实现净零排放的关键

智慧城市的概念最早源于 2008 年 IBM 提出的一种新型社会发展模式——"智慧地球"。随着城市在经济社会发展中扮演着越来越重要的角色，智慧城市也逐渐成为"智慧地球"战略布局的一个关键突破口。数字通信技术和交通基础设施的快速扩张已经重构了社会生活的许多领域，不仅加速了城市之间的互联互通，而且改变了生产和消费、人们之间的互动交流方式及工作和出行方式。在规模经济的要求下，资源从城市之间向中心城市集中是必然选择。近年来，国际智慧城市群的建设也逐渐从概念导入期进入务实推进期，许多国家开始在实践中尝试探索独具特色的智慧城市群发展模式。不断进步的技术创新和信息通信技术为更有效、更全面的城市管理以及向智慧城市和智慧城市群的过渡提供了新的动力。

中国正在经历创新驱动的高质量发展阶段，而智慧化建设是创新城市群发展的新模式。由技术驱动的智慧城市与城市群不仅建立在对现有城市建设的改造上，而且还涉及全新的开发项目，包括绿地和规划城市，是国家经济发展进入"创新驱动"阶段的一个重要标志。在中国城市化发展进程中，环境污染问题主要集中在城市区域。[40] Mosannenzadeh & Vettorato（2014）指出，智慧城市具备可持续和高效发展以及高质量生活水平的特点，通过在其基础设施和服务中应用信息与通信技术、主要利益相关者之间的合作与主要领域之间的整合以应对城市转型挑战。[41] 智慧城市群作为集技术创新、产品创新、市场创新、资源配置创新和组织创新于一体的城市集群模式，一方面将持续推动能源技术革命，进一步加快可再生能源开发以及储运设施部署，推动构建适应高比例可再生能源发展的新型电力系统，配套部署大规模储能以及远距离输电技术，实现电力供给在更大限度的时间以及空间转移，从而加快能源供需"零碳化"进程；另一方面也有望加快先进节能减排技术的推广，进一步发掘城市节能增效潜力，推进能源密集型部门的低碳技术应用与绿色转型与固碳技术的有序部署。结合国内外发展现状来看，城市的智慧转型与智慧互联过程中不可避免地会面临信息技术、社会经济与生态环境等方面的挑战，这是未来智慧城市也是智慧城市群发展中需要特别关注的。

1. 信息技术方面

第一，安全在建立信任和获得认可方面发挥着重要作用，是智慧城市群所有其他利益相关者的首要关注点。近年来发生的多起数据盗窃和网络犯罪案件严重阻碍了智慧城市项目的推广。第二，新技术的高昂费用导致了高昂的推行成本，从而影响智慧城市项目的落实。第三，现有基础设施的升级需要投入大量的成本，多样化的物联网设备需要有价值的信息通信以实现智慧城市群的有效运作与互联互通。这些不同设备之间的互通性对于维持智慧城市至关重要，而数十亿本地连接设备生成的海量数据也需要智能技术进行有效的管理和处理。然而，从遗留系统向智能系统过渡的技术障碍导致的复杂性、向后兼容性、可扩展性、数据和设备的异构性、多种数据标准、互通性等多种问题亟待解决。

2. 社会经济方面

第一，人们的看法在实现智慧城市生态系统方面起着非常关键的作用。数字鸿沟的存在对人们接受智慧城市提出了固有挑战：一方面，部分用户能够掌握技术，而另一方面，有一些用户甚至无法使用基本的互联网设施。如果人们还没有准备好接受周围的数字化变化，我们也无法拥有真正意义上的智慧城市。为推动智慧系统的发展利用，用户必须接受更改并使用智能服务。第二，智慧城市的发展离不开完善的基础设施建设，一些政府没有能力为创建智慧城市提供足够的基础设施，而基础设施是智慧城市网络的支柱。第三，智慧城市项目的成功实施离不开专业技术人员。然而，目前我们在智慧城市生态系统的大部分领域仍存在人才缺口。

3. 生态环境方面

在环境方面的挑战之一是智慧城市生态系统在应对自然灾害方面存在明显的缺陷。底层基础设施在发生洪水、地震和山体滑坡等自然灾害时极有可能遭到破坏，整个智慧城市生态系统也可能受到不利影响。另一个挑战是缺乏对温室气体排放的有效管理。随着全球变暖加剧，气候突变也对智慧城市生态系统构成了严重威胁。此外，电子垃圾也是一个需要解决的挑战。随着新设备和技术以非常快的速度开发，旧的系统和设备正在面临废弃闲置，而迄今为止尚未形成一套以环境友好的方式处置此类旧设备和系统的标准机制。

■3.8.3　智慧能源建设为城市群绿色转型赋能

从城市的外部发展来看，城市群作为城市发展的高级阶段，是未来城市空间结构演化的必然趋势。城市集群所带来的集聚效应与规模效应使得在保证资源环境承载能力的前提下，以最小的环境代价实现最优的社会经济效益。在城市群这一空间单元下，资源配置得到进一步优化，产业结构的多元化与分工的合理化得以实现。从城市的内部质量来看，智慧城市的建设能够有效避免城市病的发生，加快推进基础设施的互联互通与高端生产要素的流动，带动城市群整体绿色竞争力的提升，进而实现知识社会创新环境下城市群发展的更高级阶段。总的来说，智慧城市群是在某一特定区域范围内的多城市跨域协同的高层次发展的联合体，它既是智慧城市的"集群"发展，也是城市群的"智慧"升级。智慧城市群基于信息技术的深入应用，是知识、技术创新环境下城市群发展的一种更高级的形式。从社会层面来看，其适应了当前我国新型城镇化的需要；从技术层面来看，其进一步为信息技术的推广及综合应用服务网络的一体化开拓了更广阔的发展空间；从应用层面来看，其推动了跨区域的信息共享及生产资料的优化配置；从管理层面来看，其也对转型政策的顶层设计以及多元主体的协同发展提出了更高的要求。

随着 ICT 的发展，越来越多的国家与地区积极投身于智慧城市和城市群的建设，其中欧美、日韩、新加坡等地区在智慧城市群的建设上总体处于领先地位。从当前的分布来看，全球范围内已建成了美国五大湖城市群、日本东海道城市群、英伦城市群、新加坡智慧国等多个世界级智慧城市群。能源基础设施是智慧城市的关键要素之一，"智慧能源城市"根植于"智慧城市"理念和可持续性框架的发展，是对"智慧城市"延伸。作为智慧城市发展的一个组成部分，智慧能源城市建设旨在推动城市能源系统向可持续性、自给自足和弹性运行的持续过渡，同时通过优化整合节能、能源效率和当地可再生能源确保能源系统的可及性、可负担性和能源服务的充分性目标（Mosannenzadeh el at., 2017）。[42] 一方面，智慧能源城市群提供更发达的新技术与更充分的经济机会以提高人民的生活质量。另一方面，智慧能源解决方案也有助于缓解气候变化、能源资源和基础设施相关的风险挑战。日本在 2009 年提出"i-Japan 战略 2015"，重点推动新电子政府和电子自治体的完善、远程数字化医疗、数字化教育与数字化人才培育，同时在智慧城市群建设方面提出了一个关于家庭、社区和汽车的能源使用智能化的四城协同建设试点计划，即通过信息交换与控制系统，协调电力、热能与运输方面的能源使用协同规划与智慧互联减低碳排放量，提高对可再生能源的使用。新加坡在 2006 年和 2014 年分别启动了"智慧国 2015（iN2015）"计划与"智慧国家 2025"计划，自上而下制定了诸多标准，在全国范围内着力于电子政府公共服务架构的建设、网络基础设施建设以及智能交通系统的开发等，以进一步提升跨地区和跨行业的资源整合能力。我国当前已启动以及在建城市群也达到了二十余个，初步形成了长三角、珠三角、环渤海、中西部四大智慧城市群的雏形，在智慧城市群建设背景下也进一步催生了综合智慧能源、综合能源服务等"互联网＋智慧能源"（能源互联网）的新兴技术与业态。

考虑到未来城市群在应对气候变化尤其是涉及市政治理方面的责任与作用，以及城市层面的低碳政策和目标，城市群的智慧能源建设也逐渐成为政策关注的重点，工业、交通、建筑、发电和供热等与产能、用能等有较强关联性的部门都应该积极参与到城市群的智慧能源规划之中来，将城市群内部能源系统（包括供需管理）联系起来，推动实现纵向"源—网—荷—储—用"等各环节间的互动优化，使城市变得更加清洁高效，从而全面深化城市群的绿色转型。

1. 工业部门电气化与工艺创新助推城市群低碳转型

依据威廉姆斯假说，城市在空间增长到一定门槛后，集聚效应对经济增长的影响会变小甚至转为负面，这导致城市群内部中心城市的生产要素向中小城市扩散：产业和人口不断迁出，交通基础设施的发展进一步加速该进程，两者相互作用，决定了城市规模的最优形态。受益于中心城市的外部性释放，周边中小城市经济效率将得以提升。但随着正向外部性释放的递减，以及自身承载力的局限，污染转移问题也将逐渐凸显。工业部门的温室气体排放量约占全国总排放量的 1/3，也是城市集群中的重要排放源，排放来源主要有两部分：（1）生产制造过程中的化石燃料燃烧；（2）化学反应发生时本身释放的温室气体。特别是对于工业城市而言，工业部门始终是最大的能源需求者和排放者。工业部门能源效率的提高往往是整个城市群能效提高的关键。工业集聚特别是以传统产业（如冶金、纺织、建材、化工等）为主的城市群应该推进比较优势产业的对外转移，重点扶持能耗较低而产业关联度较高的产业发展，并限制能耗较高而产业关联度较低的产业发展，以推进工业产业结构的低碳化调整。同时，部门电气化和燃料转换（如氢或生物质等）对于长期发展来说是一项必不可少的解决方案。生物质可以是造纸工业的关键原材料；同样，氢气可用于生产低碳甲醇、氨等化学品，并可应用于直接铁还原和钢铁工业；此外，能源密集型产业的减排设施的升级与生产工艺的创新也十分关键。政府可以制定城市群整体以及内部各城市两级工业脱碳路线图，对包括工业企业，公共事业和重点基础设施的管理者等在内的经济主体进行相应的行为约束，推动工业部门用能结构的清洁化转型。

2. 公共交通发展与交通部门的电气化有力推动城市群绿色发展

城市群的发展依托于发达的交通运输网络，而交通排放是城市空气主要污染源之一。近年来交通运输部门碳排放呈现出占比大、增速快、达峰慢的特征。随着第三产业的快速发展、城市经济结构的调整与优化、城市化进程的不断加快，以及跨区域分工合作的需求日益增长，交通行业成为城市温室气体排放中增长最快的行业，主要体现在以下几方面：（1）城市群扩张与城镇化水平迅速增长；（2）产业结构转型升级，第三产业占比逐步增加；（3）经济增长，人口规模扩大，交通需求量及活动水平不断提升，交通支出比例逐年上升，出行总量持续增长；（4）城市群的互联互通加速了货物运输排放的增长。为实现从现有高碳排放模式往低碳模式转型，智慧能源背景下交通部门的转型可以从以下几方面进一步完善：（1）充分发挥燃油经济性潜力，逐年提高汽车燃油消耗标准，推进乘用车、客车与货车的低碳化，普及零碳汽车（纯电动），大力推广加氢站、充电桩等基础设施建设；（2）推进燃料结构调整，加快乘用车和轻型货车的电动化和重型货车、航空、航海领域生物质燃料的推广；（3）具备合理功能定位的城市群交通基础设施规划建设，有效降低或优化交通流量，最终减少能源消耗和温室气体排放。鼓励步行、骑自行车和使用公共交通工具（如公共汽车、火车和轮船等）。

3. 建筑节能和建筑智能化推动城市群碳中和

随着我国城镇化和经济水平的不断提升，城市群作为新型城镇化主体形态的轮廓更加清晰，建筑行业的运行碳排放比重将越来越大。据城市转型联盟（Coalition for Urban Transitions）排放模型测算，未来中国城市近一半（48%）的减排潜力来自建筑领域。一方面，城市群发展加速了产业集聚、服务业的发展和新兴产业的创新使更多就业机会得以涌现，从而吸引大量劳动力涌入，人口密度的增加引致的对新增住宅、基础设施以及商业设施建设的需求也相应增加，这些都与建筑碳排放量的增加有关。另一方面，建筑的低效利用，如城市群进一步扩张伴随的新增建筑、现有建筑的频繁拆除、重复建设以及空置率的提高等，都将导致建筑业碳排放的增加。因此，建筑业智能化有利于解决城市集群带来的建筑碳排放增加。从减排角度看，第一，提高能源综合利用效率，全面推广太阳能光伏建筑，积极发展建筑附建小型风电；第二，提高建筑可再生能源利用，提高建筑用能系统和设备效率，推广超高效系统和设备，推行建筑终端用能清洁化，提高电气化水平和建筑可再生能源利用率；第三，发展近零能耗智能建筑，鼓励发展星级绿色建筑，加快绿色建筑和建筑节能标准的普及，推进老旧小区节能改造和功能提升，大力推广绿色建材的应用，发展智能系统，建设微电网，发展储能设备，有效实施电力需求侧响应。而从增加碳吸收的角度来看，其主要以发展碳汇、固碳等负碳技术为主。

4. 电力部门脱碳是实现碳中和的第一顺位要务

城市群的建设伴随着巨大的电力消费体量，当前电力部门占据我国能源相关 CO_2 排放约 40%，是重点减排领域之一。随着风能、太阳能等新能源快速发展，我国可再生能源发电装机占比越来越高，但目前电源装机结构仍以煤电为主。长期来看，风能、太阳能等零碳能源以及核能、风能、太阳能、地热能、潮汐能、水电、生物质能、垃圾填埋气等无碳能源在未来将发挥重要作用。2021 年 10 月 24 日，中共中央、国务院印发的《关于完整准确全面贯彻新发展理念做好碳达峰碳中和工作的意见》指出"2030 年非化石能源消费比重达到 25% 左右，风电、太阳能发电总装机容量达到 12 亿千瓦以上，2060 年非化石能源消费比重达到 80% 以上"。未来电力系统深度脱碳需要以新能源和可再生能源为主体的安全、可靠和可持续的能源体系作为支撑。因此，储能的技术发展以及大规模部署的成本、监管框架（输配电系统）和土地利用（生物质原料需要土地和水）都应纳入未来的城市群智慧能源战略规划当中。在城市群由规模增长向质量提升的转型阶段，应顺应城市群的要素禀赋差异，深化电力能源结构改革，提升使用效率与能源服务效率，构建起大电网安全的区域联防联控保供电机制，发挥电力对区域经济发展的辐射带动作用，注重"新基建"、数字化、智慧化发展，将"能源大脑"融入"城市大脑"，以智慧能源的建设助推城市群的绿色转型。

3.9 争做排头兵：一线城市碳达峰的进程与行动

面对当前"双碳"愿景，北上广深四大一线城市应率先实现碳达峰及碳中和愿景，实现绿色低碳高质量发展。四大一线城市经济基础雄厚，劳动力充足，研发能力强大，是中国经济最有活力的地区。这离不开能源体系的稳定支撑。得益于一线城市较高的支付能力和技术水平，能源结构呈现出清洁化趋势，绿色低碳消费模式得到发展。当前，一线城市的碳达峰进程尤其引人关注，学者根据库兹涅茨曲线和脱钩理论，对城市的碳排放趋势进行了大量分析和研判。北京已实现碳达峰，并提出要率先在全国实现碳中和。上海和深圳提出要在 2025 年之前力争达到二氧化碳排放峰值。为与碳达峰及碳中和进程相适应，各城市都提出要完善政策体系，发挥市场手段，推进示范项目，建立低碳清洁高效安全的能源体系。

中国是碳排放的第一大国，能源消费和二氧化碳排放主要集中在城市。在全国直接碳排放中，城市占比高达 85%。城市中有能源、工业、交通、建筑等诸多碳排放重点领域，是控制碳排放的主要参与者。践行减碳行动，实现"双碳"目标，是城市发展的迫切要求。特别是北上广深四大一线城市在经济发展、政策制定、人才吸引、科技创新、金融支持等方面都走在前列。因此，四大一线城市应当在碳达峰的过程中争做排头兵，充分发挥表率作用。

■3.9.1 经济发展水平领先，绿色支付意愿较强

首先，北上广深等一线城市的地区生产总值均已远超过 2 万亿，经济基础雄厚，对周边地区辐射带动能力强，对人才、技术和资金有强大的吸引力。2020 年，北上广深四大一线城市有绝对领先的经济总量，按 GDP 从高到低，上海、北京、深圳、广州的 GDP 分别为 3.87 万亿元、3.61 万亿元、2.77 万亿元、2.60 万亿元。四大一线城市的 GDP 总量达到 12.76 万亿元，约 1.98 万亿美元，约占全国 GDP 总量的 1/8。根据经济合作与发展组织（OECD）的数据，中国四大一线城市的 GDP 总和已经高于同期韩国的 1.62 万亿美元、巴西的 1.39 万亿美元和澳大利亚的 1.33 万亿美元。近 20 年来，中国四大一线城市的经济发展均呈现出强势增长态势，如图 3.21 所示。早在 2006 年，上海市地区生产总值首次超过万亿元，成为国内首个地区生产总值过万亿的城市。之后，北京、广州、深圳分别于 2007 年、2010 年、2011 年迈过万亿元门槛。万亿 GDP 体现了城市的经济实力和辐射能力，代表着各城市群发展中的中坚力量。GDP 过万亿首先意味着更多的财政收入可以用于改善民生和基础设施建设。其次，四大一线城市 GDP 过万亿也意味着其有较充分的资金以支持科技创新。由于高新技术研发有着周期长、风险高的特点，高度发展的一线城市有实力也有责任在研发投入中起示范作用。

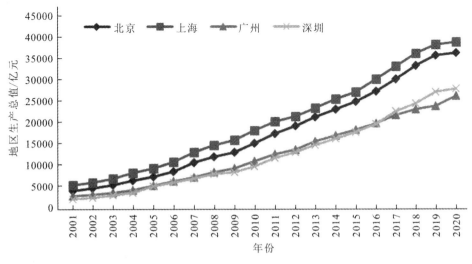

图 3.21 2001—2020 年北上广深四市地区生产总值

数据来源：北京、上海、广州、深圳统计年鉴。

四大一线城市人口虹吸效应明显，常住人口迅速增加。根据全国第七次人口普查数据，四大一线城市近十年人口年平均增长率均高于全国水平 0.53%，表现出强大的人口虹吸效应。其中，北京、上海的常住人口均超过 2000 万，广州、深圳的常住人口分别为 1867.66 万和 1756.01 万。广州和深圳近十年人口年均增长率分别为 3.93% 和 5.35%，常住人口的增长迅速。庞大的人口规模是当地产业结构转型的重要基础之一。

绿色的能源消费模式得到发展。一线城市居民拥有较强的能源支付能力，对于低碳环保的能源具有更高的支付意愿，这有利于创新绿色低碳模式的发展。比较北上广深四个一线城市的产业结构变化，可以看出，附加值较低的第一产业在一线城市中占比很低，如图 3.22。目前仅广州市的第一产业占比约为 1% 左右，北京、上海和深圳的第一产业占比均已低于 0.5%。第二产业进行传统技术的改造，采用低碳节能技术，能够有效减少能源消耗，提高产业的智能化绿色化发展水平。在北上广深四个一线城市中，第二产业占比都呈现出下降趋势，目前均低于第三产业占比。其中，北京市第二产业占比最低，2020年为 15.83%。深圳市第二产业占比最高，2019 年为 38.98%。广州市和上海市的第二产业占比约为 27%。随着一线城市经济的发展，第二产业逐渐向外迁移，对传统工业制造业的依赖减少，这有助于各城市实现减排降碳的阶段性目标。东京、旧金山和纽约三大湾区城市的服务业占比超过 80%，这是由制造业中心向服务性中心转变的重要节点。各一线城市新兴服务业蓬勃发展，第三产业占比逐年增加。四大一线城市中，目前仅北京服务业占比超过 80%，其他一线城市的产业结构还未完全定型，因此灵活性较强，可以在发展中贯彻节能环保的理念，加强与数字经济和智慧能源的融合。各一线城市正推动居民在衣、食、住、行、游等方面向绿色低碳方式转变，如大力完善公共交通设施，鼓励居民绿色低碳出行。

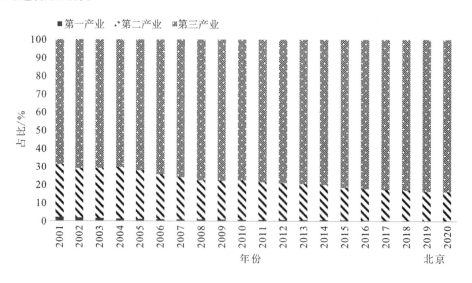

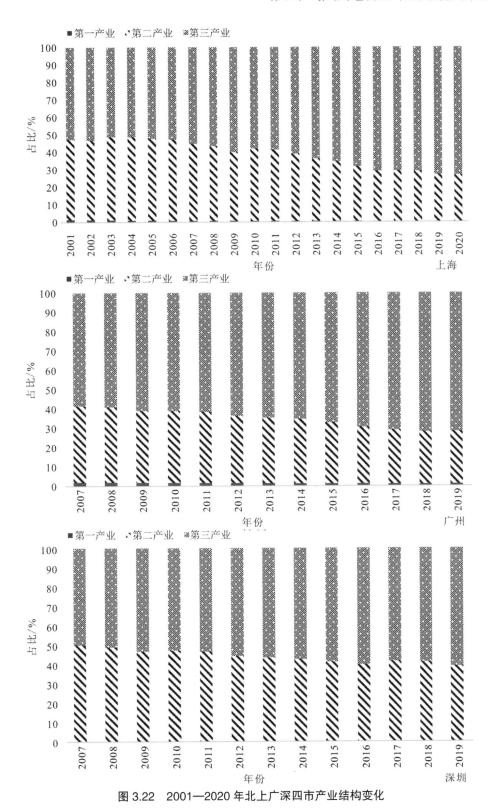

图 3.22　2001—2020 年北上广深四市产业结构变化

数据来源：北京、上海、广州、深圳统计年鉴。

■3.9.2 碳排放与经济脱钩，达峰进程引发关注

一线城市的经济发展水平高，经济发展与碳排放已呈现脱钩趋势或正处于脱钩阶段，在碳达峰行动中发挥示范表率作用。根据二氧化碳排放和经济增长的变动情况，脱钩结论指出，当碳排放处于强脱钩和弱脱钩时，中国未来的碳排放会有可能出现达峰状态。根据脱钩系数理论和每个城市近5年或者更长的历史时间内二氧化碳排放变化趋势，可以判断每个城市碳达峰的具体进程。其次，根据模型模拟来判断碳达峰状况。有学者运用能源系统优化模型，以2030年实现碳达峰作为假设，对于碳达峰的实现路径和可能的水平进行分析，并做出一些节能减排的建议。也有学者运用蒙特卡洛方法和K均值聚类方法对于我国的达峰状况进行预测及特征描述，认为我国是否能够实现碳达峰主要由低碳潜力型城市和传统工业转型期城市决定，进而提出判断我国是否实现碳达峰的两个条件：地区是否有明确的碳达峰目标和做出的减排承诺是否为无条件的。有研究选取中国9个平均GDP超过1万美元的省市作为研究对象，结果表明这些省市的经济增长与其碳排放之间的关系已经脱钩，且脱钩关系逐渐加强。

表3.6中列出了北上广深四大一线城市的能源消费和电力消费情况。四个城市在能源消费增长率上都已显示出递减的趋势，北京和广州的能源消费增长率及电力消费增长率在2020年为负数，能源消费和经济增长的负向变动反映出两者的脱钩关系。能源消费弹性系数表示能源消费的变动率与同期经济增长变动率之间的比值。在工业化初期，能源消费弹性系数大于1，这是因为经济增长的初期以高耗能产业发展为主，生产方式粗放，能源的利用效率较低，能源消费的增长速度大于经济增长的速度。当经济发展到一定阶段，能源消费弹性系数会逐渐小于1，由于在产业升级转型进程中高耗能产业占比减少，技术进步推动能源利用技术水平提高，使得经济增长的速度快于能源消费增长的速度。因此，近年来能源消费弹性系数逐步降低，说明经济增长对能源的依赖程度越低。由表3.6可以发现在四个一线城市中，北京市的能源消费弹性系数最小，2019年为0.21，上海、广州、深圳2019年的能源消费弹性系数在0.4左右。电力消费与能源消费呈现出同样的趋势，但电力消费的增长率略高于能源消费，同一城市的电力消费弹性系数略高于能源消费弹性系数，这和当前城市经济发展过程中不断完善的电气化程度相一致。

表 3.6 2015—2020 年北上广深四市能源消费弹性系数

		2015 年	2016 年	2017 年	2018 年	2019 年	2020 年
能源消费比上年增长 / %	北京	0.31	1.67	2.48	2.56	1.25	−8.13
	上海	2.7	2.8	1.2	0.6	2.1	
	广州	3.5	2.9	1.9	2.8	2.7	−1.6
	深圳	5.3	4.4	4.2	3.1	2.9	
电力消费比上年增长 / %	北京	1.91	7.25	4.57	7.08	2.10	−2.24
	上海	2.7	5.7	2.7	2.6	0.1	
	广州	1.8	5.7	5.6	3.8	7.3	−0.9
	深圳	2.3	4.4	3.6	3.7	6.3	
能源消费弹性系数	北京		0.24	0.36	0.38	0.21	
	上海	0.39	0.42	0.18	0.10	0.36	
	广州	0.42	0.38	0.28	0.47	0.39	
	深圳	0.59	0.47	0.48	0.40	0.43	
电力消费弹性系数	北京	0.28	1.05	0.67	1.06	0.35	
	上海	0.39	0.84	0.39	0.39		
	广州	0.22	0.75	0.84	0.63	1.06	
	深圳	0.26	0.47	0.40	0.48	0.94	

数据来源：北京、上海、广州、深圳统计年鉴。

根据环境库兹涅茨曲线，经济发展和环境污染程度呈倒 U 形关系。当人均收入达到临界点后，随着人均收入的增加，环境污染的程度会逐渐降低。碳排放与环境质量有很大关联性，因此环境库兹涅茨曲线也被引入分析碳排放和经济增长的关系。林伯强和刘希颖（2010）运用马尔可夫概率分析法和 LMDI 分解法对我国人均碳排放量、人均收入和库兹涅茨曲线进行了预测，并指出人均收入应该作为碳排放重要的解释变量。[43] 有学者根据北京市人均 GDP 和人均碳排放量之间的关系建立了 EKC 曲线，观察倒 U 图像来判断北京市的碳达峰状况。有研究通过构建碳排放模型，运用 LMDI 对中国 1995—2007 年的碳排放进行分解研究，得出经济因素与碳排放高度相关的结论。在碳排放和经济增长之间的库兹涅茨关系上，有着不同的研究结论，但都认为，随着中国的经济增长，碳排放将在达到拐点后下降。

二氧化碳排放的转折点并不能完全依赖库兹涅茨曲线，还需考虑经济发展方式、能源结构、技术创新等其他因素。除了人均收入外，能源强度、产业结构和能源消费结构都对二氧化碳排放有重要的影响，其中能源强度更为重要。[44]经济发展的方式改变对碳排放强度降低有明显的作用。技术进步也是减少二氧化碳排放的重要影响因素。针对上海地区，有研究提出上海碳排放与经济增长水平、产业、能源结构以及强度等指标的相关性，并运用灰色关联分析方法对这些指标之间的相关性进行了测度，比较了影响上海碳排放的重要指标，通过比较得出：影响上海碳排放的主要经济因素是经济发展水平，而影响程度最低的因素是国家或者地区的产业结构。根据推导出的碳排放与能源消耗总量结构的关系式，得出这些变量高度相关，进而对于上海碳排放总量、人均碳排放、碳排放强度的未来趋势进行预测。也有学者研究分析长三角地区碳排放的驱动因素。这些研究都表明，碳排放与经济发展因素之间存在着高度的相关性。

如表 3.7 所示，"十一五"时期以来，北上广深四个一线城市的单位生产总值能耗在不断降低。以北京市为例，"十三五"时期，万元地区生产总值能耗累计降低23.95%。2020 年，北京市万元地区生产总值能耗由 0.23 吨标准煤下降到 0.209 吨标准煤，下降幅度达 9.18%，万元地区生产总值电耗下降了 3.39%，万元地区生产总值能耗降幅位于全国首位。与此同时，北京市 2020 年能源消费总量增速下降 8.1%。作为衡量一个地区节能减排的重要指标，全国 2020 年单位生产总值能耗下降 0.1%，能源消费总量增长 2.2%。根据国家统计局公报，全国有统计数据的 30 个省市自治区（不含西藏、香港、澳门、台湾）中，23 个省市自治区的单位生产总值能耗实现下降。其中，北京市降幅最大，为 9.18%；上海市降幅第二，为 6.64%。从中也可以看出，北京、上海、深圳、广州四个一线城市近年来不断推动经济高质量发展，即以较低的能耗实现较高的经济增长，在节能减排方面走在全国前列。

表 3.7　2006—2020 年北上广深四市单位生产总值能耗

单位：吨标准煤 / 万元

年份	北京	上海	广州	深圳
2006	0.669	0.825	0.679	0.576
2007	0.623	0.780	0.618	0.560
2008	0.575	0.751	0.557	0.544
2009	0.543	0.704	0.511	0.529
2010	0.425	0.678	0.444	0.513
2011	0.396	0.589	0.404	0.472
2012	0.377	0.552	0.381	0.451
2013	0.358	0.528	0.346	0.428

续表

	北京	上海	广州	深圳
2014	0.339	0.482	0.329	0.409
2015	0.275	0.463	0.314	0.396
2016	0.261	0.391	0.299	0.379
2017	0.251	0.370	0.277	0.363
2018	0.241	0.349	0.268	0.348
2019	0.230	0.337	0.266	0.336
2020	0.209		0.238	

数据来源：北京、上海、广州、深圳统计年鉴。

■ 3.9.3　明确达峰目标，发挥减排潜力

北上广深四大一线城市要实现碳达峰与碳中和目标，就要从整体发展的角度来明确碳排放的进程，以净零排放为目标，限定碳排放峰值。因此，在碳达峰的过程中，应当从两方面入手，即减少碳排放和增加碳吸收。

碳排放主要来源于能源的供给端和消费端。经济蓬勃发展的背后是能源体系的支撑和保障。能源体系供应稳定，能有力保障北上广深等一线城市的经济社会发展。各一线城市大力推进能源供给侧结构性改革，优化能源结构和布局，建设清洁、低碳、安全、高效的能源供给体系。能源企业即时响应，践行使命，为城市建设提供助力和支撑。能源结构呈清洁化趋势。以清洁能源为主，探索出绿色低碳的能源结构，将会是一线城市在下一个阶段的主要发展方向。在保证充足供应的基础上，应逐步退出火电，向清洁能源靠拢。凭借独特的区位优势、经济优势和技术优势，一线城市已经在全国能源革命中处于领先地位。按当前的形势来看，外来电力的碳排放应当算入用电地区。上海市近年对外的电力外购的比例在 50% 左右，通过西电东送，西部水电等清洁能源的流入有助于减少上海的碳排放，并能够促进发展较快的省份全面改善能源结构，而非简单地向外转移碳排放。与国外城市不同的是，中国一线城市仍然是生产型城市，除建筑、交通的碳排放外，工业碳排放量占据很大比重。一线城市处于能源供应的终端，受制于我国"多煤缺油少气"的能源禀赋结构，依然存在油气能源对外依存度高的问题，当前国际逆全球化的势头上扬，加之新冠肺炎疫情的长期肆虐，在化石能源供应方面可能会面临一些波动。

在消费端，能源、工业、建筑、交通等领域是主要的碳排放主体。电力和热力消费产生的碳排放约占我国全社会总排放的一半。目前我国发电以传统化石能源为主，

火电发电量占比 68%，而且火电基本上是煤电，发电领域产生的碳排放量居高不下。要改善这种局面，需要提高清洁能源的装机量，并增加清洁能源实际利用小时数。例如，2020 年风光装机比例为 24%，超过水电装机比例的 17%，但是风光发电量只有水电的一半。当前，各城市在大力发展天然气和风电等可再生能源的同时，正在严格控制煤炭消费总量。只有建立更加稳定完善的电力系统，才能让清洁能源发电发挥更大的作用，切实减少电力行业的碳排放。对于供热行业，当开展热电联产和使用锅炉提供热力时，碳排放就会产生。在四大一线城市中，仅北京位于北方，冬季需要长时间供暖，城镇集中供热面积增加时，应当着眼于清洁供热。在四大一线城市发展进程中，无数建筑拔地而起，在建筑全生命周期中产生了大量碳排放，并仍在增长。建筑业的碳排放发生在建造过程和运营过程，涉及的时间周期长，据政府间气候变化专门委员会（IPCC）估计，我国建筑业的能耗占全国总碳排放量的近 1/3。目前我国的建筑面积为世界第一，现有的建筑每年仅在运营过程中就产生了大量碳排放。伴随着各大城市城镇化建设的日益推进，建筑领域的二氧化碳排放量还将上升。因此，提高新增建筑的碳排放标准，降低现有建筑的碳排放量，对于实现"双碳"目标十分重要。交通领域产生的碳排放约占我国碳排放总量的 10%，其中公路运输是交通运输碳排放的主体。因此，在交通领域，应进一步提高电气化和智能化程度，倡导全面绿色出行。特别要注意的是，用于居民生活消费的碳排放占比已超过全社会的 30%，而且伴随着居民收入的增加，居民消费部门的碳排放将是未来一段时间主要的增长源。提高城市效率，用智慧化智能化赋能现代城市的建设，十分有利于降低碳排放强度，减少碳排放污染。

至于城市的碳吸收，主要通过生态碳汇进行碳抵消，以及废物、废水的处理回收来完成。生态碳汇是一种经济有效的减排手段，森林、湿地等陆地生态系统吸收了约 1/4 的人类活动导致的二氧化碳排放量，在碳达峰与碳中和的进程中发挥了非常重要的作用。完善城市的森林植被，既美化了城市景观，营造了良好的生态环境，还可以通过植物吸收二氧化碳，减少空气中二氧化碳浓度。废物回收再利用能够减少垃圾掩埋的占地，减少垃圾对土壤、河流造成的不可逆损害。此外，废物再利用能够减少生产原料的使用，降低再次生产过程中的碳排放。城市的污水包括生活污水、工业废水和雨水径流。对污水的回收利用，也可减少污水处理过程中的碳排放，减少灌溉设备产生的碳排放。预计到 2025 年，全国城市生活垃圾资源化利用率将达到 60% 左右，北京市 2020 年再生水利用率达到 68%，能有效助力"双碳"目标的达成。

■3.9.4 提出率先达峰，发挥标杆作用

北京市在 2012 年达到峰值碳排放，按照国家统筹部署，正在按国家有关规定开展碳达峰评估，并研究制定碳中和行动纲要。北京在 2008 年举办奥运会时就提出"绿色奥运"，为绿色低碳发展打下了良好基础。2013 年"大气十条"出台后，2014 到 2015 年北京市的碳排放持续下降，此后碳排放量虽然有所波动，但未再超过 2012 年的碳排放峰值水平。北京率先达到碳排放峰值后，又提出"将于 2050 年实现碳中和"的目标，比中国 2060 年的碳中和目标早了十年。北京市将从消费端和供给端同步推进，实现终端消费的电气化和能源供给的去碳化，持续推进交通、建筑等重点领域的近零排放。

上海市提出在"十四五"期间，即 2025 年之前努力实现碳达峰。作为一线城市样本，其碳达峰路径具有标杆意义，一是调整能源结构。在实施煤炭消费总量控制的同时推进一批煤电等容量异地替代，逐步提高天然气消费占比。二是调整布局碳排放领域。淘汰低端生产线，留下高端制造业，推进工业领域深度减排脱碳。三是推动公共交通与建筑能耗减排。提高既有建筑的能效，并要求新城建筑全部执行绿色建筑标准，推广超低能耗建筑。优先发展公共交通，提升增量汽车电动化比例以减缓排放增长速度，同步通过燃油补贴等多种形式提高存量汽车电动化的推进速度。

深圳市提出"到 2025 年珠三角城市率先完成碳排放达峰"的目标。广州市提出以控制碳强度为主、控制碳排放总量为辅的制度。在"十四五"规划中，位于粤港澳大湾区的深圳市和广州市都提出要制定二氧化碳达峰行动，保障碳中和进程。在行政手段上，完善与碳达峰、碳中和相适应的政策体系。在市场手段上，完善碳排放权交易，鼓励更多企业加入自愿减排项目。创建示范园区，推动示范工程，并逐步推广经验，并构建低碳能源体系，推动能源的清洁化转型，保障能源体系的清洁低碳高效安全的供应。

北上广深一线城市在碳排放达峰进程中的相关行动和经验，在目标设定、能源转型、制度建设等方面带来诸多启示。在设定碳达峰时间时，应当做好提前量，适当留出时间余地，做好达峰时间表，引导社会各界尽早采取行动。避免到 2030 年之前为了赶进度而紧急干预。在制订计划时，应该做好重点领域的规划。识别最具节能减排潜力的重点领域和行业。从国情、省情及城市实际情况出发，分析国内外先进技术与节能降碳措施在城市的应用趋势，识别推动部门与行业低碳发展的重大技术与举措，分析不同措施的应用前景、降碳潜力等。首先，定量测算城市碳达峰过程中重点领域与行业的减排潜力，并定量识别其转型过程中的动力机制。通过生命周期法、核算清单

法等多种方法对城市重点领域与行业的减排潜力进行合理估算。其次，结合主要经济体的低碳转型经验，构建计量分析模型，探讨自上而下的政策推动、自下而上的市场拉动和机会驱动的技术发展等不同的推动因素在达峰、减排过程中的影响，以此来探讨不同减排路径下的经济政策情景，不同技术的应用前景、减排潜力，以及相关政策措施对城市低碳转型的作用。

持续推动能源生产和消费革命，加快能源供应的清洁化转型，推进化石能源的清洁高效利用，提升非化石能源发电占比。要控制能源消费总量，重视节能意识，提高能源利用效率。城市发展需要安全稳定的能源供应，而风电光伏等清洁能源稳定性较差，因此必须要增强城市电网的调配能力，适当部署配套储能设施，以更智能化、更具弹性、更全面的城市电力调度系统应对未来新格局。在加速淘汰落后燃煤发电机组的同时，要有选择地保留，以及燃煤机组的灵活性改造，以应对清洁能源调频调峰需求，保障电力系统的稳定性。在能源消费方面，应发挥城市的人才和资金优势，以技术进步推动各行业能源利用效率的提高。碳减排技术作用的对象不同，可以划分为清洁替代技术、电能替代技术、碳捕集利用与封存技术等，各城市应根据自身工业特点，选用最适合当地发展的低碳技术。通过低碳技术的推广应用，引导产业低碳化转型，布局低碳产业体系。

确立"双碳"目标的战略地位，加强相关法律法规建设，统一标准体系，推动更完善更严密的法制体系，为全社会低碳发展营造良好的政策环境。各城市应以法律法规的形式把应对气候变化作为重要原则，完善碳交易市场、绿色电力、碳税等制度，提高规范性和统一性。此外，要建设低碳发展的激励惩罚制度，调动城市内企业和居民的积极性。企业是市场的主要参与者，对碳减排有利的企业行为，可通过减少税费或提供补贴等方式，给予其适当的优惠政策，让企业有动力去承担节能减排的责任，并积极开展相关技术的研发创新，以及低碳技术的应用。一线城市常住人口均超过一千万，居民生活消费的减排潜力巨大。对于城市居民，要加强宣传教育，提高民众对气候变化的了解，增强其对"双碳"目标的认可。大城市可以利用金融和科技优势，开展碳普惠活动，通过碳积分、碳标签、绿证等方式，将低碳行动数字化，通过精准量化，打造出可复制推广的标准体系。此外，鼓励居民参与植树造林和绿色出行、资源重复利用等活动，促进居民践行绿色低碳的生活方式，引导全民参与减排，为城市实现"双碳"目标提供重要支撑。

■参考文献

[1] Jacobson T A, Kler J S, Hernke M T, et al. Direct human health risks of increased atmospheric carbon dioxide. [J]. Nature Sustainability. 2019, 2, 691-701.

[2] Liu Z, Guan D, Wei W, et al. Reduced carbon emission estimates from fossil fuel combustion and cement production in China[J]. Nature. 2015, 524(7565): 335-338.

[3] 苏健，梁英波，丁麟，等. 碳中和目标下我国能源发展战略探讨 [J]. 中国科学院院刊 . 2021, 36(9): 1001-1009.

[4] 邬彩霞 . 中国低碳经济发展的协同效应研究 [J]. 管理世界 , 2021, 37(8): 105-117.

[5] 陈晓红，胡东滨，曹文治，等. 数字技术助推我国能源行业碳中和目标实现的路径探析 [J]. 中国科学院院刊 , 2021, 36(9): 1019-1029.

[6] 谢雄标，吴越，严良 . 数字化背景下企业绿色发展路径及政策建议 [J]. 生态经济 , 2015, 31(11): 88-91.

[7] 许宪春，任雪，常子豪 . 大数据与绿色发展 [J]. 中国工业经济 , 2019(4): 5-22.

[8] Michael H, Harris. Is the revolution now over, or has it just begun? A year of the internet in higher education[J]. The Internet and Higher Education. 1998, 1(4): 243-251.

[9] Spiezia V. Are ICT Users More Innovative?: an analysis of ICT-Enabled innovation in OECD firms[J]. OECD Journal: Economic Studies, 2011(1): 1-21.

[10] Czernich N, Falck O, Kretschmer T, et al. Broadband Infrastructure and Economic Growth[J]. Economic Journal, 2011, 121(552): 505-532.

[11] Wei Z, Yuguo J, Jiaping W. Greenization of venture capital and green innovation of Chinese entity industry[J]. Ecological Indicators, 2015(51): 31-41.

[12] Gomber P, Kauffman R J, Parker C, et al. On the fintech revolution: interpreting the forces of innovation, disruption, and transformation in financial services[J]. Journal of Management Information Systems. 2018, 35(1): 220-265.

[13] Demertzis M, Merler S, Wolff G B. Capital markets union and the fintech opportunity[J]. Journal of Financial Regulation, 2018, 4(1): 157-165.

[14] 范英 , 衣博文 . 能源转型的规律、驱动机制与中国路径 [J]. 管理世界 , 2021, 37(8): 95-105.

[15] 裴哲义 , 范高锋 , 秦晓辉 . 我国电力系统对大规模储能的需求分析 [J]. 储能科学与技术 , 2020, 9(5): 1562-1565.

[16] 陈皓勇 , 李志豪 , 陈永波 , 等 . 基于 5G 的泛在电力物联网 [J]. 电力系统保护与控制 , 2020, 48(3): 1-8.

[17] 李鹏, 习伟, 蔡田田, 等. 数字电网的理念、架构与关键技术 [J]. 中国电机工程学报, 2021: 1-17.

[18] 盛戈皥, 钱勇, 罗林根, 等. 面向新型电力系统的电力设备运行维护关键技术及其应用展望[J]. 高电压技术, 2021, 47(9): 3072-3084.

[19] 刘晓龙, 崔磊磊, 葛琴, 等. 中国中东部能源发展战略的新思路 [J]. 中国人口·资源与环境, 2019, 29(6): 1-9.

[20] 史丹, 李鹏, 许明. 产业结构转型升级与经济高质量发展 [J]. 福建论坛 (人文社会科学版), 2020, 340(9):108-118.

[21] 赛迪智库工业经济形势分析课题组. 2021 年中国工业经济发展形势展望 [J]. 中国工业和信息化, 2021(1):7.

[22] 国家统计局. 2020 年中国统计年鉴 [M]. 中国统计出版社, 2021.

[23] 张玉春, 李宗植. 我国工业结构优化升级的战略思考 [J]. 经济经纬, 2006(5):28-31.

[24] 郭凯明, 杭静, 颜色. 中国改革开放以来产业结构转型的影响因素 [J]. 经济研究, 2017, 594 (3):32-46.

[25] 国家统计局. 2020 年中国能源统计年鉴 [M]. 中国统计出版社, 2021.

[26] 邓洲, 于畅. 新中国 70 年工业经济的结构变迁 [J]. China Economist, 2019, 14(4):14-39.

[27] 赵巧芝, 闫庆友. 基于投入产出的中国行业碳排放及减排效果模拟 [J]. 自然资学报, 2017, 32(9):1528-1541.

[28] 杨顺顺. 中国工业部门碳排放转移评价及预测研究 [J]. 中国工业经济, 2015, 327(6):55-67.

[29] 曾诗鸿, 李璠, 翁智雄, 等. 碳市场的减排效应研究：来自中国碳交易试点地区的经验证据 [J]. 中国环境科学, 2021:1-15. https://doi.org/10.19674/j.cnki.issn1000-6923.20211022.007.

[30] 刘杰, 陈浩涛, 罗超男. 生态文明背景下交通运输绿色发展趋势与方略 [J]. 交通运输部管理干部学院学报, 2019, 29(3):5.

[31] 柴建, 邢丽敏, 周友洪, 等. 交通运输结构调整对碳排放的影响效应研究 [J]. 运筹与管理, 2017, 26(7):7.

[32] 周伟. "双碳" 目标下交通运输转型发展挑战与机遇 [N]. 中国交通报,2021-09-23(003). DOI:10.28099/n.cnki.ncjtb.2021.002539.

[33] 李枭, 余海涛. 碳达峰目标下道路运输行业低碳发展路径思考与建议 [J]. 交通节能与环保,2021,17(5):1-3, 13.

[34] 冯飞. 低碳经济环境下交通运输业的发展策略探析 [J]. 城市建设理论研究 (电子版),2020(17): 91, 85.DOI:10.19569/j.cnki.cn119313/tu.202017060.

[35] 林伯强, 刘畅. 中国能源补贴改革与有效能源补贴 [J]. 中国社会科学, 2016, 10: 52-71.

[36] 刘志坦, 李玉刚, 杨光俊, 等. 低碳转型背景下我国气电产业发展路径 [J]. 天然气工业, 2021,

41(6): 152-161.

[37] 陈蕊，朱博骐，段天宇 . 天然气发电在我国能源转型中的作用及发展建议 [J]. 天然气工业，2020, 40(7): 120-128.

[38] Lin B, Li Z. Does natural gas pricing reform establish an effective mechanism in China: a policy evaluation perspective[J]. Applied Energy, 2021, 282: 116205.

[39] Liu G X, Dong X C, Jiang Q Z, et al. Natural gas consumption of urban households in China and corresponding influencing factors[J]. Energy Policy, 2018, 122: 17-26.

[40] 石大千，丁海，卫平，等 . 智慧城市建设能否降低环境污染 [J]. 中国工业经济，2018(6): 117-135.DOI:10.19581/j.cnki.ciejournal.2018.06.008.

[41] Mosannenzadeh F, Vettorato D. Defining smart city: A conceptual framework based on keyword analysis[J]. TeMA-Journal of Land Use, Mobility and Environment, 2014.

[42] Mosannenzadeh F, Bisello A, Vaccaro R, et al. Smart energy city development: a story told by urban planners[J]. Cities, 2017, 64: 54-65.

[43] 林伯强，刘希颖 . 中国城市化阶段的碳排放：影响因素和减排策略 [J]. 经济研究，2010, 45(8): 66-78.

[44] 林伯强，蒋竺均 . 中国二氧化碳的环境库兹涅茨曲线预测及影响因素分析 [J]. 管理世界，2009(4): 27-36.

第**4**章

解读碳中和：
战略与政策评估

高质量发展视角下经济增长与碳中和的双重目标如何实现？"运动式"减碳与"拉闸限电"又带来了哪些启示与经验？高煤价下，如何解除清洁供暖的后顾之忧？随着绿色技术的发展，绿色信贷和绿色债券机制的建设能否成为碳中和的"快进键"？能源安全问题之外，如何应对气候战略下的大国博弈？

4.1 高质量发展视角下经济增长与碳中和的双重目标及实现路径

■ 4.1.1 背景

新常态背景下，中国经济增长更加注重质量和效率的双提升，传统的粗放型经济增长模式随着时代变迁和技术进步被逐步淘汰，但过去盲目追求投资和 GDP 的发展模式已使得中国的资源环境状况明显恶化。同时，由于经济增长的惯性特征以及工业化、城镇化发展的巨大需求，中国的能源消耗和碳排放依然呈现出不断上升的趋势。从中国经济的历史和实践进程来看，改革开放初期，中国确定了优先发展重工业的经济思路，通过挖掘丰富的资源、劳动力红利等比较优势来发展经济。中国粗放式的工业化和城市化道路虽然在短期内实现了经济的跨越式发展，但也造成了明显的生态环境问题。2020 年中国能源消费总量约为 49.8 亿吨标准煤，比上年增长 2.2%，其中，煤炭消费量增长 0.6%，占能源消费总量的 56.8%。一方面，中国经济发展面临着较大的节能减排压力，另一方面，不少地区仍然依赖传统的资源产业，以煤炭为核心的产业发展仍然是很多地区经济增长的主要动力。值得注意的是，中国仍然是世界上最大的发展中国家，经济增长在当前及未来很长一段时间内仍会是中国政府的发展重点，实现节能减排及碳中和目标不能放弃经济增长，统筹推进经济增长与碳中和目标是经济高质量发展的内在要求。

党的十八大以来，中央高度重视生态文明建设，党的十九大又将坚决打好污染防治攻坚战纳入全面建成小康社会的重要内容。很显然，新时代加快深化生态文明体制改革、不断改善环境质量是经济高质量发展的必然要求，以创新宏观经济管理模式来释放改革红利，激发地方政府节能减排的积极性是实现绿色发展的重要制度保障。

中国的经济增长不仅得益于市场化发展的制度红利，还依赖于政府的强有力干预。其中最典型的观点是"晋升锦标赛"。由于中国政府实行的是自上而下的官员任命方式，其中最重要的区域经济绩效特别是 GDP 及其增长率，决定着地方政府发展经济的积极性。同时，中国式财政分权使得财政收入更加集中的同时，地方政府需要承担更多的支出责任，这无疑进一步增加了地方政府追求经济绩效和财政收入的热情。因此，地方政府不仅具有向上晋升的需求，还存在政府间横向竞争的动力。在中国经济高速发展的过程中，中国式经济制度安排发挥了巨大的作用。一方面，晋升锦标赛使得各级政府官员不遗余力地推动经济增长，地方政府之间的横向竞争对区域经济发展造成了重要影响。另一方面，财政分权又使得地方政府在财政支出、资源配置、产业发展等方面获得一定的自主权，有权力干预辖区内的经济活动和企业发展。在这种政治集权和经济分权的双重背景下，地方政府在节能减排、环境保护方面有着较大的话语权和影响力。近年来，随着新发展理念越来越深入人心，官员晋升标准和政府绩效考核从原来单一的 GDP 为核心的经济绩效转向为多元化的综合考核，环境保护问责制和一票否决也被纳入其中，但是，受粗放式经济增长的惯性影响，以及经济增速容易量化和测度的特征，GDP 仍是最重要的考核指标（王贤彬等，2021）[2]。因此，地方政府在经济增长和环境保护之间顾此失彼，如何妥善处于经济发展和环境保护之间的矛盾成了摆在各级政府面前的重要问题。很显然，如果一个经济体的长期经济增长会威胁到生态环境，那么这个经济模式就是不可持续的。人类的历史发展和实践经验表明，良好的生态环境是人类生存与发展的基础，可以直接转化为经济生产力。深入分析中国环境污染背后的经济制度因素具有重要的理论与实际价值。

在中国特色的制度安排和宏观经济管理体制下，经济增长目标的作用备受关注。中国的经济高速增长离不开目标激励的作用，各级政府部门会在每年年初的政府工作报告中公布本年度的经济增长目标，以推动相应的地方政府努力完成经济增长的目标任务。对于经济增长目标的建立由来已久，早在新中国成立之初便尝试采用经济增长目标的方式来管理经济。很显然，经济增长目标对经济增长有着积极影响。徐现祥和刘毓芸（2017）使用跨国的样本数据发现，经济增长目标显著促进了实际经济增长，但经济增长目标的影响主要体现为资本积累，对技术进步影响微弱，而对就业和人力资本没有明显影响。[1] 实际上，在地方经济增长目标约束和财政压力下，地方政府在经济增长和节能减排之间也存在明显的权衡取舍现象，并采取了一系列政策举措以实现综合效益最大化。

■ 4.1.2 中国经济增长目标设定的典型特征

1. 经济增长目标具有明显的稳中求进特征

如图 4.1 所示，国家层面的经济增长目标设置基本上维持在 6% ～ 8% 之间，没有出现明显的波动，体现出中央政府在经济增长目标设定方面始终坚持稳中求进工作总基调。一方面，中央政府设定相对平稳的经济增长目标有利于保障政策目标的连续性，稳定市场运行信心，防止市场价格出现过大的波动。另一方面，相对平稳的经济增长目标也能给政策调整和产业发展留足转换的空间和余地。21 世纪以来，中国经济在经历了非典、金融危机等重大挑战之后，仍然能够保持平稳较快的发展趋势，就充分反映了中国经济增长的韧性和灵活性。同时，随着中国经济进入新常态，经济增长速度从高速增长向中高速增长换挡，所以近些年经济增长目标的设定出现了小幅度的调整，但稳中求进的总体趋势没有发生变化。由于中国经济总量和基数不断扩大，加上国际国内环境发生了巨大变化，经济增长目标的下滑和调整是必然的要求。更重要的是，在平稳的经济增长目标背景下，经济高质量发展的趋势越来越明显。除了完成经济增长目标外，宏观经济政策和其他发展目标更加偏向于民生、环保、社会等方面，多重目标激励相容，有利于促进经济结构优化升级和经济效率的提升，激发经济增长的潜在动力，助力实现高质量发展和绿色经济增长。从不同层面的经济增长目标来看，国家层面的经济增长目标更加趋于平稳，而省级和城市层面的经济增长目标存在一定的波动，且基层政府的经济增长目标波动性会更大。近年来，随着中国经济转向高质量发展，各个层级的经济增长目标均趋于稳定。

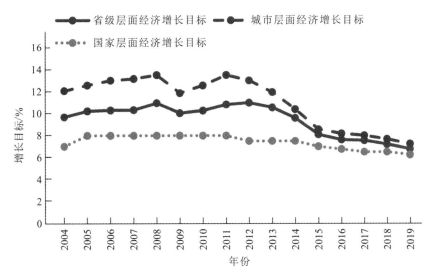

图 4.1　中国各级政府经济增长目标设置情况

2. 政府间经济增长目标上下联动、横向互动

自上而下的垂直管理体系决定了地方政府行为很大程度上由上级政府所决定，所以中央政府的目标设定会直接影响到省级、城市以及县区等各级政府的目标设置。政府的经济增长目标具有指挥棒的作用，自上而下的目标管理及设定会激发地方政府奋

力实现经济增长目标。同时，经济增长目标可能还存在层层加码的现象。为展示自身能力和政绩，下一级政府往往会在上一级政府目标的基础上继续提升经济增长目标，并确保实现。因此，从中央政府到地方各级政府间经济增长的压力层层加码传递，导致基层政府的经济增长压力越来越大。如图 4.2 所示，经济增长目标从国家向省级和城市层面逐级放大，充分体现了自上而下的经济增长目标约束。同时，区域之间的经济增长目标也存在互动关系。晋升锦标赛和政治集权使得不同地区之间的政府官员都在努力向更高等级的职务冲刺，而经济绩效作为其中的重要考核指标，就成为地方政府相继追逐的重点。与此同时，政治上的横向竞争也加强了各地区在经济增长目标设定上的互动和联系，经济相近或者地理相邻的省份之间的经济增长目标可能存在明显的互动，而同一省份内部的不同城市之间的经济增长目标制定和互动可能更为频繁，因为他们往往以本省份的目标任务作为参照。可见，不同地区、不同层级的经济增长目标出现明显的互动、联动关系，从而共同构建了中国特色经济增长的目标制度和宏观经济管理模式。

3. 经济增长目标存在城市异质性

中国各城市之间地理区位、产业基础和要素禀赋存在巨大差异，这导致不同城市制度供给和经济特征均呈现多样化趋势，不同城市之间的发展差距和空间分异使得经济增长目标的设定存在明显的城市异质性，并对经济社会发展产生了异质性的影响。按照传统地理划分方法来划分东部和中西部城市，并采用第一财经公布的一线、二线三线城市作为经济发达城市，四线和五线作为经济欠发达城市，以此观察不同类型城市的经济增长目标状况。图 4.2 提供了不同地理区位和经济水平的城市经济增长目标的演变情况。从中可知，样本期内，各城市的经济增长目标都出现了先上升后下降的趋势，不同类型城市之间经济增长目标的差距也呈现出先发散后收敛的态势。对于东部和经济发达城市而言，经济增长目标的最高值出现在 2008 年，但中西部和经济欠发达城市经济增长目标的最高值出现在 2011 年，说明中西部和经济欠发达城市在 2008 年金融危机之后经济增长目标及压力仍然较高。同时，东部和经济发达城市经济增长目标的波动相对较小，从目标设定的角度看，经济增长趋势比较稳定。2012 年以来，随着中国经济进入新常态，中央政府加强了宏观调控和经济发展方式升级，各级政府纷纷调低经济增长目标以便为经济增长质量提升留足空间，因此，2012 年以后各城市经济增长目标逐渐趋同。

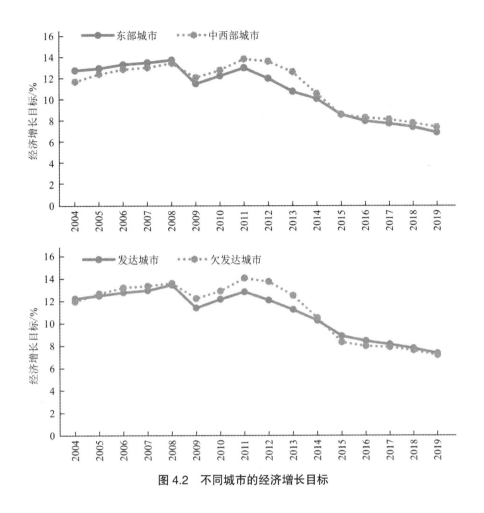

图 4.2　不同城市的经济增长目标

▇ 4.1.3　高质量发展视角下经济增长与碳中和之间的矛盾

1. 经济增长目标与碳中和之间难以权衡取舍

对于中国这样处于转型阶段的发展中国家而言，经济增长的作用毋庸置疑，未来中国仍需要持续推进 GDP 增长来发展经济。无论是经济增长还是环境保护、生态文明建设，都离不开政府目标激励作用，目前中国的目标管理体制已经相当成熟，并在经济社会发展中起到了重要作用，即通过在年初的政府工作报告和相应的发展计划中公布本年度以及未来一段时间内经济、财政、投资、居民收入等目标，引导地方政府采取一揽子政策组合来完成既定目标。在这个过程中，经济增长目标的设置由来已久，建国之初便尝试采用经济增长目标来干预经济，但相对于经济增长目标，节能减排目标的建立和管理较晚。直到"十一五"规划时期，中国政府才制定了到 2010 年将能源强度在 2005 年的基础上降低 20% 的计划，此后越来越多的省份和市县政府也提出了相应的节能减排目标。然而，由于官员在以 GDP 为核心的晋升激励体制下更加热衷于追求经济增长来谋求政治资本，经济增长目标和节能减排目标可能存在一些固有的矛盾。部分地区在统筹推进经济高质量发展和生态文明建设方面存在短板，对于一些高耗能、高污染的项目依然违规上马、未批先建，导致局部生态环境遭到一定程度的破坏。既要稳增长、保就业，也要持续不断地推进碳达峰、碳中和工作。因此，当前及未来一段时间内如何协调经济增长目标与碳中和之间的关系，是各级政府面临的重大问题。

2. 节能减排目标的制定和实施不及时、不到位

随着中国经济逐步由高速度增长转向高质量发展，经济增长和节能减排成为政府工作的重要内容和主要任务，特别是习近平总书记宣布的中国碳达峰、碳中和目标，不仅充分展示了中国积极应对气候变化和能源环境问题的决心，也是对中国经济社会发展提出的更高要求。因此，自中央到地方，各级政府都面临着经济增长与碳中和的双重任务。实际上，从经济发展的理论与实践经验看，经济增长与节能减排之间可能存在一些既定的矛盾，因为经济增长的源泉来自投资、劳动以及能源等必要的生产要素，而要素投入和生产的过程或多或少会以污染排放和资源环境为代价，所以在经济建设和环境保护的过程中地方政府往往顾此失彼。长期以来，中国的经济增长极大程度上依赖要素驱动，即通过大量的资本、能源等要素投入，将低成本的资源红利、人口红利等优势发挥到极致，在短期内实现经济增长的目标，而不得不牺牲暂时的资源环境利益。在这一背景下，地方政府在经济增长目标和节能减排目标之间存在一定的策略性设计。一方面，即使在"十一五"规划之后中央政府明确提出了节能减排的目标，但不少地方政府仍然没有将节能减排目标纳入区域发展规划和工作目标。另一方面，在不同目标的轻重主次上，经济增长目标往往要优于节能减排目标，而且一些地区对于经济增长目标会采用明显的硬约束如"确保完成""力争"等，以显示地方政府对不同目标的重视程度。

3. 先污染、后治理的粗放式发展模式亟待破除

很显然，不同目标的设置和管理会使地方政府的发展重点出现偏差，中国情境下，各级政府优先经济增长而放缓节能减排是比较常见的一种情况。尽管这种"先污染、后治理"的粗放型发展模式一直被理论与实践部门所诟病，但在特定的历史时期和经济阶段也具有一定的合理性。随着中国经济进入高质量发展阶段以及碳中和目标的提出，传统的经济增长模式亟待转型升级，转变经济发展方式、推动绿色经济发展便成为新时期经济社会发展的主要方式。当然，中国仍然是发展中国家，无论是人均 GDP 还是物质财富，离欧美发达国家还有一定的距离，虽然近年来学术界关于摒弃 GDP 为核心的晋升体制的呼声此起彼伏，但可以预见的是，今后及未来很长一段时间内，以 GDP 为核心的经济增长依然非常重要，毕竟中国需要通过发展经济来继续创造物质财富、增加就业机会。而碳中和目标提出了一个时间限制，即在 2060 年之前要实现碳中

和，以及 2030 年前要实现碳达峰，这相当于在经济增长目标的基础上增加了一个强有力的约束，地方政府会面临着更大的发展压力。因此，新时期如果要实现推进经济增长与碳中和的双重目标，就必须加强统筹规划和顶层设计，探索绿色发展新路径。

4. 有限的财政自主权和多重目标之间不匹配

在中国式财政分权的框架下，地方政府的预算内财政自主权相当固定且十分有限。随着越来越多的民生支出和增长压力，地方政府财政支出的需求使得地方财政分权有所增加，中央政府和地方政府之间的财政关系日趋紧张。实现碳中和与经济增长需要巨大的财力支撑，而地方政府财政收支的矛盾又可能会激励地方政府以牺牲环境为代价，优先增长经济以换取财税收入。事实上，自中央政府到地方各级政府，经济增长目标在不断提高的同时，财政自主权反而出现了层层递减。在这个过程中，地方政府很可能会放松环境规制的标准而导致碳排放。如果不能构建权责明晰的政府间财政关系，实现碳中和目标将会困难重重。中国情境下，政府官员在经济性支出和民生性支出的选择上缺乏长期性目标的追求，当自身政绩和政治晋升直接与区域经济社会发展挂钩时，他们往往倾向于选择经济利益而非环境质量。因此，经济增长目标约束下，财政自主权很可能会激励地方政府因追求短期的经济目标而忽略环保、公共服务等民生指标。在财政收入和经济增长的双重压力下，地方政府会尝试通过土地出让、城市建设、煤炭开采来实现既定的目标，缓解自身面临的发展压力，但也可能给节能减排目标的实现带来更多的风险和挑战。

■4.1.4　高质量发展视角下经济增长与碳中和的实现路径

1. 加强顶层设计，统筹推进经济高质量发展和碳中和目标协调发展

作为世界上最大的发展中国家，经济增长目标对于中国经济可持续发展十分重要，因此，实现碳中和不可忽视经济增长。立足新发展阶段必须贯彻新发展理念、构建新发展格局，过去强制性的经济增长目标硬约束不可持续；同时，要直接提升碳中和目标在各个发展目标中的主次地位，涉及节能减排、创新驱动、产业升级的发展目标也要建立更加明确和清晰的任务分配，追求高质量、有效率的可持续增长，为实现碳中和目标提供良好的制度环境。过去地方政府围绕着 GDP 展开竞争，地方政府设计 GDP 目标往往会受到上一级政府的影响，所以从国家到省级政府，再到地级市和县级政府，经济增长目标出现了典型的层层加码，甚至在制定和实施发展战略和经济政策的过程中违反区域发展的实际情况，"高标准"最终成为"超标准"，导致生态环境遭受了巨大的破坏，一些环境污染事件和安全事故教训深刻。所以，既要提升经济增长速度，更要提高经济发展质量。中央政府要给与地方政府科学的目标引领，促进地方政府为环保而竞争，而不是为增长而竞争，提升地方政府环境保护和节能减排的热情。随着国家对生态文明建设日益重视以及碳中和目标的推进，将节能减排和生态文明建设工作纳入各级党委和政府工作的发展规划中是必不可少的。各级应明确各年度节能减排的具体任务和内容，适当前移政府工作报告中的节能减排目标，并加强对各级政府环境保护工作和目标完成情况的日常监管，推动各个目标的协同完成。

2. 调整经济增长目标管理模式，推动经济高质量发展

新常态背景下中国经济增长速度已经出现了战略性调整，即从高速度增长转向中高速增长。党的十八大以来，无论是各级政府的经济增长目标还是实际经济增长速度都出现了明显下滑，新冠肺炎疫情和国际政治经济环境的不确定性进一步增大了中国经济发展的风险，但是，中国经济稳中求进的工作总基调始终没有发生变化，充分体现了中国经济增长的韧性和灵活性。在这一背景下，中国的经济增长目标管理必须进行优化调整。随着经济发展质量的提升以及碳中和目标的实施推进，新的发展模式、新的产业和新的理念会不断发展并孕育新的发展动能，改革传统的经济增长目标的硬约束、给予经济发展更多的弹性空间势在必行。要摒弃过去"唯GDP论英雄"的官员考核方式，改变经济增长目标的硬约束要求，并辅以更多的经济增长目标软约束作为替代，使地方政府可以结合自身实际情况来灵活调整经济发展方式，促使地方政府在经济发展的过程中能更多地考虑碳中和、节能减排等目标。中央政府应当将高质量发展纳入目标考核机制，加快构建更加全面的政绩考核方式和干部激励机制。在这个过程中，产业结构、污染治理、创新驱动、民生改善等指标要发挥更多的作用。事实上，中国的经济增长目标调整不仅涉及GDP或生产总值目标的变化，还牵扯到投资、财政、居民收入等经济目标的双向调整，牵一发而动全身，所以在设计和实施经济增长目标的过程中必须全面、综合地考虑各个经济目标的可行性和预期影响，同时更多地考虑生态环境代价。

3. 加强区域经济一体化发展，实现城市协同减排

随着交通基础设施的发展和区域间经济社会联系日益紧密，近年来区域经济一体化发展备受关注，城市群、长三角、长江经济带等新的空间模式和区域经济格局逐渐形成，过去各地区以邻为壑、市场分割的问题得到了极大改善，统一的国内市场进一步巩固发展。在这一背景下，各地区经济增长和环境治理往往不是一个孤立的个体，而是城市间协同发展。长期以来，由于地方保护主义盛行，各地区都是尽量确保自身利益最大化，这使得地区间在节能减排、环境治理方面表现出明显的策略性互动，如"上游污染、下游治理"等问题。随着经济一体化的发展，各地区在实现经济增长与碳中和的双重目标的过程中将越来越成为利益共同体，因此，在环境治理的过程中各地

区必须加强合作交流，构建成本共担、利益共享的体制机制，不断推进环境污染联防联治工作。在这个过程中，地方政府会努力完成经济增长与碳中和的双重目标，促使要素流动和资源配置效率不断提升，但也要妥善处理好资源分配和利益共享的问题，防止大城市本身所具有的虹吸效应，避免过多的生产要素如资金、人才、技术等集中到城市，进而对中小城市的经济增长和节能减排造成负面影响。

4. 赋予地方政府充足的财政自主权，为实现高质量发展目标奠定财政基础

高质量经济发展必须有完善的财政制度支持。不同的制度环境对经济增长目标和节能减排的影响有所差异，因此必须不断优化市场环境，减少不必要的政府干预，合理赋予地方政府更多的财政权力，使生产要素能够按照市场机制自由流动和合理配置。中央政府必须重视财政自主权在区域绿色经济发展、技术创新、产业发展上的重要作用。分税制改革给地方政府造成了较大的财政压力，有限的财政自主权抑制了地方政府保护环境的热情。近年来，无论是财政管理还是环境管理，分权的趋势都越来越明显，可以预见，地方政府会拥有更多的财政权力和经济权力，而相应的责任和任务也会越来越多。中央政府必须着眼于财权与事权相统一的垂直管理体系，为地方经济高质量发展释放活力。党的十九大报告提出的"加快建立现代财政制度，建立权责清晰、财力协调、区域均衡的中央和地方财政关系"，为新时期财政制度改革与发展指明了前进方向。在统筹推进经济增长和碳中和的宏观目标下，必须构建协调有效的央地财政关系，不断优化财政支出结构，以改善能源消费结构和环境治理效率为着力点来完善转移支付制度，提升财政资金效率。同时，中央政府也要兼顾不同地区的发展实际和经济情况。中西部地区仍处于工业化、城镇化加速时期，经济与环境之间的矛盾还比较尖锐，所以西部地区在发展经济的过程中要特别谨慎对待生态环境的变化；而东部地区在经济发展质量和环境保护方面有着良好的优势和基础，因此，东部地区要重点加强示范引领作用，加强与中西部地区的合作交流，共同完成好碳达峰、碳中和的时代使命。

4.2 典型国家能源安全战略举措及对我国的经验启示

能源是保证国家安全、国民经济可持续发展的基础。在"3060"碳中和目标的倒逼之下，中国亟须加快推进能源系统转型。[3]然而，在资源禀赋的约束下，中短期内中国的能源结构仍将以化石能源为主。《2020 年国民经济与社会发展统计公报》显示，中国全年能源消费总量为 49.8 亿吨标准煤，比上年增长 2.2%。煤炭消费量增长 0.6%，原油消费量增长 3.3%，天然气消费量增长 7.2%，电力消费量增长 3.1%。2020 年煤炭消费量占能源消费总量的 56.8%，比上年下降了 0.9 个百分点；天然气、水电、核电、风电等清洁能源消费量占能源消费总量的 24.3%，上升了 1.0 个百分点。目前中国的年二氧化碳排放量大概为 100 亿吨。以上事实表明，中国实现 2060 年碳中和目标面临着巨大的挑战。

除了应对气候变化的国际减排压力之外，我国还面临着更加严峻的能源安全问题。近年来，随着能源消费量不断攀升，我国能源进口量和对外依存度持续走高。2020 年能源消费总量高达 49.8 亿吨标准煤，石油、天然气对外依存度分别攀升至 73% 和 43%。此外，俄乌冲突爆发，国际能源价格应声暴涨，给我国能源安全带来了一定的冲击，因我国当前油气对外依存度仍然较高。加上全球地缘政治、新冠肺炎疫情蔓延带来的影响，未来数年内我国能源安全势必面临严峻挑战，油气安全供应隐患愈加凸显。

能源安全作为国家安全体系的重要组成部分，一直是国际社会和国家安全战略中备受关注的重大问题。[4]20 世纪 70 年代第四次中东战争爆发，欧佩克采取了减产禁运措施，引发全球第一次石油危机，给西方经济体带来了巨大冲击。原油供给短缺、全球油价暴涨，以及引发工业生产成本的高企重挫了西方发达国家，尤其是对进口石油依赖度高的美国、欧盟等经济体。痛定思变，这次危机让西方国家清醒意识到能源安全的重要性。自此，原油供应和能源安全逐渐成为世界政治的关注点，西方经济体也纷纷制定了一系列保障能源安全的国家战略举措。能源发展战略具有长期性、全局性、目的性、综合性等特点，不同国家保障能源安全的战略不尽相同。[5] 以下将多角度梳理美国、欧盟、日本、俄罗斯等典型西方国家的能源战略举措，以期为我国制定能源安全战略与对策提供一定的经验借鉴。

■4.2.1 美国能源安全战略举措

为缓解石油危机带来的巨大危机，防止未来石油冲击，过去 30 多年，美国采取了一系列战略措施保障国家能源安全。这些措施大致分为能源外交、控制能源产地、控制能源通道、建立石油战略储备、石油美元机制等。随着国际能源形势变化，这些战略措施也会进行阶段性的调整，旨在保障美国能源消费供应充足和价格稳定。其实，美国能源安全的核心在于能源供应安全问题，可以说，后者是国家经济安全的基础。下面将从多维角度出发，对美国能源安全举措进行讨论。

首先，两次石油危机让美国政府意识到能源安全和建立石油储备的重要性。1975年美国颁布了《能源政策和储备法》，开始建立国家石油储备系统。目前，美国拥有约150 天的石油储备量，这一数字仅次于日本的 180 天。但从储量规模来看，稳居世界首位。美国战略石油储备系统的管理模式采用政府和民间机构协作，即政府制定规划和政策，日常运行委托民间机构管理站点。战略石油储备是保障美国能源消费安全的第一道防线。在两伊战争和海湾战争期间，美国战略石油储备发挥了重要的后勤保障作用。此外，美国宣称，其战略储备还能维护世界能源消费市场的稳定。2005 年的飓风灾害导致的油价攀升，再次让美国大规模启用石油战略储备以稳定油价。

其次，控制能源供应来源，多渠道能源进口是美国保障石油供应安全的重要手段。20 世纪 80 年代，美国政府提出将能源安全作为国家安全利益的重要部分，并纳入全球外交战略。虽然美国本地能源矿丰富，开发技术也较为成熟，但美国政府在稳定国内产能的同时，还十分鼓励本国企业勘探开发国外石油资源。美国跨国能源公司拥有的海外储量高于国外储量。作为全球三大石油公司之一的埃克森美孚公司，其业务遍及全球 200 个国家和地区。在"谁控制了石油就控制了全世界"的时代背景下，以制定全球安全战略为发挥舞台，操控国际石油战略格局和控制能源供应来源，是美国最擅长的"惯用手段"。作为能源消费大国，美国在能源资源开发上秉承着"先开采外面资源，再用自家资源"的原则。中东作为石油富产地区，无疑是美国"重点关照"的外交阵地，是其建设石油战略储备的心仪之地。两次海湾战争和叙利亚战争就是最好的佐证。美国不惜动用武力来控制中东地区石油供应格局，以确立为美国能源消费供应安全为目标的全球石油新秩序。但是需要指出的是，美国本土石油储量并不少于中东。随着页岩革命和其开发技术日渐成熟，自 2015 年以来，页岩油的大量开发扭转了美国对国外石油的依赖局面。美国现在是世界上最大的石油生产国，已经实现了石油独立。国际能源署发布的报告显示，2019 年 6 月，美国一度超越沙特成为全球最大的原油出口国。然而，美国依旧从中东，尤其是沙特进口大量石油。那么，已经实现石油独立的美国为何还要从中东进口石油？其可能原因可以从两个方面理解：其一，事实上，美国炼油厂仍在使用中东生产的石油（重油）；其二，这是涉及能源进口地安全的地缘政治问题。美国从中东、沙特进口石油，已不再是单纯为满足石油消费需求了。作为中东最大产油国，沙特是欧佩克的成员，也是美国多年的外交盟友。美国需要通过从中东进口能源，通过沙特来控制中东的石油贸易，这样既能保障其从沙特乃至中东长期进口石油的安全和稳定性，又能控制世界能源贸易市场。

最后，发展可替代能源和新能源是美国能够实现能源独立的王牌。自从奥巴马上台后，美国政府出于能源安全的考虑，国家能源战略倾向于发展可替代能源和新能源产业。作为传统油气的可替代能源，页岩油气是一种非常规油气资源。近年来，美国爆发的"页岩革命"，开启了全球新一轮的能源革命。凭借这一革命东风，美国本土非常规油气得到迅猛发展，能源独立取得了实质性的突破。这一措施极大丰富了美国非常规油气供应，使美国成为天然气出口大国，不但有效降低了美国石油对外依存度，保障了石油安全，且打破了传统的国际能源供应格局，对整个国际能源贸易市场产生了显著影响。此外，美国近年来还对近海油气开放采禁令和大力推广清洁能源，以期改变能源消费结构，减少对石油依赖。

■ 4.2.2 欧盟能源安全战略举措

能源问题一直是欧盟十分关心的全球议题。由于本土能源资源与产量有限，这些国家对能源供应的安全问题向来十分谨慎，最大的顾虑便是其能源对外依存度一直较高。欧盟统计局的数据显示，2015—2017 年每年欧盟消费的石油约 88% 来自进口。欧盟另一个突出问题是能源进口过于集中，中东和俄罗斯是其主要油气进口地。俄罗斯是欧盟最大的天然气供应国，后者每年天然气总供应量有近 40% 来自前者。待"北溪二号"投入使用后，这一比例将会有大幅提升。另外，作为欧洲"最亲近"的能源国家，俄罗斯俨然已成为欧盟最大的天然气供应国。据欧联社报道，俄罗斯是 2018 年和 2019 年欧盟最大的天然气供应国。即便在美国制裁俄罗斯以争夺能源市场的情况下，仅 2019 年上半年，欧盟从俄罗斯进口液化天然气占其总进口量的比例仍旧高达 39.4%。

面对全球经济疲软、地缘政治复杂多变，欧盟经济体危机意识一直较强，不断调整和制定能源安全新战略，以保障能源供应的可持续性。首先，欧盟不断强化与能源供应国的能源合作，增加供应来源，以形成能源进口渠道多元化格局。近年来欧盟试图开展与中亚国家的能源合作，在过去的一年中，欧盟和土库曼斯坦就向欧洲供应土库曼天然气达成框架协议。此举对欧盟降低对俄天然气依赖、实现能源供应渠道多元化具有重要意义。

其次，提升能源效率、重点发展可再生能源和绿色低碳经济是欧洲保障能源安全的又一战略性举措。目前，欧盟能源消费总量位居世界第三，一次能源消费占世界总量的 12.5%，对外依存度普遍高于 50%。所以，欧盟在发展可再生能源、推进能源技术创新领域一直走在世界前沿，是全球应对气候变化和发展可再生能源的领头羊。2010年，欧盟 28 国联合发布"欧洲 2020 战略"，提出在 2020 年所有成员国实现可再生能源在能源结构中的平均占比达到 20%，这一比例在 2004 年仅为 8.5%，但据欧洲联盟统计局数据，这一比例在 2017 年已提升至 17.5%。据英国气候变化组织 Sandbag 的报告显示，2018 年欧盟 28 国发电总量约为 32490 亿千瓦·时，其中核电占比最高为 25.5%，其次为煤电 19.2%、天然气 18.9%、风电 11.8%、水电 10.6%、生物质 6.1%、太阳能 3.9% 以及其他化石能源 4.0%。从整个电力结构看，欧盟可再生能源占比高达 32.3%，而这一比例同期在中国仅为 26.7%。

近两年德国在推广可再生能源项目上可谓不遗余力。2019 年前三季度，德国风能和太阳能等可再生能源在电力总消费中占比高达 42.9%。值得一提的是，作为欧洲的"德国战车"，德国近年来大力推进电动汽车产业发展。2019 年 1 月至 11 月，德国新上牌照的电动汽车约为 57500 辆。德国去年还出台了一系列推广电动汽车的措施，即计划未来 3 年新建 5 万个充电桩。德国发展电动汽车的原因，一方面是为了实现碳减排和气候变化的既定目标，另一方面则是为了减少传统化石燃料汽车的使用，降低化石能源的比重，以降低对外能源依存度。总体来看，欧盟可再生能源发展势头迅猛。截至 2019 年，已有 11 个成员国提前完成了可再生能源发展目标。其中，瑞典以 53.8% 的成绩稳居榜首，芬兰 38.7% 紧随其后。欧盟可再生能源在总能源消费的占比有了显著提升，大大缓解了对中东和俄罗斯油气的高度依赖，对保障欧盟能源安全和能源供应起到了重要作用。一言以蔽之，欧盟正在推进绿色低碳的能源转型之路，这也是能源安全战略的重要内容。

4.2.3　日本能源安全战略举措

作为中国的邻居，日本很早就步入工业化时代，人均能源消耗巨大。同样由于能源资源的匮乏和石油进口依赖，日本很早就面临着能源短缺危机，也制定了较为完善的能源安全战略。值得重点探讨的是，近年来日本举全国之力发展氢能源和氢燃料电池汽车。发展新能源汽车是当前日本重要的产业战略，也是核心能源战略之一。从全球来看，新能源汽车是交通领域能源技术改革的大势所趋。与欧美西方国家不同，日本很早就将新能源的筹码压在了氢能源和氢燃料电池汽车上。2017 年 12 月，日本政府发布了"氢能源基本战略"。由于其具有功率大、续航长、来源广泛、清洁无污染等优良特点，氢燃料电池汽车被日本政府与汽车行业界寄予厚望。通过政府在政策与税收方面的大力支持，日本氢能相关技术已经较为成熟，可以说遥遥领先于全球。

氢燃料电池汽车成为新能源汽车的新晋宠儿的风向渐浓。同时，全球汽车企业竞相申请电池相关技术专利，在这方面，丰田拥有绝对的话语权，目前已累计申请了 15867 项与燃料电池有关的技术专利，专利布局覆盖日本、美国、中国、世界知识产权组织、欧洲专利局等，这一数字约占全球专利总数的 80%，表明日本研发与推广氢燃料电池汽车决心之大。此外，日本非常重视氢能产业链的同步发展，据统计，截至 2018 年，日本拥有 96 座加氢站，世界占比为 26%，稳居全球第一。

日本举全国之力推广氢燃料电池汽车，其动机有两点：一是为了应对气候变化《巴黎协定》制定的碳减排目标；二是切实保障国家能源安全。由于氢燃料电池具有前述诸多优越性，其应用前景十分广阔。假设日本未来能实现其长期规划目标（氢年产量达到 1000 万吨以上，使氢发电成本降低至天然气价格水平，普及家用燃料电池发电成套设备，实现发电、取暖、热水等配套联产）的话，那么这对日本摆脱对外油气依赖具有实质性的作用。从这个意义上讲，日本的能源结构调整和在能源产业的战略布局十分具有前瞻性，是保障其国家能源安全的关键举措。这也是我国制定能源安全战略最值得借鉴的地方。

4.2.4 俄罗斯能源安全战略举措

俄罗斯是一个油气资源储量十分丰裕的国家（2019 年 BP 世界能源统计年鉴显示，俄罗斯石油探明储量为 146 亿吨，天然气储量为 38.9 万亿立方米，世界占比依次为 6.1% 和 19.8%）。2018 年俄罗斯石油产量为 1144 万桶 / 日，占全球比重达到 12.1%，仅次于美国与沙特阿拉伯。能源工业是俄罗斯的支柱产业，是其财政收入的重要组成部分。与前文的典型西方国家不一样，俄罗斯能源战略的大方向是，利用油气资源优势充分发挥能源外交的作用，影响其他国家，尤其是能源进口为主的欧洲经济体的外交策略，使本国利益最大化。

从目前来看，一方面，俄罗斯能源政策是进一步扩大油气出口贸易和增加政府财政收入。比较明显的是，近年来俄罗斯不断加大油气管道基础设施建设，加强和能源消费国的合作对话。譬如，中俄东线天然气管道建设、"北溪二号"等管道项目都是为了油气出口渠道多元化，保障能源收入的长期稳定。另一方面，俄罗斯对本国油气开发商进行减税措施，实行按利润征税，以提高企业增产积极性，为稳定油气出口提供资源保障。这一做法也许值得我国借鉴，可以在一定程度上降低油气产业上游企业的开发成本，提高开发商投产增产的积极性。此外，鼓励外商投资国内能源资源相关领域也是未来我国油气改革的一个方向。

4.2.5 对我国的经验启示

中国能源安全问题的实质是能源储备和供应结构与能源消费结构不完全匹配。[6]当前我国能源安全现状不容乐观，面临的严峻形势主要体现在以下几方面：首先是中国能源需求持续增长，能源安全结构性矛盾突出。一方面，我国能源需求仍处于持续增长态势。另一方面，中国能源生产总体上虽然有所上升，但在消费结构上存在较大安全问题。根据《中华人民共和国 2020 年国民经济和社会发展统计公报》，2020 年，我国能源消费总量为 49.8 亿吨标准煤，而煤炭占比却高达 56.8%，这说明现阶段支撑我国经济社会发展的能源动力依然以煤炭为主，这不利于我国绿色低碳转型。二是进口通道集中度高，风险评估与安全保障力度不足。中国油气进口来源虽然多元化，但多集中在中东等少数地缘政治不稳定区域。从来源国地理分布来看，主要集中在北非、中东和亚太地区。中国油气进口通道较为集中，大部分海上运输航线都需经过马六甲海峡。三是替代能源发展不足，体制机制障碍突出。目前中国替代能源发展不足，体制机制存在发展障碍，其中煤制油、煤制气等煤化工产业以大量耗煤为生产基础，这一过程会带来环境污染，同时也需要水资源保障。中国煤矿资源和水资源逆向分布，煤化工项目多建设在新疆、内蒙古等缺水突出的地区，也给水资源带来污染隐患。虽然电动汽车技术近年来在中国取得了很大的发展，但仍面临成本偏高、基础设施建设不匹配、行业部门缺乏协调等突出问题。清洁能源发展虽可以同时保障能源安全，应对气候变化和减少环境污染，但其目前由于量小，很难有较大影响，且其发展过程中还存在着较多障碍。

我国长期以来保障能源安全的举措可大致归为三类：第一，稳定传统能源生产。受制于我国资源禀赋特征，以煤炭为主的能源消费结构在短时间内难以有明显变化，保持较高的煤炭产量和适量的煤炭进口量，以满足国内煤炭消费的基本需求，是当前保证我国能源安全的基本举措。第二，保障油气供给安全。我国原油进口对中东地区的依赖程度较高，而这些国家或地区往往存在较大的地缘政治风险。此外，海上运输十分依赖马六甲海峡和霍尔木兹海峡，这就容易导致我国能源进口存在较大的不稳定性。第三，大力发展储能技术，努力提升可再生能源在整体能源消费中的比重。虽然我国早就意识到发展可再生能源的重要性，但遇到诸多难题，其实际成效并不明显。面对我国较大的能源消费体量的现实，要在短中期内完成可再生能源对传统能源的有效替代，对我国来说是一项巨大的挑战。能源战略是国家能源安全的重要保障，将能源战略纳入国家安全战略，需要站在国家能源全局高度制定总体能源战略规划。保障能源安全是我国长期的战略任务。在全球政治经济动荡和局部冲突加剧、新冠肺炎疫情蔓延态势不减和我国能源需求不断增长的背景下，当前我国保障能源安全的传统举措显然是不够的，有待进一步完善与加强。实际上，西方国家保障能源安全的举措或许能为我国提供一些有益的经验借鉴。结合上文对典型西方国家能源战略举措的梳理分析，未来我国制定能源安全战略可以重点考虑以下几个方向：

第一，多元化本土能源供给，保持一定的能源自给水平。这一重点聚焦于煤炭改造利用与非常规天然气（页岩气、煤层气等）的规模开发。资源禀赋是国家能源安全问题首要考虑的，尤其在国际地缘政治复杂多变的时代。因此，即使顶着全球气候变化与减排的压力，我们仍然需要利用好煤炭资源在能源供应安全方面的作用。据《BP世界能源统计年鉴》显示，2020年中国煤炭在能源消费总量中的占比约为 56.8%。虽然相比往年，煤炭消费有了较为明显的下降，但这一比例依然很大。而且，实现了清洁高效利用的煤炭在使用上基本无异于清洁能源。所以，如何设计与提高煤炭的清洁化利用水平是当前一个重要方向，也是国家能源需求结构优化调整的关键一环。应该说，煤炭仍是我国现阶段的主体能源，未来需要重点做好煤炭清洁化改造与使用。譬如，在工业领域持续加大煤化工的研究力度；在兼顾取暖效果的前提下，设计好煤改电工程，提高煤电利用效率，以有效满足北方地区冬季取暖用能需求。另一方面，为满足国内油气需求增长，政府应该持续支持非常规油气发展。美国页岩油气的成功经验给我国非常规油气发展带来了一定的启迪：由于地质条件和市场等各方面的差异，中国在选区、资源识别和经济评价方面，需要配套探索；我国页岩气开发尚处起步阶段，此番油价的暴跌，不利于我国油气开采业，对此政府不妨采取补贴或减税措施来支持非常规油气发展。此外，鉴于开采难度大和国内现有技术不足的事实，应该鼓励支持符合条件的外资企业合法参与我国非常规油气的开发项目。

第二，研发节能技术，进一步促进新能源汽车推广与应用。新能源汽车不仅可以有效消除尾气排放污染，还能够摆脱对石油的依赖，有助于保障我国能源安全，且一个优势是，中国是全球最大的新能源汽车市场之一。根据 EV Sales 发布的 2020 全球新能源车销量数据，2020 年新能源汽车在中国市场的销售总量高达 127 万辆，全球占比为 40.7%（图 4.3），仅次于欧洲市场的 43.8%。由此可见，我国新能源汽车市场潜力巨大，是全球汽车行业的必争之地。在政府对新能源汽车的消费补贴下，近年来国内新能源汽车消费增长态势明显（图 4.4）。2018 年我国新能源汽车销售量突破 130 万辆，即使 2019 年全球车市进入寒冬，加上补贴退坡更是雪上加霜，其销量出现了一定的下滑，但市场总体依然保持较强增长势头。因此，我国需要继续支持和推广新能源汽车产业发展。具体来说，需要进一步加大电动汽车在城市交通、客运、出租等领域的推广应用，当然这也需要产业、政策与电力配套设备的共同配合。当前我国电动汽车已经进入后补贴时代，为保障该产业的持续发展，国家还需制定一系列完善的配套政策。需要指出的是，大众对新能源汽车的认知与态度是政府制定政策时需要考虑的因素。

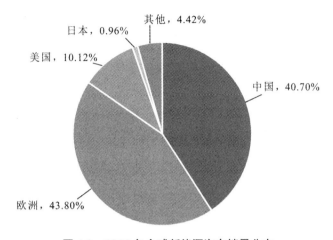

图 4.3　2020 年全球新能源汽车销量分布

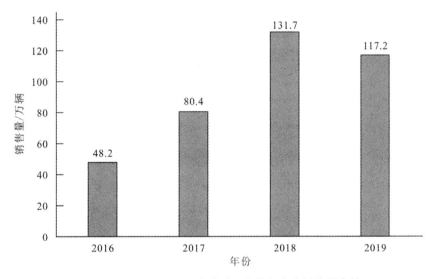

图 4.4　2016—2019 近年来我国新能源汽车销售量走势

第三，氢能战略需提速，加大氢能产业扶持力度。氢能是目前世界普遍认为最理想的能量载体和清洁能源。随着日本对氢燃料电池技术的层层突破，如果成本能大幅下降，据 IEA 预计，到 2030 年氢燃料电池汽车有望降至目前价格的 56%。如此看，氢能成为未来全球基础能源的概率还是很大的，至少在新能源汽车领域将会大有作为。虽然氢能在 2020 年政府工作报告有所提及，但相比邻居日本，我国氢能产业的发展还相当落后。究其原因，主要是政府对氢燃料电池研究的相关扶持政策还远远不够，未能给市场和企业主体释放足够的信号。对此，建议政府步子可以适当迈开，即加大财政补贴、减税等扶持政策的力度，特别是要加大对氢燃料电池核心技术开发的支持，给市场和企业一个明显的战略引领信号。可喜的是，氢能生产是逐步完善氢能源产业配套的第一步，而我国目前是氢气产能最大的国家，煤制氢是现阶段我国主要的制氢形式。所以煤制氢是未来技术攻克的一个重点方向。而在应用终端，目前国内的氢燃料电池车用在商用车居多，未来政府可以考虑在长途客运、城市公交等领域优先推广试行。

4.3 解码"运动式"减碳，保障能源转型平稳

受"能耗双控"政策影响，多地出现了不同程度的"拉闸限电"现象，给社会经济平稳发展造成了一定的负面影响。2021年7月30日中央政治局召开会议指出，纠正"运动式"减碳，坚持统筹有序和全国一盘棋的原则开展碳达峰、碳中和工作。"运动式"减碳和"一刀切"拉闸限电非但无益于"双碳"工作的长远目标，甚至可能会对社会经济发展长期健康平稳以及产业绿色转型升级造成一些不必要的负面影响。提升"能耗双控"表现应从提升地区的经济发展水平、产业结构分布和科技创新能力等方面入手，才可能获得持续的长久的能耗水平改善。加快全国一盘棋的"双碳"工作方案出台，在顶层设计上科学安排"双碳"工作部署是当务之急。同时，也应建立健全减碳的基础设施建设，在建立以可再生能源为主体的新型能源系统、电力市场化改革、推广碳排放权交易等多方面工作的前提下，在保证经济平稳运行的基础上"先立后破"开展"双碳"工作，保障能源转型平稳过渡。

4.3.1 "运动式"减碳的起因分析

所谓"能耗双控"，即既要对能源消耗强度进行控制，同时也要对能源消费总量进行控制。自2014年起，我国便开始推出能源消耗强度约束政策，对区域单位GDP二氧化碳排放量进行考核。从历史演进的角度看，"能耗双控"制度是在"十一五"期间国家提出的"节能减排"的基础上产生的。根据建设资源环境友好型社会的总体要求，中国在"十一五"规划中首次将"单位GDP能耗约20%，总排放量减少10%"列为约束性指标。通过开发和推广节能技术以及钢铁、煤炭和有色金属等能源密集型行业的节能现代化，节能降耗已成为政府规划的主要目标。"十二五"期间，在进一步限制每单位GDP能耗降低16%的基础上，首次提出了合理控制总能耗的要求。通过调整工业结构和增加可再生能源在一次能源中的比例，结构化节能的作用不断加强。2015年，"能耗双控"在十八届五中全会上被正式提出，其根本目的在于从源头上倒逼产业转型升级，提高经济绿色发展水平，并且在一定程度上保障能源安全，并最终达到节能减排、实现经济高质量发展的目的。在"十三五"规划中，能源消耗强度控制的相

关要求得到进一步细化，具体要求包括：国内单位 GDP 能耗比 2015 年下降 15%；到 2020 年全国能源消费总量控制在 50 亿吨标准煤以内。在"十四五"规划中，按照"双碳"目标的总体要求，"能耗双控"体系进一步完善，并被赋予了新的内涵，提出"单位 GDP 能耗和碳排放量分别下降 13.5% 和 18%"的总体目标，加快了我国碳减排工作的步伐。从图 4.5 中不难看出，近十年来"能耗双控"政策落实情况整体较好，单位 GDP 能耗持续下降。总体而言，中国"能耗双控"制度的构建与完善是渐进的，在过去 15 年中不断改进。截至目前"能耗双控"政策自提出执行已将近 6 年时间，对能耗强度进行考核和约束也已开展了十余年。由此可见，对于"能耗双控"的总体政策部署一向明确稳定，并非临时加码，也并非一刀切。

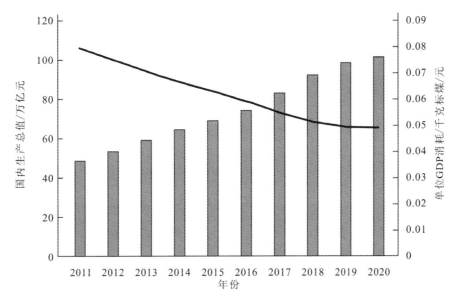

图 4.5　2011—2020 年中国国内生产总值与单位 GDP 能耗强度变化

来源：CEIC 数据库。

2021 年以来，随着"双碳"目标的提出，"能耗双控"工作进一步完善，即更加注重过程管理，形成"季度 + 年度通报"和"红、黄、绿"快速预警机制这两种主要手段。2010 年后，国家发展和改革委员会开始在完成地方节能目标的基础上发布晴雨表。然而，由于之前信息公开的频率不定，因此地方政府政府和市场的关注度较低。从 2021 年起，"能耗双控"制度的优先级受重视程度明显增加，"能耗双控"目标的评估周期从一年改为一季度，并采取"季度通报 + 年度考核"机制。国家发展和改革委员会目前正在采用"红、黄、绿"快速预警机制，评估各地区的"能耗双控"落实情况，并向复核进度目标未完成、实际值与目标值相差超过 10% 的形势严重地区发布"红色"预警；对情况严重、重复检查进度目标未完成且实际值与指示值之差小于 10% 的区域发布"黄色"预警；对进展顺利并已完成进度任务的地区发布"绿色"预警。

2021 年上半年的情况与去年三季度相比，"能耗双控"任务顺利完成的省份数量均出现明显减少。以能耗强度控制目标为例，"绿色"预警省份从去年三季度的 19 个下降到 11 个。根据国家发展和改革委员发布的 2021 年第一季度各地区实现"能耗双控"晴雨表来看，在降低能耗强度方面，青海、宁夏等 7 个地区为一级预警，江苏、浙江等 6 个省份为能耗总量控制预警。但是，由于季度考核机制首次启动，地方政府对该政策领会不够深入，而国家发改委也只要求地方政府"深刻反思"，没有出台任何实质性的处罚措施。因此在第一季度公布晴雨表后，并没有引起当地政府的强烈关注。至 8 月 17 日，国家发展和改革委员会发布了 2021 年上半年各地区实现"能耗双控"目标晴雨表，在完成能源消耗强度控制目标方面，在被评估的 30 个省级行政区中，只有 11 个省进展顺利，青海、宁夏、广东和广东等 9 个省收到了一级警报。在完成能源消费总量控制目标方面，青海，宁夏，广西等 8 个省也进入了一级警戒。

在 2021 年 8 月发布的上半年各地区实现"能耗双控"晴雨表中，进展顺利的省份数量比去年明显减少。"十四五"以来，在"双碳"目标不断推进的背景下，以及 4 月 30 日中央政治局集体学习提出各级政府要明确双碳工作的时间表、路线图和施工图的要求下，各级政府均将"双碳"目标的实现提升到工作部署的首要位置。同时，对于这 9 个省份，国家发展和改革委员会明确表示，在完成"能耗双控"任务前，将暂停对国家重大项目规划以外的"两高"项目审查。随后，部分地区采取行政命令式限产停产措施，对高耗能企业进行拉闸限电，最终造成近期大宗商品和工业原材料价格飞涨，其不良影响甚至扩散到居民生活用能用电等环节。

■4.3.2 "运动式"减碳的影响——拉闸限电

为贯彻落实"能耗双控"政策，各省相继出台相应政策，采取有力措施保障年度减排降耗目标的完成。主要的政策内容有上浮电价、限制高耗能用电、分时段有序用电等，具体政策汇总梳理如表 4.1 所示。

表 4.1 不同地区"能耗双控"具体政策汇总

地区	政策内容
广西	8 月 20 日发布《广西壮族自治区人民政府办公厅关于加强节约用电工作的通知》，要求工商业科学合理安排生产计划，主动错峰用电，节约用电
贵州	9 月 10 日发布《2021 年贵州省有序用电方案》，根据省内电力缺口进行分等级预警并制定相应响应措施和用电企业响应序位表，合理安排高耗能企业错峰生产

续表

地区	政策内容
云南	9月11日发布《关于坚决做好能耗双控有关工作的通知》，对钢铁、水泥、黄磷、铝和工业硅等重点行业加强排产产量监管，进一步压减产量
江苏	9月9日发布《关于进一步完善我省分时电价政策有关事项的通知》，充分发挥电价信号作用，优化电价峰谷时段，拉大峰谷价差
江西	6月23日发布《江西省能源局关于进一步完善电力分时段交易机制的通知》，完善分时电力交易机制，试行"基准上限价格＋浮动机制"方案
福建	9月4日，福建省工业和信息化厅根据能耗双控工作部署要求，开展新一轮"两高"项目核查，完善遏制"两高"项目盲目发展的工作方案，研究分类处置意见
浙江	7月4日，杭州市发布《2021年全市有序用电和电力需求响应工作方案》，组织安排高耗能企业集中检修，错峰避峰生产，制定六级缺点预警及响应机制
广东	5月10日广州市工业和信息化局批复《2021年广州市有序用电方案》，9月16日起按每周"开二停五"的有序用电方案执行
内蒙古	8月2日，阿拉善盟工业和信息化局发布《关于明确蒙西地区电力交易市场价格浮动上限并调整部分行业市场交易政策相关事宜的通知》，允许电力交易成交价上浮10%，并执行高峰限电
陕西	9月23日陕西榆林市发改委发布《关于确保完成2021年度能耗双控目标任务的通知，新建成"两高"项目不得投产，已投产项目根据上月产量限产60%，其余"两高"企业确保9月份限产50%

数据来源：笔者根据公开资料整理。

由政策梳理汇总表中可以发现，"能耗双控"目标驱使下，部分省份采取行政手段压减电力消费，开展所谓的有序用电和拉闸限电，其实这并不是真正由于能源供给不足所造成的硬短缺，更多的是为了完成年度节能减排目标不得已而为之的约束性短缺，这一点从一些省份出台的"限电政策截止到年底"这一信息中也可以得到验证。在加强监管的背景下，2021年8月下旬以来，各省市出台了相关整改措施，确保实现"能耗双控"目标，"限产限电"成为地方政府的主要手段。8月，国家发改委发布"能耗双控"预警后，各省市迅速响应，出台相关整改措施，确保今年"双控"目标的实现，对高耗能行业实行用电和生产限制。从上半年政策出台情况来看，9个一级预警省份迅速出台了相关政策，并采取了最严格的行政措施对全省耗能行业进行整顿。此外，浙江、河南、四川等二级预警省份也开始采取限产措施，确保今年"双控"目标的实现，地方政府采取监管的主动性积极性也有所提高。就限电限产的持续时间而言，本轮限产限电周期的持续时间比预期的要长。尽管目前大多数省份的有序用电政策结束日期在10月国庆节前后，但云南、宁夏和四川等省份的限制则持续更长时间。从涉及限电限产的主要高耗能行业来看，除广东、宁夏等省对全社会采取有序用电方式外，大多数省份的限制措施主要针对高碳排放和高能耗行业，包括电解铝、水泥、钢铁和化工行业。所采取的措施还分为直接关闭、限制产能、错峰用电错峰生产等。

拉闸限电的影响，从供给端来看，一方面影响高耗能大宗商品的供给。自8月份国家发改委发布"能耗双控"晴雨表以来，全国各省市相继发布更加严格的限产措施以保证考核目标的达成。总体而言，在"能耗双控"的政治目标背景下，地方政府采取的限制措施压减了一些大宗商品的生产，而大宗商品供给上的减少，强化了市场对商品供需持续供不应求的预期，导致大宗商品价格持续上涨。近期，多种工业原材料的生产受"能耗双控"政策约束，产能出现较大幅度缩减，由此造成多种大宗商品价格出现大面积上涨。以动力煤为例，自2021年8月起，2个月内涨幅超2倍。受此影响，全国多地出现不同程度的"拉闸限电"，2021年9月PPI同比增长更是创下自1996年以来的历史新高，对社会经济发展造成了较为不利的影响。

除国家发改委的预警外，近日地方政府不断加码"能耗双控"政策的另一个主要原因是当前能源供应紧张，这主要是由于煤炭供需差距扩大和一些地区非化石能源匮乏造成的。8月份，中国工业增加值年增长率为5.4%，但能源生产增长率仅为0.2%。具体而言，在需求方面，由于上半年中国经济仍在复苏，制造业的高度繁荣导致能源消费的高需求。2021年1—8月，中国总用电量年增长率为7.4%，仅次于近十年来2018年1—8月累计增长率。从产能利用率来看，2021年上半年的产能利用率也高于近年同期，能源需求依然处于高位。

在供应方面，煤炭生产和进口出现了一些波动，也进一步加剧了供需关系的紧张。与内蒙古"倒查二十年"相关的煤炭反腐行动在一定程度上影响了2020年下半年以来的煤炭生产，导致2021年5月以来全国煤炭产量的增长率持续走低。此外，到2020年底，出于安全因素考虑，部分煤矿关闭整改，这也是导致煤炭供应减少的另一个因素。自2019年下半年以来，动力煤进口量也有所下降，这对国内动力煤的供需也有一定的边际影响。供应的边际减少，导致大宗商品市场中的动力煤价格被持续推高，最高时动力煤价格达到1300元/吨。高企的煤价也影响了发电量的增长，由于煤电价格市场化定价机制尚不完善，煤炭价格的高企将给发电厂带来利润压力，对煤电的供应也起到负面影响。由于煤炭进口量有限和煤炭生产安全问题，对电力的强劲需求推升了煤炭消费。近十年来，煤炭库存已接近低位，供需缺口继续扩大，又进一步推升煤价。另一方面，冬季通常是河流的旱季，水电供应在前一个冬季通常会减弱。今年，中国西南部的气候相对干燥，降水不足导致水力发电量低于预期，这加剧了云南、四川和广东省等"西电东送"重要组成省份的电力短缺。

■4.3.3 "运动式"减碳与"拉闸限电"的经验启示

"运动式"减碳和"一刀切"拉闸限电非但无益于"双碳"工作长远目标的实现，甚至可能给对社会经济发展长期健康平稳以及产业绿色转型升级造成一些不必要的负面影响。对高耗能企业通过行政命令要求停产限产甚至拉闸限电，一方面会导致工业原材料和总商品因供不应求而快速涨价，另一方面还会波及下游制造业企业，压缩其利润空间，使其迫于生产压力将成本转移到消费端，进而抬升总体消费价格和通胀水平。

本轮由"能耗双控"引起的供应紧缩周期主要分为两个阶段：一是 8 月份"能耗双控"政策持续加码，地方政府频繁采取措施限制高能耗产能；另一个是自 9 月以来由于电力短缺而造成的"拉闸限电"。而"运动式"减碳所造成的后果也是十分明显的，宏观经济环境、上下游产业利润分配格局合资本市场均出现了较大的波动。特别是随着"双控能耗"+"限电限产"政策的强化，部分大宗商品由于供应有限，价格上涨，特别是生产能力主要集中在 9 个一级预警省份的大宗产品。此外，"运动式"减碳也加速了 PPI-CPI 剪刀差的扩大，目前已接近历史最高点，产业链上、中、下游利润分化加剧。

宏观层面，2021 年以来我国 PPI-CPI 剪刀差持续扩大。随着"能耗双控"政策的加码，8 月份中国 PPI 的同比增长率达到 9.5%。目前，PPI-CPI 剪刀差接近历史高点。从 PPI 向 CPI 传递的情况来看，目前下游产品价格上涨的速度远不及上游原材料，原因在于产业链中游向下游传递原材料涨价压力的传递过程缓慢。随着"能耗双控"政策的持续推进，上、中、下游的利润分配会更加不平衡，从而加剧利润分配的分化。总体而言，上游公司具有更高的议价权，可以通过提高销售价格来转移成本压力；而中、下游企业在市场竞争环境中的议价能力更弱，对原材料价格更敏感的汽车、电气设备和机械设备等制造企业的利润将在一定程度上受到挤压。尤其是其中的中小企业，议价能力更弱，原料成本增加对其生产经营的不利影响将更为明显。

"能耗双控"本是作为衡量区域发展能耗效率的标尺，提升"能耗双控"表现应从提升地区的经济发展水平、产业结构分布和科技创新能力等方面入手，才可能获得持续的长久的能耗水平改善。"能耗双控"政策的提出已超过 5 年时间，各地区本应按照既定方针将政策贯彻落实。但自新冠肺炎疫情以来，受西方国家激进的财政货币政策影响，全球大宗商品价格飙升，刺激工业原材料和大宗商品生产企业扩大产能。而国内疫情快速得到控制，也使国内承接外贸工业生产订单具备了有利条件，因此部分地区因短期利益加快工业生产活动，工业加工能耗水平迅速上升，而忽视了调整产业结构以获得更高质量发展的长期利益。于是在"能耗双控"晴雨表的考核压力下，缺乏科学统筹的规划部署，采取强硬手段加速整改。事实证明，尽管"运动式"减碳在短期内可能对降低能耗水平有所帮助，但是对于长期的绿色低碳转型发展弊大于利。

"能耗双控"体系下的能源结构优化是未来政府工作的长期焦点，发展新能源，提高可再生能源消费比重，是当前乃至今后很长一段时间内的重中之重。2021年9月，国家发改委发布了《完善能源消费强度和总量双控制度方案》，其中要求将"能耗双控"政策与新能源的发展紧密结合，鼓励全国各地生产和消费可再生能源。对于计划外的可再生能源消费将不包括在能源消耗总量和强度目标评估当中。此外，中国就2030年碳排放达峰向世界做出庄严承诺。"双碳"目标下的能源结构优化是大势所趋，必须提高可再生能源的消费比例。只有改变能源结构，降低煤炭在能源消费中的比例，才能避免当前受"能耗双控"约束的"拉闸限电"。截至2020年，中国风能、核能和太阳能等非化石能源的消费达到15.9%，而这与"到2030年，中国非化石能源消费将达到25%"的目标还有很大的改进空间。

另一方面，由于中国电力消费仍以煤电为主，因此季节性和紧急的电力供应不平衡不足以造成严重的电力短缺。但必须引起更多关注的是，中国的工业能源消费特点和可再生能源所占比例越来越大的现实，容易加剧短期内能源供应和能源需求的波动状况，进而影响能源系统和电网运行的稳定性。因此，在建设碳中性背景下的能源系统的过程中，必须考虑两者结合所造成的电网问题。[7]

■4.3.4 "运动式"减碳应如何避免

"运动式"减碳的主要特点是缺乏科学合理的统筹规划，大干快上过度行动，最终对经济发展、民生保障和能源转型造成不利影响。根据8月17日国家发改委例行新闻发布会相关表述，目前来看"运动式"减碳有三方面典型的表现形式。一是目标设定过高、脱离实际：部分地区忽略客观事实和客观规律，热衷于蹭热点抢风口，蜂拥而上盲目制定不切实际减碳行动。二是遏制"两高"行动乏力：虚喊口号，部分地区为短期经济利益甚至违规上马"两高"项目，存在突出的未批先建问题。三是节能减排基础不牢：在减排基础性工作尚未扎实完成的背景下，多地出现对高耗能项目"一刀切"的现象，甚至对相关企业采取断贷抽贷，追求一劳永逸快速解决高耗能高排放问题，而没有扎实做好产业结构调整、技术创新和节能管理等方面工作。

立足我国国情和现阶段"双碳"工作特点，中共中央政治局于7月30日召开的会议中指出，对于碳达峰、碳中和工作的开展应遵循先立后破的基本原则，做到统筹有序和全国一盘棋，纠正运动式"减碳"，同时坚决遏制"两高"项目盲目发展。与欧美发达国家情况不同的是，中国经济还需要保持较长一段时间的高质量增长。因此，"先立后破"应当是开展"双碳"工作比较稳妥的选项，即在保障民生用不受影响、经济平稳发展的前提下，对能源结构产业结构进行逐步渐进式调整。而如果采用"先破后立"，将有可能对经济平稳运行造成较大冲击。当前我国经济发展正处于能源消费水平和经济发展水平尚未完全脱钩的阶段，因此现阶段保障能源供应安全以及充足稳定的电力供应依然是至关重要的任务。更具体而言，"先立后破"需要建立健全减碳的基础设施，在建立以可再生能源为主体的新型能源系统、电力市场化改革、推广碳排放权交易等多方面工作的前提下，在保证经济平稳运行的基础上，才能开始去煤减碳。

但"先立后破"并不能理解为可以"大立大破"，对于"两高"项目上马还需要严格控制。钢铁、水泥和有色金属行业大约用掉了中国 21.5% 的电力。风电和光伏的发电量也才 9% 左右，这就相当于用掉了 2 倍多的风、光电量。即便是可再生能源，也应该用到更正确的地方，而不是用于高耗能产业，因为清洁能源的发展尚不能很好地满足"两高"产业的能源增量。如果将碳达峰前的时间段理解为能耗增量的窗口期，抢上高能耗、高排放项目，无疑将加大达峰后减碳降碳的工作难度，并且经济结构也将很难实现调整。但是，只有让经济发展和能源需求脱钩，才能做到在实现经济发展的同时保持甚至减少能源强度，最终实现经济高质量增长和"双碳"目标。因此，限制'两高'项目应该得到坚决执行。

4.3.5 保障能源转型平稳过渡的政策建议

加快全国一盘棋的"双碳"工作方案出台，在顶层设计上科学安排"双碳"工作部署是当务之急。"运动式"减碳的根本问题在于缺乏统筹协调，由于碳达峰和碳中和相关政策的顶层设计尚不完善，导致部分地区在执行层面缺乏一个宏观整体的施政理念，各自为政，甚至层层加码，最终造成严重影响能源系统转型和达峰减排工作的效率，并引发后续经济与社会问题的连锁反应。因此，不同地区在贯彻落实"双碳"目标精神的时候，也应根据自身实际情况，并结合全国"双碳"工作的大局，平稳适度地推进"能耗双控"工作，既不可无动于衷，也应避免操之过急。

第一，全面推进储能技术大规模部署和电网灵活性改造，以使当前的输配电系统与未来不稳定性日益增加的电力供给系统相匹配，保障电力供应的安全稳定。目前中国在可再生能源装机和发电量方面均取得了举世瞩目的成绩，但新能源电力的消纳问题同样不可忽视。由于可再生能源的不稳定性，随着可再生能源上网比例的提升，未来的电力系统将不得不面对日益不稳定的电力来源问题。而储能设施的作用就在于平抑新能源发电上网和用电端的波动，进而促进可再生能源的消纳。未来可再生能源的进一步发展和电力系统的进一步转型升级都离不开储能设施的配合，因此储能设施建设和推广的重要性不容忽视。

第二，对于在转型过程中出现的电力系统波动加大的情况，在储能成本尚不支持大规模部署之前，应考虑对输配电网络方面的基础设施建设增加投资。在供给侧，通过对电网的扩容，增加电网对电力系统频繁出现波动合短缺现象的应对能力。而在需求侧，应进一步推进电力市场化改革进程，利用市场化的电力价格，反映周期性的用电差异，抑制短期的尖峰用电波动，进而实现转移负荷达到需求侧用电管理的目的。[8]

第三，在财政金融方面，应考虑对处于制造业产业链中下游的中小企业推出相应的缓税、减税或免税政策，以缓解 PPI-CPI 剪刀差扩大对其生产经营造成的不利影响。对于供热、供电等涉及民生保障的重点能源行业，相应的财政政策还应有所倾斜，以应对大宗商品价格高涨造成的生产制造成本大幅上升的实际困难，保障民生物资供应稳定。除了财税方面的优惠政策外，在金融方面也可以考虑通过对中小制造业企业及重点民生保障行业提供具有优惠利率的专项贷款，为其应对原材料价格波动提供资金方面的支持。

此外，应相机出台稳民生稳就业的综合保障措施，保障转型阶段的社会经济稳定发展，降低在转型过程中因行业剧烈变革而出现的失业风险。随着产业结构调整的进行，传统高耗能高排放的产业不可避免将受到较大冲击。相应企业的职工分流安置措施应走在前列，提前做好相关行业员工的再培训再就业工作部署。应充分借鉴学习国内外退煤过程中产生的有益经验，以保障产业转型平稳过渡。

4.4 过犹不及谨慎施压碳减排，助力碳中和稳步推进

近年来，极端天气和自然灾害的频繁发生表明温室效应带来的气候变化已经相当严重。随着世界各国对气候变化的逐渐重视，减少二氧化碳等温室气体排放已经成为全球性任务，在这一背景下，世界各国均面临着一定程度的碳减排压力。然而，由于各国地理位置、经济发展水平和能源资源禀赋存在差异，所面临的碳减排压力也不尽相同。中国化石能源"富煤、缺油、少气"的客观现实以及伴随经济腾飞不断增加的能源消费，导致中国的二氧化碳排放总量常年位于世界首位，使得中国所面临的碳减排压力远高于世界其他各国。

中国作为最大的发展中国家和二氧化碳排放国，十分重视气候变化，采取了多种措施推进经济的绿色低碳转型。2009 年哥本哈根会议前夕，中国提出 2020 年碳减排目标，承诺 2020 年二氧化碳排放强度比 2005 年降低 40% ~ 45%。2015 年巴黎协会前后，中国提交的应对气候变化国家自主贡献书中提出 2030 年碳减排目标和碳达峰，承诺 2030 年碳排放强度比 2005 年降低 60% ~ 65%，并于 2030 年前达到二氧化碳排放峰值。中央政府在官员的绩效考核中也有考察地区碳减排目标等指标的完成情况。这一承诺一方面表明了中国的减碳决心，另一方面也说明中国面临来自国际社会的压力。不仅于此，中国碳中和的实现还面临着严峻的时间压力。2020 年，中国提出 2060 年前

实现碳中和。实现碳中和是中国经济向绿色低碳转型的必由之路，也是为应对全球气候变暖的必然举措，但是单纯考虑中国庞大的碳排放总量，要在 40 年左右的时间里实现从二氧化碳碳排放总量世界第一到碳中和的转变，要在 30 年左右的时间里实现二氧化碳排放最高到净排放归零，需要面临的时间压力可想而知。在这重重压力下，中国地方政府纷纷响应中央政府的号召，发布落实碳达峰、碳中和行动方案，主动承担实现 2060 年碳中和目标的责任，减碳浪潮迅速席卷全国。

在全国减碳热情高涨的同时，我们必须清楚认识到，碳中和目标的实现不是一蹴而就的，需要付出长期艰苦的努力，要在保证能源供应稳定和经济发展平稳的基础上稳步推进碳中和。但在如此巨大的碳减排压力之下，这种自上而下的碳减排压力传导机制不免局部地区出现类似"一刀切"限电限产和"运动式"减碳等过度碳减排行为，不但会直接影响到人民的生活质量，也不利于经济的高质量发展。因此，充分认识碳减排压力是制定碳减排政策的前提，合理施加碳减排压力是实现碳减排目标的保障。总之，认清中国当下的能源消费和碳减排现状是开展碳中和工作的首要前提。

4.4.1　立足当下，认清中国能源消费和碳排放现状

中国的工业化和城市化进程带动了经济的高速增长，与此同时也造成了极大的能源消费和二氧化碳排放。在不断强调高质量发展的今天，能源结构的清洁化转型和碳排放强度的稳步下降应当重点考虑。2021 年是中国国民经济和社会发展第十四个五年规划的开局之年，也是两个百年奋斗目标的交汇与转换之年。做好碳达峰和碳中和工作是中央和地方政府的重点任务之一，对中国实现经济行稳致远、全面建设社会主义现代化国家具有深远意义。

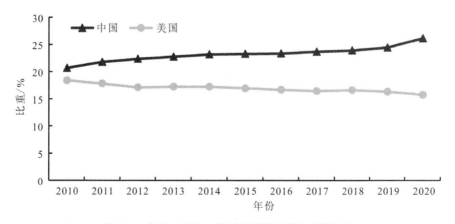

图 4.6　中国、美国一次能源消费总量占全球比重

数据来源：BP Statistical Review of World Energy 2021。

认清中国当下的能源消费和碳减排现状是开展碳中和工作的首要前提。从一次能源消费总量来看，2020年中国一次能源消费总量占全球的26.2%，而美国为15.8%，结合图4.6可以看出，中国的一次能源总量常年高于美国。虽然能源消费在一定程度上能够反映国家的经济发展水平和人民的生活水平，但这并不能说明中国已经达到了美国等发达国家的水平。从人均消费量来看，2020年中国人均一次能源消费量101.1吉焦，美国人均一次能源消费量265.2吉焦。由以上数据简单计算可知，中国人均一次能源量甚至不到美国的40%。这一结果一方面说明在能源消费上中国还与美国等发达国家有很大的差距，但另一方面也反映出中国节能减排工作取得显著成效。从发展的角度来说，中国正处于工业化和城镇化快速发展的历史阶段，能源消费的持续增长是必然趋势。而发达国家均已经历过这一历史阶段，并排放了大量的二氧化碳。当下温室气体造成的气候变暖是历史遗留问题，发达国家应付主要责任，而不应把矛头对准当下的能源消费大国，更何况中国人均能源消费远低于发达国家水平。

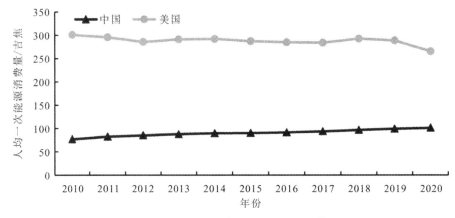

图4.7 中、美、全球人均一次能源消费量

数据来源：BP Statistical Review of World Energy 2021。

从二氧化碳排放量来看，2020年全球二氧化碳排放量为322.8亿吨，其中，中国二氧化碳排放量高达99.0亿吨，美国二氧化碳排放量为44.6亿吨，分别占全球二氧化碳排放量的30.7%和13.8%。从以上数据可知，消耗相同的能源时中国二氧化碳排放量要高于全球平均水平。这在一定程度上说明中国的能源消费结构的清洁化程度还与全球水平有一定的差距，能源消费结构的低碳清洁转型是实现碳中和目标的关键一步。受限于中国"富煤、缺油、少气"的化石能源资源禀赋，中国以煤炭消费为主，而燃烧煤炭所产生的碳排放量远高于其他能源，这也是中国碳排放远高于其他国家的主要原因之一。这一现象在后文的能源消费结构分析中会进行更加明晰的说明。

具体到能源消费结构来说，2020年中国的化石能源占比为83.4%，虽然与全球化石能源占比83.1%相差不大，但与之不同的是，中国化石能源中以含碳量最高的煤炭为主而非石油和天然气。煤炭消费占一次能源消费总量的 56.6%，远高于全球 27.2% 的平均水平，且中国煤炭消费占全球总产量的比重高达 50.7%，如图 4.8 所示。因此，减少煤炭消费或煤炭替代是中国向低碳清洁转型的重点任务和核心问题。具体来说，发达国家的能源消费正处于从石油向天然气和可再生能源过渡的转型期，中国仍以煤炭消费为主。面对日益凸显的能源环境问题，推动能源结构转型、实现能源清洁低碳利用，是中国能源发展的重要任务。这需要调整优化产业结构、控制能源消费总量、改进能源消费结构等多个方面共同发力。在我国能源利用清洁化的进程中，从一段时期来看，煤炭清洁化利用是现实选择，大力发展非化石能源是战略性选择，石油作为动力燃料主力的地位中短期内不会动摇，天然气则将发挥重要的桥梁作用。[9]

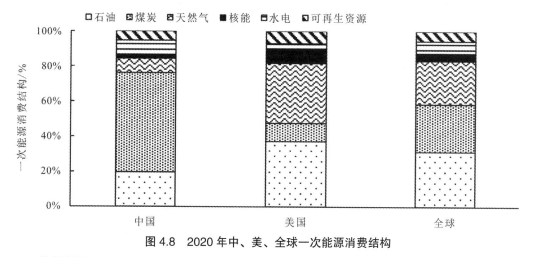

图 4.8　2020 年中、美、全球一次能源消费结构

数据来源：BP Statistical Review of World Energy 2021。

以上从国家层面描述了能源消费和碳排放现状，不管是从能源消费总量和二氧化碳排放总量，还是能源消费结构来看，都表明中国碳减排面临着极大的压力，碳中和目标的实现需要付出长期艰苦的努力。对此，中国政府早在 2009 年就将碳减排目标纳入官员绩效考核指标，并于 2011 年写入中国国民经济和社会发展第十二个五年规划，形成了自上而下的碳减排压力传导机制。但是这种自上而下的压力传导机制，使得地方政府面临的碳减排压力不仅来自于自身的碳排放规模，更来自于与同级其他政府的竞争。因此，综合评估各地区面临的碳减排压力对于减排政策的精准实施有重要意义。

■4.4.2　合理施压，统筹协调各地区碳减排任务

中国各地区产业结构差异显著，有着不同的能源结构调整和与之对应的产业结构转型任务，这也决定了其所面临碳减排压力差异显著。碳减排任务的制定应根据各地区所面临的碳减排压力综合考虑。中央政府在统筹协调各地区碳达峰和碳中和任务的

同时，应支持有条件地区率先达峰，为碳减排压力大的地区留出余地。中国经济体量大、东、中、西部经济发展阶段、排放现状、产业结构、减排潜力有很大差异。一些经济较为发达的地区第三产业占比较大，高耗能的工业企业不断向其他地区转移，碳中和难度相对较小。另有一些地方因承担的经济发展任务不同，产业结构偏重，碳排放规模偏高，因此面临的减碳压力也高于其他地区。除此之外，邻近地区的碳排放规模也会影响到当地的碳减排压力。当邻近地区碳排放规模较小、碳中和目标实现难度较低时，就会对地方政府官员形成刺激，促使其加大当地碳减排力度，最终导致地区碳减排压力高于其他地区。因此，做好碳减排工作需要全国一盘棋统筹考虑，即考虑区域异质性合理施压碳减排。具体来讲，各省份所面临的碳减排压力的差异性主要体现在以下三点。由于中国官方并没有公布各省份和行业碳排放数据，以下省份碳排放来源于中国碳核算数据库（Shan et al., 2016）。[10]

1. 碳排放现状差异

中国目前采用的"能耗双控"政策是中央政府施压地方政府碳减排的主要手段之一。中央政府将能源消费总量和能源消费强度两个指标分解到各地区、行业和重点企业，并对各地区的完成情况进行年度考核。2021年8月17日，国家发改委最新公布的《2021年上半年各地区能耗双控目标完成情况晴雨表》显示，9个省（区）的能耗强度不降反升，达到一级预警，10个省份能耗强度降低率未达到进度要求，达到二级预警（国家发改委，2021）[11]。"能耗双控"目标完成不好的地区，其能源转型的压力相对较大。除此之外，中国生态环境部表示要逐步推动建立二氧化碳排放总量控制制度，实现从强度控制向总量控制过渡（生态环境部，2021）[12]。那么未来碳排放双控政策的出台也会成为中央政府施压碳减排的主要手段。以上分析表明碳排放规模与碳排放强度与地区碳减排压力直接相关。

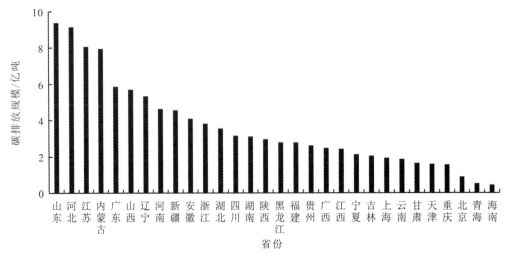

图 4.9　2019 年中国部分省（自治区、直辖市）碳排放规模

数据来源：CEADs 数据库。

从地区碳排放规模来看，各地区碳排放差异显著。2019 年山东、河北、江苏位列全国前三。碳排放规模最小的省份是北京、青海、海南。当下的二氧化碳排放规模直接决定了实现碳中和目标的难度，山东、河北、江苏实现碳中和的压力就远高于其他地区。结合地区经济发展水平，可以将地区分为高排放低效率、高排放高效率、低排放低效率和低排放高效率四大类。就工作重点而言，高排放低效率地区重点考虑能源效率的提高和发展可再生能源，高排放高效率地区重点考虑碳减排和发展可再生能源，低排放低效率地区重点考虑能源效率的提高，低排放高效率地区应优先考虑早日实现碳达峰和碳中和，成为全国碳达峰和碳中和的示范区。

2. 产业结构差异

碳排放具有显著的行业差异，主要集中于电力、热力生产和供应业，黑色金属冶炼和压延加工业，非金属矿物制造业，交通运输、仓储及邮政业四大行业。在碳中和背景下，以上高碳排放行业面临着严峻的碳减排压力，高碳排放行业的区域分布直接影响地区的碳减排压力。因此分析地区碳减排压力时，应当首要考虑各地区的产业结构。

从全国的行业数据来看，电力、热力生产和供应业碳排放占比高达 51.70%。主要原因在于中国是以火力发电占比 70% 左右的电力生产结构，煤炭是火力发电的主要燃料，煤炭燃烧产生大量的二氧化碳，从而导致该行业的碳排放较高。黑色金属冶炼和压延加工业碳排放占比为 14.69%。炼铁、炼钢、钢压延加工以及铁合金冶炼的生产过程中需要的主要原料为焦炭和煤炭等高碳能源，而中国又是制造业大国，高产量势必带来高排放。非金属矿物制造业碳排放占比 8.88%。相比其他产业最终产品，非金属矿物质的化学性质相对稳定，因此在生产过程中需要的能量较多，以化石燃料为主的能源供给，也使得二氧化碳排放居高不下。交通运输、仓储及邮政业碳排放占比为 6.75%。交通运输过程中的化石燃料燃烧也造成了大量的碳排放。以上四个行业的碳排放总占比就高达 73.14%，是典型的高排放行业，也是实现碳中和与经济绿色低碳转型的重点行业。其中，电力、热力生产和供应业是中国实现碳达峰和碳中和目标的关键行业。电力行业在实现碳达峰和碳中和的进程中也支撑了全行业的碳达峰和碳中和进程，可以极大助力全社会低碳转型。

从高碳排放行业的区域分布来看，电力、热力生产和供应业碳排放量前三的地区依次是内蒙古、山东、江苏。黑色金属冶炼和压延加工业碳排放量前三的地区依次是河北、江苏、辽宁。非金属矿物制造业碳排放量前三的地区依次是广东、四川、山东。交通运输、仓储及邮政业碳排放量前三的地区依次是广东、上海、江苏（图 4.10）。在碳中和的背景下，中国产业结构的转型迫在眉睫，亟须积极发展风电、光伏等新能源产业，不断推进节能减排进程，让能源结构更加绿色低碳。碳排放总量较高的行业将最先面临严重的碳减排压力。因此，地区碳达峰和碳中和的压力也会落脚在以上行业。

地方政府在规划碳达峰和碳中和路线时，应充分考虑高碳排放行业所面临的碳减排压力，并结合自身实际情况合理施压碳减排，差异化地制定各行业的碳达峰任务。

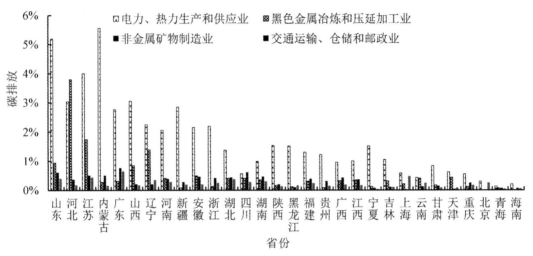

图 4.10　2019 年中国部分省（自治区、直辖市）四大高碳产业碳排放

数据来源：CEADs 数据库。

3. 碳减排潜力差异

中国各地区碳减排潜力主要体现在现有的碳减排技术水平和碳汇两方面，关于碳减排技术，主要指二氧化碳捕集利用与封存技术（CCUS），简单来讲就是将二氧化碳从生产过程和大气中分离出来，直接用于能源开采等活动或者注入底层以实现碳减排。整个过程大体涉及捕集、运输、利用和封存四个环节。关于碳汇，以森林碳汇为例，指森林吸收二氧化碳的能力，即植物通过光合作用等，将大气中的二氧化碳固定到植被或土壤中，从而实现减少二氧化碳浓度的目的。总的来说，碳减排技术水平高和碳汇丰富的地区其碳减排潜力就较大。

从技术方面来说，CCUS 作为一种大规模的温室气体减排技术，有助于实现高碳排放行业的低碳化转型，是实现碳中和目标的重要技术支持，也因此受到世界各国的重视，研发投入不断加大。虽然当下 CCUS 还无法普及，但随着技术突破和成本降低，CCUS 的前景广阔。近年来，在国家政策的大力支持下，中国 CCUS 已经取得了一定的成绩，且发展势头良好。截至 2020 年底，中国已投运或建设中的 CCUS 示范项目约为 40 个，遍布 19 个省份，捕集能力约 300 万吨/年。对电力行业来说，因其是经济社会发展的基础产业，关系着国民经济的命脉，所以一定要在保证电力供应稳定和安全的前提下，逐步推进碳中和。在非化石能源供给安全可靠之前，大力发展非化石能源是战略选择，而对煤炭的清洁化利用是现实选择，是能源供给安全的保障。"火电+CCUS" 和 "可再生能源 + 储能" 是电力行业实现低碳清洁转型的两条关键路线。火电的退出和可再生能源的替代是必然趋势，但这一过程一定要把握好节奏。火电是电力供应稳定和安全的重要保证，"火电 +CCUS"可以在产出端降低碳排放。随着储能技术的不断发展和成熟，可再生能源供给的稳定性和可靠度不断提高，再逐步推进可再生能源替代火电的进程，从而稳步实现电力结构的清洁化转型。

相关研究显示，要实现碳中和目标，中国 CCUS 的年捕集能力需要达到 10亿～ 18.2 亿吨（生态环境部环境规划院，2021）[13]。其中，火电行业是二氧化碳排放的重要来源，通过现役煤电机组与 CCUS 技术的结合，年捕集需达到每年 2 亿～ 5 亿吨；对于钢铁行业，CCUS 技术应用的减排需求大约为 1 亿吨；水泥行业达 2 亿吨左右。中国 CCUS 封存潜力约为 11.21 万亿～ 4.13 万亿吨。其中，二氧化碳强化石油开采技术（CO_2-EOR）可以封存 51 亿吨左右的二氧化碳，主要区域包括东北松辽盆地、华北渤海湾盆地、中部鄂尔多斯盆地等。二氧化碳强化天然气开采技术（CO_2-EGR）可以封存 90 亿吨左右的二氧化碳，主要区域包括准格尔盆地、塔里木盆地、柴达木盆地、松辽盆地和鄂尔多斯盆地。中国深部咸水层二氧化碳封存容量可达 24200 亿吨左右，主要区域包括松辽盆地、塔里木盆地、渤海湾盆地、苏北盆地和鄂尔多斯盆地。

从碳汇方面来说，以森林碳汇为例，第九次全国森林资源清查（2014—2018）数据显示，中国森林面积 2.2 亿公顷，净增加 0.18 亿公顷；森林覆盖率 22.96%，上升 1.33个百分点。中国森林资源已进入稳步发展阶段，随着数量增长和质量提升，未来的固碳能力还将进一步提升（国家林业和草原局，2021）[14]。具体到各个地区，森林覆盖率最高的依次为福建、江西和广西，分别达到了 66.80%、61.16%、60.17%，远高于全国平均水平。由此可以看出，中国的森林碳汇分布极其不均，地广林稀和地少林茂的现象兼有。对于福建、江西和广西等森林碳汇丰富的地区，必须加大对森林资源的保护，同时积极发挥森林碳汇功能，推动地区碳汇交易的发展，同时运用市场机制降低碳减排成本，助力碳中和进程稳步推进。对于森林资源相对匮乏的地区，积极开展植树造林和退耕还林，及时进行生态系统的修复。

从可再生能源方面来说，中国非化石能源，特别是可再生能源资源极其丰富，对于建成以新能源为主的低碳能源体系提供了坚实的资源基础。中国国家能源局数据显示，2020 年非化石能源装机规模位列世界第一，占一次能源的比重逐年上涨，2020 年达 15.9%，同比提高 0.6%（国家能源局，2021）[15]。在碳达峰和碳中和的背景下，电力行业面临着严峻的碳减排压力，风能、水能、太阳能等在内的可再生能源替代传统化石能源是减少碳排放的必要选择，也是电力行业向清洁低碳转型的内在要求。可再生能源既不排放污染物，也不排放温室气体，可以有效加速中国的减碳进程和能源转型的步伐，助力中国完成 2060 年碳中和目标。

综上所述，各地区碳中和目标的实现必须综合考虑碳排放现状差异、产业结构差异和碳减排潜力差异。具体来说，碳减排压力较小的地区应尽早实现碳达峰和碳中和，形成全国碳达峰和碳中和示范区。碳减排压力较大的地区应谨慎施压碳减排，避免过度减碳行为影响到人民生活水平和可持续发展。中央政府应统筹协调各地区的碳减排任务，合理施压，坚持全国一盘棋，科学有序推进碳中和目标。

■4.4.3 先立后破，稳步推进碳中和

碳中和目标是构建新发展格局、实现经济高质量发展的内在要求。实现碳中和目标不仅是局限于技术和能源层面的问题，更是影响广泛而深刻的社会问题，将对中国各行各业产生深远影响。中国在借助其制度优势推进碳中和工作的同时，一定要注意节奏和力度，对于局部地区出现的"运动式"减碳苗头必须及时扼杀，谨防由于大规模"运动式"减碳爆发而引起的系统性风险对经济社会发展产生不利冲击。具体来说，碳减排工作中需要注意以下几点：

1. 实现碳中和是要逐步减碳而非一步断碳

逐步减碳是在保证经济稳中向好的前提下向绿色低碳的积极转型。目前中国刚刚完成脱贫攻坚的历史性任务，正逐步向更加富强的生活前进。未来中国的经济发展无论在质还是量上都不能下降。"自残"式减碳和"毁灭"式发展均不可取，减碳不能以牺牲经济发展为代价，同时经济发展也不能以环境为代价。与世界其他国家和地区相比，中国实现碳达峰和碳中和的时间紧、任务重，尤其考虑到能源及相关产业在国民经济中的重要地位更是如此。因此，在推动碳减排工作时，把握好节奏和方式就显得尤为重要。对于局部地区出现的"运动式"减碳苗头必须及时扼杀，要在保证经济平稳运行的基础上，以及保障能源安全和电力供应稳定的前提下，逐步推进碳减排进程。需要注意的是，减碳基础设施是稳步推进碳中和的必要保障，应先完成新能源系统、电力体制改革、碳排放权交易等减碳基础设施建设，再开始去煤减碳。

2. 制定碳中和目标应重点考虑碳减排潜力

根据中央文件，当下中国减碳目标的设定虽然综合考虑了各个地区的能源禀赋、经济发展、产业结构和碳排放现状，但由于目标区分度不足，造成各地区减排压力不一。另外，随着低碳技术和碳汇的发展，碳减排潜力也应当考虑在内。为此，中央政府要综合考虑以上两个方面的因素，不断完善碳中和顶层设计，制定差异化碳减排路径，合理施压各地碳减排工作，分期分批实现碳中和，同时在此过程中加以监督和指导。地方政府也要尊重现实，科学设置碳减排目标，稳步推进碳减排工作。例如海南、青海等二氧化碳排放规模较小的省份，实现碳中和目标的压力相对其他省份较小，碳中和进程可能会快于其他各省。其他省份应尊重现实情况，坚决执行碳中和行动方案，

并注意碳减排工作的节奏和力度，不因个别地区碳中和进程快于本地就过度加压碳减排。尤其是山东和江苏等二氧化碳排放大省，更应严格按照规划的碳减排路径，坚持稳字当头，稳步推进碳中和。

3. 积极推动面向碳中和目标的能源革命

要在立足资源禀赋和发展现状的基础上，坚持"先立后破"，稳步推动能源革命。一方面，要控制以煤炭为主的传统化石能源的消费，逐步推进煤炭替代。CCUS 等低碳技术的发展为火电、钢铁和水泥等高碳行业的低碳转型提供了技术支撑，对此，首先要明确 CCUS 在火电、钢铁和水泥等重点行业的发展路径，同时不断完善相关法律规范和政策支持；其次，需布局 CCUS 基础设施建设。各地区应及早建设 CCUS 基础设施，为碳减排提供硬件支撑；最后，应建设示范性 CCUS 产业集群。充分发挥产业集聚效应，通过知识和技术溢出效应，降低 CCUS 技术的研发成本，尽可能实现减排效益最大化。另一方面，要促进新能源和清洁能源的发展，有序推动能源变革。新能源对传统能源的替代有一个必要前提，即新能源供给的稳定和安全。在未来以新能源为主的能源结构中，储能技术的不断突破是保证能源供给稳定和安全的关键。因此，在储能技术发展欠缺的情况下，新能源供给的稳定和安全难以得到保障，煤电仍旧发挥着重要作用。

4.5　高煤价下，推动清洁供暖技术发展迫在眉睫

2021 年 9 月，黑龙江、吉林、辽宁、广东、江苏等多地出现"拉闸限电"现象，引发媒体和群众热议。煤炭价格持续上涨是其中一个不可忽视的因素。过去一年，秦皇岛港 5500 大卡、5000 大卡和 4500 大卡动力煤综合交易价格持续上涨，从 2020 年 8 月 28 日的 551 元 / 吨、497 元 / 吨和 442 元 / 吨，分别上涨至 2021 年 10 月 29 日的 1202 元 / 吨、1096 元 / 吨和 961 元 / 吨，涨幅约 120%。加之今年增长过快的电力需求、国内煤炭产量的下降、进口煤的减少和全球流动性增加大宗商品涨价等多方面因素，多地出现用电紧张的局面。众多企业停产停工，居民生活用电也受其影响，引发社会的广泛关注和担忧。持续走高的煤价使煤电企业发电积极性降低，发电厂面临较大压力，电力供给跟不上需求增长的步伐，影响电力供应稳定性。此外，煤炭是北方居民冬季采暖的主要热源之一，高涨的煤价可能会给居民取暖的稳定性带来负面冲击。在此背景下，推动清洁供暖技术的发展迫在眉睫。

4.5.1 北方地区取暖现状

中国的集中供暖制度始于20世纪50年代，鉴于当时经济发展水平不足和能源紧缺的事实，人为划分了供暖分界线，即以煤炭为主要燃料为相对更寒冷的北方地区供暖。改革开放后，特别是进入21世纪以来，居民收入水平不断提高，对冬季取暖的需求也随之增强，我国北方城市新建小区的冬季集中供暖几乎已成为必需品，城市供热面积近年来呈现出高速增长的态势。如图4.11所示，住建部数据显示，1986—2020年间，中国城市集中供热面积年均增长率高达14.5%。2020年城市集中供热面积前十的地区有山东（占比16.1%）、辽宁（占比13.4%）、河北（占比8.9%）、黑龙江（占比8.4%）、山西（占比7.6%）、吉林（占比6.8%）、北京（占比6.8%）、内蒙古（占比6.4%）、河南（占比5.7%）和天津（占比5.6%）。

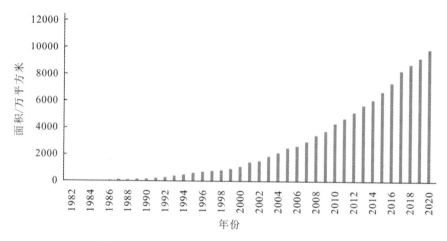

图 4.11　1982—2020 年我国城市集中供热总面积

来源：历年城市建设统计年鉴。

当前，我国的供热格局是以热电联产为主，区域锅炉房为辅，地热、电热泵、工业余热等其他方式为补充。其中，燃煤供暖面积超过100亿平方米。为实现降污减排，治理大气污染，2017年以来，我国在北方地区开展了冬季清洁取暖试点城市计划，要求地方按照宜气则气、宜电则电、宜煤则煤的原则，因地制宜推进清洁取暖改造。清洁取暖是指借助高效的用能系统，利用清洁能源来实现低成本和低能耗取暖。这里的清洁能源是指超低排放清洁化燃煤、天然气、工业余热、电、油、生物质、地热、太阳能、核能等。自该计划实施以来，全国共43个城市、分三批入选试点。2021年4月，第四批的20个城市正式开始试点。四批城市试点结束后，预计中央累计拨付奖补资金将达774亿元。截至2020年底，京津冀及周边地区、汾渭平原已经完成了2500万户左右的清洁取暖改造，预计 2021 年将有 348 万户左右完成改造。清洁取暖改造计划极大地改善了北方居民，特别是农村居民的人居环境、空气质量和生活品质。2020 年，京津冀及周边地区的空气平均优良天数比例为 63.5%，比上一年提高 10.4%。PM$_{2.5}$ 年均浓度为 51 微克 / 立方米，比上一年降低 10.5%。

然而目前，北方地区散煤取暖问题仍未完全解决。空气质量改善成果还不稳固，供暖季到来时北方重污染天气仍时常发生。2020 年我国北方地区供暖面积 218 亿平方米，其中清洁供热面积为 142 亿平方米，清洁供暖率比 2019 年提高 10%，但也仅占 65%。根据生态环境部 2021 年 9 月 1 日发布的《重点区域 2021—2022 年秋冬季大气污染综合治理攻坚方案（征求意见稿）》，"严防散煤复烧"被列为主要任务之一。对于已实施改造的重点地区，如何消除居民返煤风险是一个较大难题。《中国散煤综合治理研究报告 2021》显示，当前各地实施的清洁取暖技术的运行维护成本过高，居民使用意愿并不强烈。以煤改电为例，部分地区改而未用、基本不用、低水平使用的用户约占总改造户数的七至八成。在各地运行补贴退坡之后，由于无法承受统一气价采暖费用，潜在返煤用户预计会更多。非重点区域，如新疆、内蒙古等西北及东北区域的取暖使用能源主要是煤炭。此外，农村是清洁取暖改造的重点难点。2019 年，北方农村地区清洁取暖率仅为 31%。农村以分户式采暖为主的取暖方式、保温性较差的建筑结构、偏弱的居民经济承受能力、较差且难在短期内解决的能源电力基础设施、部分地区气源不足等因素制约了清洁取暖改造的顺利推进，从而影响到实施效果。即使是汾渭平原城市等重点区域，其城乡接合部、所辖县及农村地区仍有大量散煤取暖用户，并且这类地区的居民节约意识较强，即使安装了有制热功能的空调，他们也很少使用，仍以燃煤取暖为主，要调动其使用清洁能源的积极性很难。

4.5.2　煤价持续走高，取暖用户温暖过冬面临的困难

碳达峰、碳中和目标下，大规模风电、光伏发电并网对电力系统的调峰能力提出了较高的要求。由于煤电机组改造成本过高且补偿机制激励不足，中国国内现有的灵活调节电源不足 3%，清洁能源消纳问题较为突出。如果煤炭供应日趋紧张，煤价持续走高，"拉闸限电"仍不时发生，北方地区冬季取暖是否会受其牵连，难以保证呢？是否会影响到民生用能的价格呢？

当前供热行业面临诸多问题，如管理模式落后，热力系统无法达到设计年限；管网系统老化，供热效率低下；输送能力有限，热损失大；供热行业上下游价格倒挂；系统信息化、智能化水平低，供热计量困难；住房空置率高，供热收费困难等。在这些因素的共同作用下，热力行业处于普遍亏损、严重依赖政府补贴的状态。在此背景

下，如果煤炭供应持续紧张，煤价居高不下，供暖企业供暖成本上升，企业经营压力增大，供暖积极性下降，将加剧供热难题的恶化。可以预见，不论是电采暖用户，还是依靠煤炭取暖的用户，均会受其负面影响。

各部门均意识到了这一危机，并陆续出台相应政策，以保障2021年冬及来年春城镇供热采暖不受影响。

2021年9月29日，发改委制定了"全面签订年度供暖及供气合同，提前锁定资源""释放煤炭产能，相应增加煤炭进口，增加国内天然气产量""督促电厂在供暖季到来之前，将存煤提高到安全水平之上。落实储气设施储气进度，确保在入冬前注满"等六大举措。组织煤炭企业与发电企业签订电煤中长协合同，实现对发电供热用煤全覆盖。组织供气企业和地方全面签订供气合同，做到民生用气合同全覆盖。同时，还作出了"协调资源，保障东北发电取暖用煤的充足供应"的指示，要求位于晋、陕、蒙产区的一些冬季重点应急保供煤矿在用煤高峰阶段释放产能，优先保障东北地区的供暖。坚持部分高峰时段民生取暖用能优先。此外，发改委还发布通知称，2021年10月15日起，通过"有序放开全部燃煤上网电价""扩大市场交易电价上下浮动范围"等措施加快推进电价市场化改革。不仅如此，发改委还出台了一系列限价政策，如要求晋、陕、蒙国有煤矿企业的市场坑口煤价下降至900元/吨以下。在保供和限价政策的双重影响下，产地煤炭产量持续走高。2019年10月，原煤生产量为3.6亿吨，比上月增长4.0%。

2021年9月30日，税务总局制发《关于做好今冬明春能源电力保供实施支持煤电企业纾困解难税收措施的通知》（以下简称《通知》），意在帮助煤电和供热企业缓解因煤炭价格上涨等因素所带来的生产经营困境。该《通知》指出，要确保煤电和供热企业税费优惠政策应享尽享，增值税留抵退税应退尽退，符合条件的困难缓税应缓尽缓；并要求各地税务部门逐户摸排企业经营和税收情况，细致梳理企业税费优惠政策清单。以承担18个省5300万吨煤炭保供任务的内蒙古自治区为例，该区税务系统通过全面落实4项行业性和12项普惠性税费优惠政策，帮助全区374户煤电和供暖企业减轻了资金压力。截至11月4日，全国为煤电和供热企业共办理"减、退、缓"税150.7亿元，有效促进了今冬明春能源保供工作。

2021年10月13日，住房和城乡建设部召开会议，要求北方采暖地区各地城镇供热主管部门切实保障今冬明春城镇供热采暖。以辽宁省为例，10月15日，辽宁省发布《关于做好今冬明春城市供热保障工作的通知》，要求城市供热企业必须提供充足热量，保障居民室温不低于18℃。中小供热企业在10月底前实储煤要达到60%，不得出现断供弃供问题。

2021年10月16日，国务院副总理韩正在今冬明春保暖保供工作会议上强调，要继续增加电煤和天然气供给，推动具备增产潜力的企业释放产能，加强电煤和天然气合同签约履约情况监管，帮助煤电和供暖企业缓解阶段性困难，鼓励金融机构保障企业合理融资需求。充分做好应对极寒天气的预案，做好"煤改电""煤改气"用户的用能保障工作。

2021 年 10 月 29 日，生态环境部负责人在新闻发布会上谈及散煤治理问题时表示，在推动清洁取暖工作继续前进的同时，保证老百姓温暖过冬是头等大事。今年秋冬季的重点举措有：保障已经完成清洁取暖改造用户的用能、能源价格基本稳定、运行补贴到位并向困难群众倾斜。使用洁净煤取暖进行兜底。改造未完成未经过运行检验的地区不得拆除原有供暖设施。不具备改造条件的地区可使用清洁煤、秸秆以及其他的生物质燃料取暖。当日，生态环境部出台《2021—2022 年秋冬季大气污染综合治理攻坚方案》，要求各地全力做好民生用电用气稳定供应工作，新增天然气优先用于保障采暖期居民取暖需求；加强保障"煤改电"用户电力供应，确保"煤改电"用户温暖过冬。

虽然当前处于能源紧张态势，但通过以上举措，预期冬季民生供能将不会受到较大影响，对于居民用能价格也不必过于担心。当前我国居民生活用电实行政府定价，生活用气实行"基准门站价格 + 合理浮动"的机制。发改委特别强调，将全力保障居民、农业用能价格稳定，严格按照价格政策实行民生用电用气价格，有能力、有条件给予居民用电和用气全额保障。

■4.5.3　推动清洁供暖技术发展迫在眉睫

能源短缺和环境恶化已成为 21 世纪全球经济发展面临的重大挑战。我国是一个能源消耗大国，空间供热需求占家庭总能源需求的绝大部分，是住宅建筑部门二氧化碳排放的主要来源。供热领域碳排放量较大，2018 年，供热领域碳排放占全社会碳排放总量 10%。供暖面积的迅速增长意味着燃煤取暖所造成的能源消耗和碳排放量将同步增长，这将阻碍我国碳达峰碳中和目标的顺利实现。为应对短期煤价上涨的冲击以及实现中长期碳达峰碳中和目标，促进北方取暖早日与燃煤脱钩，有必要尽快推动清洁供暖技术的发展与应用。

对于北方城镇集中供暖区来说，应着力提高供热效率，积极使用优质煤，降低管网损失。北方地区要充分利用其城镇周边丰富的发电和工业余热资源，优先选择工业余热、热电联产、地热等方式，实现资源梯级利用。农村地区应因地制宜探索洁净煤炉具，鼓励利用可再生能源，优先选择生物质供暖、太阳能、水源热泵、地源热泵等方式，消纳有机废弃物。需要特别注意的是，为减少返煤事件的发生，巩固已有成果，各级政府应当优化完善清洁能源取暖补贴机制。以煤改气为例，当前各地普遍使用的补贴措施可分为补贴与用气量相关和不相关两种。如果二者不相关，用户在拿到补贴的气量后可能没有实际使用，也可能用于烧水做饭，从而造成补贴政策无法发挥其本质作用。对于二者相关的补贴又可分为两种：补贴在采暖季结束后发放和体现为使用过程中即时降低气价的方式。直接降低气价的方式可以使用户掌握实时用气量和用气支出，更能激励其采用燃气取暖的积极性。山东省清徐县采用这种补贴方式的村庄使用燃气取暖的比例达 90% 以上，可见该模式有一定的推广价值。此外，对于实施清洁能源取暖改造的地区，还应意识到建筑保温对居民取暖方式选择的重要性，应配套开展房屋节能改造。部分用户房屋保暖性较差，改造后居民面临着较高甚至难以承受的取暖成本。应注重房屋节能，明确节能改造补贴标准，以减轻用户经济负担。此外，还应推进供热计量方式改革，以调动居民节能积极性。

对于采暖需求日渐强烈的非传统供热区域的清洁取暖问题，有关部门应给予足够重视。近年来，南方地区多次经历"凛冬"，冰冻雨雪天气时有发生。以分体空调为主的供暖模式冬季供暖能力不足，引发南方市民，特别是夏热冬冷地区居民对集中供暖的渴望与呼吁。随着城镇化进程的不断推进，以及居民收入增长、家庭规模小型化、人口规模不断扩张、人均住房面积需求的增加、住房更新需求的增加，南方居民尚未得到满足的供暖问题日益严峻。当前，以客户为基础的由社区提供的集中供暖正在南昌、徐州、上海、合肥、杭州、武汉、贵阳等南方城市兴起。集中供暖的能源利用理论效率高，适合长寒冷期全空间连续供热。但它也存在着初始投资高、供热量调节难度大、无法调动居民节能积极性等问题。分户采暖具有建设规模小、周期短、运行管理灵活方便、便于计量等特点，但分户采暖如采用燃煤则会出现热源效率低、污染物控制难度大的问题。禁止地方集中供热的发展，似乎是明确地控制了能源消耗，但却也在间接地推动南方家庭以低效率、高成本的方式获取供热服务。南方供暖具有供暖期短、热负荷小、负荷波动大的特点，不能照搬北方城市的集中供热方式，要充分结合地区气候特点、资源禀赋、建筑特性、居民采暖支付意愿等因素推行适宜的取暖方式。

在中长期，应大力推广以可再生能源为主的清洁取暖技术的发展，着力降低用户运行成本，以减少返煤事件的发生。清洁能源具有明显的环境优势和资源优势，可以在降低能源消耗和碳排放的同时，消纳清洁能源，缓解系统调峰困难等问题。清洁供暖的优点主要有高效节能、绿色环保、分户计费、运行维护费用低等，缺点主要有前期一次性投资过高、技术发展尚未完全成熟等。

目前我国北方地区清洁供热的主要热源是超低排放热电联产和天然气。其他已投入使用的且在未来具有广泛应用前景的清洁供暖技术还有：液化天然气供暖、污水源热泵供暖（以城市污水作为冷热源的一项制冷制暖新技术）、地源热泵供暖（利用地球所储藏的太阳能资源作为冷热源进行能量转换的能源技术）、空气源热泵供暖（通过压缩机做功促使冷媒从空气中吸热提高温度再传递给供热循环的节能产品）等。

一些地方政府已积极采取措施鼓励清洁供热技术的发展，已形成一批有推广意义的清洁供热示范案例。以山东省为例，该省大力推动核能供暖，计划在 2021 年年底前，将核能供暖纳入具备条件的地区，如青岛、烟台、威海的城市供暖规划。核能供暖补贴标准不高于"煤改气、煤改电"的相关标准。其中，烟台市下属的海阳市已在 2019 年供暖季有 70 万平方米共 7757 户用户首先使用了核能供热。整个供暖季运行平稳顺畅。该项目被国家发改委、国家能源局在全国范围内示范推广。2021 年冬季，海阳市的核电机组供热面积可达 450 万平方米，且供暖费相较上一年降低了 1 元 / 平方米，预期未来将成为青岛、烟台、威海地区强有力的清洁能源保障。

其他清洁供热示范案例还有：洛阳栾川钼业集团股份采用太阳能和空气源热泵为热源，在第一个投入使用的年份即节省 114 吨标准煤。青岛中欧国际生态城选用以污水源热泵供热为主、燃气锅炉供热为辅的方式，每年可节省超过 1.7 万吨标煤。福建绿康生化股份有限公司通过应用清洁高效的燃煤供热改造技术，每年可节省超过 7000 吨标煤。石家庄医学院的电采暖系统每年可节省 1700 余吨标煤。兰州碧桂园使用的清洁燃煤技术每年可节省 1.9 万吨标煤。天津环球金融中心使用的高效储热技术每年可节省 2200 吨标煤。部分清洁供热方式的优势劣势和主要应用地区如表 4.2 所示。

表 4.2　部分清洁供热方式的优势劣势和主要应用地区

清洁供热方式	优势	劣势	应用广泛地区
核能供热	清洁；稳定；高效	厂址选择标准严苛；项目投资高、运行经济性不高；公众接受度有待提高	山东海阳、浙江嘉兴
工业余热供暖	可提高能源利用率和经济效益；节能效果明显	消耗大量水资源；配套投资大	河北、山西、山东、天津等工业省份及京津冀大气污染传输通道城市
地热供热	地热能储量大分布广；稳定可靠	地热勘查程度低，钻井风险大；初投资高，周期长；结垢、腐蚀严重	陕西
农村生物质供热	生物质资源丰富；利用潜力大	燃料获取容易度和生物质炊具使用方便性、低成本性有待提高	辽宁、黑龙江、河北、山西
污水源热泵	高效节能；节水省地；环保效益显著；应用范围广	可利用的水源条件限制和水层的地理结构的限制；投资经济性有待提高	青岛胶州、山西
地源热泵	高效节能；使用寿命长；节省建筑空间；控制设备简单；系统可靠性强；维护费用低廉	一次性投资价格高；使用受到场地限制	山东章丘
空气源热泵	适用范围广；运行成本低；性能稳定；不受环境影响，产品一年四季全天候运行	结霜问题；压缩机易烧坏；换热器易结构断裂	洛阳栾川、新疆、宁夏青铜峡、吉林延边州、福建福州

数据来源：笔者整理。

然而，当前我国清洁供热改造还面临诸多难题：

（1）推行过程中存在"一刀切"的情况。部分地区在推行清洁供暖的过程中，前期调研论证不扎实深入，缺乏以人为本的服务意识，采取禁止烧柴、封堵炉灶等强制性手段，导致部分老人和困难群众挨冷受冻。

（2）相关行业标准体系有待完善，产品和工程质量存在隐患。清洁取暖技术种类较多，但缺乏具有普适性的、可操作性强的、适应当地能源布局及生态环境的统一评价指标。部分地区的设备生产供应和工程建设企业产品质量参差不齐，售后服务有待提高。

（3）地方财政补贴压力大，多方共赢长效机制尚未建立。清洁取暖涉及取暖设施购置、配套管网改造、建筑节能改造等多方面，大部分技术路线的成本较高，居民对政府补贴依赖性强。一些地方政府难以支撑持续补贴。对于一些煤炭价格较低的地区，即使有补贴，改造后居民取暖运行费用也高于改造前。一旦补贴退坡，失去资金保障的居民要承担的取暖费用会上涨更多，可持续性面临考验。

（4）供热企业投资回收期长，运行成本高，经营压力大。当前，清洁取暖市场化机制尚未建立，改造项目盈利水平较低，部分地方政府承诺的事后补贴未能完全兑现，存在拖欠工程款现象，市场积极性不高。

（5）农村居民认识不足，支付意愿较低。农村地区燃气管网等基础设施整体条件偏差，地方财政难以支撑该项投资。农村房屋保温效果较差，建筑能效较低，能源浪费严重。居民对清洁取暖认识不到位，对政府补贴的可持续性存在担忧，使用意愿较低。

清洁取暖不是简单的"煤改电"和"煤改气"，而是对多种能源形式的统筹谋划，是整个供暖体系的全面清洁高效升级。清洁取暖改造后的运行成本及取暖效果是决定用户是否返煤的重要因素。各地应根据居民承受水平、地区气候条件、资源条件、建筑保温水平、取暖系统布置及使用寿命、能源价格和供应稳定性，推动适宜当地的技术发展和落地实施，制定合理的一次性供暖补贴以及优惠的低谷电价等配套政策，并探索建立多方共赢的长效机制，做好居民的引导宣传工作，解除居民的后顾之忧，使冬季清洁取暖的"春天"尽快到来。

令人欣慰的是，中央政府已经逐渐意识到了这些问题，并于近期陆续出台文件积极应对，涉及提升建筑节能水平、加强地热能利用水平、推进煤电灵活性改造、为煤炭绿色发展提供优惠贷款等多方面措施。2021年9月8日，住建部出台《建筑节能与可再生能源利用通用规范》。为提升建筑节能设计水平，针对既有、新建、改建、扩建建筑，发布强制性的建筑节能改造工程建设规范，强制要求计算建筑碳排放。其中，对于新建建筑，要求安装使用寿命高于15年的太阳能系统；对不同地区的建筑平均节能率也提出了要求，即严寒和寒冷地区的居住建筑应为75%，其他气候区居住建筑应为 65%，公共建筑平均节能率应为 72%。可以预期，太阳能、地热能以及空气源热泵等可再生能源将在建筑领域面临重大发展机遇。9 月 10 日，国家能源局等发布《关于促进地热能开发利用的若干意见》。计划到 2025 年，全国地热能供暖（制冷）面积比 2020 年增加 50%。通过深化地热资源勘查工作、积极推进浅层地热能利用、稳妥推进中深层地热能供暖等多种措施，推动地热能大规模高质量地发展和应用。

10 月 29 日，国家发改委等发布《关于开展全国煤电机组改造升级的通知》，指出，为进一步促进电力行业清洁低碳转型，推动煤电向基础保障性和系统调节性电源并重转型，要求积极推进煤电行业实施供热改造、节能降耗改造和灵活性改造制造；积极关停采暖小锅炉，鼓励现有燃煤发电机组替代供热；对现有煤电机组全面实施灵活性改造；淘汰关停的煤电机组积极转为应急备用和调峰电源。11 月 9 日，发改委等发布《"十四五"全国清洁生产推行方案》，要求各地因地制宜推行热电联产"一区一热源"等园区集中供能模式，积极推进清洁低碳能源、工业余热等替代小散工业燃煤锅炉，减少煤炭用量。11 月 17 日，国务院常务会议审议决定设立 2000 亿元专项再贷款，以支持煤炭绿色低碳发展。预计此举将有力推动我国煤炭的清洁高效利用水平和成熟技术的商业化推广应用。此项贷款将专项支持包括煤炭工业清洁供热、民用清洁采暖在内的，涉及煤炭开采、加工、燃烧和煤电利用等多方面的清洁高效转型。具体支持措施为：全国性银行自主按照与同期限档次贷款的市场报价大致持平的利率发放优惠贷款，人民银行可按贷款本金等额提供再贷款支持。此外，还包括税收优惠、政府专项债资金、加速折旧等一系列支持政策。

在这些政策的扶持下，预计清洁供暖行业将蓬勃发展，在满足人民取暖需要的同时，助力碳中和和碳达峰目标早日实现。

4.6 碳中和背景下的绿色技术发展态势分析

党的十八大以来，中国社会主义建设面貌更加蓬勃昂扬，绿色发展理念更是成为习近平五大发展理念的一大组成部分。党的十九大报告明确指出要"推进绿色发展，加快建立绿色生产和消费的法律制度和政策导向，建立健全绿色低碳循环发展的经济体系。构建市场导向的绿色技术创新体系，发展绿色金融，壮大节能环保产业、清洁生产产业、清洁能源产业。推进能源生产和消费革命，构建清洁低碳、安全高效的能源体系。"

我国当前正处于快速发展的转型时期，改革开放以来依靠粗放式发展和人口红利带来的负面经济影响已经逐渐显现。具体来说，粗放式经济使落后产能难以快速转型，而在人口红利减少的背景下中国经济发展速度受阻，环境污染给经济带来的远期损失也逐渐成为未来社会发展的严重负担，对中国实现可持续发展，保障"绿水青山"有着巨大的负面影响。基于此背景，将传统产业绿色化，淘汰落后产能，实践环境友好型经济逐渐成为当前中国经济问题的重中之重。绿色技术作为以绿色化发展为目标的重要手段，能够有效解决转型发展过程中的一系列问题，并且能够促进整个社会的绿色化发展。随着经济从资源消耗型转变为环境友好型，绿色技术的需求必然也会因此而不断扩大。

二十国集团（G20）、七国集团（G7）和联合国等国际多边组织均在努力开展涉及可持续发展和环境保护的多方面合作，这些合作也越来越多地涉及金融部门的跨国合作。多边开发银行（MDB）和其他国际金融机构（IFI）继续积极促进可持续金融，主要举措包括在其核心金融活动中更多地考虑可持续性，以及推出旨在推动经济可持续发展和绿色技术应用的金融产品。

面对资源和环境问题的挑战，中国正处于经济结构深度调整的关键时期，绿色发展和生态文明建设已成为国家重要的战略目标。2021年10月24日，国务院印发的《2030年前碳达峰行动方案》提出构建"1+N"政策体系，重点实施"碳达峰十大行动"，其中第七条指出"绿色低碳科技创新行动"，这表明了碳中和背景下绿色低碳技术创新的重要性与必要性。在减少碳排放方面，能够提高低碳生产效率并有助于减少污染的绿色创新早已受到全世界的广泛关注。绿色技术创新可以实现经济效益和环境保护的"双赢"，但绿色技术创新意味着更高的初始资本投入、更长的利润周期和更严格的监管（Aghion et al., 2012）。

绿色研发水平是推动产业绿色升级转型的关键影响因素之一。陈植雄等（2007）[16]和邱海洋等（2017）[17]国内学者的研究认为绿色金融资金能够促进产业升级，其主要影响途径是通过提升研发水平刺激技术进步。技术进步需要大量的研发资金支持，缺乏研发资金的投入，技术进步将进展缓慢。进行绿色金融创新，引导资金进入绿色技术创新领域，将在一定程度上刺激绿色产业相关技术研发和创新，进而推动产业转型升级。由金融体系创新、金融产品创新和金融工具创新等内容构成的金融绿色化创新发展，一方面可以驱动资本从低效率的行业流入高效率行业，提升整体生产效率，实现产业结构的优化。另一方面，绿色金融带来的资金支持会提升绿色技术的创新发展速度，催生更多绿色技术应用于产业中，进而促进产业的绿色化转型升级。

■ 4.6.1 现有绿色技术专利分类体系

当前，能够实现环境保护与经济效益双赢的绿色技术赢得了国际上的广泛关注。WIPO（世界知识产权组织）在2010年9月推出的"IPC Green Inventory"，即国际专利分类绿色清单工具，是相对完备且认可度较高的绿色专利分类体系之一。此外，美国、欧洲、英国等多个发达国家也陆续推出了本国的绿色专利分类体系。

如表 4.3 所示，美国联邦专利和商标局在 2009 年 6 月推出绿色专利分类索引 "EST Concordance"，开拓了绿色专利分类体系；欧洲专利局在 2010 年 6 月以分类代码 "Y02" 专门代表特定的绿色技术领域，"Y04S" 是后期进一步衍生的专门以智能电网为主的绿色技术专利分类号。加拿大知识产权局于 2011 年启动了绿色专利快速审查程序，并且在其专利数据库开通了 "绿色技术" 这一模块。韩国绿色技术超级加速审查机制于 2009 年 10 月推出，其绿色技术分类与认证分别依据的是韩国《大气环境保护法》和《低碳绿色增长基本法》，这一绿色技术超级加速审查机制对本国企业提供不少便利，但对外国专利申请人的申请难度依然不低。各国推出绿色专利分类体系有助于学者以及相关从业人员在专利检索系统检索相应的具体的专利信息。

表 4.3 绿色专利分类体系

机构	时间	绿色专利分类
世界知识产权组织	2010 年	IPC Green Inventory
美国联邦专利和商标局	2009 年	EST Concordance
欧洲专利局	2010 年	分类代码 "Y02" "Y04S"
英国知识产权局	2009 年	绿色专利申请优先审查的 "绿色通道"；绿色专利数据库
加拿大产权局	2011 年	绿色专利快速审查程序；绿色专利数据库
韩国知识产权局	2009 年	绿色技术超级加速审查机制
中国知识产权局	2012 年	专利审批快速通道

资料来源：笔者整理。

中国国家知识产权局于 2012 年发布的《发明专利优先管理办法》，奠定了绿色专利快速审查制度的基础。2017 年，《专利优先审查管理办法》的出台进一步扩大了审查范围，对中国绿色专利快速审查制度有着积极深远的影响。同时，2017 年以来，重点产业知识产权保护中心也对绿色技术领域专利快速审查制度的建设起到很大帮助。国家知识产权局已经于 2017 年启动相关 "绿色技术" 研究，在《绿色专利分类体系构建和绿色专利统计分析研究简要报告》中，结合绿色产业发展现状和国家知识产权局专利审查、分类数据统计的实务基础上，初步明确了 "绿色专利" 内涵、划分了专利技术领域、确定了 "绿色专利" 对照标准；同时，提出了我国在 "绿色专利" 方面将进行重点统计和监测的 28 个技术领域，以及涉及的 990 个专利分类号。

此外，国内其他平台也提供了绿色专利数据信息。例如：广东省知识产权公共信息综合服务平台（https://www.gpic.gd.cn）在其行业数据库中建立了新能源汽车、环保装备、风能产业等战略性新兴产业专利数据库；北京市知识产权公共信息服务平台

（http://www.beijingip.cn）建立了大气污染治理技术、新能源汽车、太阳能和风能混合发电系统、地热能、新型太阳能电池材料、污水处理、固体废弃物处理等产业专题数据库；江苏省绿色技术知识产权公共服务平台于2020年4月启用，该平台聚焦绿色技术创新服务，涵盖清洁能源、清洁生产、环境治理、生态保护与修复、城乡绿色基础设施和生态农业六大产业的200多个技术分支，收录全球103个国家300多万条专利文献。

■ 4.6.2　国际绿色技术发展趋势

1. 绿色技术领域专利申请量变化趋势

世界知识产权组织（WIPO）数据显示，自2013年以来，在节能技术和交通运输相关创新的推动下，"有效利用技术"增长了9%。整体绿色创新增长受到替代能源技术下降的影响，后者自2013年以来下降了18%。世界知识产权组织（WIPO）分析显示，2019年，日本、中国、美国、德国和韩国是PCT绿色申请的主要来源国，占申请总量的76%。

从绿色技术研究领域发展情况上看，自2007年以来，与能源相关的气候减缓技术的专利申请数量是最多的。从主要国家的绿色技术领域各技术类别分布来看，环境管理技术、与能源生产传输或分配有关的气候减缓技术、与交通运输相关的气候减缓技术、与建筑相关的气候减缓技术和产品生产或加工中的气候减缓技术是目前绿色技术的重点领域（秦阿宁等，2021）。[18] 美国、日本和德国是绿色技术发展的第一梯队。除了日本在与交通运输相关的气候减缓技术申请数量上高于其他国家外，其他技术类别均是美国位列第一。

2. 绿色技术前沿热点和发展趋势

科技创新是实现碳中和的核心驱动力。政府间气候变化专门委员会（Intergovernmental Panel on Climate Change，简称IPCC）发布报告警告称，全球变暖的速度比之前认为的要快，人类活动正在导致全球变暖，气候变化造成的一些损害可能已经不可逆转。2020年以来，各国对于加强在能源低碳转型、清洁运输和生态固碳增汇方面的国际合作，特别是与技术有关的合作的动机越来越强烈，对于绿色技术来说，最紧迫的问题可能包括替代燃料的开发、清洁能源生产和能源使用效率提升等，"减排"和"增汇"是目前的两条技术主线。

关于"减排技术"，对各国而言，第一步是逐步完成传统化石能源系统的转型与退出，为新能源技术的大规模使用和广泛部署提供足够空间，实现一个新的多能互补的综合能源系统。第26届联合国气候变化大会的目标之一正是要求发达国家到2030年完全放弃使用煤炭，发展中国家到2040年完全放弃使用煤炭。然而，对于像印度这样主要依靠煤炭来满足能源需求的国家来说，这是一个不切实际的目标。关于逐步淘汰煤炭的问题仍在热议。因此，相应的绿色技术前沿发展趋势就包含以下内容：第一，以碳基能源高效催化转化为主的能源清洁利用；第二，聚焦清洁燃烧与高效发电的燃煤发电超低排放技术；第三，在风电、光伏为代表的可再生能源系统中，围绕降低成本、高效率和规模化发展的技术攻坚；第四，以先进核能技术的发展推动核电的整体水平；第五，基于氢能的制氢、储氢技术的进一步迭代；第六，围绕电池储能研究的潜在颠覆性技术。

增汇技术也是当前全球关注的热点。仅仅依靠减排技术，可能尚无法在预期期限内实现碳中和的最终目标。增汇技术的加入将确保一条通往低碳未来的更快道路。这种规模的变革需要政府、企业和社会各部门的共同努力。当前，关于自然(森林、农业和生态系统)如何成为吸收大气碳和抵消碳排放的有效解决方案仍然存在着广泛的争论，但是"基于自然的解决方案"在气候辩论中越来越常见。

此外，值得关注的还有负排放技术，可以选择性地对一些负排放技术进行评估和推广利用，以抵消碳排放。这些技术涉及利用土地管理、植树造林和再造林等解决方案增加和固定土壤中的碳，以及对碳捕获和储存的规模化部署。但是，目前全球范围内尚未建立适当的体制机制来推广生态固碳增汇技术和碳捕获、利用与封存等负排放技术。

可以预见的是，绿色技术的发展将在日常生活中带给人们潜移默化的创新和变革，但是关于绿色发展可能背负的高昂代价依然抓人眼球。绿色技术的使用是否会过于昂贵，绿色发展是否可能会降低产出，抑或是否只有发达国家才能够完成这一转型等热议问题层出不穷。因此，从长远来看，虽然碳中和目标在技术上的实现并不是那么遥不可及，但能源转型下的绿色发展不能仅仅依靠技术解决方案来促进，它也面临挑战，其中就包括高昂的前期成本和长期融资。考虑到改善能源结构将减少环境和财政风险，各国应当考虑将经济活动转向创新和更高附加值的生产，以及通过设定适宜的碳减排路线图、积极利用绿色基金等一系列筹资渠道促进绿色发展。

大部分发达国家的碳中和路线图已经公布，部分发展中国家的路线图尚不清楚，同时考虑到煤炭等传统能源的转型，这意味着发展中国家的碳中和路线图将更具挑战性，但各国也必须评估一个合理的净零排放路径，至少设定一个有约束力的最后期限将是迈出碳中和的重要一步，接下来还需为此制定明确的短期、中期和长期措施，而绿色技术将在其中发挥关键作用。

4.6.3 中国绿色技术发展趋势

中国已经明确了实现碳中和的时间点，即二氧化碳排放力争于2030年前达到峰值，努力争取2060年前实现碳中和。因此，实现碳中和必然需要从两个方面开展工作：降低温室气体排放和推动碳补偿手段发展。这一目标对中国的经济、能源结构提出了巨大的挑战。随着碳达峰、碳中和目标逐渐落地，中国由上至下、从中央到地方都密集出台了一系列具体实施的路线图，从减排和固碳两个方面共同发力，稳步实现碳中和进程，这其中离不开绿色技术创新的助力。

中国十分重视低碳发展，国家知识产权局发布的《中国绿色专利统计报告（2014—2017年）》显示中国绿色技术专利产出逐年增长，PCT专利数量从2000年的908项增加到2017年的3050项，增加了336%。2014至2017年，中国绿色发明专利申请量达24.9万件，年均增速高于中国发明专利申请总量年均增速3.7个百分点。2021年，国家发改委、科技部、工信部和自然资源部四部委联合发布《绿色技术推广目录（2020年）》，共116项绿色技术入选，内容包括节能环保产业、清洁生产产业、清洁能源产业、生态环境产业、基础设施绿色升级五大领域。未来，中国仍将聚焦在完善提高可持续性和绿色经济的政策机制上，通过渐进性的绿色决策方式，实现技术突破与各领域的绿色转型。值得注意的是，一方面，中国在绿色技术创新方面取得了初步成果，但大量的绿色技术专利（如风能方面）并不一定能转化为高质量成果，因此关注专利的转化是一大重点；另一方面，中国绿色制造体系的转型已经取得一定进展，但绿色产品供给仍然相对滞后，绿色市场发掘和需求痛点定位能力仍有待提高。发掘市场、把握痛点的绿色创新活动才能满足消费者的需求。

4.6.4 政策措施对中国绿色技术发展的影响

我国是能源消费大国，"十四五"期间我国单位GDP能耗降低13.5%。绿色技术对这一减排成果作出了巨大的贡献。绿色技术的发展是推进能源清洁低碳转型、倒逼产业结构调整的现实需要，也是实现碳中和、推动绿色经济发展的过程中必不可少的一环。

因此，在日益严格的减排背景下，有必要进一步讨论绿色信贷监管、碳交易市场以及企业环境信息披露等对绿色技术创新的影响。

1. 绿色信贷监管对中国绿色技术创新的影响

广义上讲，绿色信贷包括激励性绿色信贷和惩罚性绿色信贷政策。前者旨在为环境保护项目提供优惠的财政支持，包括更好地管理自然资源和保护生物多样性等项目。与此同时，后者旨在通过提高污染项目的成本，降低污染项目的投资回报率，其通过将环境风险整合到银行的战略和风险管理系统中，从而影响企业的环境绩效。日益收紧的绿色信贷监管显然属于后一类。

结合 Fan et al.（2021）[19] 的研究成果，可以发现，首先，对于环境监管能力薄弱的发展中国家，更严格的绿色信贷监管可以有效地促进不合规的大型企业及时升级排放技术，从而实现绿色转型。然而，实施惩罚性绿色信贷政策下的小型企业的减排往往是通过减少产出来实现的。因此，发展中国家在设计更精细的绿色信贷政策时，需要考虑大企业和大量长尾小企业的不同反应。

第二，考虑到惩罚性的绿色信贷政策实施效果的不同，在不减少生产的情况下改善小公司的环境绩效，应该配合采取相应优惠的贷款政策，例如帮助中小企业改进其减排技术和促进其采用减少污染的设施进行生产等相关政策。

第三，除了指导方针中规定的银行职责外，中国还将金融部门在绿色信贷实践方面的成效作为银行及其管理者业绩评估的重要决定因素，并为此出台了一系列绿色信贷实施的规章制度和关键指标。所以，由于监管结构和政府与银行关系的不同，其他发展中国家在制定绿色贷款方案时应考虑自身特点。

2. 碳排放交易试点对中国绿色技术创新的影响

2014 年，中国在 7 个地区成功启动碳交易，加快能源结构调整，促进低碳发展。Chen et al.（2021）[20] 分析了碳排放交易试点政策对企业绿色创新的影响，结果表明，在我国目前的碳交易市场中，弱波特假说尚未实现。首先，ETS 试点政策使企业绿色专利比例显著下降 9.3%。第二，ETS 试点政策对企业绿色创新具有时滞抑制效应。第三，试点政策对绿色发明专利的负面影响强于绿色实用新型专利。第四，试点政策显著抑制了中小企业、制造业和包括中东部地区企业在内的非国有企业的绿色创新活动。第五，企业选择在短期内减少产出，而不是通过绿色技术创新来实现长期的减排目标。由于现金流和预期收益的减少，企业在研发活动上的投入进一步减少，对绿色创新产生了负面影响。

基于上述发现，中国碳交易市场还需要进一步完善。

一是在"十四五"期间，政策制定者应根据试点地区的经验，科学设计和建立统一、高效、规范、监督的碳排放交易控制体系，尽快提供明确、稳定的政策指导。

二是构建开放式协同创新机制，加强产学研结合，以企业为主体，以市场为导向，引导企业将环境责任内化为自觉追求。特别是对于小规模企业、制造业企业和中部地区的企业，上层设计中应提供更多的资金支持，设计更多的激励措施，如环境补贴、知识产权保护和低碳融资制度等。

3. 环境信息披露对中国绿色技术创新的影响

为了促进经济的绿色、可持续和高质量发展，近年来，环境信息披露越来越受到重视。谈到中国的环境规制，有观点认为地方政府之间存在着弱化环境规制强度的倾向，其主要动因是吸引投资。而随着现代高科技设施的发展和人们对环境保护的日益重视，环境信息公开的普及在一定程度上弱化了信息不对称。结合 Feng 等（2021）[21] 研究结果，促进绿色技术创新应加强环境信息披露。

进一步，一方面，应该引导更多的地方政府在环境信息披露上进行竞争，建立绿色、节能、减排的竞争机制，将生态效率等环境指标纳入地方政府绩效评价，相对提高其在评价中的权重，从而激励地方政府有效管理环境，实现环境信息披露的战略性互动。另一方面，地方政府应更加重视绿色技术创新在环境治理中的重要性，出台更多政策法规，鼓励企业开展更多绿色创新活动，产生更多绿色创新成果，从而优化环境信息披露的影响渠道，实现促进经济发展和减少环境污染的双赢。

■ 4.6.5　促进中国绿色技术发展的政策建议

近年来，为了应对气候变化，全球主要经济体都在加快绿色能源转型。绿色技术是减少能源消耗和促进经济发展的重要推手。绿色技术与碳中和的结合将为创造新的协同效应来减少排放、提高能源效率及增强气候变化适应能力提供良好的解决方案。面对全球绿色发展大趋势，中国亟须把握全球绿色转型带来的机遇与挑战。在此基础上，有三点建议：

一是加强绿色技术发展的顶层设计、监督与管理，即加强对企业绿色技术创新的支持，同时关注绿色技术发展配套政策研究，对政策实施的效率和效果做出综合评价，从而监督与管理相关措施促使绿色技术态势向好发展。当前，虽然我国国家知识产权局已经进行了绿色专利的初步探索，但相关标准与数据库平台的建设还有待进一步完善，所以建立相关绿色技术知识产权管理体系、搭建统一的绿色专利促进平台十分重要。与此同时，完善绿色技术激励政策，明确优惠政策内容，推动更多企业参与绿色技术研发是重中之重，我国绿色技术创新激励政策缺乏必要的协调，例如税收优惠政策往往包含在与企业环境保护、技术创新相关的政策中，对于绿色技术扶持政策尚未形成体系化的"绿色通道"，从而影响了企业对于绿色技术的投资积极性。

二是关注绿色技术等一系列减碳示范技术在工业、交通、建筑、农业等多领域的发展和推广应用，促进相关技术规模化应用同能效提升和发展可再生能源相互配合，灵活运用绿色技术促进碳中和目标的实现，从而保证可持续发展目标的实现及经济社会稳步向低碳化转型。风险是促使投资者思考绿色技术投资问题的一大因素，包括声誉风险和投资组合风险。对许多金融机构来说，气候风险是一个较新且复杂的领域。绿色经济在推行的过程中必然涉及大量的新技术、新领域，起伏波动大，其中蕴含着巨大的风险。由于难以对绿色技术创新企业的技术及发展前景进行准确评估，而绿色技术创新项目投资周期较长、风险性较大，当前绿色技术研发完成后，对技术创新成果转化和应用的支持力度不够，因此，有必要结合国家绿色创新发展规划，设立一批应用示范基地与产业化研究园区，重点支持绿色经济关键技术的自主创新研究、应用和推广等。

三是加强绿色技术创新资金与人才配套。绿色创新是绿色发展的基石，而资金与人才瓶颈是绿色技术发展的关键挑战。政府应引导和鼓励金融部门支持绿色技术研发、创新和微观企业转型升级，实现绿色和高质量的中国实体经济的发展。绿色技术创新需要政府给予更多的财政支持。进一步建立健全企业绿色技术创新风险投融资政策体系，完善绿色技术创新信贷优惠与风险投资机制，减轻企业在绿色技术研发的压力，从而促进关键技术的研发与应用。在人才配套方面，一方面要培养专业的信贷人员，让这些专业人员不仅要了解和熟悉绿色技术以及绿色项目业务模式，还要具有较高的绿色项目评估能力，这样才能为绿色行业信贷融资提供技术和顾问服务，更好地推动绿色技术投资的金融机构的融资和融资功能的实现。另一方面，要发挥银行牵头作用，在内部要设立专业的绿色信贷部门的同时积极开展业务，引导其他金融机构的资金进入。通过绿色产业信贷指引，来发挥他们在信贷领域的领军作用，避免在融资过程中的不规范问题。

4.7 碳中和背景下绿色信贷政策实施及其发展

4.7.1 我国绿色信贷政策实施现状

近年来，我国经济在取得快速增长的同时面临的能源安全和环境污染问题也日益严峻。大气中温室气体的含量与浓度逐年增加，环境污染造成的极端气候事件频发，环境危机逐步影响经济发展与公众健康。随着"双碳"目标的提出，传统的金融发展模式逐渐向绿色低碳的金融发展模式迈进。由于企业的间接融资主要由商业银行供给，绿色信贷政策的实施提高了商业银行对高污染企业的融资约束，有利于促进企业绿色转型升级从而降低污染排放。绿色信贷作为绿色金融的主体，能够为节能减排产业与负减排技术项目提供稳定资金支撑，向节能企业提供直接且便利的融资手段。发展绿色信贷对于促进环境资源保护与经济协调发展，以及早日实现碳中和目标具有重要作用。

从图 4.12 可以看出，近年来我国绿色信贷余额一直呈上升趋势。截至 2020 年末，我国 21 家主要商业银行绿色信贷余额达 11.59 万亿元，绿色金融发展成效显著。分行业来看，交通运输、仓储和邮政业绿色信贷余额占比 30.29%，电力、热力、燃气及水生产和供应业绿色信贷余额占比 29.37%，其他行业占比 40.33%。[22] 从绿色贷款规模来看，2020 年六大行绿色贷款余额达 6.24 万亿元，其中工商银行、农业银行、中国银行、建设银行、交通银行、邮储银行绿色贷款余额分别为 1.85 万亿元、1.51 万亿元、8967.98 亿元、1.34 万亿元、3629.09 亿元、2809.36 亿元，[①] 国有大行在践行绿色发展理念中发挥了重要作用。在赤道银行中，兴业银行 2020 年绿色融资余额达 1.149 万亿元，江苏银行近 1000 亿元，贵州银行 215.17 亿元，重庆农村商业银行超 170 亿元，重庆银行 121.52 亿元，湖州银行 87.14 亿元，由此可见，赤道银行在践行绿色信贷的理念与实践上具有一定的代表性，已经逐渐成为发展中国绿色金融和促进可持续发展的重要组成部分。

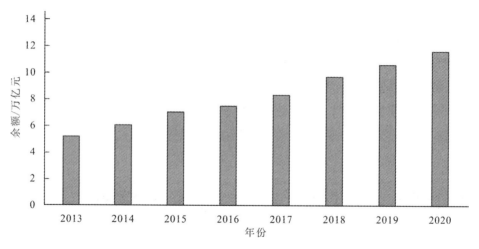

图 4.12　2013—2020 年中国绿色信贷余额

数据来源：银监会、保监会。

4.7.2　近年来绿色信贷相关政策梳理

近年来，随着顶层设计的逐步完善和宏观政策密集出台，国务院和银监会等部门相继颁布了多条绿色信贷相关政策，我国绿色信贷得到迅猛发展。总的来看，我国绿色信贷政策的发展大体经历了以下四个阶段。

1995—2007 年间为绿色信贷的萌芽时期。1995 年中国人民银行发布《关于贯彻信贷政策与加强环境保护工作有关问题的通知》，提出要金融机构在信贷工作中将环境保

---

①　数据来自各商业银行年报。

护与可持续发展等要素纳入考核标准，成为新形势下加强环保工作的重要举措。2004
年，国家发改委、中国人民银行、银监会联合发布《关于进一步加强产业政策和信贷
政策协调配合控制信贷风险有关问题的通知》，对各级金融机构授信项目提出进一步要
求，要求投资主管部门停止对限制项目的贷款审批。2005 年国务院发布《关于落实科
学发展观 加强环境保护的决定》，强调金融机构参与绿色项目融资的重要性，加强环境
保护工作。

2007—2012 年间为绿色信贷的启动阶段。2007 年之后我国颁布了一系列环境管制
政策促进环境保护与节能减排，推动绿色发展。2007 年 7 月，国家环保总局、银监会
和人民银行联合发布《关于落实环保政策法规 防范信贷风险的意见》，正式提出"绿色
信贷"理念，要求银行业金融机构依据国家产业政策和环保部门相关通报实施授信工
作。同年，银监会又相继印发几份授信工作指导文件，对银行业金融机构授信业务开
展和信贷风险管理工作做出明确安排。2009 年，中央银行、银保监会等机构联合发布
《关于进一步做好金融服务支持重点产业调整振兴和抑制部分行业产能过剩的指导意
见》，该政策要求商业银行提高对高污染高耗能行业的融资约束力度，支持节能环保授
信工作，抑制产能过剩，促进能源转型。

2012—2016 年间为绿色信贷的发展阶段。2012 年出台的《绿色信贷指引》和 2015
年颁布的《能效信贷指引》政策的相继提出，标志着绿色信贷在全国层面的大幅度开
展，提升了节能环保和清洁项目与服务的信贷融资水平。这期间出台的绿色信贷政策
对环境风险管理制度的构建与完善提出进一步要求，构建了比较完善的绿色信贷评价
体系。绿色信贷余额得到快速增长，绿色投融资、绿色发展基金、绿色保险等其他绿
色金融工具也得到快速发展。

2016 至今是绿色信贷评级机制的形成阶段。绿色金融相关政策逐步完善，2016 年
中国人民银行等七部委出台《关于构建绿色金融体系的指导意见》，开展绿色信贷评级
机制；随后对量化指标做出了进一步的明确，要求确立信贷双方的责任与义务，实施
有效的信贷管理制度。2021 年，中国人民银行颁布了《银行业金融机构绿色金融评价
方案》，要求将"双碳"目标纳入授信业务标准，进一步明确了信贷业绩评价定量指
标，要求将评价结果纳入央行金融机构评级。

▇4.7.3 绿色信贷政策主要问题分析

绿色信贷政策作为环境管制的重要手段，通过金融杠杆和资源配置引导社会资金
流向，在环境保护与可持续发展中发挥了关键作用。但总体来看，绿色信贷规模相对
微薄，在信贷总额中的占比较低。面对国内严峻的环境污染形势，当前我国绿色信贷

领域还存在不少问题。

1. 绿色信贷政策缺乏相关立法保障

近年来，国务院和银监会相继出台了一系列绿色信贷相关政策，提高对节能环保和清洁产业的信贷额度，对高污染高排放企业展开融资约束，对我国可持续发展和"双碳"目标达成作出一定贡献。但尽管如此，由于我国绿色信贷政策主要以自愿性规范为主，缺乏强制性措施，制度安排存在很多漏洞。我国绿色信贷政策缺乏有效的长效机制，银行业金融机构在绿色信贷融资中执行力较弱。由于国家层面的绿色信贷政策属于部门规章和规范性文件，无法为绿色信贷的开展提供有力的法律支持，导致绿色信贷政策无法得到有效实施。

2. 缺乏全面统一的环境信息披露机制

在绿色信贷市场上存在严重的信息不对称问题，各部门之间缺乏有效的信息共享机制，这给商业银行带来了一定的逆向选择和道德风险问题。由于企业环境信息披露程度不充分，环保部门、商业银行以及地方政府对企业的环境污染状况缺少充分的了解。我国目前缺乏环境信息披露和管理的相关机制设置，银行未将环保信息完整纳入征信系统，造成银行无法及时全面地获取企业的环保信息，且我国目前的环境信息披露政策以自愿性披露为主，企业缺乏披露完整信息的激励，造成对外披露的环境信息中定性多、定量少，未能充分反应企业的环境污染问题。银行业金融机构在评价企业环境风险、为企业和项目的信贷资产定价、制定行业信贷政策时，由于环境信息的缺乏，上述工作常常存在一定的盲目性，无法做到定量化，给我国绿色信贷乃至绿色金融的发展造成了阻碍。

3. 缺乏激励约束机制

绿色信贷政策实施受到商业银行、企业、地方政府、社会公众等多个主体部门的共同约束，这些主体之间存在着一定的利益冲突，造成绿色信贷政策实施效果不及预期。对于商业银行而言，高污染企业的融资水平高，有效提高了商业银行的盈利水平，且节能环保项目存在一定的不确定性，融资收益低，风险大。对于高污染企业而言，间接融资受阻会影响企业的既得利益，而绿色转型升级和技术创新时间周期长，提高了企业的市场风险和环境风险。对地方政府而言，绿色信贷政策限制了高污染企业的融资水平，若地方以某些高污染行业作为支柱产业，那么融资约束将影响地方产业经济的发展。同时，绿色信贷政策的实施也需要社会公众对有关部门的积极监督，而公众监督热情也会受到环境管制强度的影响。我国绿色信贷政策的实施缺乏相应的环保监察和激励机制，企业违规风险相对较低，其他相关部门也缺乏执行政策的激励。

4. 风险识别能力仍有待提高

目前我国银行业对绿色信贷业务的风险评价体系尚不完善，绿色信贷业务的开展面临一定的信用风险、市场风险以及环境风险。从信用风险来看，银行面临的信贷风险被认为是发生损失的可能性原因。由于缺乏完善的绿色信贷业务评价体系，商业银行对贷款方的信用情况、履约能力等方面的能力缺乏全面的考量，对项目的后续进展也缺少有效监督，导致企业"洗绿"现象不断发生。绿色信贷信用风险受环境政策影响较大，由于政策的不可测与不可逆性，信用风险呈随机性特点。环境风险与流动性风险均为信用风险的诱因和影响因素。信用风险在信贷过程中最为重要，造成损失的可能性也最大。从市场风险来看，市场风险包括利率风险、汇率风险以及通货膨胀风险，市场风险是在银行业信贷业务中普遍面临的风险。首先，由于绿色信贷具有政策扶持性，贷款利率低且周期长，面临一定的利率风险。其次，绿色信贷涉及一些国际新能源开发与天然气开发项目，资产回收与盈利情况会受到外汇汇率变动的影响。此外，绿色信贷资产实际价值与账面价值之间的差异也会受到通货膨胀的影响，从而遭受损失，因此存在一定的通货膨胀风险。环境风险是在绿色信贷业务中特有的风险，一方面，由于绿色信贷业务的传递机制，贷款企业将环境风险传递给银行，使银行遭遇信贷资产损失或盈利受损；另一方面，银行受环境问题的影响造成贷款项目中止或被迫撤回贷款，从而造成损失。因此，商业银行在绿色信贷业务开展中必须重视风险管理，做好风险防控措施，降低损失的可能性。

■4.7.4　国际绿色信贷实践经验借鉴

由于发达国家更早步入工业化发展阶段，环境污染问题造成的金融风险事件也更早出现。如表 4.4 所示，以英国、美国、日本及德国为代表的发达国家商业银行已经开展了长达 30 多年的绿色信贷行动，在绿色授信体量、产品创新、立法规范、风险管理、银行监管等多个方面积累了相当丰富的经验。下面通过总结主要发达国家绿色信贷实施经验，得出对我国绿色信贷实施的有益启示。

表 4.4　国外绿色信贷实践

国家	实施时间	主要政策	重点项目	代表性银行
英国	1972 年《有毒废物处置法》为开端	1993 年《清洁大气法》、1995 年《环境法》、2009 年《贷款担保计划》等	可再生能源、节能与循环经济方面的基础设施建设项目	2012 年成立的英国绿色投资银行成为世界上第一家绿色投资银行
美国	1970 年《国家环境政策法》作为环保基本立法	1970 年《清洁空气法》、1980 年《超级基金法案》、2009 年《美国清洁能源与安全法案》等	可再生能源、污染控制型设备、环保产业与环境友好型产业	2003 年花旗银行制定环境与社会风险管理体系，并将其融入整个信贷系统

续表

国家	实施时间	主要政策	重点项目	代表性银行
日本	1958 年针对环境问题推出《烟尘排放规制法》	1993 年《环境基本法》、2000 年《促进循环型社会形成基本法》、2011 年《21世纪金融行动原则》等	绿色交通、绿色建筑、可再生能源等环境友好型项目	瑞穗实业银行在 2003 年宣布采纳赤道原则[①]，2006 年建立绿色发展部门，在世界项目融资中排第三位
德国	1972 年《废弃物处理法》开始对环境保护进行立法	1990 年《环境责任法》、1994 年《循环经济与废弃物处理法》、2011 年《德国可持续发展守则》等	可再生能源、光伏设备与储能项目、风力发电厂与水电发电站建设项目	成立于 1948 年的德国复兴信贷银行集团是一直支持德国绿色经济发展的最重要政策性金融机构

英国：英国在 20 世纪中后期制定了环境影响评价体系、综合污染控制和环境管理标准。英国在环境保护方面制定了完善且严格的法律，建立了明确的环境标准。早期严格的环境管理体系制约了高污染企业的的污染排放，使企业的环保理念和社会责任意识得到提升，而之后陆续颁布的环境标准逐步创建了一套完善的法律体系。在绿色信贷政策的实施中，政府颁发了《贷款担保计划》，为环境友好的小型企业提供贷款担保，并为可再生能源发电提供补贴。

美国：美国是世界上较早开展绿色信贷政策的国家，由于非营利组织对环境保护的关注，美国国会在 20 世纪 70 年代就出台了 26 部环境保护相关法律，严格的法律体系促进了绿色信贷业务的顺利开展。美国制定的许多绿色信贷相关法律法规都明确了对政府、企业和金融机构的具体要求，此外，美国政府也通过税收政策和财政政策不断激励企业降低污染排放，促进绿色信贷产业发展。美国的商业银行普遍重视环境风险，建立了完善了信息系统和有效的内部信息沟通机制，实现了各银行与相关部门之间环境保护数据信息共享。花旗银行采取全面的环保政策，要求所有业务的开展都必须遵守规定的环境与社会风险管理政策，采用严密的环境与社会风险评估流程，且专门组成信贷资产管理团队对项目进程进行监管。

日本：早期的日本为了发展经济而忽略了环境保护的重要性，造成废水、废物、废气等各方面严重的环境污染。1958 年开始，日本逐步制定相关环境保护法律法规，自此拉开全国性环境保护的序幕。日本政府制定相关政策对企业节能减排项目给予补贴支持，建立污染控制服务公司专门为企业和地方政府提供节能减排方面的技术和财政支持，通过各种优惠政策鼓励清洁能源的使用。瑞穗实业银行和三菱东京日联银行一直走在日本绿色信贷的前列，将赤道原则应用于全球项目融资和财务顾问活动中，强化绿色信贷相关产品设计与创新，对环境友好型企业提供信贷支持。

德国：德国是绿色信贷政策主要发源地之一，德国银行业普遍遵守赤道原则，按照严格的授信审批制度对项目进行分类，充分评估项目对社会和环境的影响和风险，

---

① 赤道原则：财务金融术语，是一套非常强制的自愿性准则，用以决定、衡量以及管理社会及环境风险，以进行专家融资或信用紧缩的管理。

对于环保项目给予长期低利率的信贷优惠政策，利率差额由中央政府给予贴息补贴，通过杠杆效应采用较少的资金调动大量节能环保项目的建设与改造。复兴银行采用公开招标的形式进行节能环保项目的融资，保证了各项活动的公平、公正、公开，保障了项目资金的高效利用。环保部门对绿色信贷实施流程进行严格的监督，确保财政贴息能够准确地投入节能环保项目，对绿色信贷政策实施起着重要作用。

整体来看，发达国家绿色信贷政策行动主要以商业银行为主体，政府发挥财政支持与政策推动作用，商业银行主动承担企业社会责任。在碳中和目标提出后，一些国际大银行开始逐步宣布并实施投融资碳中和项目，并在 2021 年 4 月成立格拉斯哥净零金融联盟（GFANZ）促进全球向净零经济转型，在对于投融资组合碳排放界定、测算与抵消方面核算体系构建发挥着巨大作用，有效推动了资产结构绿色转型和经济绿色发展。由于中国的绿色信贷政策主要由政府推动，政策实施缺乏严格的法律法规，商业银行在政策执行上缺乏激励和强制性要求，导致商业银行缺少主动承担绿色信贷业务的动力。

借鉴以上发达国家在绿色信贷实施上积累的大量经验，对于中国绿色信贷如何开展我们得到以下启示：一方面，中国政府可以颁布政策鼓励国有行、政策性银行、地方银行等金融机构自主制定和实行内部气候与可持续标准和政策，建立与可持续发展相适应的组织架构，提高商业银行自身能动性，政府在实施过程中减少干预并提供担保与财政支持，如巴克莱银行设立由首席执行官组成的环境与社会影响（ESI）委员会制定业务战略与执行监督，制定内部可持续融资框架，设定绿色项目标准与融资额度；花旗银行将可持续因素纳入经营全流程，并将可持续发展绩效与高管业绩考核挂钩，设立专家团队对环境信贷部门提供指导等。另一方面，我国商业银行还需不断提高授信体量，创新绿色金融产品。发达国家除了传统了绿色金融产品之外，还进行了了多种创新，如可持续表现挂钩债券、转型债券、蓝色债券、社会债券、绿色供应链金融产品、绿色 ABS、绿色基础设施 REITS、碳金融等一系列绿色金融产品。商业银行在进行绿色金融产品创新的同时，还需成立专业的信贷业务监督部门，对授信项目实施过程进行有效监督，降低不良贷款风险。

4.7.5 "双碳"目标下我国商业银行绿色信贷发展

绿色信贷要求银行金融机构在融资决策中考虑环境要素，由于目前我国实行的绿色信贷政策以自愿性、引导性为主，银行追求自身利益最大化、绿色信贷政策激励机制不健全、缺乏有效的后续监督、银行内部重视程度不足、节能减排项目存在风险等因素都影响了商业银行对绿色信贷项目的有效实施。因此，我国绿色授信业务主要在国有行和赤道银行^①中展开。

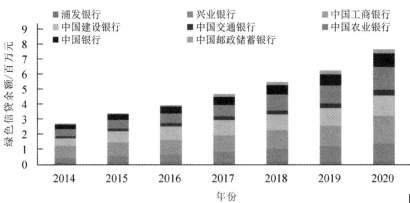

图 4.13 主要商业银行绿色信贷余额（彩图扫二维码）

数据来源：各银行社会责任报告与可持续发展报告。

"双碳"目标提出后，以赤道银行为首的一些商业银行和国有行带头推出了一系列低碳金融工具以促进节能减排和低碳发展，目前已取得一定成效，也能为其他金融机构绿色金融发展提供一定参考。

表 4.5 我国商业银行绿色信贷实践

银行名称	银行性质	主要绿色金融产品	双碳目标下的绿色信贷新模式
兴业银行	赤道银行	绿色租赁、绿色信托、绿色基金等	推出排污权抵押贷款和碳资产质押贷款业务，制定节能减排项目贷款准入方案，构建信息披露系统，明确后续检查与监督工作等
工商银行	国有行	绿色 PPP、绿色租赁融资、绿色债券投资、绿色非标代理投资等	出台《全面风险管理规定》加强气候风险管理，进行存量投融资风险排查，促进投融资绿色转型，支持低碳行业发展
交通银行	国有行	绿色金融债券、绿色基金等	推出碳配额质押融资和碳中和资产支持票据业务，加强风险管控，创新业务模式，建立长效机制
湖州银行	赤道银行	绿色项目贷、绿色工厂贷、绿色亩均贷等	推进绿色金融改革创新，推行碳中和银行试点，对自身运营和投融资业务设定碳中和目标
建设银行	国有行	绿色与可持续金融债、率低碳信用卡等	创新绿色金融工具，加大信息风险防范，重视贷后环保监测工作
江苏银行	赤道银行	绿色基础信贷、特色化绿色融资、环境权益类融资等	推出排污权抵押贷款、碳表现挂钩贷款，支持发行工业污水收费收益权，多渠道拓展绿色资金来源

数据来源：各银行社会责任报告与可持续发展报告。

---

① 赤道银行：指已宣布在项目融资中采纳赤道原则的银行。

　　"双碳"目标提出后，我国部分商业银行金融机构对绿色信贷项目作出调整，推出一系列创新产品支持碳中和，如兴业银行构建了绿色租赁、绿色信托、绿色基金等多种绿色金融产品，并推出了新的信贷模式，如排污权抵押贷款、碳资产质押贷款等进一步推进绿色授信业务，满足能源行业企业的信贷要求。交通银行推出了碳配额质押融资和碳中和资产支持票据业务，加大对低碳产业和新能源产业的信贷投资。此外，一些银行也制定了若干个监管政策为绿色金融提供更大的激励，如兴业银行相继出台了多套政策方案作为节能减排项目贷款准入标准，逐步构建信息披露系统，明确授信业务的审查和后续监督工作。工商银行从战略层面明确了绿色信贷低碳转型建设的具体方向，规范绿色信贷流程，注重在授信业务执行中不断强化绿色发展理念，对"两高一剩"行业信贷投放进行严格的限制。工商银行建立了详细的企业环保名单，对所有贷款项目环保信息设立识别、监控、反馈和处置机制。江苏银行制订了碳中和行动方案，对气候投融资专项项目和清洁能源产业专项项目提出明确要求，对于绿色信贷业务的碳减排量设立最低限制，构建绿色金融业务发展地图，促进绿色基础信贷和特色绿色融资项目的发展[27]。其次，部分银行在风险分析方面不断做出努力，如建设银行对绿色金融工具进行创新，通过实行环保一票否决制深入发展绿色信贷，加大对信息风险的防范，注重贷后环保监测工作，完善环保信息的收集和管理，促进双碳目标下的绿色金融发展。还有一些银行积极推行碳中和银行试点，如湖州银行继续深入推进绿色金融改革创新，对自身运营和投融资业务设定进一步的碳中和目标，力争成为全国首个实现银行业碳达峰碳中和的地区。各银行通过制订绿色信贷实施方案促进我国节能减排目标实现，加快推进经济发展方式转变，提高经济社会发展的质量和效益，在践行绿色发展理念中发挥重要作用。

　　我国大型银行和赤道银行在绿色授信业务实施上虽已具备较大优势，但仍存在提升空间，且我国存在大量未被央行纳入绿色银行评估的地方性银行，绿色信贷整体水平仍然不高。"双碳"目标为银行业创造巨大机遇与挑战的同时，也对银行业绿色低碳转型提出了更高要求。在"双碳"目标下，银行在以下方面还需继续提升：首先，将绿色与可持续发展理念作为核心思想纳入企业治理，确立量化绿色金融发展目标，制定可持续发展规划路径。其次，建立专业部门团队测算投融资项目碳排放与碳足迹，加强后续监管，识别与量化气候风险。最后，提高产品创新能力，加强专业人才培养，建立并实施严格的环境信息披露制度。

■ 4.7.6　碳中和目标下绿色信贷未来发展趋势预测

1. 银行金融业务发展的重点领域面临调整

近年来，我国商业银行紧跟金融支持实体经济的政策部署，大力推动绿色金融发展，绿色信贷余额逐年上升。但双碳目标的提出需要我国绿色信贷政策进一步改革深化，金融机构的信贷融资需要进一步向绿色产业倾斜，促进节能环保产业和清洁能源行业发展。此外，"双碳"目标的提出也将进一步刺激新能源行业、CCUS 技术以及可再生能源的发展，为商业银行等金融机构带来一定的发展机遇。"双碳"目标制定后，要求银行业进行结构性调整，境内外产业的发展与项目的承接均逐步向低碳方向转变，将更多的资金投向风电、光伏及核能等清洁能源领域。银行业金融机构相继出台节能环保相关产业贷款扶持政策，在风险可控和商业可持续的基础上给予低碳产业融资优惠，促进低碳产业发展。此外，多家银行逐步开通重点项目绿色信贷通道，在授信规模和放款上向低碳产业倾斜。[23]

"双碳"目标的提出要求金融机构进一步提高对低碳产业的信贷融资水平，在此情况下，气候投融资信贷将得到进一步发展。气候投融资信贷主要是商业银行用于支持碳减排相关项目发展而推出的信贷产品，对于推动节能环保产业和新能源产业发展具有重要作用。在"双碳"目标下，商业银行应尽快部署气候投融资改革，运用基础数据库核算气候投融资项目的碳排放量、工业废弃物排放等环境数据，对授信项目实施过程中的经济效益、社会效益及环境效益进行核查并定期披露。此外，需要各相关单位共同为项目库赋能，提供外资进出的便利、对接人民银行碳减排支持工具、鼓励金融机构提供容错机制等举措，力争缓解气候项目融资难、融资贵的问题。在"双碳"背景下，我国商业银行将进一步推出气候投融资信贷产品，扩大融资余额，进一步鼓励商业银行开展气候投融资信贷工作，对于促进"双碳"目标达成具有重要意义。[24]

2. 绿色信贷面临气候环境转型风险

"3060"双碳目标的提出对我国经济社会未来低碳发展提出了新的要求，气候环境转型风险凸显。"双碳"目标的提出使高碳企业面临转型和退出，若高碳企业无法在未来一定时间内有效实现碳减排，那么机构对高碳企业的融资就会面临估值下降的风险，由此造成金融机构转型风险升高。据估算，中国煤电企业的融资贷款违约率可能会从目前的 3% 上升至 2030 年的 22% 左右。[25] 能源转型政策造成我国对传统能源需求下降，对新能源的需求增加，由此造成煤电企业营业收入下降，随着科技逐步发展，风电、光伏等可再生能源产业的成本会逐渐下降，从而进一步影响煤电企业发展，造成煤电企业违约率不断攀升。为降低金融机构将要面临的转型风险，银行等金融机构应及时开展环境和企业风险分析，尽量减少对高碳项目融资额度，利用转型金融的方式加速高碳企业低碳转型。[26]

随着我国节能减排相关政策不断出台，各主体对气候变化重视程度不断提高，银行业金融机构逐步开始限制对化石燃料等行业的融资额度，融资约束程度不断加大，从而促进高耗能行业和能源依赖产业的转型升级。为了缓解气候风险带来的影响，商业银行可以通过以下几种方式提高气候风险管理：首先，煤、石油、天然气等化石燃料的融资容易给银行带来转型风险，因此银行需要降低高碳资产配置，不断提高对煤炭开采和煤电领域的融资约束。银行业作为环境气候变化的主要参与者，有责任与义务缓解气候变化造成的负面影响，"双碳"目标使传统煤炭发电企业面临转型升级，为配合目标达成，银行业金融机构需要不断开展对煤炭开采和煤电领域的融资约束政策，煤电等资产面临成为搁浅资产的风险。银行融资限制可以在一定程度上缓解气候风险，促进"双碳"目标达成，并有利于建立全面系统的气候风险管理体系。这就要求商业银行在制定战略和决策时将项目环境风险纳入考核范围，对环境风险的评估要将其短期、中期、以及长期的影响都纳入考量，要使风险评估贯穿银行授信业务的整个流程中，为我国金融机构等部门提供有效参考，推动银行业绿色金融的发展。

3. 进一步加强气候相关信息披露

目前中国环境和气候信息披露已取得一定进展，"环境信息披露"已被纳入绿色投资原则。气候信息披露有利于商业银行等金融机构对气候风险进行评价和管理，目前已制定气候信息披露标准的机构如 2018 年可持续会计标准委员会（SASB）提出私人投资部门 ESG 披露标准，2015 年气候披露标准委员会（CDSB）提出气候信息披露标准，2000 年全球披露倡议（GRI）提出环境信息披露标准，2000 年环境信息披露行动（CDP）提出私人投资部门环境信息披露标准，2013 年国际联合披露理事会（IIRC）提出 ESG 披露标准等。但总体来看，我国环境信息披露政策依然停留在自愿性披露阶段，强制性信息披露不足，且效果不充分。

"双碳"目标下相关部门需制定并推出明确的碳核算评价体系和碳排放信息披露标准，减少因绿色金融发展中面临的环境信息不对称问题造成投资者额外的搜寻成本。在环境信息披露政策上需要采取强制性措施，我国可以考虑实施严格的企业信息披露制度并纳入法律体系，通过立法机关颁布相关法律，对上市企业的环境信息披露作出强制性约束。在非强制性方面，我国也可以通过实行一定的宣传手段或者激励措施来引导企业的环境信息披露，形成环境信息沟通的良性循环。建议参考气候变化相关财务信息披露（TCFD）报告，将企业治理、战略、及管理流程中各个环节绿色资产和棕色资产相关的环境气候风险进行充分及时披露，银行和监管部门也需在绿色授信业务融资与后续监管中持续跟进披露环境效益和项目碳足迹。

4.8　融合优化绿色债券机制，用好碳中和的"快进键"

对于仍处于发展中阶段的中国来说，实现碳达峰与碳中和的战略目标必然需要对能源结构、产业结构乃至社会结构进行系统性变革，在这一进程中，充足的资金支持必不可少。如何为"双碳"目标下的系统性变革提供资金保障已经成为制约当前中国碳中和进程向前推进所面临的关键性难题。除了政府主导的资金投入外，必须引导更多社会资本进入符合"双碳"目标要求的产业、推动更多资金为绿色转型服务。清洁绿色化的新兴导向与传统的融资投资手段有机结合后能够形成绿色金融体系。随着气候变化问题的紧迫性加剧，绿色金融通过提供资金支持促进实现碳中和的作用正在逐步显现。对于中国来说，绿色债券依靠其相对优势的体量和发展积累，成为广泛利用的绿色金融工具之一，同时也成为助力实现碳中和的重要金融引擎。

2015 年中国人民银行和中国发改委发布《绿色债券发行指引》后，中国的绿色债券逐步发展，并从 2017 年开始就成为全球第二大绿色债券市场。中国明确的碳达峰、碳中和目标为绿色债券市场与政策的发展提供了新的历史机遇。与绿色债券相关的政策文件密集出台，顶层设计愈发完善。可以预见的是，在迈向碳中和的时代背景下，绿色债券必将通过引导资本和促进投资，为"双碳"目标进程发挥更加关键的作用。因此，本节旨在基于当前中国绿色债券的整体发展态势，结合与全球其他绿色债券市场进行对比性分析，深入总结其机制体制上的欠缺之处，并且明确中国绿色债券与当前碳中和推进需要之间的契合程度，探讨其未来的推进方向。

■4.8.1 中国绿色债券发展历程

从 2015 年绿色债券正式进入中国至今（截至 2020 年底），中国已经累计发行了超过 600 只贴标绿色债券，发行规模共计 1.2 万余亿元，发行主体数量也实现了逐年上升。"双碳"目标正式提出后，中国的绿色债券发展得到了政府部门、金融机构以及相关产业重视与支持。2020 年 7 月，中国人民银行会同国家发改委、中国证监会联合出台《关于印发〈绿色债券支持项目目录（2020 年版）〉的通知（征求意见稿）》，统一了国内绿色债券支持项目和领域；11 月 27 日，上交所、深交所先后发布公告规范了绿色公司债券上市申请的相关业务行为；2021 年 4 月，《绿色债券支持项目目录（2021 年版）》正式发布，新版目录统一了绿色债的标准及用途，对分类进行了细化新增了绿色装备制造、绿色服务等产业，剔除了煤炭等化石能源清洁利用等高碳排放项目，采纳国际通行的"无重大损害"原则，对绿色债券具体适用范围的重新界定推动了中国绿色债券与国际通行标准和规范的接轨。由于"双碳"目标提出时间较近，当前中国的绿色债券市场尚未呈现出与 2020 年之前明显不同的结构特征。清洁交通和清洁能源仍是中国绿色债券市场募集资金的最大投放领域。根据中央财经大学《2020 年中国绿色债券市场报告》的统计，这两类资金使用占比超过绿色债券募集资金总量的 50%，与

2019 年情况变化不大。同时，污染防治、节能等领域发行的绿色债券规模也较 2019 年有所增长，而相比之下专门针对气候变化所发行的绿色债券规模则相对较小。

图 4.14 具体地展示了 2016—2021 年中国绿色债券发行规模及发行只数情况。可以看出，2016—2020 年，中国绿色债券发行规模保持了整体向好的态势。2016 年，中国绿色债券发行规模为 2050 亿元，随后至 2019 年上升到 2857 亿元，但由于新冠肺炎疫情的影响，绿色债券市场受到一定程度挫伤，2020 年全年发行规模仅为 2194 亿元。但从发行只数的角度看，绿色债券甚至在新冠肺炎疫情影响下逆势上升。2016 年，中国全年绿色债券发行仅有 49 只，而到 2020 年，这一数字上升到了 192。由此可以看出，随着绿色债券的发展，单只债券融资规模有相对缩小的趋势，反映出中国的绿色债券逐步从服务于大型国有企业以及大规模融资需求的金融手段转向服务多元化融资需求的融资工具。这也从侧面反映出，中国的绿色债券伴随着规模和体量的增长，同时也逐步实现着结构上的优化。

图 4.14　中国绿色债券发行规模及发行只数变化

数据来源：Wind 数据库、中金公司研究部《2021 年中国绿色债券年报》。

2021 年，随着中国新冠肺炎疫情的常态化以及疫情后的经济恢复，绿色债券市场实现了跨越式发展，并且在中国长期实现碳中和的目标背景下为经济的绿色和低碳转型注入了新的活力。仅上半年中国境内外绿色债券合计发行规模就超过 3000 亿元，高于 2020 年全年水平，并且也超过了 2019 年绿色债券发行规模巅峰时的全年发行总规模。这充分反映出，疫情后的经济恢复和碳达峰、碳中和"双碳"目标的提出成为推动绿色债券迅速发展的两大引擎。鉴于"双碳"目标的持续性以及低碳经济转型的系统性与复杂性，绿色债券必然伴随时间的推移受到更为广泛的关注，成为碳中和目标实现过程中愈发重要的金融工具。正如图 4.14 所示，2021 年中国绿色债券发行规模已经达到 4836 亿元,发行只数也达到了 403 只,均超过历史最高水平,并且呈现出突飞猛进的态势。这也验证了在碳中和、碳达峰的长期宏观背景下,低碳、绿色相关的融资需求不断上升,为绿色债券创造了长期稳定的增长条件。

2021 年中国绿色债券市场的发展还因"双碳"目标的提出涌现出了新的特点,主要体现在:绿色债券市场中逐渐涌现出了专项的"碳中和债",成为金融市场快速响应碳达峰、碳中和目标的重要金融产品创新。新兴出现的碳中和债于 2021 年 2 月启动发行。与一般的绿色债券不同的是,碳中和债是契合"双碳"目标的直接产物,专门支持对碳减排具有效益的项目。虽然历时时间较短,但在 2021 年新发行的绿色债券中占比已经超过 40%,从整体上有力地推动了中国的绿色债券发展,也为碳中和背景下"去碳""减碳"收益明显的绿色项目建设提供了有力的金融支持。

进一步从融资利用结构上考察中国绿色债券的发展演变情况,图 4.15 展示了 2018—2020 年各类用途在中国绿色债券发行量中的占比情况。不同用途的分类标准主要依照中国人民银行所颁布的《绿色债券支持项目目录(2015 年)》而定。该目录是确定绿色债券具体性质的关键文件。绿色债券与一般债券的核心差别在于其所筹资金是否用于绿色项目或资产,与发行人是否为"绿色"性质的企业或融资平台无关。目录所包含的绿色债券募集资金流向主要包括节能、污染预防和控制、资源保护和循环利用、清洁交通、清洁能源以及生态保护和适应气候变化等。除此之外,剩余无法具体分辨融资用途或募集资金同时流向多个类别的则被归类为多种用途。

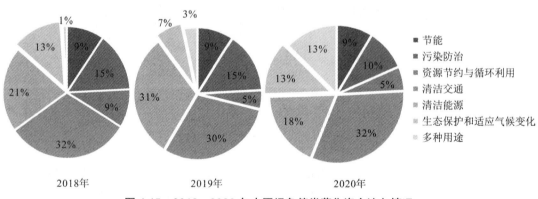

图 4.15 2018—2020 年中国绿色债券募集资金流向情况

数据来源:Wind 数据库。

从图 4.15 可以看出,2018—2020 年,清洁交通与清洁能源作为绿色债券募集资金的两大主要用途,始终在中国绿色债券整体发展中占据重要地位。尤其是清洁交通领域,其募集资金规模始终占中国绿色债券总募集规模的 30% 以上。另外,污染防治、节能也是绿色债券募集资金的关键流向。与生态保护和适应气候变化相关的绿色债券规模在 2018—2020 年出现了小幅度波动，但大致保持在 10% 上下，相比清洁能源与清洁交通相关领域发行的绿色债券，以适应和解决气候变化为直接目的的绿色债券规模相对较小。通过中国绿色债券的结构情况可以推断，截至 2020 年，中国绿色债券仍以解决环境污染问题与推动能源转型作为主要发展方向，虽然也兼顾了生态保护、气候变化、资源节约等其他领域的融资需求，但绿色债券的整体结构状况相对稳定。因此，在"双碳"目标提出前，中国绿色债券尚未直接与推动低碳经济发展充分结合，也尚未实现由绿色债券发展以环境问题为导向到以气候变化问题为导向的转变。

2021 年，在"双碳"目标明确提出后，绿色债券对低碳项目的支持明显加强，这一加强主要体现在碳中和债的专门化发展。碳中和债的推出为低碳、减碳类项目通过债券融资提供了更具针对性的途径，由于 2021 年碳中和债的发行规模达到绿色债券发行规模的 40% 以上，因此 2021 年绿色债券整体上与推动碳中和进程的关系更加紧密。但同时仍需看到的是，如果仅考虑非碳中和债的绿色债券，其发行规模仍未超过 3000 亿元，与上一年相比增长幅度不大。也就是说，2020 年年末提出的碳达峰、碳中和目标虽然推动了绿色债券发展的深入化，但扣除掉对新兴碳中和债的直接刺激外，尚未体现出十分明显的推动作用，一般意义上的绿色债券仍旧依惯性发展，"双碳"任务带来的推动效应尚未完全释放。并且，非碳中和债的绿色债券中仍有很大比例投向于城市轨道交通、城乡公共交通、污染防治等领域。虽然这些领域同样能够间接地促进"双碳"目标的实现以及推动整体社会经济的发展，但仍反映出中国绿色债券与碳中和进程的联结强度不足。

■ 4.8.2　横向对比下的中国绿色债券发展状况

将中国的绿色债券发展情况放置于全球视角下进行讨论，可以理解中国相对全球整体水平的绿色债券发展态势。从发行体量的角度来说，中国的绿色债券发行规模长期位居世界第二位，且年发行增长量与绿色债券余额保持了高速增长。仅从发行规模的角度考虑，美国是整体上绿色债券发展最好的国家，而中国则是绿色债券发展相对最为迅速的国家。但目前，虽然中国在绿色债券领域取得了突出成就，且已经进入全球绿色债券市场发展相对先驱的行列，相对较快的市场扩张速度也体现出中国绿色债券发展的巨大潜力与前景，但如果考虑到中国较大的经济体量并综合多个方面来分析，就可以发现，中国的绿色债券发展尚弱于美国、法国、瑞典、德国等欧美发达国家。相对欧美发达国家而言，中国绿色债券发展的主要不足在于两个方面：一是绿色债券在整体债券市场上的地位不够；二是绿色债券市场的覆盖与活跃度相对不足。截至 2021 年，中国绿色债券在经过数年的快速增长后，其发行规模占境内整体发行规模的比例仅为 0.98%①，而与传统债券相比，绿色债券更是缺少充足的体制机制安排、政策措施管理等，使得绿色债券在整体债券市场上的体量地位、政策地位均不突出。中国的绿色债券融资涉及的行业相比美、法、德等国的范围较小，受限于中国整体绿色投资起步较晚、绿色投资人规模较小，绿色债券市场的流动性、投资者积极性不足。随着碳达峰、碳中和工作的推进，未来中国的绿色债券需要持续推进，不仅从规模上，也应当从绿色债券市场综合建设上实现跨越式发展。但当前中国绿色债券在市场地位、市场活跃等方面的发展相对市场规模有些落后，表现为中国当前绿色债券发展呈现一定的重规模、重增长倾向，相对忽视市场建设、多元化等方向上的发展，这暗示了未来中国绿色债券实现长足进步的重要的侧重面。

美国是当前全球范围内绿色债券市场规模最大的国家，其发展历史较早，市场交易活跃。因此，我们可以通过与美国的绿色债券发展情况进行对比，了解和明确两国绿色债券发展的不同特征，辩证地评价当前中国绿色债券发展状况。首先，对比中美两国的绿色债券发展历史可以看出，美国绿色债券起步较早。2008 年美国投行发行了 7 年期、10 亿美元、评级为 AAA 级别的绿色气候债券，成为美国绿色债券发展的起点。而中国绿色债券起步虽然较晚，但规模扩张速度更快，到 2020 年年末，中美两国绿色债券发行量已经十分接近。其次，从发行方和发行类别的角度考察中美两国绿色债券发展情况可以从结构方面理解两国之间的差异。美国的绿色债券发行方主要以银行金融公司、各类工商企业以及少部分市政部门为主；而中国的绿色债券发行方以国有银行、中央与地方政府、国有企业和地方融资平台为主。发行类别方面，虽然中美两国的绿色债券发行规模均以公司债、企业债和金融债为主，但相比之下，美国的公司债发行比例更高，政府债券占比更少，绿色债券覆盖的具体行业也比中国多，较中国的绿色债券发行结构更为优化。而由于中国的绿色债券发行大多由政府或国有资本背书，违约率低，风险更小，对投资者更为友好。综合上述分析可以发现，中美两国的绿色债券发展各具优势与特色，但相对而言中国由于发展历程较短，基础与积淀相对弱势，因此整体发展状况弱于美国。同时，由于美国整体金融体系与金融市场建设更为完善和规范，市场灵活性高，市场参与者多，绿色债券市场建设相对更为健康，而中国绿色债券发展则更为依赖金融政策、成本优惠等，绿色债券发展的可持续性相对较弱。

■4.8.3　中国绿色债券机制与碳中和进程的弱连接

绿色债券符合环境友好的投资理念，在中国实现碳达峰、碳中和的"双碳"目标

---

① 数据来源：《2021 年境内绿色债券年度报告》。

背景下，理应在获得更大关注的同时发挥更强的资金引导作用。而考察中国当前绿色债券募集资金的主要流向后可以发现，中国当前的绿色债券发展状况除了前文所述的缺陷和弱点外，另一个重要的不足之处在于与碳中和进程的弱连接。

绿色债券对于募集资金本身具有严格的规定，绿色金融债、债务融资工具必须将募集资金 100% 地投向绿色产业，而公司债的 70%、企业债的 50% 以上的募集资金也被限制必须用于绿色产业。根据 2020 年的数据，中国的绿色债券融资基金绿色投向可以达到 83.94%。但是，中国具体的《绿色债券支持项目目录》中包括的绿色投向主要以环境保护和能源产业转型为主要导向，兼顾解决气候变化方面的产业发展需求。也就是说，不同类别项目在获得政策支持时具有等效性。因此，技术进步较快、当前市场需求较大、地方政府更为关注的交通、治污、水利等领域成为募集资金的核心流向。这一现状导致中国一直以来的绿色债券募集资金尚未直接地为"双碳"目标作出较大贡献。

现实的绿色转型需求及其紧迫程度差异使不同产业或行业对绿色债券利用的可能性不同，而国家统一的支持项目目录由于涉及领域较为泛化，绿色债券更易被部分相对成熟的行业项目所集中利用。与气候变化紧密相关的碳封存与碳捕获、碳汇建设、智慧能源系统等领域由于产业规模较小，技术进步相对缓慢，发行绿色债券所获得的优惠融资支持并不能够直接地为相关企业或行业提供发展推动，发行方积极性不足，因此绿色债券的募集资金难以流向此类产业。因此，中国当前的绿色债券机制与碳中和进程整体呈现出弱连接的状态。通过对比中国"贴标"绿色债券发行量与气候债券倡议组织所认证的中国绿色债券发行量，同样可以发现中国绿色债券与碳中和进程弱连接的特点。气候债券倡议组织对绿色债券的认证限制较中国国内认证制度更为严苛，且更注重以解决气候变化为导向。从 2015 至 2021 年，基本都有将近甚至超过 1/3 的绿色债券仅能满足中国的绿色债券标准而并不符合 CBI 的绿色债券标准定义。两种计算方式带来的差异表明中国国内当前发行的许多绿色债券仅为解决环境污染问题提供了一定融资支持，但对解决"双碳"问题并未发挥关键作用。

同时，当前中国绿色债券在机制设计上尚未与碳达峰、碳中和目标有效结合。具体来说，当前绿色债券发行过程中并未要求对投资项目的碳排放的信息进行披露与限制，而这些信息不仅有助于将"双碳"目标有机融合到绿色债券发行过程中，而且有助于实现绿色债券与其他碳金融工具的结合与融通。碳排放信息的披露有助于碳排放市场建设，同时培育机构的环境意识，也有助于未来将绿色债券带来的减排效应结合个人碳信用等机制，最终构建碳金融的完整图景。

■4.8.4 中国绿色债券机制优化思路

通过上述分析不难从"双碳"的角度总结当前中国绿色债券发展的特点及面临的问题：

（1）欧、美等发达经济体的绿色债券市场发展的综合性水平更高，我国绿色债券规模大，但从发展的综合性角度来讲较欧、美等国仍有一定差距。中国的绿色债券发行规模从2016年起便仅次于美国位居世界第二位，但由于市场建设相对不足、政策驱动特征明显，因此从综合性发展的角度来看，较欧美发达国家仍有一定差距。这些差距主要体现在市场多元化发展、发行人多样化等方面。

（2）中国绿色债券主要受到政策驱动而实现快速发展，但绿色债券优惠政策目前主要还是集中面向发行人，且缺少更为完备的绿色债券政策体系。首先，中国的绿色债券发行以政府、国有银行、国有企业、地方国有融资平台为主力，反映出明显的政策导向，绿色债券满足绿色融资需求的独特作用是否得到有效体现仍待商榷。同时，中国当前的绿色债券优惠政策以增加发行人发行动机与推动发行规模上升为主要目的，但海外绿色债券规模上涨迅速、成交活跃却更得益于面向发行人和投资者的双向优惠政策。也就是说，通过政策实现绿色债券的有机发展需要同时考虑多个利益相关方的完备的绿色债券政策体系，而中国缺少政策的体系化推进，且针对发行人的绿色债券优惠政策所涉及的产业有限。

（3）当前在全球范围内，中国绿色债券体量大、发展速度快、违约风险低，但同样应该看到，中国绿色债券机制尚未与解决"双碳"问题有效结合，绿色债券更偏向于环保债券而非气候债券。中国的绿色债券主要以《绿色债券支持项目目录》推进纲要，而该目录中包括了环保、资源、能源、低碳等多个领域的绿色项目。而由于与"碳达峰、碳中和"直接相关的碳汇、负排放等产业技术进步相对较慢、当前市场需求并不明显、且与地方政府政绩联系较弱，因此交通、治污、水利等领域成为募集资金的核心流向。虽然在"双碳"目标提出后，绿色债券体系内部涌现出了如"碳中和专项债"等针对性支撑碳中和进程的债券，但整体上以环保为主要落脚点的绿色债券发展状况尚未完全改变。这一现状导致中国当前的绿色债券募集资金直接地为"双碳"目标作出贡献的能力稍显不足。

为了给碳达峰、碳中和目标提供有力的金融支持，为中国应对气候变化发挥积极作用，应当进一步对中国的绿色债券机制进行优化。结合上述中国绿色债券发展的痛点，提出如下具体的优化建议建议：

（1）加快市场建设，减轻政策驱动特征。中国当前绿色债券市场发展应当更多依赖于市场建设，而非政策的直接干预或驱动。具体来说，绿色债券市场的建设需要同时从发行人与投资人双向入手。一方面，针对当前中国国内绿色债券市场发行主体存在的对绿色内涵不够了解、绿色项目界定困难等问题，可以通过加强培训、交流等方式，为市场有针对性地提供绿色债券在发行前准备、项目识别、外部认证、发行流程及规范等多方面的指导，调动起具有绿色融资需求的发行方的发行积极性，增加绿色债券的发行市场建设；另一方面，应当积极发展绿色债券系数和挂钩于相应指数的产品，让国内公众和专业投资机构一道便捷、有效地参与绿色债券市场，同时提升投资者认知水平，对绿色债券构建完整且清醒的认识，由于绿色债券具有较好的正外部性，因此有必要通过宣传等手段向投资者明确绿色债券市场较好的上拓空间。总之，应当通过对市场教育、市场征信体系建设、市场运作流程优化等方式，提升市场建设在绿色债券发展中的作用，从而减轻政策驱动绿色债券发展的特征。

（2）调整完善绿色债券政策体系。在碳达峰、碳中和的长期背景下，中国应当构建能够长期推动绿色债券发展的相关政策体系，从发行人、投资人、市场监管部门多个角度出发完善政策制度。从发行人角度来说，应当制定流程细致的绿色债券专门化贴息和税收优惠政策，有区分地对具有绿色融资需求的企业，尤其是资金相对短缺、违约风险较低的中小企业提供优惠政策，以鼓励绿色债券发行规模上升的同时实现发行人的多元化，同时，适当的鼓励性政策（如绿债发展规划等）也是重要的政策工具。从投资人的角度来说，应当推动构建促进投资人投资积极性的政策体系，例如，对绿色债券的投资人实行较为优惠的投资收益个税减免政策，促进绿色债券的投资市场发展不以投资人思想觉悟为主要前提，创造投资人能够直接获得的优惠条件。从市场监管的角度来说，应当制定完备的绿色债券市场管理法则，利用政策影响重点降低绿色债券市场的违约风险，通过法制规范限制绿色债券市场的投机行为，增加对绿色债券投资人的保护。另外，还应当重视地方绿色债券政策体系的发展，由于各地区具有不同的发展条件、市场状况、产业结构，因此各地区的绿色债券政策应当更加体现区域特征。各级政府应当因地制宜地通过贴息、发行补助、绿色业务奖励等形式对绿色债券进行专项财政激励，实现从中央到地方，从发行人到投资人的完整绿色债券政策引导体系。

（3）结合碳中和推进进程，增加绿色债券的"减碳"作用。由于当前中国绿色债券在支撑碳中和进程中的作用相对比较微弱，因此有必要部分或动态地调整《绿色债券支持项目目录》。如针对碳中和进程中不同阶段的产业发展情况、融资需求状况，动态地调整目录状况，在目录的基础上可以尝试分级，增加对不同碳中和相关产业绿色融资需求的侧重。同时，在分级目录的基础上将金融优惠政策梯次化，对 CCUS、碳汇、负排放技术等直接与气候变化或碳中和问题相关的产业项目实行与其他绿色产业不同的支持政策，激发融资需求方的发行积极性。同时，规范绿色债券信息披露制度，完善绿色债券评估认证体系，且尽可能引入对绿色债券支持项目的碳排放披露要求。当前中国存在对绿色债券信息披露要求严格程度不明确，缺少碳排放相关披露或要求，因此应当进一步规范绿色债券认证流程，强化信息披露制度，增加碳排放相关披露，对不同类别、不同融资需求、不同发行主体形成统一的信息披露平台和渠道，提升绿色债券整体信息透明度。同时，绿色债券披露碳排放信息后，逐步与碳市场相结合，同时为未来的个人碳信用提前布局，增加绿色债券在碳中和进程中利用场景的拓展。除此之外，为了推动绿色债券积极响应碳中和、碳达峰目标，可以将绿色债券发行限制的聚焦侧重于项目。绿色债券本质上是服务于绿色低碳发展的债务融资工具，其核心在于对绿色项目的支撑，但实际操作中由于认证便利等问题，绿色债券发行对主体也有一定潜在限制。可尝试放宽绿色债券发行主体的限制，强调项目的绿色性，尤其是对与碳中和密切联系的项目提供认证便利。总之，应当利用优化机制、完善体系与政策推进等多种方式促进绿色债券对碳减排相关产业作出更大贡献。

4.9 主动研判碳边境调节机制，谨慎应对气候战略大国博弈

4.9.1 碳边境调节机制概述

2019 年，欧盟在其《绿色新政》（European Green Deal）中提出了雄心勃勃的温室气体减排目标，宣布到 2030 年其温室气体排放量相比 1990 年将至少降低 55%，并于 2050 年实现气候中和。为实现这一减排目标，欧盟在《绿色新政》中设计了推动经济向低碳转型的一揽子方案，提出了一系列法律法规和政策措施，如扩大绿色转型投资；推动循环经济发展；支持清洁技术研究和创新；利用外交和财政工具，推动气候合作；建立财政体系，动员全球投资者；修订碳排放交易体系相关法律法规；修订关于土地利用、土地利用变化与林业的有关新规定等。[28] 其中，碳边境调节机制（Carbon Border Adjustment Mechanism，CBAM）以减少全球整体碳排放、避免碳泄漏问题并提高欧盟本土产业的竞争力为主要实施目的，是欧盟《绿色新政》的重要组成部分。欧盟希望通过碳边境调节机制来解决全球碳泄漏风险不断升高的问题，以避免高碳排放但承担较低水平监管的欧盟以外生产商抢占欧盟市场，并防止欧盟本土生产商选择将生产转移到监管水平更低的国外市场的情况出现。

欧盟提出的碳边境调节机制政策相对复杂，其具有多种可能的施行方式，主要包

括消费税、关税以及碳排放交易配额。在 2021 年 7 月 14 日欧盟最新发布的《对部分行业建立碳边界调整机制的可能性研究》（Study on the possibility to set up a carbon border adjustment mechanism on selected sectors）报告[29]中，欧盟提出了多种碳边境调节机制可能的实施方式，主要可以归纳为以下 5 种方案。

表 4.6　欧盟碳边境调节机制实施方案

方案序号	方案内容
1	进口商根据进口产品的参考碳排放量或者实际碳排放量购买配额，出口商纳入欧盟碳排放交易体系
2	进口商根据进口产品的参考碳排放量或者实际碳排放量购买配额，出口商可以获得欧盟碳排放交易体系下的部分免费配额
3	进口商根据进口产品的参考碳排放量或者实际碳排放量购买配额，出口商可以获得低碳排放补偿
4	对在欧盟范围内消费的产品征收消费税
5	对产品供应链上每个环节的排放进行征税，采用生命周期逻辑，允许按产品的碳足迹，对产品生产之前产业链上其他环节已缴纳的碳附加税进行抵扣

综合效率、贸易公平、实施难度等多个方面考虑，前 3 种方案实施的可能性较大。同时，欧盟委员会表示，将会为欧盟进口商品专门设立碳配额市场，且该配额价格会参照欧盟碳市场中的配额价格进行变动。此外，碳边境调节机制预计将于 2023 年 1 月 1 日正式实施，其中，2023 至 2025 年为过渡期，其间只做碳排放申报，而不执行相应税收，自 2026 年起正式全面征收相关费用。

碳边境调节机制作为欧盟碳排放交易体系的关键补充措施，同时也是《绿色新政》中最具争议的政策，吸引了多方关注与讨论。2021 年中国生态环境部举行 7 月例行新闻发布会，相关负责人表示欧盟碳边境调节机制本质上是一种单边措施，无原则地把气候问题扩大到贸易领域，既违反 WTO 规则，冲击自由开放的多边贸易体系，严重损害国际社会互信和经济增长前景，也不符合《联合国气候变化框架公约》及《巴黎协定》的原则和要求，特别是共同但有区别的责任等原则，以及"自下而上"国家自主决定贡献的制度安排，助长了单边主义、保护主义之风，将极大伤害各方应对气候变化的积极性和能力。与中国持相似立场的还有俄罗斯、印度等发展中国家，俄罗斯政府认为，对高碳产品征收进口关税本质上属于贸易壁垒，其违背了 WTO 制定的贸易规则；印度政府同样表示，碳边境调节机制的合法性有待商榷。对于是否支持碳边境调节机制的实施，美国政府仍处于观望状态。美国总统气候问题特使克里表示对即将出台的碳边境调整机制感到担忧，认为碳边境调节机制应被作为防止碳泄漏、治理气候变化最好的工具。推进碳边境调节机制可能会损害美国正在进行的旨在鼓励其他国家加强多边合作的努力。韩国工业联合会指出，欧盟碳边境调整机制措施将会提高贸易关税，对韩国出口产品形成贸易障碍，势必会损害韩国产业的竞争力。而韩国主要是以碳强度高的制造业为核心产业。2020年，韩国向欧洲出口共计221万吨钢材。澳大利亚也对欧盟碳边境调整机制表示反对，该国贸易部长指出："对欧盟实施欧盟碳边境调节机制感到担忧。碳边境调节机制是保护主义的表现，相反，各国之间应该针对环境相关的商品与服务进行全面的自由化，以此推动更先进的碳减排技术传播。"

总结来说，由于各自国家利益及实施气候行动的力度存在差异，各国政府对于碳边境调节机制发挥的作用仍具有一定争议，碳边境调节机制能否得到国际认可并顺利推行仍然存在较大的不确定性。

■4.9.2 碳边境调节机制的影响

欧盟碳边境调节机制涉及气候变化应对、政治外交、国际贸易等多个领域，其在国际政治、贸易秩序等多个方面都具有较大影响，尤其是对于欧盟联系紧密的经济体。但是，总体来说，欧洲碳边界调整机制对贸易的影响有限。根据Sandbag和E3G的研究报告，可能的碳边界调整机制对欧洲进口商的影响将很小。[30] 根据目前的碳边境调节机制监管提案，从俄罗斯进口的商品内将被征收4.42亿欧元关税，如图4.16所示。但是，与2019年欧盟从俄罗斯进口的914亿欧元商品总额相比，这一数额较小。因此，碳边境调节机制对于俄罗斯、中国、美国等贸易大国影响可能较小。

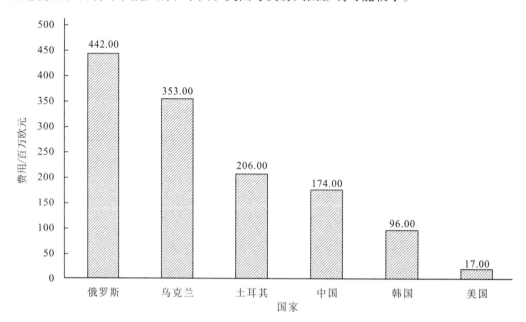

图 4.16　2026 年欧盟进口 CBAM 行业征收费用

数据来源：Sandbag & E3G 研究报告。

欧盟作为中国的重要合作伙伴，双方在贸易、科技、气候等多个领域都有合作。欧盟实施碳边境调节机制必将对中国产生重要影响。当前，作为最大的发展中国家，中国仍在经历工业化进程，未来工业化和城镇化发展的任务艰巨，这就意味着中国未来相当长时期仍将是高碳排放国家。特别的，中国制造业的高碳排放趋势还将延续。制造业产品作为主要出口大类，且大量需求来自欧盟、美国等发达经济体，中国经济发展可能会受到一定影响。

第一，欧盟拟施行的碳边境调节调节机制将提高中国对欧盟出口高碳产品的成本，导致中欧国际贸易之间出现绿色贸易壁垒，最终影响中国出口贸易及相关产业的发展。碳边境调节机制一旦实施，对于可能覆盖的高碳行业具有重要影响，将给中国对欧出口商品带来额外成本，同时会降低中国相关产业的竞争力。现有欧盟立法草案显示，碳边境调节机制将率先从高碳泄漏风险行业开始，如水泥、钢铁等行业。目前在中欧贸易往来中，中国的钢铁行业和铝行业对欧出口量较大，有可能受到较大影响，导致产业竞争力降低。

目前研究分析欧盟碳边境调节机制对中国潜在影响的模型，其研究设定的行业覆盖范围一般要比方案初期可能的覆盖范围更大，所以一定程度上会高估碳边境调节机制的影响。例如，Kuusi et al.（2020）研究计算了欧盟碳边境调节机制对中国等国家的影响。[31] 其研究假设覆盖 14 个行业，包括机电通信业、医药行业等复杂产品行业，这一行业覆盖范围假设可能远大于欧盟碳边境调节机制未来在短期内的行业覆盖范围。基于以上假设，欧盟 CBAM 会给中国带来 6.8% 至 11.6% 的出口价值损失。陈美安与谭秀杰（2021）关注了欧盟碳边境调节机制对中国钢铁和铝行业出口的影响。[32] 其测算表明，受影响贸易额最大的行业来自钢铁，受影响贸易额达到 161 亿人民币，其次为铝的出口，大概为 91 亿人民币。两个行业每年为此支付的碳关税在 20 亿～28 亿人民币左右。

根据现有研究总结来说，碳边境调节机制实施初期的行业覆盖范围可能较小，总体涉及的产品贸易额占比很小，对中国出口贸易和 GDP 的整体影响较为有限，但还是有可能削弱部分高碳行业的出口竞争力。

第二，碳边境调节机制的推行可能会引发绿色贸易壁垒兴起，导致我国在全球气候治理规则上陷入被动局面。随着全球气候治理进程的推进，未来以欧美为代表的发达国家可能进一步尝试出台类似的绿色贸易壁垒政策，以此来构建自身在气候变化领域的综合竞争优势，进而提升自身在全球气候谈判方面的地位，掌握话语权和规则制定权，限制中国等新兴经济体的经济发展。

随着欧盟碳关税方案的出台，美国、英国、加拿大等国家亦开始有所行动。美国气候特使克里表示，美国已经与法国、荷兰等国进行磋商，讨论碳关税相关内容。据《彭博社》报道，英国有可能通过碳边境税来保护国内产业的竞争力。2021 年 8 月，加拿大财政部启动关于碳边境调节机制的探索咨询并向国民征求意见。

部分发达国家竞相出台碳边境机制等相关政策可能带来新一轮的全球气候治理规则的博弈及贸易摩擦，加剧各国之间的竞争。在与发达国家进行话语权争夺的过程中，中国可能会陷入气候治理国际规则博弈的泥潭中。这有可能不利于中国与发达国家之间进行低碳技术合作与交流。碳边境调节机制可以看作是一种贸易保护主义的表现。在此背景下，在全球应对气候变化进程推进过程中，中国可能会面临更大规模和范围的贸易摩擦。碳边境调节机制将应对气候变化因素纳入贸易制裁领域，可能会增加国际贸易争端的形式。同时，碳边境调节机制出台可能引发征收行业、地区的扩散效应，使发展中国家的高碳产业陷入不利境地。

第三，碳边境调节机制也是欧盟等发达经济体为了巩固、增强自身国际竞争力，影响全球政治经济秩序的重要手段。在全球气候危机和新冠疫情冲击的双重压力下，发达国家已经明确地认识到发展低碳经济、应对气候变化是转化危机为发展契机、拓展新的发展空间并引导新国际规则制定的关键，众多国家也纷纷将低碳经济视为重要的经济增长点，从而展开了一场从理念、制度、技术到生活方式的经济变革。发达国家都希望能够通过应对气候变化升级自身产业链，占领绿色低碳产业价值链的高端地位，从而打造富有国际竞争力的低碳产业体系，最终成为绿色低碳产业发展的关键玩家，从而重振并提高其全球竞争力和影响力。因此，实施碳边境调节机制可以为欧盟平稳实现碳排放目标并提升产业竞争力提供充分保护。

最后，碳边境调节机制虽然仅会给中国出口贸易及碳密集产业带来消极影响，但也有可能为中国经济发展和产业升级带来发展机遇。在碳边境调节机制的压力下，出口高碳产品的企业将意识到碳排放权的重要价值。碳边境调节机制可以通过进口关税价格，也就是碳价格，引导出口国高碳产业的资金在实体经济不同部门及不同环节的流转，推动市场调整投资结构，引导绿色低碳投资，实现经济转型，用价格手段引导高碳企业节能减排，鼓励低碳企业健康发展，最终实现减排目标和产业升级。具体来说，相关碳密集企业可能会寻求转型升级，逐渐投入绿色低碳行业，加大绿色技术研发投入，投身可再生能源、高效节能环保装备、资源循环利用产品等新兴产业，从而获得更大的发展空间，最终在外部压力的推动下和内部激励下实现传统碳密集产业的低碳转型。

■ 4.9.3　碳边境调节机制的实施障碍与争议

虽然欧盟对于推行碳边境调节机制具有较强动力，但是在实际的实施过程中，碳边境调节机制仍可能存在有诸多障碍。

在考虑碳边境调整机制是否应该推行实施时，决策者会面临以下三个原则性问题，即能否有效减少二氧化碳排放、能否实现低成本减排、能否遵循"共同但有区别的原则"避免加重发展中国家的经济负担。

第一个问题，实施碳边境调节机制能否有效减少二氧化碳排放。碳边境调节机制实施的主要目的就是解决国际贸易中二氧化碳排放泄漏问题，通过征收碳边界税覆盖钢铁、铝、水泥、化肥和发电行业等高排放行业，提升二氧化碳排放成本，从而达成全球减排的目标。但是，由于覆盖行业有限、参与经济体较少等问题的存在，碳边境调节机制是否能够真正减少二氧化碳排放还有待商榷。

第二个问题，能否实现低成本减排。碳边境调节机制的实施相当于给出口到欧盟的贸易国施加了相同水平碳价格，在全球碳减排力度不一的情况下能否真正实现低成本减排仍存在疑问。

第三个问题，能否遵循"共同但有区别的原则"，避免加重发展中国家的经济负担。在这个维度上，碳边境调节机制因其将减排负担转移给出口排放量较高的发展中国家而饱受批评。在实施碳边境调节机制过程中，欧盟也尝试通过成立气候基金等方式来帮助发展中国家减排。

因此，在实施碳边境调节机制及类似的气候贸易政策时，所考虑的目标主要由有效减少二氧化碳排放、能否实现低成本减排、能否遵循"共同但有区别的原则"三个维度构成。同时，我们应该清楚地认识到，在实施应对气候变化的贸易政策时，能够实现三个维度的目标可能性几乎为零。在实际情况中，我们很难设计出一种政策，同时保证这三个目标得到实现，即在应对气候变化时，贸易政策存在某种程度上的"不可能三角"。因此，在进行政策评估时，有必要对上述三个维度按照重要程度依次进行顺序评估，讨论气候贸易政策能够实现哪些维度的目标。最后，在进行政策的实际设计过程中，欧盟应该基于 WTO 框架，通过 UNFCCC、G20、WTO、IMF、APEC 等国际多边合作平台商讨碳边境调节机制的实施原则，与利益相关国家一同协调标准，而不是一意孤行地推动单边气候政策的实施，这样反而得不偿失。具体来说，欧盟应该针对减排效果、减排成本、经济负担等问题与各国进行深入讨论，将多边协调和双边沟通相结合，通过积极交流消解各国之间分歧，并加强气候统一行动的国际合作，为实现应对气候变化、解决碳泄漏问题提供更好的解决方案。

在实际操作中，碳边境调节机制在碳排放核算、贸易原则、利益协调等方面还存在诸多问题。第一是对碳排放的核算较为困难。CBAM 将采用全生命周期方法测算商品包含的碳排放，既包括商品本身，也包括中间品和最终品的碳排放。但由于不同国家间核算标准及数据基础并不一致，许多国家既没有能力，也缺乏资金和技术建立与欧盟碳市场水平相当的核算体系，无法保障与欧盟碳核查要求相符的透明度和可靠性，因此核算规则争议将成为未来国际气候变化谈判的核心挑战之一。

第二是与 WTO 的"非歧视原则"相违背。欧盟推行 CBAM 的实质是强迫其他贸易国与欧盟一同进行对等程度减排,这本身就违背了"共同但有区别的责任"原则,可能带来对欧盟低碳商品的出口退税,进而引发国际贸易新的冲突点。欧盟单方面推行碳边境调节机制一定程度上有违 WTO 推动全球贸易自由化的初衷,尤其大大限制了发达国家与发展中国家之间的自由贸易流动,而且还可能会限制发展中国家的经济发展,制约全球应对气候变化的能力和进程,最终拖累全球二氧化碳减排进程。本质上来说,国际贸易双方应该遵循开放、平等、互惠的原则。WTO 规则中的最惠国待遇和国民待遇是基于税收优惠的,而欧盟碳边境调节机制的立足点基于成本趋同,二者的实质性内容完全不同。事实上,碳边境调节机制单方面地改变了最惠国和国民待遇的实施方式,利用不同国家在不同经济发展阶段、不同资源禀赋和科技实力等领域存在的差异,收取气候租金。

第三是各经济体之间仍然存在较大的利益分歧。欧盟各成员国内的气候变化应对力度不一,对于碳密集产业的态度也并未明确统一。此外,美国与欧盟之间在对待碳边境调节机制上也有立场差异。美国气候特使特里曾警告欧盟,实施碳边境调节机制应是欧盟应对全球碳泄露问题的最后手段,美国政府对此政策仍持观望态度。最后,以中国、印度、俄罗斯等代表的发展中国家对于碳边界调节机制普遍持反对态度,认为实施碳边境调节机制会造成国际贸易中新的贸易壁垒,同时也会转嫁减排成本,加重发展中国家的经济负担。

■ 4.9.4　中国应对碳边境调节机制的策略

主动研究并应对欧盟碳边境调节机制对于中国具有重要意义,能够帮助中国在经济发展和气候外交方面取得一定优势。针对二氧化排放数据监测、高碳行业绿色转型、加强国际谈判沟通及积极争夺气候规则制定话语权等方面,提出相对应的政策建议意见,为中国应对碳边境调节机制提供策略参考。

第一,加强数据监测评估,摸清碳边境调节机制覆盖行业的碳排放情况。真实可靠的碳排放数据是我们进行判断决策的首要基础和影响评估的稳定保障。对各行业的二氧化碳排放数量开展长期、持续、全面的监测评估,做到碳排放数据可测量、可核查、可追溯,以满足国家气候行动总体规划制定及国际气候谈判的数据需求。具体来说,应该加快国内排放数据检测体系建设,以全国碳市场为主要框架,构建"国家—省级—市级—单位"四级监管体系,引入外部机构对碳排放数据进行监督核查。推动排放核查领域统一规则、统一监管,明确各级政府、各部门的监管核查责任,确保排放单位数据的真实性、完整性、准确性，对于相关企业单位篡改数据、故意造假等行为应该依法从严处理。

第二，努力推行市场手段，利用显性碳价引导高碳行业发展。为了兼顾他国出口商品的现有碳成本，欧盟碳边境调节机制在政策设计中考虑到了认可进口产品所在国家显性碳价的情况。因此，将全国碳市场的覆盖范围扩大至欧盟碳边境调节机制所覆盖的部门，用显性碳价来引导高碳行业发展，可能是中国应对该机制的最佳政策工具。同时，提高碳市场价格也可以降低中国出口商将面临的边境调节价格水平，从而减轻欧盟碳边境调节机制的不利影响，提高出口企业的竞争力。中国应该坚决推动工业领域绿色低碳发展，早日实现钢铁、有色金属、建材、化工等高排放行业碳达峰，同时要坚决遏制各地继续盲目上马高耗能高排放项目。对于钢铁、水泥、化肥等高排放行业，中国政府要对其转型所需要的配套措施进行梳理总结，及时出台一系列行之有效的措施，通过财税金融手段等措施提升社会资本对转型投资的回报率的预期，从而激励更多的资本参与低碳转型项目。除此之外，在未来考虑如何将中国碳市场与欧盟碳市场以及其他国家碳市场对接，这将有效解决碳泄漏问题，并能够降低各国出口商面临的政策风险和成本。

第三，加强谈判沟通，推动碳边境调节机制透明化、循序渐进。目前，有关碳边境调节机制的具体落地措施仍然不够明确，尚处于讨论修改阶段。在此过程中，中国应该与欧盟、美国、英国等加强谈判沟通，坚持我国发展中国家定位，坚持碳边境调节机制要体现巴黎气候协定"共同但有区别的责任"，按照不同国家的国情体现治理气候变化过程中的平等。在具体政策方面，进一步加强对欧盟碳边境调节机制内容及实施方案等细节了解，重点围绕碳边境调节机制的核算体系、工作机制、透明度及其与 WTO 规则协调性等内容，考量其合法合规性。作为欧盟重要的贸易合作伙伴，中国应该积极主动地接触欧盟，就碳边境调节机制的征收原则、排放标准、覆盖行业、时间进程等政策内容与欧盟启动双边对话，与欧盟保持紧密磋商，了解欧盟政策实施的最新动向，努力降低碳边境调节机制实施对于我国和其他发展中国家出口贸易的影响。除此之外，中国也应倡导有利于应对气候变化的全球绿色贸易流动。在全球贸易自由流动的过程中，发达国家应该积极承担责任，加大气候技术研发资金投入，积极共享先进的气候变化应对技术，通过技术合作、专利转移等多种方式帮助技术欠发达的发展中国家发展绿色低碳技术。而发展中国家也应继续顺应经济全球化，在提升自身经济发展水平的同时实现低碳发展。这样，通过全球贸易的不断加深，一方面可以帮助全球各国共同应对气候变化，另一方面也可以进一步加深各国经济合作。因此，解决气候变化问题并实现低碳经济发展必须通过全球各个国家共同合作、互利共赢，使贸易全球化能够更有效地应对气候变化问题。

第四，谨慎应对气候准则大国博弈，积极争取国际规则话语权。目前，国际社会对于全球气候治理规则仍处于激烈博弈之中。加强气候外交、贸易战略前瞻研究，积极争取未来国际外交、贸易规则的话语权，是我国推动构建新发展格局、实现双循环畅通运转的关键。对此我国应主动作为，重视利用外交手段解决气候问题，强化同其他具有共同发展利益的发展中国家的合作意识，在关键气候变化谈判问题增强话语权，联合应对发达国家带来的压力。积极联合发展中国家等多方力量，倡导建立公平合理、合作共赢的国际气候治理体系。具体来说，一方面，在国际谈判中，我国应同俄罗斯、巴西、南非等合作密切的发展中国家积极合作、一同应对，共同强调发展中国家在历史上人均碳排放水平低、贡献量少等事实，强调发展中国家大部分目前仍然处于工业化的快速进程中，不可避免地会出现二氧化碳排放高等客观情况，强调发达国家应该承担比发展中国家更多的减排义务，并争取发达国家的气候资金和技术支持。另一方面，中国应该加强对于气候治理国际标准与规则制定的研究，体现大国担当的同时维护自身利益。应注重同印度、巴西、俄罗斯等发展中大国交流合作，重点依托"一带一路"倡议、"金砖国家"等合作机制推动共同建设符合共同发展利益的气候准则与治理机制，推动建设"一带一路"倡议绿色发展，加快建设绿色投资基金等多边合作平台。为我国积极推动全球气候治理及提高自身竞争力提供帮助。目前，在处理碳泄漏、碳转移问题上，各国之间能否通过谈判沟通，最终协调出一个多方有效合作的机制，仍然存在许多未知数。在发展前景仍不明朗的情况下，中国政府有必要遵循自身发展需要以及世界其他发展中国家的迫切需求，坚定地支持"共同但有区别的责任"原则，积极主动地承担自身国际责任，推动国际标准制定。

■ 参考文献

[1] 徐现祥，刘毓芸.经济增长目标管理[J].经济研究,2017,52(7):18-33.

[2] 王贤彬，刘淑琳，黄亮雄.经济增长压力与地区创新：来自经济增长目标设定的经验证据[J].经济学(季刊),2021,21(4):1147-1166.

[3] 林伯强.中国在碳中和进程中如何保障能源安全[N].第一财经日报,2021-08-23.

[4] 王海滨，李彬.中国对能源安全手段的选择与新安全观[J].当代亚太,2007(5):21-30.

[5] 沈镭，薛静静.中国能源安全的路径选择与战略框架[J].中国人口·资源与环境,2011,21(10):49-54.

[6] 林伯强.中国能源安全面临三大挑战[N].第一财经日报,2019-10-23.

[7] 林伯强."拉闸限电"给低碳转型带来启示[N].中国科学报,2020-12-23(003).DOI:10.28514/n.cnki.nkxsb.2020.003958.

[8] 林伯强 . 碳中和进程需要强调系统成本和整体解决方案 [N]. 21 世纪经济报道 ,2021-08-27(004). DOI:10.28723/n.cnki.nsjbd.2021.003510.

[9] 王震 . 中国能源清洁低碳化利用的战略选择 [J]. 人民论坛 · 学术前沿 ,2016(23):86-93+126. DOI:10.16619/j.cnki.rmltxsqy.2016.23.006.

[10] Shan, Y.L., Liu, J.H., Liu, Z., Xu, X., Shao, S., Wang, P., Guan, D.B. New provincial CO_2 emission inventories in China based on apparent energy consumption data and updated emission factors[J]. Applied Energy,2016,184,742-750. https://doi.org/10.1016/j.apenergy.2016.03.073.

[11] 国家发改委，2021，https://www.ndrc.gov.cn/xwdt/tzgg/202108/t20210817_1293836.html?code=&state=123.

[12] 生态环境部，2021，https://www.sohu.com/a/445639097_99911653.

[13] 生态环境部环境规划院，2021，中国二氧化碳捕集利用与封存（CCUS）年度报告（2021）.

[14] 国家林业和草原局，2021，国家森林资源清查数据发布与展示系统 http://www.forestry.gov.cn

[15] 国家能源局，2021，http://www.nea.gov.cn/2021-11/20/c_1310323021.htm

[16] 陈植雄，彭敏玲，曹裕 . 积极发展绿色金融的现实意义及策略探析 [J]. 金融经济 , 2007(6X):3-4.

[17] 邱海洋 . 绿色金融的经济增长效应研究 [J]. 经济研究参考 (38).

[18] 秦阿宁，孙玉玲，王燕鹏，等 . 碳中和背景下的国际绿色技术发展态势分析 [J]. 世界科技研究与发展 , doi:10.16507/j.issn.1006-6055.2021.01.017.

[19] Fan, Haichao, Yuchao Peng, Huanhuan Wang, and Zhiwei Xu. 2021. "Greening through Finance?" Journal of Development Economics 152(May):102683. doi: 10.1016/j.jdeveco.2021.102683.

[20] Chen, Z., Zhang, X., & Chen, F. (2021). Do carbon emission trading schemes stimulate green innovation in enterprises? Evidence from China. In Technological Forecasting and Social Change (Vol. 168, pp. 120744): Elsevier Inc.

[21] Feng Y, Wang X, Liang Z. 2021. How does environmental information disclosure affect economic development and haze pollution in Chinese cities? The mediating role of green technology innovation. Sci. Total Environ. 775, 145811. https://doi.org/10.1016/j.scitotenv.2021.145811.

[22] 谢香玲 . 绿色金融发展提速 [J]. 中国信用卡 ,2021(8):36-39.

[23] 行业热搜 [J]. 中国银行业 ,2021(6):8-9.

[24] 田利辉 . 让绿色信贷成为商业银行自觉行为 [J]. 中国金融家 ,2021(5):101-102.

[25] 李义举，汪惠青 . 碳中和目标下我国绿色金融的发展 [J]. 金融博览 ,2021(3):14-15.

[26] 钱立华，方琦，鲁政委 . 碳中和对银行意味着什么？ [J]. 中国银行业 ,2020(12):97-99.

[27] 张春鹏，崔语涵，张静园，等 . 英国绿色技术项目筛选评估方法与实践 [J]. 科技管理研究 ,2020,40(16):25-30.

[28] European Commission. Communication: 'Fit for 55' - delivering the EU's 2030 climate target

on the way to climate neutrality. https://eur-lex.europa.eu/legal-content/EN/TXT/PDF/?uri=CELEX:52021DC
0550&from=E. 2021-10-09.

[29] European Commission. Study on the possibility to set up a carbon border adjustment mechanism
on selected sectors. https://ec.europa.eu/taxation_customs/system/files/2021-07/Final%20report%20
CBAM%20study_0.pdf. 2021-10-09.

[30] Assous A, Burns T, Tsang B, et al. A storm in a teacup. Impacts and geopolitical risks of the
European carbon border adjustment mechanism[J]. Energy Foundation China. https://www. efchina. org/
Attachments/Report/report-po-20210913/E3G-Sandbag-CBAM-Paper-Eng. pdf, 2021.

[31] Kuusi, T., Björklund, M., Kaitila, V., Kokko, K., Lehmus, M., Mehling, M. A., Oikarinen, T. S.,
Pohjola, J., Soimakallio, S., & Wang, M. (2020).Carbon Border Adjustment Mechanisms and Their Economic
Impact on Finland and the EU. (Publications of the Government's analysis, assessment and research activities;
Vol. 2020, No. 48).

[32] 陈美安, 谭秀杰. 碳边境调节机制 : 进展与前瞻. 北京 : 绿色创新发展中心 ,2021.

附 录

碳中和前沿观点

本部分整理摘录了 2021 年 8 月至 2022 年 5 月碳中和相关国家政策、报告解读和名家观点，内容主要分为四部分。第一部分聚焦碳达峰和碳中和目标的相关内容。该部分汇总了国家各部门统筹发布的针对"双碳"目标的相关政策，并摘录了政府代表、企业高管和高校教授针对"双碳"目标的主题讲话和前沿观点。第二部分重点关注绿色能源与低碳技术的发展情况。该部分整理了能源转型和电力系统的相关国家政策，同时汇总了有关能源技术的专题报告和名家评论。第三部分围绕经济绿色发展，针对经济、金融、碳市场等热门话题，摘录了相关政策和分析报告。第四部分则着重关注"一带一路"。该部分整理了国家部门与各界专家对"一带一路"绿色发展的规划与见解。

一、聚焦"双碳"目标，加快绿色转型

1. 中国将引领世界碳中和进程，为应对气候变化作出更多贡献。中国人民大学国家发展与战略研究院副院长许勤华教授 2021 年 9 月 27 日发表在中国网上的文章《中国将引领世界碳中和进程，为应对气候变化作出更多贡献》探讨分析了中国在应对全球气候变化中的重要角色。该文章首先指出中国为应对全球气候变化向世界做出的积极表态，不但体现了中国应对气候变化的担当，更加体现了中国构建人类命运共同体、人与自然生命共同体的决心，也充分体现了中国是全球生态文明建设参与者、贡献者和引领者的地位。其次，文章指出中国不仅注重自身的绿色转型和碳中和部署，而且大力推进广大发展中国家绿色转型和高质量发展，帮助广大发展中国家落实《巴黎协定》及其碳中和目标。当前中国是世界上最大的清洁能源技术和产品的供应方，电、光伏发电装机规模和核电在建规模均居世界第一，清洁能源投资连续多年位列全球第一，为全球气候治理奠定了能力基础。未来中国将在生态文明理念指引下，深度参与全球能源转型变革，持续研究推进与广大发展中国家在风电、光伏、智能电网、智慧能源等方面的合作，更加务实地推动绿色"一带一路"的发展，同世界各方合作共同应对气候变化。最后，文章认为，在以碳中和为主要特征的后疫情时期绿色复苏进程中，中国将继续引领世界碳中和进程。中国作为全球生态文明建设的重要参与者、贡献者、引领者的地位被越来越多的国家所认可。随着国际社会对气候、环境与可持续发展的关心更加紧迫，以及中国日益走近世界舞台中央和不断为世界发展作出的更大贡献，中国可以在全球气候治理和碳中和目标中发挥更大的作用。

2. "双碳"工作要坚持先立后破统筹推进。2022 年 4 月 8 日，国家发展改革委网站发布了中国发展改革报社针对"碳达峰碳中和目标何以驱动高质量发展"问题对中国社会科学院生态文明研究所所长张永生的专访内容。在今年的全国两会上，"双碳"成为关注度最高的话题之一。《政府工作报告》提出"国内生产总值增长 5.5% 左右"，并指出"有序推进碳达峰碳中和工作"。"双碳"工作要坚持先立后破统筹推进。具体包括：第一，欲速则不达。实现碳中和不是简单的能源转型问题，不是简单地填补"新能源供给和总能源需求之间差额"的问题,而是一个发展范式的系统性转型问题。传统工业化模式下的经济体系,包括经济结构、财政体系、就业体系等,很大程度上是在化石能源基础上形成的。如果能源转型过快,同其他领域的转型不协调,就可能带来很大的风险。第二,新能源不稳定会带来风险,要通过储能技术突破、储能商业模式、电网技术、电价改革、煤电和新能源配比等措施来解决。第三,供应链风险。在过去,全球分工的风险靠市场机制(比如遵守企业间的契约)以及多边贸易机制来解决;现在,由于大国竞争,出现了"贸易战""卡脖子"现象,过去有效的全球市场规则和国际贸易秩序不时被"公平贸易""人权""国家安全"等借口破坏,从而大大提高了国际分工的风险。第四,能源消费总量问题。新能源的生产和使用,背后都有大量的资源消耗、生态环境问题。如果不改变过去不可持续的生活方式和消费方式,仅仅将化石能源替换成新能源,是不可能实现可持续发展目标的。中国的总能源消费不能走欧美的高消费路径。第五,从碳基的能源转型到金属密集的能源,对关键金属矿物的需求会大幅飙升,由此带来很多市场和地缘政治风险。第六,"双碳"会带来大量资产的重新定价。"双碳"目标提出后,市场的预期会发生很大变化,政府、企业、居民的资产负债表都会被重新定义,这会带来很大的机遇与风险。

3. 推进"双碳"行动有两个最重要的关键词,一是科学,二是统筹。2021 年 9 月 30 日,中新社于网站发表《中国如何统筹推进"双碳"行动?》一文。中国环境科学研究院阳平坚博士在由国家气候战略中心、中国环境记协等联合举办的第十九期环境茶座上说,推进"双碳"行动有两个最重要的关键词,一是科学,二是统筹。阳平坚说,部分省份要在"双碳"战略里找准定位,结合自己的实际情况和发展阶段,科学制定目标。不管是从应对气候变化角度,还是从"双碳"行动倒逼高质量发展角度,各省份都要科学设定自己的"双碳"目标和方案,尊重客观规律,既不能唱高调,也不能持消极观望态度。基于省级碳达峰碳中和指数评价研究结果,阳平坚建议,第一,各个地方统筹碳达峰和碳中和的目标,坚决遏制一些地方出现的将碳达峰作为碳排放冲高峰的窗口期,要从严控制盲目上马"两高"项目,稳步推动经济高质量发展和碳排放高质量达峰,为未来的碳中和创造有利条件。第二,各地的发展不均衡,要坚持系统观念,要兼顾效率和公平,全国一盘棋地来统筹推进"双碳"战略。在这个过程中,既要压实地方主体责任,引导和督促地方科学设置目标,制订行动方案,也要坚持分类施策,推动各地有序达峰,防止对经济社会尤其是对民生造成较大的冲击和影响。第三,实现"双碳"目标的关键是要从资源依赖走向科技支撑,要建立科技创新体制机制,加大科研投入的力度,抓紧科技前沿布局,力争更快在智能电网、输配电、新能源、新材料、储能和固碳等关键碳中和技术领域取得快速突破。第四,对能源调入和调出省份实施更加公平的考核机制,既防止"躺平"又防止"躺赢",更好激发市场活力，加大和加快对内蒙古、甘肃、新疆等地可再生能源投资力度，发挥资本在"双碳"战略中的作用。针对研究中识别的区域温室气体排放和能耗数据不完整和不一致的问题，阳平坚建议完善温室气体数据测算、报告、核查以及披露机制，为各级政府决策、设定目标、制定规划，以及激发市场机制应用和公众参与，提供坚实可靠的数据基础。

4. 财政支持做好碳达峰碳中和工作。财政部于2022年5月25日印发《财政支持做好碳达峰碳中和工作的意见》(以下简称《意见》)，《意见》从以下几个方面明确了相关要求。在总体要求方面，《意见》指出，以习近平新时代中国特色社会主义思想为指导，深入贯彻习近平生态文明思想，按照党中央、国务院决策部署，坚持稳中求进工作总基调，立足新发展阶段，完整、准确、全面贯彻新发展理念，构建新发展格局，推动高质量发展，把碳达峰碳中和工作纳入生态文明建设整体布局和经济社会发展全局。《意见》强调，坚持立足当前、着眼长远，坚持因地制宜、统筹推进，坚持结果导向、奖优罚劣，加强交流、内外畅通。在支持重点方向和领域方面，《意见》支持构建清洁低碳安全高效的能源体系，支持光伏、风电、生物质能等可再生能源，以及出力平稳的新能源替代化石能源；支持重点行业领域绿色低碳转型，支持工业部门向高端化智能化绿色化先进制造发展，大力支持发展新能源汽车；支持绿色低碳科技创新和基础能力建设；支持绿色低碳生活和资源节约利用，发展循环经济；支持碳汇能力巩固提升；支持完善绿色低碳市场体系。在财政政策措施方面，《意见》提出，强化财政资金支持引导作用，加强财政资源统筹，优化财政支出结构；健全市场化多元化投入机制；发挥税收政策激励约束作用；完善政府绿色采购政策，加大绿色低碳产品采购力度；加强应对气候变化国际合作，密切跟踪并积极参与国际可持续披露准则制定。在保障措施方面，《意见》要求，各级财政部门要切实提高政治站位，高度重视碳达峰碳中和相关工作，按照中央与地方财政事权和支出责任划分有关要求，强化责任落实；加强协调配合，建立健全财政部门上下联动、财政与其他部门横向互动的工作协同推进机制；严格预算管理，不断提升财政资源配置效率和财政支持碳达峰碳中和资金使用效益；加大学习宣传力度，促进形成绿色低碳发展的良好氛围。

5. 碳中和与中国经济增长逻辑。北京大学光华管理学院院长刘俏教授在《中国工业经济》期刊2021年12月刊中发表了《碳中和与中国经济增长逻辑》一文，就碳中和的几个误区以及碳中和愿景下中国经济模式转型实施路径等方面展开论述。文章指出，推进碳中和目标是立足新发展阶段、贯彻新发展理念、构建新发展格局的一次重要变革，中国实现碳中和的目标时间紧、任务重、挑战大，社会普遍存在以下几个关于碳中和的认知误区：一是实现碳中和是一个技术问题，实则不仅仅是技术问题，更是经济学、管理学问题；二是碳中和主要涉及二氧化碳排放占比高的行业，实则任何一个行业在国民经济体系中都通过投入产出关系联系在一起层层传递叠加；三是碳中和主要涉及生产型行业，与消费主导型行业关系不大，实则消费方式的转变对缓解气候变化起到重要作用，消费偏好和方式的变化会从需求端倒逼供给端的改革；四是碳中和是经济社会发展一个新的约束条件，实则围绕减排和增汇的技术变革、有针对性的产业政策将直接改变生产函数和消费函数，改变经济社会的运行方式和发展动能；五是通过全国性的碳排放交易体系能够形成统一的碳价格，实则实现碳中和需要思考应通过什么样的更有效的市场机制发现差异化的碳价格。碳中和愿景下中国经济模式转型实施路径可从以下三个方面进行：第一是必须聚焦碳节点行业来推动碳中和目标；第二是应当引导低碳生活，改变消费者效用函数非常重要；第三是需要通过市场交易形成差异化的碳价格。

6. 林业碳汇要实现生态效益与经济效益双赢。据《21世纪经济报道》2022年3月2日文章《中国林业产权交易所高俊峰：CCER交易即将重启 林业碳汇市场收益可观》报道，中国林业产权交易所常务副总经理高俊峰于2022年2月25日在"碳中和2060与绿色金融论坛（2022年春季）"上提出林业碳汇的发展要实现生态效益与经济效益的双赢。首先，林业碳汇给林业带来了很多新的发展机遇，开发林业碳汇产品，参与国家林业碳汇造林，能够获得一定经济效益，并且能够激励当地群众脱贫，从而同时实现生态效益和经济效益。其次，林业生态经济发展是一个促进调整地方产业结构发展与生态经济相结合的有利机会，因地制宜地开展林业碳汇造林项目，可以有效带动区域内的群众脱贫致富，具有非常重要的精准扶贫意义和作用，同时林业碳汇交易也从生态价值转换方面实现了新的突破。最后，林业碳汇可量化、可交易、可增值、可持续，相对其他核证自愿减排量（CCER）项目有效计入期时间较长，具有显著的经济效益，计入期内根据监测、核证的CCER林业碳汇指标，通过交易所市场公开交易更是收益可观。林业是规模庞大的绿色经济体，生产的产品可降解、可回收、可循环利用，在发展低碳经济中具有巨大潜力和广阔市场。然而，我国总体上仍然是一个缺绿、少绿的国家，生态脆弱，生态产品供给不足，与人民日益增长美好生活之间的矛盾还是相当突出。中国的森林覆盖率通过几代林业人不懈努力，由新中国成立初期的8.6%提高了23.04%，森林面积达到2.2亿公顷。全国森林碳储备达到92亿吨，全国宜林地面积4998万公顷。然而其中质量好的仅占12%，质量差的超过50%，并且集中分布在青海、甘肃、内蒙古等西北地区，造林难度非常大且成本较高。"双碳"战略的实施，预计将带动更多生态脆弱地区以及全国亿万农民真正增收，林业碳汇将成为精准扶贫致富的一个新型产业。

7. 碳达峰、碳中和目标下农业的绿色发展。中国社会科学院农村发展研究所于法稳和林珊于2022年3月在《广东社会科学》发表《碳达峰、碳中和目标下农业绿色发展的理论阐释及实现路径》一文，文章认为，"双碳"目标的提出为农业绿色发展指明了新方向，同时也提出了新要求。文章从六个方面提出了实现农业绿色发展的路径及对策。第一，创新理念，引领农业绿色发展的方向。全面树立尊重生命、健康引领的发展理念，始终牢牢坚持粮食安全的底线思维。第二，核心为纲，夯实农业绿色发展的基础。强化耕地数量保护的同时，提升耕地土壤质量，以提高利用效率为核心，实现水资源可持续利用。第三，污染防治，改善农业绿色发展的环境。推进化肥农药等投入品的减量增效，提升农业废弃物资源化利用率。第四，强化设施，提升农业绿色发展的能力。一方面，完善农田水利设施体系，提升应对风险能力；另一方面，加强高标准农田建设，提高土地生产能力。第五，技术创新，提高农业绿色发展的效率。针对资源质量效率提升，开展科学研究及技术创新；针对投入品的使用，进行技术创新；针对农业废弃物资源化利用，进行技术创新。第六，完善机制，保障农业绿色发展的成效。建立健全农业生态产品价值实现机制，完善重点区域的生态补偿机制，实施农业生产环境的动态监测机制。第七，制度激励，实现农业绿色发展的目标。一方面，制定完善的农业技术创新制度；另一方面，建立农业低碳发展的保险制度。

8. 实现碳中和，钢铁行业兼具机遇与挑战。据我的钢铁网2022年3月11日文章《论坛：2022年钢材市场的挑战与机会》报道，2022年2月24日至27日，"2022中国钢铁市场展望暨'我的钢铁'年会"在上海召开。在26日的主题大会上，科技部行业低碳技术首席专家毛新平发表了题为《机遇与挑战——碳中和背景下的中国钢铁工业》的主题演讲。毛新平介绍了我国钢铁工业发展及碳排放现状。我国粗钢产量从1996年开始，截至2021年，已连续26年保持世界第一。2021年我国粗钢产量占世界粗钢产量的比例约54%。他表示，近40年来，我国吨钢能耗下降约73%；近30年来，吨钢二氧化碳排放下降约50%。他认为，在我国钢铁产能总量大、以高炉—转炉为主的流程结构、以煤炭为主的能源结构、行业集中度不高的背景下，我国钢铁工业实现碳中和面临着巨大挑战。但是低碳发展也将倒逼钢铁行业深化供给侧结构性改革，推动钢铁工业实现高质量发展。他还指出我国钢铁行业碳中和的实现路径：一是要控制钢铁行业的产能产量，淘汰落后产能，逐步建立以"碳排放、污染物排放、能耗总量"为依据的存量约束机制；二是优化钢铁企业能源结构、工艺结构、流程结构；三是优化产业布局，构建绿色低碳产业生态链；四是突破节能减排核心关键技术，开发氢冶金、生物质能使用及二氧化碳资源化利用等重大行业颠覆性技术；五是开发高性能产品，推动材料绿色化；六是深化智慧制造，助力生产过程绿色化；七是搭建国际合作平台，促进关键性技术创新。最后，为了实现碳中和，他还提出了钢铁行业的关键技术，即氢还原技术、富氧燃烧技术、二氧化碳综合利用技术、钢厂尾气资源利用技术、近终形制造技术、高性能钢铁产品。

9. 碳达峰碳中和顶层设计详解。国家发展改革委党组书记、主任何立峰2021年10月25日在《人民日报》发表文章《实现碳达峰碳中和 决不是就碳论碳的事》，文中详细阐述了做好碳达峰碳中和工作的重大意义、基本要求以及如何扎实推进碳达峰碳中和重点工作。首先，作者提出了四点关于深刻认识做好碳达峰碳中和工作的重大意义：一是做好碳达峰碳中和工作是推动高质量发展的必然要求；二是做好碳达峰碳中和工作是加强生态文明建设的战略举措；三是做好碳达峰碳中和工作是维护能源安全的重要保障；四是做好碳达峰碳中和工作是推动构建人类命运共同体的大国担当。接下来，作者对准确把握做好碳达峰碳中和工作提出了五点基本要求：一是要坚持全国统筹；二是要坚持节约优先；三是要坚持双轮驱动；四是要坚持内外畅通；五是要坚持防范风险。最后，作者在扎实推进碳达峰碳中和重点工作方面提出了七点建议：一是大力推进产业结构转型升级。把坚决遏制"两高"项目盲目发展作为碳达峰碳中和工作的当务之急和重中之重；二是有力有序调整能源结构。深化能源体制机制改革，稳妥有序推进能源生产和消费低碳转型，逐步提升非化石能源消费比重，加快构建清洁低碳安全高效能源体系；三是加快城乡建设和交通运输绿色低碳转型。在城乡建设领域，将绿色低碳要求贯穿城乡规划建设管理各环节，大力实施绿色建造；四是加强绿色低碳科技创新和推广应用。发挥新型举国体制优势，提前布局低碳零碳负碳重大关键技术，把核心技术牢牢掌握在自己手中；五是巩固提升生态系统碳汇能力。坚持山水林田湖草沙生命共同体理念，持续推进生态系统保护修复重大工程，着力提升生态系统质量和稳定性，为巩固和提升我国碳汇能力筑牢基础；六是健全法规标准和政策体系。全面清理现行法律法规中与碳达峰碳中和工作不相适应的内容，研究制定碳中和专项法等法律法规；七是加强绿色低碳发展国际合作。持续优化贸易结构，大力发展高质量、高技术、高附加值的绿色产品贸易。

10. 关于完整准确全面贯彻新发展理念做好碳达峰碳中和工作的意见。2021年10月24日，国务院发布了《关于完整准确全面贯彻新发展理念做好碳达峰碳中和工作的意见》(以下简称《意见》)，此《意见》相对比较宏观，要点包括：第一，单位国内生产总值能耗2025年比2020年下降13.5%；第二，单位国内生产总值二氧化碳排放量2025年比2020年下降18%，2030年比2005年下降65%以上；第三，首次提出非化石能源消费比重2025年20%左右，2030年25%左右，2060年80%以上。《意见》还提出编制碳中和技术发展路线图，开展低碳零碳负碳和储能新材料、新技术、新装备攻关，推进高效率太阳能电池、可再生能源制氢、可控核聚变、零碳工业流程再造等低碳前沿技术攻关。关于标准体系建设方面，《意见》提到：提高燃油车船能效标准，健全交通运输装备能效标识制度，加快淘汰高耗能高排放老旧车船。建立健全碳达峰、碳中和标准计量体系，完善能源核算、检测认证、评估、审计等配套标准。加快完善地区、行业、企业、产品等碳排放核查核算报告标准，建立统一规范的碳核算体系。

11. 实现碳中和的关键是科技创新，聚焦人才培养。据网易科技 2021 年 12 月 22 日《贺克斌：为实现碳中和，中国某些技术比西方国家更有优势》报道，在 2021 年 12 月 17 日网易未来大会期间，中国工程院院士、清华大学碳中和研究院院长、环境学院教授、国家生态环境保护专家委员会副主任贺克斌教授发表了《"双碳"的机遇与挑战》的主题讲话，就中国当前碳中和相关的现实情况与未来预期进行讨论与分享。演讲主要从两个方面展开。一方面，中国碳达峰碳中和的任务艰巨，可以归纳为三高一短：第一，现在的能源结构在全球看是典型的高碳能源结构，总能源里的化石能源比例和化石能源里的煤炭比例，在世界耗能大国里最高。第二，高碳的产业结构，由于我国社会经济发展所处阶段和在全球产业链的位置，公认的高碳产业占全球比例非常高。第三，中国还处在中高速的工业化、城镇化阶段，增量因素在很大程度上存在。第四，从达峰到中和只有 30 年时间，相比欧洲的 70 年和美国的 45～50 年明显更短，这是一个非常巨大的挑战。另一方面，中国从达峰到中和需要 100 亿吨左右二氧化碳减排，实现这一目标大致可以通过技术途径和政策途径组合进行。首先是资源增效减碳，有了"双碳"的行动，在达到同样经济目标的情况下，将通过节能与资源高效利用，减少能源资源使用实现减碳；第二是能源结构降碳，通过非化石能源利用从相对低的比例走到相对高的比例，实现降碳；第三是地质空间存碳，通过碳捕集、利用和封存实现减碳；第四是生态系统固碳，通过各类生态系统修复与建设，实现碳吸收能力的提升巩固；这四类的技术措施，要通过有序的政策引导，特别是市场引导，让其在未来几十年逐步合理地发生，也就是市场机制融碳。但是从现阶段的科技支撑来看，短板仍然明显，目前，约 50% 的相关技术还不成熟。因此，未来中国要支撑碳中和目标的实现，不仅在自然科学、工程科学、社会科学方面存在技术短板，而且还有人才短板。创新技术的研发、碳市场的启动和绿色金融投资三位一体的推进，是推动碳中和进程顺利进行的重要着力点。

12. 城市是未来实现净零排放的关键。国际能源署 2021 年 7 月发布于其网站的报告《赋予城市"零碳"未来：解锁弹性、智能、可持续的城市能源系统》认为，城市的气候行动对于实现净零排放目标至关重要，投资于城市可以得到最大的碳减排投资回报，推动包容性的清洁能源转型。一方面，城市产生的碳排放约占全球的 70%，随着社会从新冠肺炎大流行中恢复过来，碳排放量正在迅速反弹，2021 年全球能源相关二氧化碳的增长预计将是历史上的第二大增长。另一方面，作为全球经济引擎，城市的 GDP 在全球占比达 80%，是加速达成全球气候目标的重要推力。城市脱碳因此成为全球的一项重要议程。数字化正在推动可持续的能源转型，智慧城市利用先进的大数据分析和数字技术来实时收集和分析数据，并更有效地管理城市的运营和服务，是在满足服务需求的同时降低能源消耗、提高电网稳定性、提高所有人生活质量的一个重要手段。政府在推动实现净零排放中处于重要地位，加强地方、区域和国家政府之间的合作，创造有利的政策环境，有助于实现共同目标，同时推进公平能源过渡方面的进展。报告建议：第一，制定以人为本的包容性政策和方案，确保数字技术的发展能够促进碳排放公正公平地向净零值过渡。第二，加强数字化和能源领域人才储备。第三，基于数字化的解决方案和实现净零排放的业务模式只能通过公开透明的数据访问来实现，因此要在平衡好隐私保护与创新的前提下确保数据访问的实时性、稳健性与透明性。第四，确保金融的适用性，加强金融创新。第五，促进国际标准和基准的制定和采纳，使技术和解决方案在不同国家、地区之间的应用成为可能。第六，创造分享和学习的机会，建立跨越城市和国家的新兴知识共享网络。

13. 碳达峰和碳中和战略要以城市为主体。据人民资讯2021年5月19日《国务院参事仇保兴：城市如何实现碳中和？绿色建筑是关键》报道，2021年5月18日，在成都举行的2021国际绿色建筑与建筑节能大会暨新技术与产品博览会上，国务院参事、住建部原副部长、中国城市科学研究会理事长仇保兴提出，碳达峰、碳中和战略要以城市为主体，而建筑行业是决定一个城市碳中和是否成功的最重要的关键因素。仇保兴认为，以城市为主体的"3060"双碳战略具有五大优势。一是，城市是人为温室气体排放的主角（占75%）。二是，我国城市行政区包括山水林湖田乡村和城镇，有利于因地制宜、科学布局可再生能源和碳汇基地。三是，改革开放四十年城市间的GDP竞争可转向GDP增长与减碳双轨竞争。四是，以城市为减碳主体可使"从下而上""生成"碳中和体系，与"从上而下""构成"行业碳中和体系进行互补协同。五是，以城市为主体的"3060"双碳战略能演化成最优碳中和路径。仇保兴认为，可以构建社区级能源微电网，将风能、太阳能光伏与建筑一体化，同时利用电梯的下降势能和城市生物质发电，利用社区的分布式能源微电网以及电动车储能组成微能源系统，发挥综合减排作用。此外，仇保兴介绍，全球80%以上可工业化利用的矿产资源，已从地下转移到地上，如果把这些矿山资源以非常方便的可拆卸性或者防锈性跟工程和建筑结合，循环利用可帮助实现钢铁减碳。

14. 实现碳达峰、碳中和目标，要坚持"全国统筹、节约优先、双轮驱动、内外畅通、防范风险"的工作原则。中共中央国务院2021年10月24日发布《中共中央 国务院关于完整准确全面贯彻新发展理念做好碳达峰碳中和工作的意见》（以下简称《意见》）。《意见》提出，实现碳达峰、碳中和目标，要坚持"全国统筹、节约优先、双轮驱动、内外畅通、防范风险"的工作原则。《意见》明确了主要目标：到2025年，绿色低碳循环发展的经济体系初步形成，重点行业能源利用效率大幅提升。单位国内生产总值能耗比2020年下降13.5%；单位国内生产总值二氧化碳排放比2020年下降

18%；非化石能源消费比重达到 20% 左右；森林覆盖率达到 24.1%，森林蓄积量达到180 亿立方米，为实现碳达峰、碳中和奠定坚实基础。到 2030 年，经济社会发展全面绿色转型取得显著成效，重点耗能行业能源利用效率达到国际先进水平。单位国内生产总值能耗大幅下降；单位国内生产总值二氧化碳排放比 2005 年下降 65% 以上；非化石能源消费比重达到 25% 左右，风电、太阳能发电总装机容量达到 12 亿千瓦以上；森林覆盖率达到 25% 左右，森林蓄积量达到 190 亿立方米，二氧化碳排放量达到峰值并实现稳中有降。到 2060 年，绿色低碳循环发展的经济体系和清洁低碳安全高效的能源体系全面建立，能源利用效率达到国际先进水平，非化石能源消费比重达到 80% 以上，碳中和目标顺利实现，生态文明建设取得丰硕成果，开创人与自然和谐共生新境界。

15. 推动重点工业领域节能降碳、确保碳达峰目标如期实现。国家发展改革委等部门于 2021 年 10 月 18 日发布《关于严格能效约束推动重点领域节能降碳的若干意见》（以下简称《意见》），《意见》明确了做好重点行业能效约束工作的总体要求、主要目标、工作任务和保障措施，对推动重点工业领域节能降碳和绿色转型、确保如期实现碳达峰目标具有重要意义。在总体要求方面，《意见》要求深入贯彻习近平生态文明思想，立足新发展阶段，完整、准确、全面贯彻新发展理念，构建新发展格局，科学处理发展和减排、整体和局部、短期和中长期的关系，突出标准引领作用，深挖节能降碳技术改造潜力，强化系统观念，推进综合施策，严格监督管理，加快重点领域节能降碳步伐，带动全行业绿色低碳转型，确保如期实现碳达峰目标。在主要目标方面，《意见》确定坚持重点突破、分步实施，坚持从高定标、分类指导，坚持对标改造、从严监管，坚持综合施策、平稳有序四个重要原则。《意见》分两个阶段提出了要求：到2025 年，通过实施节能降碳行动，钢铁、电解铝、水泥、平板玻璃、炼油、乙烯、合成氨、电石等重点行业和数据中心达到标杆水平的产能比例超过 30%，行业整体能效水平明显提升，碳排放强度明显下降，绿色低碳发展能力显著增强；到 2030 年，重点行业能效基准水平和标杆水平进一步提高，达到标杆水平企业比例大幅提升，行业整体能效水平和碳排放强度达到国际先进水平，为如期实现碳达峰目标提供有力支撑。在工作任务方面，《意见》要求突出抓好重点行业、科学确定能效水平、严格实施分类管理、稳妥推进改造升级、加强技术攻关应用、强化支撑体系建设并加强数据中心绿色高质量发展。在保障措施方面，《意见》从完善技改支持政策、加大监督管理力度、更好发挥政策合力和加强政策宣传解读四个方面推动工作的顺利开展。

二、低碳能源与技术助推能源转型和高质量发展

1. 做好能耗双控工作对实现碳达峰碳中和具有重要意义。国家发展改革委 2021 年 9 月 11 日于其网站发布《完善能源消费强度和总量双控制度方案》以下简称《方案》，《方案》明确了新时期做好能耗双控工作的总体要求、主要目标、工作任务和保障措施，对确保完成"十四五"节能约束性指标、推动实现碳达峰碳中和目标任务具有重要意义。在总体要求方面，《方案》要求认真落实习近平生态文明思想，立足新发展阶段，完整、准确、全面贯彻新发展理念，构建新发展格局，推动高质量发展，以能源资源配置更加合理、利用效率大幅提高为导向，以建立科学管理制度为手段，以提升基础能力为支撑，强化和完善能耗双控制度，深化能源生产和消费革命，推进能源总量管理、科学配置、全面节约，推动能源清洁低碳安全高效利用，倒逼产业结构、能源结构调整，助力实现碳达峰、碳中和目标，促进经济社会发展全面绿色转型和生态文明建设实现新进步。在主要目标方面，《方案》确定坚持能效优先和保障合理用能相结合、坚持普遍性要求和差别化管理相结合、坚持政府调控和市场导向相结合、坚持激励和约束相结合、坚持全国一盘棋统筹谋划调控五个重要原则；并分三个阶段提出了要求，到 2025 年，能耗双控制度更加健全，能源资源配置更加合理、利用效率大幅提高；到 2030 年，能耗双控制度进一步完善，能耗强度继续大幅下降，能源消费总量得到合理控制，能源结构更加优化；到 2035 年，能源资源优化配置、全面节约制度更加成熟和定型，有力支撑碳排放达峰后稳中有降目标实现。在工作任务方面，《方案》要求完善指标设置及分解落实机制，增强能源消费总量的管理弹性并健全能耗双控管理制度。在保障措施方面，《方案》从加强组织领导、加强预警调控、完善经济政策和夯实基础建设四个方面推动制度有效落实。

2. 国家能源局《2022 年能源工作指导意见》。2022 年 3 月 29 日，国家能源局发布《2022 年能源工作指导意见》（以下简称《意见》）。《意见》强调了 2022 年全国能源工作的五大基本原则，即：保障供应，增强储备；绿色发展，平稳降碳；创新引领，改革赋能；服务民生，共享发展；强化预警，压实责任。《意见》进一步提出 2022 年能源工作的三大主要目标：一是增强供应保障能力。全国能源生产总量达到 44.1 亿吨标准煤左右，原油产量 2 亿吨左右，天然气产量 2140 亿立方米左右。保障电力充足供应，电力装机达到 26 亿千瓦左右，发电量达到 9.07 万亿千瓦·时左右，新增顶峰发电能力 8000 万千瓦以上，"西电东送"输电能力达到 2.9 亿千瓦左右。二是稳步推进结构转型。煤炭消费比重稳步下降，非化石能源占能源消费总量比重提高到 17.3% 左右，新增电

能替代电量 1800 亿千瓦·时左右，风电、光伏发电发电量占全社会用电量的比重达到 12.2% 左右。三是着力提高质量效率。能耗强度目标在"十四五"规划期内统筹考虑，并留有适当弹性。跨区输电通道平均利用小时数处于合理区间，风电、光伏发电利用率持续保持合理水平。

3. 国家能源局《"十四五"新型储能发展实施方案》（以下简称《实施方案》）。2022 年 3 月 21 日，国家能源局发布《"十四五"新型储能发展实施方案》解读，从出台背景和主要内容两方面对《实施方案》进行解读。出台背景有三点：一是"十三五"以来，我国新型储能实现由研发示范向商业化初期过渡，实现了实质性进步；二是"十四五"时期是我国实现碳达峰目标的关键期和窗口期，也是新型储能发展的重要战略机遇期；三是《实施方案》是推动"十四五"新型储能规模化、产业化、市场化发展的总体部署。《实施方案》主要内容有八大部分，包括总体要求、六项重点任务和保障措施。其中，总体要求是：一是指导思想中明确坚持新型储能高质量、规模化发展的总体思路；二是基本原则中充分体现五大发展思路和四项发展原则。三是发展目标中，更注重充分发挥新型储能价值为目标的高质量规模化发展格局。六项重点任务是：一是注重系统性谋划储能技术创新；二是强化示范引领带动产业发展；三是以规模化发展支撑新型电力系统建设；四是强调以体制机制促进市场化发展；五是着力健全新型储能管理体系；六是推进国际合作提升竞争优势。保障措施有：一是协调保障方面，建立多部门协调机制；二是行业管理方面，建设国家级新型储能大数据平台；三是责任落实方面，省级部门明确任务进度和考核机制。

4. 住房和城乡建设部《"十四五"建筑节能与绿色建筑发展规划》。2022 年 3 月 15 日，住房和城乡建设部印发《"十四五"建筑节能与绿色建筑发展规划》，明确到 2025 年，城镇新建建筑全面建成绿色建筑，建筑能源利用效率稳步提升，建筑用能结构逐步优化，建筑能耗和碳排放增长趋势得到有效控制，基本形成绿色、低碳、循环的建设发展方式，为城乡建设领域 2030 年前碳达峰奠定坚实基础。到 2025 年，完成既有建筑节能改造面积 3.5 亿平方米以上，建设超低能耗、近零能耗建筑 0.5 亿平方米以上，装配式建筑占当年城镇新建建筑的比例达到 30%，全国新增建筑太阳能光伏装机容量 0.5 亿千瓦以上，地热能建筑应用面积 1 亿平方米以上，城镇建筑可再生能源替代率达到 8%，建筑能耗中电力消费比例超过 55%。在提升绿色建筑发展质量方面，要加强高品质绿色建筑建设，完善绿色建筑运行管理制度。开展绿色建筑创建行动，到 2025 年，城镇新建建筑全面执行绿色建筑标准，建成一批高质量绿色建筑项目，人民群众体验感、获得感明显增强。同时，开展星级绿色建筑推广计划。采取"强制＋自愿"的推广模式，适当提高政府投资公益性建筑、大型公共建筑以及重点功能区内新建建筑中星级绿色建筑建设比例。引导地方制定绿色金融、容积率奖励、优先评奖等政策，支持星级绿色建筑发展。在推动绿色城市建设方面，要开展绿色低碳城市建设，树立建筑绿色低碳发展标杆。结合建筑节能与绿色建筑工作情况，制定绿色低碳城市建设实施方案和绿色建筑专项规划，明确绿色低碳城市发展目标和主要任务，确定新建民用建筑的绿色建筑等级及布局要求。

5. 氢能产业发展中长期规划（2021—2035）发布，助推氢能产业稳步推进。国家发展改革委、国家能源局 2022 年 3 月 23 日制定出台《氢能产业发展中长期规划（2021—2035）》（以下简称《规划》）。我国的氢能产业在碳达峰碳中和目标下方兴未艾，已进入快速发展的窗口期，《规划》出台，对我国氢能产业持续健康发展起到关键引领作用。按照《规划》，可再生能源制氢是主要发展方向，以电解水制氢为基础的氢电互变技术，为可再生能源储能提供了新的技术选择，这也是实现可再生能源规模化开发利用的重要技术路线，将成为氢能产业发展的重点方向。

6. 电解铝阶梯电价新政出台，释放清晰价格信号，引导"两高"行业低碳发展。2021 年 8 月 27 日，国家发改委发布了《关于完善电解铝行业阶梯电价政策的通知》（以下简称《通知》）。针对这一《通知》，国家发改委能源研究所白泉指出：《通知》兼顾节能环保和低碳要求，有利于激发企业低碳发展内生动力。《通知》对电解铝企业节能和提高能效方面提出了三项新要求：第一，调整了分档指标，将过去的电解铝铝液电解交流电耗调整为铝液综合交流电耗。铝液综合电耗是电解铝生产企业的惯用指标，易于统计、易于核查；第二，根据我国电解铝企业能源效率的当前情况，将 13650 千瓦·时/吨设置为分档标准，推动能效水平处于后 1/4 的落后企业加快提升能效，推动行业高质量发展；第三，文件前瞻性地提出了 2023 年和 2025 年分档标准提升指标，引导企业合理安排节能改造措施，更好地把握行业科技进步脉搏和未来高质量发展要求，形成更稳定的市场预期。《通知》也在鼓励企业采取环保和可再生能源措施方面采用了三项新政策：第一，对企业采取环保措施后的能耗增加给出"在电价征收标准中去除脱硫电耗"的修正方法；第二，优化阶梯电价加价方式，将阶梯加价修改为累进加价，企业每降低 20 度电就可享受节能收益；第三，增加了非水可再生能源利用的优惠政策。《通知》的发布是我国深化电价改革、完善绿色电价机制、加快以经济手段推动节能减碳的重要信号，将为推动我国电解铝行业持续节能减排发挥重要作用，助力碳达峰、碳中和目标的实现。

7. 坚决扛牢电网责任，积极推进碳达峰碳中和。2022 年 2 月 23 日，国家电网公司董事长辛保安在《人民日报》上发表《坚决扛牢电网责任，积极推进碳达峰碳中和》一文。文章指出：电网连接电力生产和消费，是各类能源转换利用和优化配置的重要平台，在推进能源革命、服务"双碳"目标中发挥着重要作用、承担着重要责任。党中央提出"双碳"目标后，国家电网公司第一时间贯彻落实，出台了一系列务实举措，努力争当能源革命的推动者、先行者、引领者，确保党中央"双碳"部署在公司不折不扣落地落实。首先，在推进"双碳"中确保电力安全可靠供应。一方面，做好电源并网服务和科学调度，统筹支持现役煤电机组"三改联动"和新能源、清洁能源发展。另一方面，充分发挥大电网优化资源配置的平台作用，优化电网调度和电力交易，最大限度保障电力电量平衡。同时，配合政府强化电力需求侧管理，引导用户合理错峰避峰，保障电力供应平稳有序。其次，推动电网发展与各地区各行业减排降碳高效协同。实践中，坚持因地制宜、因网制宜，科学做好电网规划建设。同时，支持产业优化升级，推动引导全社会节能减排，加快形成绿色生产生活方式。再次，大力推进新能源供给消纳体系建设。力争通过"十四五""十五五"时期的努力，将国家电网跨区跨省输电能力由目前 2.4 亿千瓦提高到 2030 年的 3.7 亿千瓦以上，全力服务好沙漠戈壁荒漠大型风电光伏基地建设，并为各类清洁能源发展提供坚强网架支撑。最后，积极贯彻落实党中央深化电力市场化改革部署。充分发挥市场在优化电力资源配置中的作用；扎实做好代理购电、信息公开等工作，保障居民、农业用电需求和价格稳定；总结吸取国外电力市场化改革正反两个方面的经验；持续深化"双碳"背景下能源电力发展重大问题研究，服务国家建立健全与"双碳"进程相适应的体制机制和政策环境。

8. 发改委等两部委鼓励可再生能源发电企业自建或购买调峰能力。2021 年 8 月 10 日，国家发展改革委、国家能源局印发了《关于鼓励可再生能源发电企业自建或购买调峰能力增加并网规模的通知》（以下简称《通知》），以市场化机制引导市场主体多渠道增加可再生能源并网规模，明确可再生能源发电企业可通过自建、合建、购买调峰和储能能力来增加可再生能源并网规模，提出确认、管理、运行等有关规定。具体内容包括：第一，充分认识提高可再生能源并网规模的重要性和紧迫性；第二，引导市场主体多渠道增加可再生能源并网规模；第三，自建合建调峰和储能能力的确认与管理；第四，购买调峰与储能能力的确认与管理；第五，自建或购买调峰与储能能力的数量标准与动态调整；第六，调峰和储能交易机制的运行与监管。促进可再生能源发展、保障可再生能源消纳是当前最为重要和紧迫的任务之一，可再生能源发电企业自建和购买调峰能力，提供了增加可再生能源并网规模的重要途径。《通知》提出，鼓励发电企业自建储能或调峰能力增加并网规模。在电网企业承担风电和太阳能发电等可再生能源保障性并网责任以外，仍有投资建设意愿的可再生能源发电企业，鼓励在自愿的前提下自建储能或调峰资源增加并网规模。对按规定比例要求配建储能或调峰能力的可再生能源发电企业，经电网企业按程序认定后，可安排相应装机并网。此外，为鼓励发电企业市场化参与调峰资源建设，超过电网企业保障性并网以外的规模初期按照功率 15% 的挂钩比例（时长 4 小时以上）配建调峰能力，按照 20% 以上挂钩比例进行配建的优先并网。配建比例 2022 年后根据情况适时调整，每年公布一次。

9. 多种能源优势协调互补助力新型电力系统转型升级。云南电网公司系统部副总工程师黄伟、陈汝昌、李秀峰2021年12月28日在南方电网报发表文章《风光水火多能源协同 化解清洁能源消纳及运行难题》，文中指出，新能源与现有各种能源之间的协同互补使能源整体呈现出一定的可控性，是提升新能源消纳的切实可行办法。首先，作者指出西南地区多能源协同互补面临的现实困难有：一是以云南为代表的西南地区在绿色能源发展过程中，风电、光伏和小水电普遍存在"小、散、多、广"特点，这些电源普遍位于电网末端，需要逐级耦合打包送出。由于外送通道不足和薄弱，导致局部窝电严重，消纳困难；二是西南地区复杂多变的地理、气候特征，使得各个地区的水风光发电特性复杂多变，严重依赖于气象预报、微地理特征的径流、风、光精确预测，随着新能源规模和比例不断提升，新能源预测不准、掌控能力不足带来的负荷巨大波动，增加了发电计划制定和执行的难度，也给电网的安全运行控制带来很大困难。作者进一步指出新型电力系统下实现多能源协同互补的关键技术有：一是建立多类型电源的耦合分区，开展分区发电特性分析，实现多类型电源耦合建模与灵活性提高技术；二是研究多时间尺度的多级协调控制策略，建立多能源互补协调控制架构体系，实现多种能源协同优化运行；三是研究多能源电力系统规划新方法，实现系统源网荷储协调灵活规划及多能源协同互补消纳；四是研究促进新能源消纳的市场化策略，通过市场手段提高可再生能源的消纳。

10. 投资不足、极端天气与货币金融因素导致国际能源市场动荡，油气价格未来短期内难以企稳。中国社科院研究生院世界经济系教授王永中于2021年12月在《世界知识》2021年第23期发表文章《国际能源市场动荡的缘由及走势》。文章认为，导致能源危机的主要原因包括，第一，对化石能源投资不足导致产能下降。受疫情影响，国际油气价格曾在2020年4月出现断崖式下跌并在2020年下半年维持低位，从而导致油气投资大幅下降，为当前油气产能不足埋下了隐患。随后全球碳中和运动的快速推进进一步削弱了各国对化石能源投资的积极性，加大了化石能源供应的瓶颈制约。第二，极端天气频发使得各国对能源的需求上升，导致传统能源库存下降，而新能源受天气影响，发电量出现下滑，因而供需矛盾凸显。一方面，北半球冬季严寒和今年夏季酷热刺激了居民供暖和制冷需求，这直接导致了欧洲市场天然气库存的下降。另一方面，今年春夏的干旱天气导致美国和巴西的水电站蓄水量走低，水力发电量下滑；夏秋两季北欧又由于风力不足导致风力发电量也低于过去两年的平均水平。天然气库存下降和新能源用能不稳致使欧洲市场天然气价格飙升，同时带动亚洲天然气价格上涨。第三，货币金融因素推动能源在内的大宗商品价格上涨。由于疫情，各国都出台了经济刺激政策，这导致全球流动性极度宽松，全球通胀风险升高。为了抵御通胀，各国对大宗商品的需求大增，引发包括能源在内的大宗商品价格上涨。从未来走势看，油气价格在明年 4 月之前难以企稳。鉴于供暖需求上升以及供给侧调整存在滞后性，预计天然气供应短缺状况难以在明年春季之前出现显著改善。国际能源价格的大幅上涨预期或将吸引资本重新进入化石能源上游领域，这将有助于缩小能源供需缺口。但是，随着碳达峰和碳中和目标的推进，化石能源投融资动力不足问题将长期存在，加之可再生能源的间歇性和不稳定性特征，预计未来全球能源系统稳定性会明显变差，能源的供应和价格波动性问题在将来一段时间会继续存在。

11. 太阳能现在是"历史上最便宜的电力"。国际能源署（IEA）2020 年 10 月 13 日发布的《2020 年世界能源展望》报告中指出，到 2040 年，太阳能产量预期将比 2018 年同期相比多 43%，部分原因是新分析结果显示太阳能比想象中便宜 20% ~ 50%。尽管可再生能源增长迅速，煤炭消费也出现"结构性"下降，但 IEA 表示，除非采取更强有力的气候行动，否则现在宣布全球石油使用量达到峰值还为时过早。同样，该报告还指出，到 2040 年全球对天然气的需求可能会增长 30%。在《2020 年世界能源展望》中，IEA 首次对"到 2050 年净零排放"（NZE2050）的情景进行了详细建模。该模型的模拟结果显示，到 2030 年二氧化碳排放量将比 2010 年水平下降 45%，并在 2050 年达到净零排放水平所需的条件，并且有 50% 的概率达到 1.5℃ 的限制。《2020 年世界能源展望》最重要的变化之一隐藏在报告的附件 B 中，其中显示了 IEA 对不同发电技术成本的估计。该表显示，如今的太阳能发电成本比 IEA 在 2019 年的展望中估计的值低约 20% ~ 50%，幅度因地区而异。陆上和海上风电的成本也同样大幅下降。国际能源署通过对国际数据的重新审查，发现太阳能的资本成本要低得多，欧洲和美国为 2.6% ~ 5.0%，中国为 4.4% ~ 5.5%，印度为 8.8% ~ 10.0%，这很大一部分原因与旨在降低可再生投资风险的政策相关。国际能源署表示，如今作为新基建的太阳能项目在欧洲和美国的成本为 30 ~ 60 美元 / 兆瓦·时，而在中国和印度仅为 20 ~ 40 美元 / 兆瓦·时，因为这两个国家有保证太阳能发电价格的"收入支持机制"政策保障。IEA 表示，这些成本完全低于新建燃煤电厂的平准化成本范围，并且与中国和印度现有燃煤电厂的运营成本处于同一区间。这些较低的太阳能发电成本使 IEA 再次提高了对未来 20 年的可再生能源前景的预期。IEA 在其报告中显示，到 2040 年，非水力可再生能源的发电量将从目前的 2873 太瓦·时增加到 12872 太瓦·时。这比 2019 年的预期水平高出约 8%，比 2018 年的预期水平高出 22%。

12. 构建新型电力系统，寻找确定性高成长赛道。招商银行研究院于 2021 年 9 月 24 日发布碳中和碳达峰系列研究之电力行业报告《构建新型电力系统，寻找确定性高成长赛道》，报告围绕碳中和碳达峰提出了以下三个观点。第一，碳达峰、碳中和目标指引下，需要构建新型电力系统。受资源禀赋的影响，煤电在我国的能源应用和电力生产中都占据主导地位，发电量占比仍在 60% 以上。在碳达峰、碳中和目标指引下，我国规划建设以新能源为主体的新型电力系统，长期来看，风电、光伏为代表的新能源将成为主力能源，预计到 2030 年，风光发电量占比将提升至 30% 左右。第二，风电、光伏的发展已经具有经济性，新能源的开发将带来持续投资。2021 年开始新建的陆上风电与光伏（除户用分布式）都不再给予中央补贴，结合过去两年竞价／平价项目的情况，国内光伏和陆上风电的度电成本大约在 0.2 ～ 0.45 元之间，与燃煤发电价格相比具有竞争力，考虑到风电光伏还有继续降本的空间，经济性方面的竞争力还将继续加强。尽管水电、核电的发展也符合清洁能源和经济性要求，但开发条件较为苛刻。从规模上来看，风电、光伏的开发潜力和增量都将远大于水电、核电，将成为拉动电源侧投资的主要力量。第三，新能源的大规模发展还将带动电网和储能的持续投入。尽管风电、光伏经济性方面的障碍已基本解决，但在发电特性方面，间歇式高波动的特点仍然突出。随着新能源渗透率的提升，电力系统的平衡难度剧增。我国由于资源的地域分布情况，还同时存在发用电空间上的错配。为了实现新能源的消纳，电网需要系统性的升级，既包括硬件设备的匹配，例如加强特高压通道建设、增强配电网稳定性等；同时也涉及结合物联网进行数字通信能力的提升，以及从业态上来看电力行业市场化的改革。面向中长期，新型电力系统中必须配套储能资源以提升系统灵活性，储能方面，以锂电为代表的电化学储能路线最适合作为调节电源，且得益于动力电池的大规模发展，锂电池有望在未来五年继续降低成本，从而实现大规模、高增长的突破式发展。

13. 实现电力"零碳化"任重而道远。麦肯锡全球资深董事合伙人华强森、全球董事合伙人汪小帆以及全球副董事合伙人廖绪昌和吉雅图在麦肯锡 2021 年 9 月 16 日的"中国加速迈向碳中和"系列第 6 篇《电力行业碳减排》中指出，电力行业是碳减排的关键所在。基于麦肯锡全球碳中和模型的测算，为达成 1.5℃控温目标，全球电力行业需要在 2050 年前减少 99% 以上的碳排放，这意味着电力行业几乎要达到"净零排放"。要实现 1.5℃情境下成本最优的电力结构，中国电力行业需要克服三大挑战：其一，提升电力系统灵活性。光伏和风电将在 2050 年成为主要能源，占全社会发电量的 83%，而鉴于光伏和风电都有连续性较差、存在地理限制、容易出现短期内过剩或短缺等特点，电力系统的灵活性将受到进一步威胁。可通过提升电网输配能力、优化电力储能技术、加强需求侧管理与响应来加以应对。其二，加速淘汰煤电存在实际困难。中国目前的燃煤发电装机容量达 1100 吉瓦，超过 50% 需在 2040 年前逐步淘汰。虽然中央及各省正陆续出台逐步淘汰燃煤电厂的政策，但落地过程中不仅面临着供电稳定性挑战，也一定程度影响了煤炭高度依赖区域的短期经济增长。对此，作者将中国各省按煤炭依赖程度和可再生能源的丰富程度进行了划分，对于不同类型的区域，给出了不同的煤电退出路径。其三，可再生资源成本依然偏高。但得益于良好的本地供应链，国内集中式陆上风电及光伏已开始进行平价竞标上网，分布式及海上风电预计不久后也将进入零补贴时代。企业一方面可通过持续优化风、光电厂全生命周期（前期开发、建设、运维周期等）的运营表现来提高盈利能力，另一方面也可通过市场手段来提高整体回报：（1）参与绿色电力证书交易；（2）参与碳交易；（3）运用金融手段提升盈利能力。

14. CCUS 是中国实现碳中和的关键核心技术。2021 年 9 月 30 日，人民资讯发表文章《许世森：CCUS 是中国实现碳中和的关键核心技术》。华能集团科技部主任许世森在第八届库布其国际沙漠论坛"碳中和与科技创新"高级别全体会议上的演讲指出，能源是未来二氧化碳减排非常重要的一个方面。我们国家以煤为主，或者以化石燃料为主的能源格局深刻影响着未来碳中和的路径。二氧化碳的捕集、利用和封存是化石能源未来大规模减排的核心技术或者是关键技术，也是未来我们国家实现碳中和的托底技术。经过近十年的发展，我国关于二氧化碳捕集利用和封存研究的单位和企业已组成了联盟。科技部非常有前瞻性地组织企业开展研究，为下一阶段 CCUS 技术的创新和发展奠定了非常重要的基础。目前，我国开展的二氧化碳捕集、利用和地质封存的试验、示范项目大概有 35 个，现在总捕集能力达到 300 万吨 / 年，涵盖电力、煤化工、石油化工方面；在大的区域也形成了产业集群，鄂尔多斯关于 CCUS 技术产业集群未来的潜力是巨大的，也是我们未来封存二氧化碳最优先选择地。天然气发电二氧化碳的捕集也是未来碳中和要解决的非常重要的技术问题。2012 年建成了燃气电厂二氧化碳捕集装置，这些年我们进一步研究技术，使得能耗进一步降低。去年我们成功实现了第二代，或者从第二代向第三代二氧化碳捕集跨越，能耗大幅度降低。同时，应对气候变化需要广泛的国际合作。从 2016 年开始，我们在技术方面已经和澳大利亚开始做二氧化碳的捕集和封存的国家项目。另外，我们在国家能源局和美国能源部指导下成立中美清洁能源联合研究中心，过去 10 年重点围绕 CCUS 开展研究，取得了很多合作成果，目前还在持续推进。最后，CCUS 技术是未来我们国家实现碳中和的关键核心技术，也是托底的技术。未来，在国家计划的支持下，在企业和研究单位的共同努力下，我们有信心通过工程示范带动核心技术的突破和产业链的完整性、相关韧性，为未来"双碳"目标的实现奠定重要的技术和工程的基础。

15. CCUS 技术未来理论减排潜力巨大，目前仍难以释放。据科技部 2022 年 4 月 22 日报道，2022 年 4 月 15 日，《第四次气候变化国家评估报告》特别报告——《中国碳捕集利用与封存技术评估报告》在第六届二氧化碳捕集利用与封存（CCUS）产业技术创新战略联盟常务理事会议上正式发布。报告从碳达峰、碳中和目标实现需求出发，围绕技术的角色和定位、现状与挑战、目标及预期、潜力和效益及早期发展机会等方面，对现有二氧化碳捕集技术、运输技术、化学和生物利用技术及地质利用与封存技术等进行了全方位、多角度的分析与评估，并对 CCUS 技术的发展趋势进行了预测，旨在为国家、地方和行业 CCUS 技术发展和产业减排政策制定提供科学依据。报告指出，CCUS 技术可实现煤炭大规模低碳利用，促进我国从化石能源为主的能源结构向低碳多元供能体系平稳过渡，在满足减排需求的前提下保障我国能源安全。此外，CCUS 技术涉及电力、化工、水泥、钢铁等多个行业，在强减排条件下可实现行业低碳持续稳定发展。报告主编、中国 21 世纪议程管理中心主任、国家气候变化专家委员会委员黄晶表示，碳达峰、碳中和对科技创新提出了新要求，在全球应对气候变化的大背景下，CCUS 技术既是世界各国减缓温室气体排放、加强气候治理、实现碳中和目标的关键技术，也是我国传统行业实现低碳转型的重要手段。近年来，我国 CCUS 各环节均取得了显著进展，但部分关键技术与国外仍存在差距。目前我国二氧化碳捕集技术的热耗量、电耗量、设备投资均较高，导致总成本偏高。我国在国家和地方层面陆续出台多项政策，但激励政策、产业部署及管理体系尚不完善。受制于各环节关键技术成熟度及经济性，CCUS 技术的巨大减排潜力目前难以释放。报告预测，未来 10 年，随着 CCUS 技术不断发展，政策激励力度和范围不断增加，减排潜力有望逐渐释放。到 2060 年，减排贡献将进一步加大。

16.《"十四五"可再生能源发展规划》主要举措。2022 年 6 月 1 日，国家发改委负责同志回答《"十四五"可再生能源发展规划》提出的"以行动计划落实发展"九条主要举措。一是城镇屋顶光伏行动，重点推动可利用屋顶面积充裕、电网接入和消纳条件好的政府大楼、交通枢纽、学校医院、工业园区等建筑屋顶发展分布式光伏，提高建筑屋顶分布式光伏覆盖率。二是"光伏+"综合利用行动，在农业领域开展农光互补、渔光互补，在交通领域推进光伏在新能源汽车充电桩、高速铁路沿线设施、高速公路服务区等领域应用，在信息领域开展光伏与 5G 基站、数据中心等融合。三是千乡万村驭风行动，创新风电投资建设模式和土地利用机制，以县域为单元大力推动乡村风电建设。四是千家万户沐光行动，统筹乡村屋顶资源、村集体集中场地开展分布式光伏建设，助力乡村振兴。五是新能源电站升级改造行动，推进老旧风电和光伏发电设备退役和升级改造，提升电站发电效率和运行安全性。六是抽水蓄能资源调查行动，加大抽水蓄能电站选点工作力度，选择不涉及生态红线、地形地质等条件合适的站点，加快开发建设。七是可再生能源规模化供热行动，推动建筑领域、工业领域可再生能源供热，统筹规划、建设和改造供热基础设施，建立可再生能源与传统能源协同互补、梯级利用的供热体系。八是乡村能源站行动，在居住分散、集中供暖供气困难、可再生能源资源丰富的乡村地区，建设以生物质成型燃料加工站为主的乡村能源站；在人口规模较大、具备集中供暖条件的乡村地区，建设以生物质锅炉、地热能等为主的乡村能源站。九是农村电网巩固提升行动，加快国家乡村振兴重点地区及革命老区的农村电网巩固提升工程，推进中东部地区城乡供电服务均等化进程，提升农村电网信息化、自动化、智能化水平，筑牢乡村振兴电气化基础。

17. 先立后破，通盘谋划，促进新能源高质量发展。2022 年 5 月 14 日，国务院办公厅转发国家发展改革委等发布的《关于促进新时代新能源高质量发展的实施方案》（以下简称《方案》），《方案》就围绕更好发挥新能源在能源保供增供方面的作用上提出了七大方面、21 项具体政策举措。国家能源局新能源司主要负责人表示，方案定位为推动以风电、光伏发电为代表的新能源高质量发展的政策性文件。主要突出以下三个特点：一是坚持目标导向。《方案》锚定我国提出的要"构建以新能源为主体的新型电力系统"等一系列重大目标要求，聚焦以风电、光伏发电为代表的新能源大规模、高比例、高质量发展，完善政策措施，为我国如期实现碳达峰碳中和奠定坚实的新能源发展基础。二是强调"先立后破、以立为先"。《方案》通过"加快推进以沙漠、戈壁、荒漠地区为重点的大型风电太阳能发电基地建设""按照推动煤炭和新能源优化组合的要求，鼓励煤电与新能源企业开展实质性联营""促进新能源开发利用与乡村振兴融合发展""推动新能源在工业和建筑领域应用""全面提升电力系统调节能力和灵活性""着力提高配电网接纳分布式新能源的能力"等一系列政策措施，坚持系统思维，统筹发展和安全，先立后破，重点解决新能源"立"的问题，更好发挥新能源在能源保供增供方面的作用。三是突出问题导向。《方案》针对制约新能源大规模、高比例发展的开发建设用地矛盾、电力系统对新能源接网消纳的适应性不足、全社会绿色消费意识不强等关键性、要害性、实质性、核心性政策堵点、痛点、空白点，提出切实可行和具备操作性的政策措施，为新能源又好又快发展保驾护航。

18. 六部门联合发布《关于"十四五"推动石化化工行业高质量发展的指导意见》。2022 年 4 月 7 日，工业和信息化部、发展改革委、科技部、生态环境部、应急部、能源局联合发布《关于"十四五"推动石化化工行业高质量发展的指导意见》（以下简称《意见》），《意见》提出，到 2025 年，石化化工行业要基本形成自主创新能力强、结构布局合理、绿色安全低碳的高质量发展格局，高端产品保障能力大幅提高，核心竞争能力明显增强，高水平自立自强迈出坚实步伐。专家认为，《意见》提出大力发展化工新材料和精细化学品，加快产业数字化转型，提高本质安全和清洁生产水平，将加速石化化工行业质量变革、效率变革、动力变革，推进我国由石化化工大国向强国迈进。具体来看，细分目标集中体现在五个方面。一是加快创新发展，到 2025 年，规模以上企业研发投入占主营业务收入比重达 1.5% 以上。突破 20 项以上关键共性技术和 40 项以上关键新产品。二是调整产业结构，大宗化工产品生产集中度进一步提高，产能利用率达到 80% 以上。乙烯当量保障水平大幅提升，化工新材料保障水平达 75% 以上。三是优化产业布局，城镇人口密集区危险化学品生产企业搬迁改造任务全面完成，形成 70 个左右具有竞争优势的化工园区。到 2025 年，化工园区产值占行业总产值 70% 以上。四是推动数字化转型，石化、煤化工等重点领域企业主要生产装置自控率 95%

以上，建成 30 个左右智能制造示范工厂、50 家左右智慧化工示范园区。五是坚守绿色安全，大宗产品单位产品能耗和碳排放明显下降，挥发性有机物排放总量比"十三五"降低 10% 以上，本质安全水平显著提高，有效遏制重特大生产安全事故。

19. 国家节能中心《节能增效、绿色降碳服务行动方案》。2022 年 4 月 21 日，国家节能中心发布《节能增效、绿色降碳服务行动方案》（以下简称《方案》）。《方案》指出四项服务重点：一是以降低能耗、提升能效水平压力大的地市为重点，聚焦重点用能领域，促进地区绿色高质量发展；二是以地方产业园区绿色化改造为重点，推动产业园区在整体节能降碳、能源系统优化和梯级利用、绿色化升级等方面取得更大的成效；三是以地方重点用能行业领域和重点用能单位为重点，全面挖掘节能增效、减排降碳的潜力，采取更有力措施持续提高能效，推动行业领域和重点用能单位绿色化水平提升；四是着力推动节能服务由单一、短时效的技术服务向整体性、系统性的综合服务延伸拓展，促进节能服务业向纵深发展。六项基本原则是：依法依规和遵守国家政策标准、更好地发挥政府组织引领作用、遵循市场化机制规则模式、突出问题和结果导向分别施策、自上而下与自下而上相结合持续推进、总结经验做法以点带面逐步展开。九类服务内容是：开展产业结构调整研究分析、开展能源结构优化研究分析、开展重点用能行业领域能效提升研究分析、开展产业园区能源综合利用分析研究、开展重点用能单位降本增效诊评服务、对"十四五"拟新上项目能耗进行分析评估、开展碳达峰碳中和相关分析研究、对其他关联事项进行分析研究、成果体现及应用。

20. 国家能源局和科技部《"十四五"能源领域科技创新规划》。2022 年 3 月 17 日，国家能源局和科技部印发《"十四五"能源领域科技创新规划》（以下简称《规划》）。《规划》指出，"十四五"时期能源科技创新的总体目标为：能源领域现存的主要短板技术装备基本实现突破；前瞻性、颠覆性能源技术快速兴起，新业态、新模式持续涌现，形成一批能源长板技术新优势；适应高质量发展要求的能源科技创新体系进一步健全；能源科技创新有力支撑引领能源产业高质量发展。《规划》从引领新能源占比逐渐提高的新型电力系统建设、支撑在确保安全的前提下积极有序发展核电、推动化石能源清洁低碳高效开发利用、促进能源产业数字化智能化升级等方面提出了相关具体目标。《规划》围绕先进可再生能源、新型电力系统、安全高效核能、绿色高效化石能源开发利用、能源数字化智能化等方面，确定了相关集中攻关、示范试验和应用推广任务，以专栏形式部署了相关示范工程，并制定了技术路线图。为确保"十四五"期间能源科技创新工作有序开展，《规划》围绕创新协同机制、创新平台体系、成果示范应用、企业主体地位、技术标准体系、规划资金支持、科技国际合作、科技人才培养等八个方面，提出了相关保障措施。

21. 电力行业减排应优先选择碳市场。中国社会科学院财经战略研究院 2021 年 8

月1日于财经智库发表《"双碳"目标下的碳市场与电力市场建设》一文，认为正确理解碳电力市场建设和碳市场建设的关系，对于实现能源转型和"双碳"目标具有重大意义。碳市场在控制电力行业排放中具有相对优势，碳市场与电力市场之间的价格传导、市场均衡关系，以及碳成本传导可能对通货膨胀带来的影响。研究者指出，首先，尽管在应对气候变化问题上存在着政策机制的选择争论，但从碳市场与其他碳规制政策，主要是碳税的比较而言，碳市场更契合中国碳减排的结构性特征，即电力行业减排任务艰巨；但与此同时，实现电力和社会减排目标，碳市场并非唯一政策机制。电力行业减排适宜通过碳市场机制，主要基于减排效率的考虑。碳税和其他非价格碳规制政策可解决碳市场造成的收入分配问题，以兼顾低碳转型的公平性，同时还可覆盖碳市场无法覆盖的排放领域，从而协调推动电力行业和全社会的协同减排。其次，碳市场与电力市场之间具有重要联系。碳市场会带来碳成本向电价的传导压力，不过这是碳市场充分发挥以市场化机制引导碳减排的前提条件。碳成本传导会带来收入分配效应从而产生"暴利"问题，但对暴利的分析和处理仍需慎重，因为这可能关系到转型过程中搁浅成本的回收。同时，研究者也认为，在碳市场建立后，不必过度担忧碳价引发的通货膨胀。碳市场建设和运行是一项长期工程，通货膨胀则具有阶段性特征。在中国现实情况下，碳成本传导助长通货膨胀的效果有限，依托碳市场引导的低碳资产积累也有利于投资主体对冲潜在的通胀风险，特别是非预期的通胀风险。最后，研究者指出，电力行业作为碳排放最高且市场化建设滞后的行业，使碳市场兼具紧迫性与挑战性。在这种情况下，一方面要对碳市场运行前景有合理把握，避免形成短期高碳价的不合理预期，同时将碳市场设计完善与"十四五"时期的碳价趋势紧密结合；另一方面，要切实加快推进电力市场顶层设计，坚持系统观念统筹推进电力体制改革。

22.《关于进一步深化燃煤发电上网电价市场化改革的通知》进一步推进了电力市场化建设。2021年10月13日，国网能源研究院财会与审计研究所所长李成仁于中宏国研信息技术研究院官网发表文章《保障供需安全，促进市场发展——〈关于进一步深化燃煤发电上网电价市场化改革的通知〉政策解读》。他认为，《关于进一步深化燃煤发电上网电价市场化改革的通知》（以下简称《通知》）进一步推进了电力市场化建设，是改革进程中的又一重大突破。具体来说，《通知》可以总结为对以下四个方面进行了优化调整：其一，加大煤电价格浮动力度，解决短期煤电价格矛盾，保障今冬明春电力供应。今年1–8月煤炭供需持续趋紧，煤炭长协和现货加权平均价格同比上涨约20%，燃煤发电企业"买不到煤""买不起煤"，导致煤电企业缺煤停机并引发部分地区限电。《通知》中明确扩大了煤电价格浮动范围至正负20%，基准价浮动比例能够覆盖目前价格涨幅，有利于缓解煤电企业经营困难。其二，大力推进电力市场建设，化解长期煤电价格矛盾，促进电力市场有序发展。通过推动煤电全部进入市场解决了煤电成本长期有效回收的问题，同时也推动了电力市场化进程。为促使工商业用户进入市场，使其共享改革红利、共担市场风险，《通知》要求有序推动工商业用户全部进入市场，取消工商业目录销售电价，能够利用市场价格信号引导用户提高用能效率和优化用能习惯。其三，衔接电力市场价格机制，多措并举稳定居民、农业用电价格，保障居民农业用电安全。对居民、农业用户而言，短期内不适宜进入电力市场参与交易，用电继续执行现行目录电价政策，同时文件要求由低价电源优先提供居民、农业用电来源。该举措立足我国国情，稳定了我国居民农业交叉补贴来源。其四，规范电网企业代理购电方式，明确电网企业责任。目前，我国已完成两轮输配电价改革工作，对电网企业实施严格的输配电价监管。《通知》允许电网企业扮演类似"保底售电公司"的角色参与市场，代理居民、农业和未直接从电力市场买电的工商业用户购电，形成了完整的市场逻辑闭环，保证了电力市场所有用户"有电可买、有电可用"。

23. 国家发改委：建立电网企业代理购电机制，深化电价市场化改革。2021年10月23日，国家发改委办公厅印发《关于组织开展电网企业代理购电工作有关事项的通知》（发改办价格〔2021〕809号）。上述通知作为《国家发展改革委关于进一步深化燃煤发电上网电价市场化改革的通知》（发改价格〔2021〕1439号）的配套文件，从总体要求、规范电网企业代理购电方式流程、加强相关政策协同和保障措施四方面对电网企业代理购电机制的建立进行了明确。具体内容如下：第一，总体要求是坚持市场方向、加强政策衔接和规范透明实施。第二，规范电网企业代理购电方式流程即明确代理购电用户范围，主要包括无法或暂未直接参与市场交易的企业和已直接参与市场交易又退出的企业；预测代理工商业用户用电规模，保障居民、农业用户的用电；确定电网企业市场化购电规模；建立健全电网企业市场化购电方式，2021年12月底前，电网企业通过挂牌交易方式代理购电，2022年1月起，电网企业通过参与场内集中交易方式（不含撮合交易）代理购电；明确代理购电用户电价形成，由代理购电价格、输配电价、政府性基金及附加组成；规范代理购电关系变更，首次代理购电时应提前告知并签订合同，有特殊情况未参与市场交易的默认由电网企业代理购电。第三，加强相关政策协同主要包括加强与居民、农业销售电价政策的协同，保障居民、农业用电价格稳定产生的新增损益按月由全体工商业用户分担或共享；加强与分时电价政策的协同，优先按照分时电价规定执行；加强与电力市场交易规则的协同，电网企业代理购电与其他市场主体和用户执行统一规则；加强与可再生能源消纳权重政策要求的协同。第四，保障措施为规范代理购电行为，电网企业要单独归集与反映代理购电机制执行情况，电力交易机构要确保独立规范运行；加强代理购电信息公开，按月按要求公开代理购电相关信息；确保代理购电服务质量，健全组织机构，调整管理系统，多渠道加强与用户的沟通；做好市场价格波动风险预测，保障代理购电机制平稳运行；

强化代理购电监管。

24. 当前的能源局部短缺问题将进一步倒逼我国清洁能源的大跨步发展，预示着能源革命即将全面到来。广西社会科学院经济发展与战略决策研究学部主任、研究员杨鹏2021年10月22日在《环球时报》上发文《中国能源革命即将全面到来》表示，目前所出现的能源短缺和多地缺电限电问题，是多个因素综合引发所致。我国经济正处于从中高速增长转向高质量发展的关键阶段，实行"双碳"短期内势必会对我国经济造成影响，必须加快扭转粗放型经济发展模式，培育新动能。能源局部短缺是我国绿色转型的阶段性问题，随着未来我国清洁能源和新能源等代替能源生产大幅提升、产业结构的持续优化调整和能源强度加速下降，能源局部短缺、结构短缺问题将会得到有效缓解。"十三五"以来，我国能源发展形成以能源消费增速减缓、能源结构替代加快、能源发展加快转换为主的新格局。从清洁能源来看，我国清洁能源占比稳步上升，2020年占能源总量的24.5%，天然气产量连续4年增产超100亿立方米，油气增储上产成效显著。碳达峰、碳中和目标下，我国将迎来经济转型与能源发展新机遇，这就要求我国经济能源发展必须以发展可再生能源为根本、提高能源效率为关键、加速产业转型为核心。一是加速能源结构变革，以太阳能、风能、生物质能源取代化石能源成为主线，以可再生资源利用、能效提升、终端消费电气化、零碳发电、储能、氢能、数字化解决方案为未来投资重点。二是加速涌现新兴领域，未来我国将加快催生低碳、零碳等技术，以绿色发展与经济增长并行，成为千万亿级发展新动能。

25. "十四五"非化石能源消费比重提高到20%左右。2021年11月7日，中共中央、国务院发布《关于深入打好污染防治攻坚战的意见》。《意见》提到，深入推进碳达峰行动，处理好减污降碳和能源安全、产业链供应链安全、粮食安全、群众正常生活的关系，落实2030年应对气候变化国家自主贡献目标，以能源、工业、城乡建设、交通运输等领域和钢铁、有色金属、建材、石化化工等行业为重点，深入开展碳达峰行动。在国家统一规划的前提下，支持有条件的地方和重点行业、重点企业率先达峰。统筹建立二氧化碳排放总量控制制度。建设完善全国碳排放权交易市场，有序扩大覆盖范围，丰富交易品种和交易方式，并纳入全国统一公共资源交易平台。加强甲烷等非二氧化碳温室气体排放管控。制定国家适应气候变化战略2035。大力推进低碳和适应气候变化试点工作。健全排放源统计调查、核算核查、监管制度，将温室气体管控纳入环评管理。推动能源清洁低碳转型，在保障能源安全的前提下，加快煤炭减量步伐，实施可再生能源替代行动。"十四五"时期，严控煤炭消费增长，非化石能源消费比重提高到20%左右，京津冀及周边地区、长三角地区煤炭消费量分别下降10%、5%左右，汾渭平原煤炭消费量实现负增长。原则上不再新增自备燃煤机组，支持自备燃煤机组实施清洁能源替代，鼓励自备电厂转为公用电厂。坚持"增气减煤"同步，新增天然气优先保障居民生活和清洁取暖需求。提高电能占终端能源消费比重。重点区域的平原地区散煤基本清零。有序扩大清洁取暖试点城市范围，稳步提升北方地区清洁取暖水平。坚决遏制高耗能高排放项目盲目发展，严把高耗能高排放项目准入关口，严格落实污染物排放区域削减要求，对不符合规定的项目坚决停批停建。依法依规淘汰落后产能和化解过剩产能。推动高炉—转炉长流程炼钢转型为电炉短流程炼钢。重点区域严禁新增钢铁、焦化、水泥熟料、平板玻璃、电解铝、氧化铝、煤化工产能，合理控制煤制油气产能规模，严控新增炼油产能。

26. "双碳"目标下电网行业财务管理工作面临的外部环境将发生巨变。南网财务公司计划与财务部兼财务共享中心总经理李敏、创新管理部高级经理代姚 2021 年 11 月 19 日在《南方电网报》发表文章《"双碳"背景下电网行业财务管理变革》，文章从"双碳"背景下电网行业的重要性、"双碳"目标带给电网行业财务管理的变化以及"双碳"背景下电网行业财务管理创新思考三个方面进行了阐述。作者首先指出，"双碳"目标将驱动整个能源结构、科技创新和经济发展全面向绿色转型。电网公司发展关系国家能源安全和人民基本生活，同时也是技术创新的重要主体，致力于实现经济、社会和环境的协调发展。电网公司的平台属性和能耗数据优势还可为督促并激励全社会为减碳行为做出贡献。作者进一步指出，"双碳"背景下，电网公司从事经济活动需考虑保护环境的因素，对内自身要减碳，对外则要促进全社会减碳。一是财务管理理念、目标及内容都将增加对减碳环保的考虑；二是财务管理在各个层面的着力点都将围绕实现"双碳"目标。作者最后提出，财务管理应主动适应新形势新要求，在实现"双碳"目标大背景中找准定位，深入贯彻国家关于"双碳"的重大决策部署，为电网公司新型电力系统建设提供财务支撑。一是全面挖掘各类财务管理功能促进电网行业减碳。二是争取财务管理领域的话语权和知情权。如规范对外环境信息披露、在经济转型方面争取财政补贴和资金支持等。三是积极参与并充分运用电价机制促进全社会减碳。在发电端，电网公司需要通过多种价格机制来引导储能站、调峰设备等不同作用的发挥，引导不同主体参与系统稳定运行，引导社会投资。在电网侧，需要电网发挥平台作用，利用"电价＋碳价"进行引导。在负荷端，通过分时电价鼓励和引导客户多用绿电。

27. 建设全国统一电力市场体系。据新华社《〈关于加快建设全国统一电力市场体系的指导意见〉审议通过》报道，2021 年 11 月 24 日，中央全面深化改革委员会第二十二次会议召开，审议通过了《关于加快建设全国统一电力市场体系的指导意见》。会议强调，要遵循电力市场运行规律和市场经济规律，优化电力市场总体设计，实现电力资源在全国更大范围内共享互济和优化配置，加快形成统一开放、竞争有序、安全高效、治理完善的电力市场体系。会议指出，近年来，我国电力市场建设稳步有序推进，市场化交易电量比重大幅提升。要健全多层次统一电力市场体系，加快建设国家电力市场，引导全国、省（区、市）、区域各层次电力市场协同运行、融合发展，规范统一的交易规则和技术标准，推动形成多元竞争的电力市场格局。要改革完善煤电价格市场化形成机制，完善电价传导机制，有效平衡电力供需。要加强电力统筹规划、政策法规、科学监测等工作，做好基本公共服务供给的兜底，确保居民、农业、公用事业等用电价格相对稳定。要推进适应能源结构转型的电力市场机制建设，有序推动新能源参与市场交易，科学指导电力规划和有效投资，发挥电力市场对能源清洁低碳转型的支撑作用。

三、多措并举推动经济绿色高质量发展

1.国务院办公厅印发《关于进一步释放消费潜力促进消费持续恢复的意见》。2022年4月25日，国务院办公厅印发《关于进一步释放消费潜力促进消费持续恢复的意见》（以下简称《意见》）。《意见》的制定出台，一方面是着眼长远，着力畅通国民经济循环，打通生产、分配、流通、消费全链条、各环节统筹不同领域、不同层次、不同群体消费发展需求，推动消费相关政策、制度、技术、业态、模式等创新，有序破除消费领域体制机制障碍，着力提升居民消费能力和意愿，促进供给体系、需求结构、流通网络和发展环境提质升级，更好满足人民日益增长的美好生活需要，进一步巩固消费对经济发展的基础性作用，为培育完整内需体系、形成强大国内市场和构建新发展格局提供更加坚实的支撑。另一方面是聚焦当前，统筹疫情防控和经济社会发展，积极应对疫情对消费的影响，努力稳定当前消费，切实保障消费供给，促进消费持续恢复。《意见》提出了五大方面20项重点举措。一是应对疫情影响，促进消费有序恢复发展。围绕保市场主体加大助企纾困力度，做好基本消费品保供稳价，创新消费业态和模式。二是全面创新提质，着力稳住消费基本盘。积极推进实物消费提质升级，加力促进健康养老托育等服务消费，持续发展文化和旅游消费，大力发展绿色消费，充分挖掘县乡消费潜力。三是完善支撑体系，不断增强消费发展综合能力。推进消费平台健康持续发展，加快健全消费品流通体系，增加就业收入提高消费能力，合理增加公共消费。四是持续深化改革，全力营造安全放心诚信消费环境。破除限制消费障碍壁垒，健全消费标准体系，加强消费领域执法监管，全面加强消费者权益保护。五是强化保障措施，进一步夯实消费高质量发展基础。加强财税支持，优化金融服务，强化用地用房保障，压实各方责任。

2.中国人民银行增加煤炭储备及电煤保供贷款1000亿元。据新华社2022年5月

4 日《央行增加 1000 亿元专项再贷款额度 支持煤炭开发使用和增强煤炭储备能力》报道，经国务院批准，中国人民银行宣布增加 1000 亿元支持煤炭清洁高效利用专项再贷款额度，专门用于支持煤炭开发使用和增强煤炭储备能力。新增额度支持领域包括煤炭安全生产和储备，以及煤电企业电煤保供。此次增加 1000 亿元额度后，支持煤炭清洁高效利用专项再贷款总额度达到 3000 亿元，有助于进一步释放煤炭先进产能，保障能源安全稳定供应，支持经济运行在合理区间。本次增加的 1000 亿元专项再贷款额度专门用于同煤炭开发使用和增强煤炭储备能力相关的领域，具体支持领域包括：一是煤炭安全生产和储备领域。包括现代化煤矿建设、绿色高效技术应用、智能化矿山建设、煤矿安全改造、煤炭洗选、煤炭储备能力建设等项目。二是煤电企业电煤保供领域。专项再贷款采取"先贷后借"的直达机制，按月发放。金融机构自主决策、自担风险向支持范围内符合标准的项目发放优惠贷款，贷款利率与发放时最近一次公布的同期限档次贷款市场报价利率大致持平，可根据企业信用状况下浮贷款利率。对于符合条件的贷款，人民银行按贷款本金等额提供专项再贷款资金支持。

3. 打破隔阂，建设全国统一的碳排放交易市场。2022 年 4 月 10 日，《中共中央国务院关于加快建设全国统一大市场的意见》正式发布，明确了建设全国统一大市场是构建新发展格局的基础支撑和内在要求，并从全局和战略高度提出了目标和举措。清华大学经济管理学院副教授曹静 4 月 24 日在《财新网》发表《加快建设全国统一的碳排放交易市场》，从建设全国统一的碳市场对政策进行解读，并提出相关政策建议：第一，稳步推动碳排放权交易法律体系建设。中国从 2011 年开始，在北京、上海等七省市开展碳排放权交易试点，为碳排放权交易立法积累经验；目前中国已将电力行业纳入碳排放权交易管理范围，为配合建立全国统一的碳排放交易体系，需大力健全相关的法律制度建设，为碳排放权提供明晰的产权支撑，将企业碳排放产生的社会成本纳入企业自身的成本核算中，有效激励企业加快实现碳减排。第二，逐步推进碳排放权交易配额有偿拍卖机制。首先，碳排放权配额有偿拍卖制度将提高碳排放价格，增加企业碳排放成本，激励企业的绿色技术创新。其次，有偿拍卖收入可用于补贴绿色技术发展等低碳技术，也可根据拍卖所得收入，大力补贴可再生能源、煤化工等领域，促进产业结构绿色转型，推动低碳技术迅速发展。第三，推动企业披露碳排放信息。建立健全企业碳排放信息披露制度，可以有效消除信息不对称，促进碳市场的稳步发展。企业需未雨绸缪，逐步建立全国范围内可监测、可核查、可披露的碳账户，稳步纳入二氧化碳排放、非二氧化碳温室气体排放等碳足迹信息和碳排放配额、绿证和碳汇等碳资产信息，通过数字化手段推进其控碳行动。第四，逐步扩大碳市场覆盖面，大力发展融合市场。为建立全国统一大市场的碳排放交易体系，未来需要打通全国碳市场与地方试点碳市场的隔阂，统一碳价。此外，需要明确绿电、绿证和碳排放交易的相关联系，实现相关数据共享，制定一套不同体系配额互认的机制，大力发展融合市场。

4. 中国银保监会《银行业保险业绿色金融指引》。2022 年 6 月 2 日，上海证券报于其网站发文《中国银保监会印发〈银行业保险业绿色金融指引〉》称，为引导银行业保险业发展绿色金融，中国银保监会印发《银行业保险业绿色金融指引》，自 6 月 1 日起实施。指引要求银行保险机构深入贯彻落实新发展理念，从战略高度推进绿色金融，加大对绿色、低碳、循环经济的支持，防范环境、社会和治理风险，提升自身的环境、社会和治理表现，促进经济社会发展全面绿色转型。银行保险机构应将环境、社会、治理要求纳入管理流程和全面风险管理体系，强化环境、社会、治理信息披露和与利益相关者的交流互动，完善相关政策制度和流程管理。在组织管理方面，要求银行保险机构总部和省级、地市级分支机构应当指定一名高级管理人员牵头负责绿色金融工作，根据需要建立跨部门的绿色金融工作领导和协调机制，统筹推进相关工作。给予绿色金融工作负责人和相关部门充分授权，配备相应资源，并在绩效考核中充分体现绿色金融实施情况。在政策制度及能力建设方面，要求银行保险机构建立并不断完善环境、社会和治理风险管理的政策、制度和流程，明确绿色金融的支持方向和重点领域，对国家重点调控的限制类以及有重大风险的行业制定授信指引，实行有差别、动态的授信或投资政策，实施风险敞口管理制度。在投融资流程管理方面，银行保险机构应当加强授信和投资审批管理，根据客户面临的环境、社会和治理风险的性质和严重程度，确定合理的授信、投资权限和审批流程。对在环境、社会和治理方面存在严重违法违规和重大风险的客户，应当严格限制对其授信和投资。在信息披露方面，银行保险机构应当公开绿色金融战略和政策，充分披露绿色金融发展情况。借鉴国际惯例、准则或良好实践，提升信息披露水平。

5. 发挥制度优势，用累进碳税（绿补贴）推进碳中和。据金融界《清华五道口绿色金融发展研究中心主任鞠建东：发挥制度优势，用累进碳税（绿补贴）推进碳中和》2021 年 12 月 10 日报道，在第十届领航中国年度盛典暨 2021 金融界智能金融国际论坛上，清华大学五道口金融学院紫光讲席教授、绿色金融发展研究中心主任、金融 EMBA 授课教授鞠建东分享了关于累进碳税的初步思考。对于碳税的问题，鞠建东认为，促进环境变更有三个力量、三种手段。第一是行政手段。行政手段在我国比较熟悉的例如发改委制定指标，然后开始一层层到各省、各市分解行政指标。行政指标容易造成运动式的减排、拉闸限电等。第二是经济手段，主要是碳市场和碳税。鞠建东认为，参考国内其他要素市场发展状态，依赖碳市场助推碳中和是一个巨大的挑战。我国无论是采取拍卖的方法，还是采取免费发放的方法，谁来发、怎样公平合理的发放，以及在立法、量化、定价等方面都需要有长足的进步，市场的完善是一个长期的过程。另外一个经济手段是碳税。目前，在全球执行的情况来看，加拿大、欧盟、澳大利亚、新加坡已实施碳税，日本对石油、煤、天然气征税，印度与南非准备在 2022 年实施碳税，美国多次提出但尚未实施，英国和中国还没有实施。此外，鞠建东还指出，碳排放的社会成本，可能大大高于现行的碳税，有些理论计算甚至认为，碳排放的社会成本达到 250 美元 / 吨。最后，鞠建东总结认为，行政手段、碳市场、碳税三个手段反映了中国的制度优势。碳税是经济手段，不是行政手段，但是通过政府的经济手段来推进碳中和的实现是最靠谱的。对于不同行业，碳税率应该不同；对于同一行业，排放密度越高的税率应该越高。此外，还应该惩罚污染和鼓励绿色并重，不仅要征税，而且绿色产业的还需要补贴，要兼顾增长与收入的分配。

6. 创新数字人民币消费场景，倡导绿色低碳生活方式。北京大学经济学院教授曹和平 2021 年 12 月 23 日在《中新经纬》上撰文《创新数字人民币消费场景，倡导绿色低碳生活方式》表示，作为绿色金融的重要组成部分，数字人民币通过助力低碳消费场景，普及绿色低碳生活方式等途径，成为助力"双碳"目标推进的重要抓手。数字人民币的基础属性和特性能够助力推动绿色低碳。数字人民币是央行发行的数字形式的法定货币，由指定运营机构参与运营，以广义账户体系为基础，具有价值特征和法偿性。数字人民币的本质是流通中的现金，具有与纸币同等的法律地位和经济价值，以及价值尺度和交易媒介的本质功能。但是数字人民币无需经过库存、运输等环节，本身具有一定的环保低碳属性。数字人民币在消费领域应用广泛，包括水电缴费、出行、购物等居民日常生活场景。一方面，数字人民币主要定位零售，通过场景选择直接助力节能减排。比如，在美团数字人民币碳中和试点中，北京等九大试点地区居民可通过报名参加活动，用数字人民币免费骑共享单车。数据显示，活动上线三个月来，已吸引接近 800 万用户报名参加，其中有近 200 万用户在活动期间下载和开立数字人民币个人钱包。这些用户累计产生超过 4200 万绿色骑行公里数，与驾驶普通燃油车相比，同等运量下预计可减少碳排放量大约为 11400 吨。数字人民币的创新应用为公众提供了更加绿色普惠的选择，而公众又把对数字人民币的热情转化为了更大的低碳生活动力。这是通过数字人民币倡导简约适度、绿色低碳生活方式的有益尝试。另一方面，数字人民币可以发挥绿色环保的天然特性及可加载智能合约的技术优势，深入衣食住行等各大消费场景，作为碳普惠可行的结算方式推动节能减排。

7. 未来 40 年碳中和为中国每年 GDP 增长率贡献超过 2%。2021 年 6 月 28 日，普华永道于其网站发布报告《2060 碳中和将为中国经济贡献几何》认为，实现碳中和在未来的 40 年将为中国年均 GDP 贡献超过 2% 的增长率。中国气候变化事务特使解振华领导的清华大学气候变化研究院的研究显示，今后 30 年，为了实现碳中和，中国需要增加 138 亿的绿色投资，约是每年 GDP 的 2.5%。清华大学金融与发展研究中心主任马俊表示，根据模型测算，中国需要投资 500 多万亿投资实现碳中和。另外，全球能源互联网发展合作组织通过对直接和间接投资的估算显示，2060 年前中国能源系统累计投资预计将高达 122 万亿元，同时带动整体投资规模 410 万亿元，保守估计，其对未来 40 年每年 GDP 增长率的贡献超过 20%。

8. 数字经济助力碳达峰碳中和。生态环境部环境工程评估中心耿海清 2021 年 7 月 6 日于《中国环境报》发表《数字经济助力碳达峰碳中和》认为，数字经济有助于提高整个社会的信息化、智慧化水平，提高资源配置效率，总体有利于减少碳排放，尽早实现碳达峰、碳中和。笔者认为应该从政府和企业两个层面同时发力，协同助力碳达峰、碳中和。一是政府应完善平台建设。首先，文章建议加快数字城市建设，通过将连接设备、网络、云端、数据分析、机器学习和移动应用程序植入到城市建筑和基础设施中，提高城市的感知力和智慧化运营水平，从而减少能源消耗和碳排放。其次，文章建议推进生态资产数字化，赋予每一生态产品以数字身份，便于对其进行跟踪和管理，建立相关生态产品信息平台，对其面积、数量、质量、权属等进行跟踪监测，实现生态价值实施核算，动态更新。对于能够进入市场交易的生态产品，如生态农产品、森林碳汇等，建立和完善交易平台，方便供需对接，提高交易效率。最后，文章建议完善碳排放信息管理系统。在碳达峰、碳中和背景下，未来涉及碳排放的企业都需要对自己的碳排放数据进行管理，建立以企业为单位的碳排放信息系统。二是企业从自身出发积极参与。首先，文章建议数字企业应尽力减少自身的碳排放并率先实现自身的碳中和。其次，数字企业应参与森林碳汇建设。通过植树造林增加森林碳汇，是企业履行社会责任、削减温室气体的重要途径，不仅有利于树立企业的正面形象，也具有实实在在的社会和经济效益。最后，数字企业可为碳减排研究提供资金支持。目前碳捕集、碳封存等技术还不成熟，急需加大研究力度。数字产业利润水平总体较高，可通过项目资助、设立基金等方式支持相关技术研究。三是政府企业协同发力。文章建议下阶段政府和企业还应协同发力，开展大数据中心和 5G 基站节能技术研究，开展能源互联网相关技术研究以及开展智慧办公系统开发研究。

9. 实现碳中和不仅是技术问题也是经济和管理问题。北京大学光华管理学院院长刘俏在《光明日报》2021 年 5 月 11 日 11 版发表《碳中和给经济学提出哪些新问题》一文指出，实现碳中和不仅是技术问题，也是经济和管理问题。对于我国实现碳达峰、碳中和，学界对此进行了各类研究分析，这也成为当前经济学、金融学最有挑战的问题之一。首先，实现碳中和不仅是技术问题，也是经济和管理问题。需要从经济学理论层面明确碳中和短期目标、中期目标与长期目标的关系，权衡发展和减排的关系，解决技术路线选择问题以及减少污染物和减排的优先顺序问题，等等；此外，还需要构建清晰的碳排放总量指标——最终均取决于成本—收益分析的结果，因为不同的技术路径对应着不同的投融资总额、投融资结构、产业和区域影响。其次，实现碳中和，不仅涉及目标和任务分解，也关乎制度设计和公共政策。即使构建出清晰的碳排放总量目标和日程表，也需要根据大量微观指标设计激励和约束机制，比如，研究采用何种工具能纠正碳排放的负外部性、研究如何通过碳交易市场实现外部成本的内部化、研究如何建立碳价格形成机制、如何构建相应的财税制度，等等。再次，实现碳中和不仅是宏观问题，也是微观问题，尤其需要研究如何把企业和个人纳入碳中和的过程。比如，如何激发微观主体的参与积极性、践行低碳生活方式，以何种机制鼓励商业模式创新以促进碳减排。最后，实现碳中和既需要有为政府，也需要有效市场，为此需要加强市场机制与政府作用二者关系的研究。相比于产权清晰的商品市场，在碳排放领域研究这一问题将更为复杂。刘俏院长认为，如期实现碳中和目标，机遇与挑战并存。这一系列变革，为经济学、金融学理论创新提供了可能。

10. 碳税设计要保持税收中性原则，碳税与碳市场协同促进碳减排。安徽大学常务副校长、复旦大学可持续发展研究中心主任陈诗一教授 2021 年 9 月 22 日于财访间栏目平台上发表《"脱胎换骨"式转型正在酝酿》一文指出，未来中国将推进碳税，通过碳税和碳市场的结合，促进全国各行业低碳转型和标准建立。过去，由于担心企业成本太高，为了对国内企业形成保护，碳税一直没推出；加之大家对碳减排和绿色发展的意识有待加强，需要时间来适应和推进。现在，"双碳"目标让大家从理念上、观念上彻底扭转过来，因此有望在适当时候推出碳税。碳税和碳市场都是促进碳减排的重要政策工具，通过经济手段将企业减排的内在动力激发出来，比强制性的减排手段更为可持续、更为有效。但从长期来看，也要注意税制的设计，注意保持税收的中性原则，不额外增加一个税源，而是把征收的税用于产业结构转型，推进重型往轻型、高污染向低碳绿色转型。未来，碳税和碳市场将作为促进碳减排政策工具联动协同发挥作用。碳市场对总量减排是比较有效的，较适合于某一个行业，比如已纳入其中的电力部门；对于一些单独的大型企业，碳排放量大的单位，不适用于全部纳入碳排放体系的"大户"，碳税就是有效手段。未来碳市场买配额可能需要一些成本，碳税也是成本，企业生产经营过程中必须要考虑"碳成本"。只有将碳排放内化成企业自己的成本，才会促进企业对减排技术的研发、资金的投入，从而促进整个社会的减排降碳。此外，未来可以将碳税的收入作为引导基金、种子基金，将企业投资、社会投资吸引到低碳绿色的项目中来，实现助推产业结构转型和促进新能源发展的目标。

11. 建立自愿性个人碳收支信用体系，让公众参与碳中和。据每日经济新闻《中国工程院院士王金南：鼓励全社会积极参与碳减排可从三方面着手》报道，2021 年 9 月 7 日，中国工程院院士、国家气候变化专家委员会委员、生态环境部环境规划院院长王金南在首届中国数字碳中和高峰论坛演讲时表示，温室气体排放监测核算关键技术"是实现碳达峰、碳中和需要攻克的十大关键技术之一，而利用大数据、大网络，则可以在建立符合 MRV（可测量、可报告、可核定）要求的温室气体排放清单、开发城市的碳大脑智慧管理平台、支撑当前减污降碳协同管理、建立二氧化碳排放总量控制体系以及建立个人二氧化碳排放信用体系等五个方面为实现碳达峰、碳中和提供支撑。作者表示，目前在中国，民众参与碳达峰、碳中和的意愿较低，基本都认为这是政府和企业的事。因此，如何通过数字技术使得公众能够直观地参与到碳中和进程中来就十分值得思考。而王金南提出的想法是"建立一个自愿性的个人碳收支体系"。他解释说，从一个人出生开始就可以建立一个账户，通过一个简单的 App，把出行、用电、用气等生活碳足迹、碳排放计算出来，然后规定一个人的平均碳预算、配额，再将排放量与配额一减，即可得到每个人的信用，信用的"正""负"也是可以用来进行交易的。这样一来，就把碳减排的信用和每个人的消费行为、饮食习惯等等方面都联系起来，让公众充分参与到碳中和里来。

12. 碳中和背景下林业碳汇市场的发展前景。2021 年 11 月 30 日，东亚前海证券研究的新兴产业首席与海外首席段小虎发表在新浪财经的分析报告《东亚前海：看好林业碳汇市场，首推东珠生态》探讨分析了当前碳中和背景下林业碳汇的发展前景和优势。该文章认为，在全球加速碳中和进程、中国提出"2030 年前碳达峰、2060 年前碳中和"的背景下，碳交易成为不可或缺的市场化机制。首先，从国内市场来看，目前仍以碳排放配额（CEA）交易为主，国家核证自愿减排量（CCER）交易为补充。2021 年 7 月 16 日，全国碳排放权交易市场通过上海环境能源交易所正式开市，首批 2225 家发电企业将分到碳排放配额，这些企业碳排放量超过 40 亿吨二氧化碳，这意味着中国碳排放权交易市场一启动就成为全球覆盖温室气体排放量规模最大的碳市场。从碳配额价格来看，欧盟碳价为 60 欧元 / 吨左右，而我国碳价目前维持在 50 元人民币 / 吨上下的水平，未来上升空间大。第二，碳中和目标的实现主要有减排和增加负排放（即增加碳汇）两种途径，其中增加负排放是必要途径。而在众多负排放技术中，林业碳汇是最经济的途径，去除二氧化碳的成本大概在 10 ～ 50 美元 / 吨，其余途径成本均高于 100 美元 / 吨。此外，林草局、发改委联合印发《"十四五"林业草原保护发展规划纲要》，明确到 2025 年，森林覆盖率达到 24.1%，森林蓄积量达到 190 亿立方米，叠加我国森林覆盖率远不及全球平均水平的现状，林业碳汇具有生态优势。第三，从林业碳汇行业市场空间来看，截至 CCER 项目申请暂停时点（2017 年 3 月），林业碳汇仅占公示项目总数的 3%，行业目前仍处于起步阶段，随着 CCER 重启，行业未来发展可期。报告预计，到 2025 年，我国林业碳汇市场规模或达 532.5 亿。报告还预计，明年我国 CCER 将重启，碳交易制度将进一步完善，叠加国家对林业草原的积极规划，对林业碳汇积极布局的企业有望享受红利。

13. 碳市场对于实现温室气体净零排放的作用变得越来越重要，机构投资者可以发挥关键作用。麦肯锡咨询公司在 2021 年 10 月 28 日于其网站发布《让碳市场朝着净零的方向发展》，旨在阐明碳市场机制的演变及其与机构投资者的相关性。合规性碳市场是由国家、区域或国际制度来强制交易与监管碳配额；自愿性碳市场是公司和个人在自愿基础上进行碳信用额交易。当前，合规性碳市场更为成熟、规模更大，而自愿性碳市场仍处于起步阶段。机构投资者对碳市场的参与仍然有限，但是市场格局正在迅速发生变化。碳市场在很多方面与机构投资者有潜在的联系：首先，机构投资者可以代表自身采取行动（通过购买碳市场中的碳信用额来中和自身的碳排放）；其次，机构投资者可以将购买碳产品作为投资，寻求价格上涨的回报；最后，机构投资者可以购买碳配额，对冲可能影响其投资组合中其他资产表现的气候变化风险。机构投资者可以收集、分配和部署大量的资金，他们连接着市场的供需两端，能促进流动性和市场深度，在碳市场中发挥关键作用。研究表明，机构投资者如果将其投资组合中的一小部分分配给碳配额，就可能保护其免受气候变化风险的影响。具体来说，合规性碳市场的碳配额可以在涉及立即或延迟气候行动的情景中为机构投资者提供下行保护，并提高风险调整后的回报。机构投资者可以通过三个举措促进自愿性碳市场的发展：一是投资并帮助扩大高质量碳中和项目的供给，例如自然气候解决方案。二是支持提升碳信用的诚信和治理标准，此类标准问题是解决自愿性碳市场问题的关键。三是指导投资组合企业实现净零排放，帮助企业设定脱碳目标，报告其实现这些目标的年度进展。

14. 探索完善林业碳汇交易，助推生态林产业发展路径。2021 年 11 月 22 日，国家林业和草原局发文《关于探索完善林业碳汇交易助推生态林产业发展路径的建议》复文（2021 年第 5446 号）。文件主要从加强培育林业碳汇、健全林业碳汇交易制度、完善林业碳汇实现路径和培养林业碳汇专业化人才四个方面提出助力林业碳汇发展的相关措施和建议。首先，关于加强培育林业碳汇的问题，目前主要从强化政策支持、科学安排国家储备林建设用地和重视基础产业带动二、三产业发展三个方面开展工作。未来将继续加强制度建设，加强政策咨询和技术支撑服务，加大培训力度，努力提升项目管理能力；同时完善政策支持和技术规程，促进林业碳汇项目落地，加强风险防控。第二，关于健全林业碳汇交易制度的问题。在制度顶层设计和制度建设方面，生态环境部发布的《碳排放权交易管理办法（试行）》明确将林业碳汇纳入国家碳排放权交易机制，为林业碳汇项目进入碳市场提供了制度保障。除此之外，《碳汇造林项目方法学》《竹子造林碳汇项目方法学》《森林经营碳汇项目方法学》《竹林经营碳汇项目方法学》为全国开展温室气体自愿减排（CCER）林业碳汇项目开发奠定了重要基础。第三，关于完善林业碳汇实现路径的问题，目前主要有以下三条路径：加强宣传，培育碳汇交易市场完善财税激励、市场交易规则及政策；探索创新碳金融、生态补偿机制等路径。第四，关于培养林业碳汇专业化人才的问题，国家林业和草原局高度重视林业碳汇专业化人才培养问题，加大培训力度，提升专业化人才水平；同时加强林业碳汇人才选拔培养，支持科研单位碳汇人才引进，鼓励科研单位组织专家团队开展碳汇专业化服务。

15. 金融机构将在我国实现"双碳"目标的长远战略中肩负重要职责。2021 年 11 月 25 日，央广网记者专访中央财经大学绿色金融国际研究院院长王遥，并发表文章《中央财经大学王遥：应推动"双碳"总体目标的压力传导机制》。王遥表示，金融机构作为提供资本市场直接融资服务的行业主体，将在我国实现"双碳"目标的长远战略中肩负重要职责。一是推动完善政策和标准。绿色标准是指导绿色投资的重要前提，也是我国绿色金融与世界对话的"共同语言"。标准的制定及完善，有利于进一步厘清绿色项目边界，明确绿色投融资方向，可将资金引导到真正有利于可持续发展的企业和行业，提高资金利用效率。今年，中国人民银行、国家发改委、证监会发布的《绿色债券支持项目目录（2021 年版）》就是我国完善标准、聚焦绿色发展、推动绿色金融领域的国际合作的一大体现。二是重视提高碳减排等环境信息披露水平。央行碳减排支持工具要求金融机构公开披露发放碳减排贷款的情况以及贷款带动的碳减排数量等信息，保障了碳减排支持工具提供融资支持的精准性和直达性，激励金融机构主动开展信息披露，并重视提高披露信息数据的质量，从长远角度能够帮助提高金融市场的信息披露评估体系效力与政策框架完善。三是大力发展转型金融。棕色企业和棕色资产的绿色转型是实现碳中和目标过程中的重要一环。较之于绿色金融，转型金融更具有灵活性、针对性和适应性，可以更大范围、更大规模满足经济能源结构转型，特别是重点工业、交通、建筑等领域转型的资金需求。今年 5 月，银行间市场交易商协会在人民银行的指导下，组织发行首批可持续发展挂钩债券，重点聚焦高碳行业的减排需求，是对转型金融的重要实践。从长远角度来看，实现"双碳"目标与大力发展绿色产业将对金融业提出更高要求，以持续提升绿色金融的潜力。其一，金融业需持续提升绿色金融产品的多样化，扩充绿色金融业务涉及领域与渠道。其二，金融业需要提高防范与化解转型风险的能力，加强环境信息披露工作。其三，金融业需要提高自身绿色发展的意识与能力。

16. 鼓励和支持社会资本参与生态保护修复，推动美丽中国建设。国务院办公厅于 2021 年 11 月 10 日印发《关于鼓励和支持社会资本参与生态保护修复的意见》（以下简称《意见》），《意见》围绕党中央、国务院明确的改革方向，研究设计改革政策措施，从以下几个方面明确了相关要求。在总体要求方面，《意见》指出，以习近平新时代中国特色社会主义思想为指导，深入贯彻习近平生态文明思想，认真落实党中央、国务院决策部署，牢固树立绿水青山就是金山银山理念，充分发挥市场在资源配置中的决定性作用，更好发挥政府作用，聚焦重点领域，激发市场活力，推动生态保护修复高质量发展。《意见》强调，坚持保护优先、系统修复，坚持政府主导、市场运作，坚持目标导向、问题导向，坚持改革创新、协调推进。在参与机制和重点领域方面，《意见》鼓励和支持社会资本参与生态保护修复项目投资、设计、修复、管护等全过程，明确社会资本通过自主投资、与政府合作、公益参与等模式参与生态保护修复，并明晰了参与程序，鼓励社会资本重点参与自然生态系统保护修复、农田生态系统保护修复、城镇生态系统保护修复、矿山生态保护修复、海洋生态保护修复，并探索发展生态产业。在支持政策方面，《意见》提出，从规划管控、产权激励、资源利用、财税支持、金融扶持等多方面释放政策红利，通过生态保护修复与资源开发利用相衔接、资源有偿使用与产权制度安排相结合等政策措施，创新产权激励、释放关联权益，给予财税支持，发挥政府投入带动作用，拓宽投融资渠道，创新绿色金融产品，构建"谁修复、谁受益"的生态保护修复市场机制。在保障机制方面，《意见》要求，各地区、各有关部门和单位要加强组织领导，制定完善相关配套政策措施，保障社会资本合法权益，增强长期投资信心；发挥骨干企业的带头引领作用，搭建合作平台，促进各类资本和产业协同；优化监管服务，建立投资促进机制；做好宣传引导，促进全社会关心支持生态保护修复事业，共同推进美丽中国建设。

四、推进共建"一带一路"绿色发展

1. 国家发展改革委等部门关于推进共建"一带一路"绿色发展的意见。2022 年 3 月 16 日，国家发改委等部门发布关于推进共建"一带一路"绿色发展意见（以下简称《意见》）。《意见》从总体要求、重点任务和组织实施三个方面对共建"一带一路"绿色发展工作提出了具体指导。《意见》要求本着绿色引领、互利共赢，政府引导、企业主体，统筹推进、示范带动，依法依规、防范风险四个基本原则，在 2025 年取得明显成效，2030 年"一带一路"绿色发展格局基本形成。主要任务聚焦于：第一，推进发展重点领域合作，包括在绿色基础设施互联互通、绿色能源、交通、产业、贸易、科技和标准等合作，加强应对气候变化合作。第二，推进境外项目绿色发展，包括规范企业境外环境行为，促进煤电等项目绿色低碳发展。第三，完善绿色发展支撑保障体系，包括完善资金、绿色发展合作平台、绿色发展能力建设以及境外环境风险防控等保障。在组织实施方面，《意见》从组织领导、宣传引导和跟踪评估三个方面进行了明确的规定和制度建设。《意见》是中国作为全球生态文明建设的重要参与者、贡献者和引领者践行绿色发展理念，推动生态文明建设内在要求下积极应对气候变化、维护全球生态安全的重大举措，《意见》的提出对"一带一路"绿色发展和生态环保国际合作水平的提升有重要意义。

2. 能源领域是"一带一路"的重点合作领域。中国国际问题研究院副研究员姜志达及国网能源研究院研究员毛吉康 2022 年 3 月在中国网发表文章《绿色低碳助推共建"一带一路"》。作者首先指出中国在能源绿色低碳治理中的全球引领作用，有其理念、技术产业和制度规则方面的坚实基础。一是秉持绿色发展理念。中国提出共建"绿色丝绸之路"，倡导绿色、低碳、循环、可持续的生产生活方式，加强生态环保合作，建设生态文明。二是拥有较强技术与产业支撑。中国已经建立涵盖全产业链条的新能源产业，具备较强研发、制造、安装和运维能力，形成了特有的产业优势及数量众多的优秀企业。三是制定绿色低碳投资规则。2019 年在中国人民银行指导下制定实施的《"一带一路"绿色投资原则》（GIP），为中国金融机构加强绿色金融国际合作提供了规则和框架。四是建立绿色低碳国际合作平台。在习近平主席倡议下，2019 年，"一带一路"绿色发展国际联盟正式成立，并启动"一带一路"生态环保大数据服务平台。作者随后指出随着"一带一路"沿线国家对绿色低碳发展需求的增长，绿色低碳成为"一带一路"合作的新增长领域，合作成果丰硕，主要体现在以下三个方面：一是能源基础设施绿色项目投资。从 2013 至 2020 年，中资企业在光伏、风能电站方面的海外投资累积可控装机规模均已超过 9 吉瓦；二是推动在"一带一路"沿线国家建设的产业园区绿色化，加强园区的生态环境保护、产业结构优化、用能清洁化替代。相关研究表明，"一带一路"工业园区的工业能耗强度比东道国工业能耗强度总体低 50%～60%；三是中国金融机构不断加大力度推动绿色金融发展，增强对"一带一路"绿色项目的融资支持。国家开发银行、中国进出口银行等政策性银行及各大商业银行将绿色项目作为优先选项，绿色信贷规模持续扩大，并不断推出绿色债券、清洁能源投资基金、绿色 PPP 等创新性绿色金融产品。

3. 绿色发展为"一带一路"电力合作带来新机遇。电力规划设计总院院长杜忠明 2021 年 9 月 27 日在《中国电力报》发表的文章《推动"一带一路"绿色电力合作走深走实》一文中指出，习近平主席在第七十六届联合国大会一般性辩论上的发言，为"一带一路"绿色电力合作进一步指明了方向，这是中国为推动全球能源低碳转型发展自主采取的又一重要举措。首先，绿色是高质量共建"一带一路"的本质要求。共建"一带一路"提出 8 年来，绿色发展贯穿始终，且不断深化，已经成为我国深入参与全球环境治理的重要实践，也成了打造利益共同体、责任共同体和命运共同体的重要举措，必将为推动"一带一路"国家经济绿色包容性复苏持续贡献力量。其次，绿色是全球能源低碳转型的必然趋势。一是碳中和进程已成为世界各国共识和一致行动。中国、美国、欧盟、日本等超过 130 个国家和地区表示有意愿在 21 世纪中叶实现碳中和，提出碳中和目标的国家碳排放量占全球总量的 70% 以上。二是新能源在电力市场竞争中更具优势。各国的规划发展目标、鼓励支持政策、日趋下降的电价等因素使新能源在电力市场竞争中更具优势。三是能源新技术和新业态的蓬勃发展进一步提升了新能源应用的广度和深度。能源产业发展已经逐渐从"资源主导""资本主导"向"技术主导"转型。最后，绿色发展为"一带一路"电力合作带来新机遇。一是加强碳中和目标下共建低碳电力系统的多双边务实合作。二是协助发展中国家提升能源绿色发展能力。三是共同探索"新能源+"新业务模式。四是全面做好现有境外煤电的清洁运营和舆论引导工作。

4."一带一路"下的我国物流业高质量发展形势。2022年2月22日，中国物流与采购联合会会长何黎明在腾讯网发表了一篇题为《我国物流业高质量发展面临六大形势，体现五个新变化，重点有五大推进路径》的评论，认为我国物流业在2021年后疫情时期总体实现了稳步复苏，现代物流体系高质量发展取得新成效，为畅通国内大循环、促进国内国际双循环提供了有力支撑。具体来看，我国2021年社会物流需求恢复较快，受益于疫情总体稳定和制造业较强的韧性，我国出口保持较高增速，工业生产持续增长，工业物流需求旺盛，制造业中出口相关物流以及装备制造、高新制造业物流需求高于平均水平，成为工业物流恢复的重要动力。物流市场主体活力显著增强，疫情下规模型龙头企业抗风险能力显现，市场份额有所扩大，快递快运、冷链物流、航运航空物流、合同物流等细分市场集中度提升。物流资源重组整合步伐加快。龙头企业纷纷上市，资本市场助力打造具有国际竞争力的现代物流企业。物流设施网络捕集力度加大，以承载城市为战略支点，健全国家物流枢纽网络，重在整合存量物流设施，补齐设施短板，联动交通基础设施，促进枢纽互联成网，加快编织"通道+枢纽+网络"的物流运行体系，打造区域物流产业集聚区，为区域经济转型升级创造低物流成本的投资环境。但与此同时，国内物流运行也面临着严峻的国际挑战。"一带一路"国际经贸走廊承接产能转移，有助于维护区域供应链稳定。新冠肺炎疫情对全球产业链供应链的影响持续分化。我国凭借有效的疫情防控措施，生产恢复较快，产业链供应链韧性增强，货物进出口总额再创历史新高。然而，国际航运运力紧张、电力能源供应不足等问题加剧了供应链的不确定性。随着国外疫情态势逐步转变，全球供应链呈现区域化、本土化、多元化趋势，部分生产需求将加快回流和转移，这对未来一段时间适应全球供应链调整风险，提升现代物流韧性和灵活性提出了挑战。同时，随着中欧班列常态化运行，陆海新通道、中老铁路等国际大通道陆续开辟，《区域全面经济伙伴关系协定》（RCEP）协定正式生效，带来供应链区域合作机会，这些都对现代物流跟随产业链"走出去"带来新的机遇。

5."一带一路"背景下，中国发挥了助推沿线国家和地区投资绿色化的重要作用。夏炎等于2021年6月发表在《中国科学院院刊》的文章《"一带一路"倡议助推沿线国家和地区绿色发展》指出，中国对"一带一路"沿线国家和地区绿色发展发挥了积极的减排作用，助推了沿线国家和地区的绿色投资。从区域来看，中国在东盟地区的投资为当地减少碳排放 1584 万吨，在俄罗斯、蒙古和中亚五国的投资为当地减少碳排放 2107 万吨，在中东欧及南欧的投资为当地减少碳排放 786 万吨。从国家来看，在俄罗斯、蒙古和中亚五国产生的碳减排效应更强。最后，作者提出如下政策建议：第一，积极参与"一带一路"沿线国家和地区清洁能源建设，协同沿线国家和地区探索科技驱动型的可持续发展体系和低碳发展路径。在重点行业推进低碳技术转型，推动以能源（特别是石油资源）依赖型为主要经济发展模式的沿线国家和地区转型升级。第二，建立连贯的沿线国家和地区绿色发展政策进程。在全球价值链的"绿色化"重构中，鼓励沿线国家提出或更新其国家自主贡献方案，并宣布其碳中和目标。与此同时，也应防范沿线国家和地区为实现碳中和目标而导致的能源投资政策变化对前期高耗能项目产生的风险。第三，加强多边绿色发展合作，重点加强与中东欧经济体在经济、贸易和金融方面的绿色生产网络。加快建设中欧、中英、中法等双边和多边国际绿色发展平台，积极利用沿线国家绿色投融资合作。另外，还要借鉴发达国家发展绿色投资的先进经验，促进绿色投资带来的低碳技术溢出。第四，进一步优化沿线国家绿色投资主体的资本结构和债务结构，防范气候融资风险，将发展气候金融放在更加突出的战略地位。

6. 积极推进"一带一路"绿色矿业资源合作。中华人民共和国生态环境部对外合作与交流中心的张彦著 2021 年 12 月在《重庆理工大学学报》发表文章《碳中和背景下"一带一路"矿业资源合作的协同增效》。作者首先说明了习近平生态文明思想对碳中和愿景下矿业资源领域绿色发展的指引意义。习近平生态文明思想中的系统性、整体性、协同性理念在"一带一路"绿色矿业资源开发与利用合作中将得到充分体现。接着，作者从以下三个方面说明了我国"矿产资源强国"建设、"一带一路"矿业资源合作与全球碳中和进程的复合型内在协同性：一是"矿产资源强国"建设与"一带一路"矿业资源合作的协同增效；二是"一带一路"矿业资源合作与全球碳中和进程的协同增效；三是我国"矿产资源强国"建设与推动全球碳中和进程的协同增效。作者进一步说明要系统、整体、协同地推进"一带一路"绿色矿业资源合作。其中，作者建议加强以下三个方面的工作：一是以加速实现碳中和及全球控温 2 ℃的低碳转型为目标指导"一带一路"矿业资源开采与利用合作；二是在"一带一路"矿业合作中推广绿色价值链管理，切实保障我国资源外交和矿产资源供应链的稳定；三是结合"一带一路"建设布局和矿业"走出去"战略，推广中国绿色矿业治理实践。作者最后提出以生态文明指导"一带一路"矿业资源合作体现了"孔子改进"之治。"一带一路"矿业资源合作的复合型协同增效不仅能够促进"一带一路"沿线区域系统、整体、协同地共同落实 2030 年可持续发展目标，而且还能通过矿业资源合作为全球能源系统转型提供物质基础，这正体现了超越"帕累托改进"的"孔子改进"。